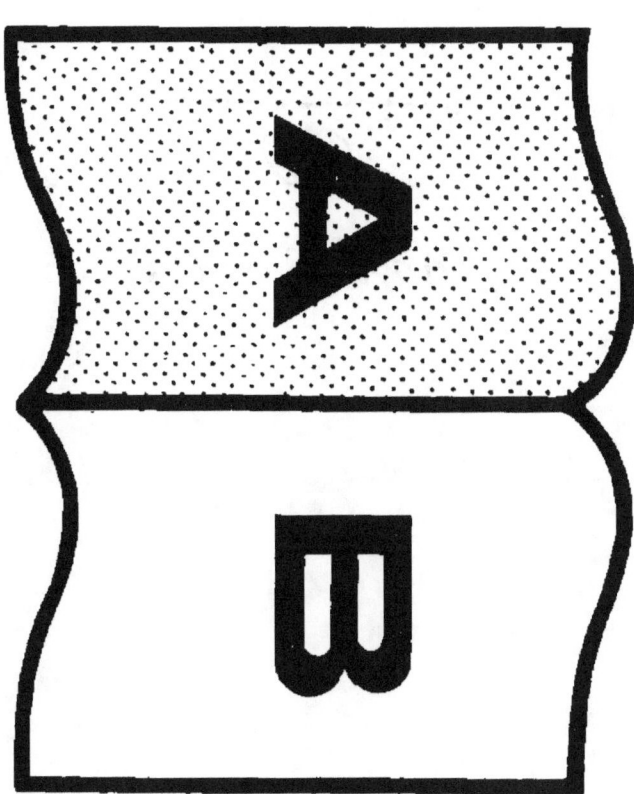

Contraste insuffisant
NF Z 43-120-14

$$\frac{}{20}$$
monte – ot.

RÉPERTOIRE

DE LA

LITTÉRATURE

ANCIENNE ET MODERNE.

IMPRIMERIE DE E. POCHARD,
RUE DU POT-DE-FER, N° 14, A PARIS.

RÉPERTOIRE

DE LA

LITTÉRATURE

ANCIENNE ET MODERNE,

CONTENANT :

1° LE LYCÉE DE LA HARPE, LES ÉLÉMENTS DE LITTÉRATURE DE MARMONTEL, UN CHOIX D'ARTICLES LITTÉRAIRES DE ROLLIN, VOLTAIRE, BATTEUX, etc. ;

2° DES NOTICES BIOGRAPHIQUES SUR LES PRINCIPAUX AUTEURS ANCIENS ET MODERNES, AVEC DES JUGEMENTS PAR NOS MEILLEURS CRITIQUES, TELS QUE :

D'Alembert, Batteux, Bernardin de Saint-Pierre, Blair, Boileau, Chénier, Delille, Diderot, Dussault, Fénelon, Fontanes, Ginguené, La Bruyère, La Fontaine, Marmontel, Maury, Montaigne, Montesquieu, Palissot, Rollin, J.-B. Rousseau, J.-J. Rousseau, Thomas, Vauvenargues, Voltaire, etc.;

Et MM. Amar, Andrieux, Auger, Burnouf, Buttura, Chateaubriand, Duviquet, Feletz, Gaillard, Le Clerc, Lemercier, Patin, Villemain, etc ;

3° DES MORCEAUX CHOISIS AVEC DES NOTES

TOME VINGTIÈME.

A PARIS,

CHEZ CASTEL DE COURVAL, LIBRAIRE-ÉDITEUR,

RUE DE RICHELIEU, N° 87 ;

ET BOULLAND ET Cie, PALAIS ROYAL, GALERIES DE BOIS, N° 254

M DCCC XXV.

RÉPERTOIRE

DE LA

LITTÉRATURE

ANCIENNE ET MODERNE.

MONTESQUIEU (CHARLES DE SECONDAT, baron DE LA BRÈDE et DE) naquit au château de la Brède, près de Bordeaux, le 18 janvier 1689.

Quoique fils d'un homme qui s'était distingué au service, il fut destiné de bonne heure à la magistrature. Il avait un oncle paternel, président à mortier au parlement de Bordeaux, oracle et modèle de sa compagnie, également honoré pour ses vertus et pour ses talents. Cet oncle, désirant conserver dans sa famille le nouveau genre d'illustration qu'il y avait introduit, et ayant eu le malheur de perdre son fils unique, transporta sur son neveu tous ses projets, toutes ses espérances, et résolut de lui laisser ses biens avec sa charge. Malgré la vivacité de son âge et de son caractère, Montesquieu s'enfonça dans l'étude aride et fastidieuse de la jurisprudence, et en faisant un extrait raisonné des énormes et nombreux volumes qui composent le corps du droit civil, il amassait, probablement sans y songer, des matériaux pour son grand monument de l'*Esprit des Lois*.

Nommé conseiller au parlement de Bordeaux, le 24 février 1714, et reçu président à mortier le 13 juillet 1716, il fut chargé par sa compagnie, en 1722, de porter des remontrances au pied du trône, à l'occasion d'un nouvel impôt, et plaida la cause du peuple avec tant de zèle et de talent, que le ministère fut subjugué par son éloquence. Mais le fisc obligé alors de lâcher sa proie, ne tarda pas à la ressaisir : l'impôt supprimé reparut bientôt sous une autre forme.

En 1725, Montesquieu fit l'ouverture du parlement ; son discours, écrit avec cette force, cette gravité, cette précision sévère qui conviennent à l'organe des lois, fit entrevoir dans le juge, qui ne faisait encore que les appliquer, le grand publiciste qui devait les définir un jour.

L'Académie de Bordeaux, nouvellement fondée, l'avait admis en 1716, au nombre de ses membres. L'amour de la littérature et de la musique avait donné naissance à cette société, et la culture de ces arts agréables était l'unique but de son institution. Montesquieu ne fut pas long-temps à s'apercevoir, que, loin de la capitale, une réunion de cette espèce était plus favorable au développement de la vanité qu'à celui du talent. Il lui sembla que les moyens et les efforts de ces confrères seraient plus avantageusement dirigés vers l'érudition et l'étude des sciences exactes, et, secondé dans ce louable dessein par le duc de la Force, protecteur de l'Académie, il parvint à convertir une coterie de bel-esprit en une société savante. Il donna lui-même l'exemple des travaux utiles en composant pour l'Académie plusieurs *Mémoires* sur des points intéressants de physique, tels que la cause de l'écho, celle de la pesanteur des corps, celle de leur transparence, etc.

En 1721, Montesquieu fit paraître les *Lettres Persanes*. Il avait chargé son secrétaire d'en porter le manuscrit en Hollande, et de l'y faire imprimer. L'ouvrage eut un débit prodigieux, et comme nous l'apprend l'auteur lui-même, « les libraires allaient tirer par la manche tous ceux qu'ils rencontraient, en leur disant : *Monsieur, faites-moi des Lettres Persanes.* »

Montesquieu n'avait pas attaché son nom à cet ouvrage; il avait craint qu'on ne dît : « Son livre « jure avec son caractère.... il n'est pas digne d'un « homme grave. » Mais si le magistrat avait cru devoir rester anonyme, l'écrivain n'avait pas voulu pour cela demeurer inconnu. Les choses s'arrangèrent de façon que l'un put observer les bienséances de son état, sans que l'autre fût obligé de sacrifier les intérêts de son amour-propre. Grace à la discrétion du public, Montesquieu passant généralement pour être l'auteur des *Lettres Persanes*, ne fut pas réduit à l'alternative d'en convenir ou de s'en défendre. En 1728, il se présenta pour obtenir une place vacante à l'Académie française par la mort de M. de Sacy, n'ayant encore d'autre titre à faire valoir que ce même livre qui ne portait pas son nom; mais l'Académie qui était dans le secret, comme tout le public, jugea qu'un pareil titre, pour n'être pas authentique, n'en était pas moins valable. Malheureusement le roi avait déclaré qu'il ne donnerait jamais son agrément à la nomination de l'auteur des *Lettres Persanes*, et le cardinal de Fleury avait transmis à l'Académie cette résolution dont il n'était pas seulement l'organe. Montesquieu parvint à surmonter cet obstacle; il vit le cardinal qui avait condamné les *Lettres Persanes* uniquement sur le rapport qu'on lui en avait fait, et le décida à les lire lui-même. D'un autre côté le maréchal d'Estrées, directeur de l'Académie, plaida avec chaleur la cause de l'auteur et du livre, et l'admission de Montesquieu eut lieu le 24 janvier 1728. Son discours de réception fut un simple remercîment, dans lequel, suivant un protocole dont personne n'avait encore osé s'écarter, il fit succéder à l'éloge de son prédécesseur, ceux du cardinal de Richelieu, du chancelier Séguier, de Louis XIV et du roi régnant. Le cardinal de Fleury n'y fut point oublié. Dans ce discours, d'une étendue mais non pas d'un mérite médiocre, se trouve une phrase sur Richelieu, phrase devenue fameuse, où se montra en entier le grand écrivain à qui peu de traits ont suffi pour peindre en entier le grand politique.

Deux ans avant sa réception, Montesquieu avait renoncé à la magistrature pour se livrer sans partage à la philosophie et aux lettres. Libre de tout lien, maître enfin de lui-même, et ayant obtenu par sa nomination à l'Académie le prix du sacrifice qu'il avait fait à la littérature, il résolut de voyager

Beaucoup de gens, selon lui, *savent payer des chevaux de poste, mais il y a peu de voyageurs.* Il y en eut peu comme lui, sans doute. Il avait examiné, rapproché, approfondi dans le silence du cabinet, les lois de tous les temps et de tous les pays. Il lui restait à connaître, à étudier les hommes qui sont régis par ces lois, à considérer sur les lieux mêmes le jeu des constitutions diverses, et à comparer le physique et le moral des différentes contrées pour en constater l'influence réciproque.

Il se rendit d'abord à Vienne, où il fut présenté au prince Eugène qui l'admit dans sa société la plus intime, et lui *fit passer des moments délicieux*. Il parcourut ensuite la Hongrie, l'Italie, la Suisse, la Hollande, et passa de cette dernière contrée en Angleterre, où son séjour dura deux ans. Il y reçut cet accueil empressé qu'on n'accusera pas les anglais de refuser au mérite célèbre. La société royale de Londres l'admit au nombre de ses membres. La reine, qui protégeait les savants, les écrivains et les artistes, l'honora d'une bienveillance particulière, et voulut souvent jouir de son entretien.

De retour en France, Montesquieu n'eut rien de plus pressé que de se retirer à son château de la Brède. Il y passa deux ans de suite, et commença à mettre en œuvre cette immense collection de faits et de pensées, produit de ses lectures et de ses voyages, de ses recherches et de ses méditations. Depuis long-temps il avait posé les fondements de son ouvrage sur les *Causes de la Grandeur des Romains et de leur Décadence.* Il le continua, y mit la dernière main, et le fit paraître en 1734.

Nous allons le voir maintenant livré sans relâche à la composition de son grand ouvrage, de cet *Esprit des Lois*, qui fut la pensée dominante de toute sa vie, et auquel ses précédents écrits semblaient l'avoir conduit plutôt que l'en avoir détourné. Il faut l'entendre lui-même nous racontant avec naïveté toutes les circonstances, toutes les crises diverses de ce long et laborieux enfantement. *Il commença bien des fois, et bien des fois abandonna son ouvrage; il envoya mille fois au vent les feuilles qu'il avait écrites; il sentait tous les jours les mains paternelles tomber.* Tantôt il lui semblait que *son travail avançait à pas de géant*, tantôt qu'*il reculait à cause de son immensité.* Le morceau sur l'origine et les révolutions de nos lois civiles *pensa le tuer, et ses cheveux en blanchirent.* Enfin, *dans le cours de vingt années*, il vit ce grand monument *commencer, croître, s'avancer et finir.* Il toucha la terre, et en abordant, il s'écria : *Italiam! Italiam!* comme les compagnons d'Énée en mettant le pied sur les rivages du Latium. Il ne se félicita pas seulement d'avoir achevé, il s'applaudit encore *de n'avoir pas manqué de génie;* il crut pouvoir dire avec le Corrége : *Et moi aussi, je suis peintre!*

L'Esprit des Lois fut publié en 1748. Paraissant au milieu d'une société frivole, plus avide de plaisir que d'instruction, ce livre ne fit d'abord qu'une très faible sensation et peut-être n'en eût-il produit aucune, sans la réputation dont jouissait l'auteur. Chose singulière ; ce fut deux femmes, mais à la vérité deux amies de Montesquieu, madame de Tencin et madame Geoffrin, qui les premières parurent frappées du mérite de l'ouvrage, et se déclarèrent en sa faveur. L'ouvrage alors eut une sorte de vogue. Tous voulant l'avoir lu, quoique très peu en eussent eu la patience, tous aussi voulurent le juger; et si quelques uns consentirent à le vanter, la plupart, pour affecter une supériorité de goût et de lumières, prirent le parti d'en dire du mal. Un mot heureux et piquant d'une femme*, mot qui avait tout juste ce qu'il fallait de vérité pour une épigramme, devint l'opinion que chacun s'empressa d'adopter, et ceux-là mêmes reprochèrent au livre d'être écrit avec trop d'esprit, qui n'auraient pu en soutenir la lecture, s'ils y en avaient trouvé moins.

Tandis que la France accueillait avec trop d'indifférence et de légèreté un des ouvrages qui devaient le plus contribuer à sa gloire, les nations étrangères s'empressaient de payer au génie de l'auteur leur tribut d'admiration. Les Anglais surtout se montrèrent passionnés pour un livre où leurs institutions semblaient être offertes en exemple au reste de l'univers; et, par une de ces singularités qu'on sait être fort communes parmi eux, leur enthousiasme pour Montesquieu s'étendit jusqu'au vin qu'il récoltait dans ses domaines. Il devint à la mode d'en boire; chacun voulut s'en procurer, et le propriétaire ne suffisait plus aux demandes.

---

* Madame Du Deffand appelait *l'Esprit des Lois*, « de l'esprit sur les lois. »

La France ayant enfin appris de l'Europe qu'elle possédait un chef-d'œuvre de plus, se mit en devoir de l'admirer à son tour et de s'en enorgueillir. Les esprits supérieurs, les juges naturels de Montesquieu, osèrent alors célébrer son génie, et la foule imitatrice se mit à répéter leurs louanges. Cependant la médiocrité jalouse, qui n'en veut qu'à la gloire, et qui avait épargné l'ouvrage tant qu'on l'avait méconnu, ne pouvait tarder à l'attaquer du moment que son triomphe avait commencé. On ne saurait dénombrer, sans ennui la foule des brochures qui furent lancées presque à la fois contre *l'Esprit des Lois*. Montesquieu n'opposa d'abord que le silence à ce débordement des critiques. Mais l'auteur d'un libelle hebdomadaire et anonyme, intitulé *Nouvelles ecclésiastiques*, l'ayant accusé à la fois de déisme et de spinosisme, deux imputations qui s'entredétruisent nécessairement, la gravité de l'accusation en fit disparaître à ses yeux l'absurdité, et il crut devoir à l'une l'honneur d'une réfutation, dont l'autre semblait le dispenser. Ce fut alors qu'il composa la *Défense de l'Esprit des Lois*, modèle de discussion solide et de plaisanterie légère.

Si Montesquieu s'abstenait en général de répondre aux critiques qu'on faisait de son livre ce n'était pas qu'il y fût insensible. Il paraît qu'il fut principalement affecté de celle du fermier-général Dupin, intitulée *Observations sur l'Esprit des Lois*. Cette critique fut imprimée et non publiée. L'opinion la plus commune est que Montesquieu implora le crédit de madame de Pompadour pour faire supprimer l'édition, dont quelques exemplaires seulement ont été sauvés.

Il y avait six ans que *l'Esprit des Lois* avait paru : on s'était lassé de contester à Montesquieu sa gloire, et il en jouissait paisiblement, lorsque sa santé, qui était naturellement délicate, et qui depuis long-temps éprouvait une altération sensible, fut attaquée tout à coup avec violence par une maladie inflammatoire, dont il mourut à Paris le 10 février 1755, à l'âge de soixante-six ans. Louis XV qui avait envoyé savoir de ses nouvelles pendant sa maladie, dit, en apprenant sa mort : *c'est un homme impossible à remplacer.*

Montesquieu joignait aux facultés de l'esprit, qui font l'homme supérieur, les qualités de l'âme et les agréments du caractère qui constituent le galant homme. On a trouvé son économie excessive, tranchons le mot, il a passé pour avare. Il s'est inscrit lui-même contre cette fausse opinion. « Je n'ai pas « paru dépensier, a-t-il dit, mais je n'ai jamais été « avare, et je ne sache pas de chose si peu difficile « que je l'eusse faite pour gagner de l'argent. » Il ne se refusait rien; mais ses besoins bornaient sa dépense et la prodigalité lui paraissait une folie. « Il faut, « disait-il encore, regarder son bien comme son es- « clave; mais il ne faut pas perdre son esclave. Il ne « se souvenait pas d'avoir *dépensé quatre louis par* « *air*; mais sa bourse était toujours ouverte aux « malheureux, et faisant le bien pour le bien lui-même, il se dérobait volontiers à la reconnaissance. L'un des traits les plus touchants de sa bienfaisance a été mis sur la scène sous le titre du *Bienfait anonyme.*

Montesquieu avait les véritables passions d'un sage, l'amour du bien public, et par conséquent la haine des vices qui nuisent au bonheur de la société. Il n'estimait de la gloire que ce qu'elle a de solide, c'est-à-dire, l'approbation du petit nombre des esprits éclairés, et dédaignait ces futiles jouissances de la vanité, que procurent les stupides empressements de la multitude.

Un de ses contemporains et de ses amis, le marquis d'Argenson, a tracé en peu de mots l'humeur et les manières qu'il portait dans la société. « Beau« coup de douceur, assez de gaieté, une égalité par« faite, un air de simplicité et de bonhomie, qui, vu « sa réputation, lui formait un mérite particulier. « Il avait quelquefois des distractions, et il lui échap« pait des traits de naïveté qui le faisaient trou« ver plus aimable, parce qu'ils contrastaient avec « l'esprit qu'on lui connaissait. »

Outre les ouvrages que nous avons déja cités, Montesquieu est encore auteur de divers écrits de peu d'étendue, tels que: Le *Temple de Gnide, Lysimaque* et le roman d'*Arsace et Isménie*, qu'on peut considérer comme les jeux de sa plume et les délassements de son esprit. Quoiqu'il eût, comme plusieurs grands prosateurs du siècle dernier, le travers ou le malheur de faire peu de cas de la poésie, il ne laissa pas cependant de composer quelques vers. On connaît de lui diverses petites pièces de société, remarquables également par l'esprit et la délicatesse.

Montesquieu avait composé l'*Histoire de Louis XI*, mais cet ouvrage fut détruit, et il ne reste à la postérité que la triste consolation de savoir comment ce malheur est arrivé. Montesquieu, détruisait à mesure les mémoires dont il se servait pour composer son histoire. L'ouvrage étant achevé et mis au net, il dit à son secrétaire de brûler le brouillon. Celui-ci, par inadvertance, jeta la copie au feu, et Montesquieu, à son tour, trouvant le brouillon sous sa main, crut, en le brûlant lui-même, ne faire autre chose que réparer l'oubli de son secrétaire; ainsi copie et brouillon, tout fut anéanti.

Un homme qui joint l'esprit et le goût à l'érudition, M. Walkenaër, eut le bonheur de parcourir, il y a quelques années, ce qui restait encore des manuscrits de Montesquieu, et y trouva un fragment de l'*Histoire de Louis XI*, « qui égale, dit-il, « ce que l'auteur a écrit de mieux. »

Les *Œuvres complètes* de Montesquieu ont été souvent réimprimées. On distingue sur-tout les éditions données par MM. Lefèvre et Lequien, et celle qu'a publiée récemment le libraire Dalibon.

AUGER.

JUGEMENTS.

I

En nommant Montesquieu, nous rappelons le véritable grand homme du dix-huitième siècle. L'*Esprit des Lois*, et les *Considérations sur les Causes de la Grandeur des Romains et de leur Décadence*, vivront aussi long-temps que la langue dans laquelle ils sont écrits. Si Montesquieu, dans un ouvrage de sa jeunesse, laissa tomber sur la religion quelques-uns des traits qu'il dirigeait contre nos mœurs, ce ne fut qu'une erreur passagère, une espèce de tribut payé à la corruption de la régence. Mais dans le livre qui a placé Montesquieu au rang des hommes illustres, il a magnifiquement réparé ses torts, en faisant l'éloge du culte qu'il avait eu l'imprudence d'attaquer. La maturité de ses années, et l'intérêt même de sa gloire, lui firent comprendre que, pour élever un monument durable, il fallait en creuser les fondements dans un sol moins mouvant que la poussière de ce monde; son génie, qui embrassait tous les temps, s'est appuyé sur la seule religion à qui tous les temps sont promis.

CHATEAUBRIAND, *Génie du Christianisme.*

II.

Montesquieu a été tour à tour le peintre le plus exact, et le plus piquant modèle de l'esprit du dix-huitième siècle, l'historien et le juge des Romains, l'interprète des lois de tous les peuples; il a suivi son siècle, ses études et son génie.

Lettres Persanes.

Portraits satiriques, exagérations ménagées avec un air de vraisemblance; décisions tranchantes, appuyées sur des saillies; contrastes inattendus; expressions fines et détournées; langage familier, rapide et moqueur; toutes les formes de l'esprit se montrent et se renouvellent sans cesse dans les *Lettres Persanes.* Ce n'est pas l'esprit délicat de Fontenelle, l'esprit élégant de La Motte : la raillerie de Montesquieu est sentencieuse et maligne comme celle de La Bruyère; mais elle a plus de force et de hardiesse. Montesquieu se livre à la gaieté de son siècle; il la partage pour mieux la peindre; et le style de son ouvrage est à la fois le trait le plus brillant et le plus vrai du tableau qu'il veut tracer. La Bruyère, se plaignant d'être renfermé dans un cercle trop étroit, avait esquissé des caractères, parce qu'il n'osait peindre des institutions et des peuples. Montesquieu porte plus haut la raillerie; ses plaisanteries sont la censure d'un gouvernement ou d'une nation. Réunissant ainsi la grandeur des sujets et la frivolité hardie des opinions* et du style, il peint encore les Français par sa manière de juger tous les peuples.

Grandeur et décadence des Romains.

Montesquieu a adopté le plan tracé par Bossuet, et se charge de le remplir, sans y jeter d'autre intérêt que celui des évènements et des caractères. Il y a sans doute plus de grandeur apparente dans la rapide esquisse de Bossuet, qui ne fait des Romains

---

* Le clergé et la noblesse étaient des croyances que Montesquieu, dans sa jeunesse, attaqua par des plaisanteries, et que plus tard il défendit par le raisonnement. Car les grands génies, placés entre le mouvement de leur siècle et leur raison, reviennent quelquefois sur leurs pas, et s'efforcent de soutenir des institutions dont ils ne conçoivent l'utilité qu'après les avoir eux-mêmes ébranlées. Cet effet presqu'inévitable de la réflexion et de la maturité explique la différence qui se trouve entre Montesquieu soumis à l'influence de son siècle et Montesquieu discutant les lois de tous les peuples, entre la frivolité dédaigneuse des *Lettres Persanes* et la sage impartialité de l'*Esprit des Lois*.

qu'un épisode de l'histoire du monde. Rome se montre plus étonnante dans Montesquieu, qui ne voit qu'elle au milieu de l'univers. Les deux écrivains expliquent sa grandeur et sa chute. L'un a saisi quelques traits primitifs, avec une force qui lui donne la gloire de l'invention; l'autre, en réunissant tous les détails, a découvert des causes invisibles jusqu'à lui; il a rassemblé, comparé, opposé les faits avec cette sagacité laborieuse moins admirable qu'une première vue de génie, mais qui donne des résultats plus certains et plus justes. L'un et l'autre ont porté la concision aussi loin qu'elle peut aller; car dans un espace très court, Bossuet a saisi toutes les grandes idées, et Montesquieu n'a oublié ni un fait, ni une pensée. Se hâtant de placer et d'enchaîner une foule de réflexions et de souvenirs, il n'a pas un moment pour les affectations du bel esprit et du faux goût; et la briéveté le force à la perfection. Bossuet, plus négligé, se contente d'être quelquefois sublime. Montesquieu qui dans son système donne de l'importance à tous les faits, les exprime tous avec soin, et son style est aussi achevé que naturel et rapide.

Quelle est l'inspiration qui peut ainsi soutenir et régler la force d'un homme de génie? C'est une conviction lentement fortifiée par l'étude, c'est le sentiment de la vérité découverte. Montesquieu a pénétré tout le génie de la république romaine. Qu'elle connaissance des mœurs et des lois! Les évènements se trouvent expliqués par les mœurs, et les grands hommes naissent de la constitution de l'état. A l'intérêt d'une grandeur toujours croissante, il substitue ce triste contraste de la tyrannie, recueillant tous les fruits de la gloire. Une nouvelle progression recommence ; celle de l'esclavage précipitant un peuple à sa ruine par tous les degrés de la bassesse. On assiste, avec l'historien, à cette longue expiation de la conquête du monde, et les nations vaincues paraissent trop vengées. Si maintenant l'on veut connaître quelle gravité, quelle force de raison, Montesquieu avait puisées dans les anciens pour retracer ces grands événements, on peut comparer son immortel chef-d'œuvre aux réflexions trop vantées qu'un écrivain brillant et ingénieux du siècle de Louis XIV, écrivit sur le même sujet. On sentira davantage à quelle distance Montesquieu a laissé loin de lui tous les efforts du bel esprit dont il avait d'abord dérobé toutes les graces. Dans la *Grandeur et la Décadence des Romains*, Montesquieu n'a plus l'empreinte de son siècle ; c'est un ouvrage dont la postérité ne pourrait deviner l'époque, et où elle ne verrait que le génie du peintre.

Dialogue de Sylla et d'Eucrate.

Rien n'est plus étonnant et plus rare que ces créations du génie qui semblent ainsi transposées d'un siècle à l'autre. Montesquieu en a donné plus d'un exemple qui décèle un rapport singulier entre son âme et ces grandes âmes de l'antiquité. Plutarque est le peintre des héros ; Tacite dévoile le cœur des tyrans ; mais dans Plutarque ou dans Tacite est-il une peinture égale à cette révélation du cœur de

Sylla, se découvrant lui-même avec une orgueilleuse naïveté? Comme œuvre historique, ce morceau est un incomparable modèle de l'art de pénétrer un caractère, et d'y saisir, à travers la diversité des actions, le principe unique et dominant qui le faisait agir.

Peut-être Montesquieu a-t-il caché l'horreur du nom de Sylla sous le faste imposant de sa grandeur; peut-être a-t-il trop secondé cette fatale et stupide illusion des hommes, qui leur fait admirer l'audace qui les écrase. Sylla paraît plus étonnant par les pensées que lui prête Montesquieu que par ses actions mêmes. Cette éloquence renouvelle, pour ainsi dire, dans les âmes la terreur qu'éprouvèrent les Romains devant leur impitoyable dictateur. Comment jadis Sylla, chargé de tant de haines, put-il impunément quitter l'asyle de la tyrannie, et, simple citoyen, descendre sur la place publique qu'il avait inondée de sang ? Il vous répondra par un mot : « J'ai étonné les hommes ». Mais à côté de ce mot si simple et si profond, quelle menaçante peinture de ses victoires, de ses proscriptions! quelle éloquence! quelle vérité terrible! le problème est expliqué. On conçoit la puissance et l'impunité de Sylla.

Esprit des Lois.

Dans un ouvrage où sont traités les intérêts du genre humain, on craindrait presque de remarquer ces beautés qui parlent sur-tout à l'imagination du lecteur, et servent à la gloire de l'écrivain; et cependant, sans compter ce noble et ravissant plaisir qu'elles donnent à la pensée, on doit avouer qu'elles ont rendu plus intéressant et plus populaire le livre qui renferme tant de sérieuses vérités. Il faut reconnaître partout le pouvoir de l'éloquence. Vainement l'interprète des lois a-t-il montré que les hommes ne doivent pas se charger des offenses de Dieu, de peur que devenant cruels par piété, ils ne soient tentés d'ordonner des supplices infinis, comme celui qu'ils prétendent venger. Quelle que soit la sublimité du raisonnement, l'âme n'est pas entraînée, et la superstition peut lutter encore; mais lorsqu'auprès du bûcher de la jeune israélite, une voix s'élève, et s'adressant aux persécuteurs, leur dit avec une naïveté pleine de force : « Vous voulez que nous soyons « chrétiens, et vous ne voulez pas l'être ; si vous « ne voulez pas être chrétiens, soyez au moins des « hommes ». Lorsque cette voix éloquente unit le raisonnement au pathétique, et le sublime à la simplicité, on reste frappé de conviction et de douleur, et l'on sent que jamais plus beau plaidoyer ne fut prononcé en faveur de l'humanité. Montesquieu a compris qu'il avait besoin de reposer les yeux qui suivaient la hauteur et l'immensité de son vol dans les régions d'une politique abstraite. Les points d'appui qu'il présente à son lecteur, c'est Alexandre ou Charlemagne; à ces grands noms, à ces grands sujets, il redevient un moment sublime pour ranimer l'attention épuisée par tant de recherches savantes et de pensées profondes; puis il reprend le style impartial et sévère des lois. Aucun ouvrage ne présente une plus admirable variété; aucun ouvrage n'est plus rempli, plus animé de cette éloquence intérieure, qui ne se révèle point par l'apprêt des mouvements et des figures, mais qui donne aux pensées la vie et l'immortalité. Le seul reproche qu'on puisse faire à l'auteur, c'est d'avoir quelquefois cherché des diversions trop ingénieuses, comme s'il eût douté de l'intérêt attaché à la seule grandeur de ses pensées.

VILLEMAIN, *Éloge de Montesquieu.*

III.

La carrière de Montesquieu, fut consacrée tout entière à la méditation des plus grands objets : car je compte pour rien un roman fort médiocre*, qui n'était sans doute qu'un essai de sa jeunesse ou un délassement de ses travaux, et qu'on n'aurait pas dû imprimer après sa mort, et je compte pour peu de chose *le Temple de Gnide*, bagatelle ingénieuse et délicate, mais d'autant plus froide qu'elle est plus travaillée, et qu'elle annonce la prétention d'être poète en prose, sans avoir rien du feu de la poésie. L'esprit y est prodigué, la grace étudiée. L'auteur est hors de son genre, qui est la pensée, et il y rentre sans cesse malgré lui et au préjudice du sentiment. Sa force déplacée le trahit : c'est un aigle qui voltige dans des bocages ; on sent qu'il y est gêné, et qu'il resserre avec peine un vol fait pour les hauteurs des montagnes et l'immensité des cieux.

* *Arsace et Isménie.*

Il y préludait comme en se jouant dans ses *Lettres Persanes;* et ce premier ouvrage, malgré la forme épistolaire et quelques teintes romanesques, n'est au fond que le produit des premières études de l'auteur, et une des esquisses du grand ouvrage de sa vie, de *l'Esprit des Lois*. Voltaire, dans un de ces accès d'humeur trop fréquents chez lui, a dit des *Lettres Persanes : Ce livre si frivole et si aisé à faire*. Il n'est pas si frivole, ce me semble, et l'on peut douter que beaucoup d'autres l'eussent fait *aisément*. Il y a bien quelques idées ou peu justes, ou hasardées, ou susceptibles d'être contredites avec fondement : l'auteur y paraît fort tranchant; il était jeune. Dans la suite, il décida beaucoup moins, discuta beaucoup plus, et instruisit beaucoup mieux ; il était mûr. D'ailleurs il faut songer que, sous le nom d'Usbeck ou de Rica, il risque souvent, pour s'égayer avec le lecteur, ce qu'il n'aurait peut-être pas risqué en son propre nom. Lui-même a soin de nous en avertir dans un endroit où il fait dire à son philosophe persan *qu'il a pris le goût du pays où il est* (la France), *où l'on aime à soutenir des opinions extraordinaires, et à réduire tout en paradoxes*. C'est dans ce livre, qui parut en 1721, et l'un des premiers qui ait paru se sentir du libertinage d'esprit introduit sous la régence, qu'il glissa sur le christianisme quelques railleries fort peu dignes d'un génie tel que le sien, et quelques détails licencieux, fort peu convenables à sa profession de magistrat. Ce n'est pas là probablement ce qui mit Voltaire de mauvaise humeur

contre le livre ; ce fut le passage suivant : « Ce sont
« ici les poètes, c'est-à-dire ces auteurs dont le mé-
« tier est de mettre des entraves au bon sens, et
« d'accabler la raison sous les agréments. » Voilà
bien la proscription philosophique dont je parlais
tout à l'heure, et l'on a vu ce qu'il en faut penser.
Que dirait-on d'un homme qui, en montrant dans
une bibliothèque les ouvrages de ces sophistes de
notre siècle dont l'opinion publique a déjà fait justice depuis notre révolution, dirait : « Ce sont ici
« les philosophes, c'est-à-dire ces hommes dont le
« métier est de détruire la raison par le raisonne-
« ment. » On lui répondrait sans doute : « Vous vous
« moquez ; vous n'avez pas défini la philosophie,
« mais le charlatanisme. » On peut faire la même
réponse à Montesquieu : « vous n'avez pas défini les
« poètes, mais les rimailleurs qui prétendent être
« poètes. »

Ce qui pourrait pourtant faire penser qu'il y a
une sorte d'antipathie entre les poètes et les philosophes français, c'est que Pascal, dans ses *Pensées*,
parle de la poésie à peu près comme Montesquieu,
et n'y voit que des mots vides de sens, comme
fatal laurier, bel astre, etc., *qu'on appelle des
beautés poétiques*. Voltaire en conclut seulement
que *Pascal parlait de ce qu'il ne connaissait pas*;
et c'est, je crois, la seule fois qu'il ait eu raison
contre Pascal. Il fut bien plus en colère contre Montesquieu, qui pourtant avait excepté nommément
les poètes dramatiques du mépris qu'il témoignait
pour tous les autres. Cela ne suffisait pas, comme

de raison, pour apaiser l'auteur de *la Henriade*; et quand on lui reprochait les traits qu'il lançait contre Montesquieu, il se contentait de répondre : *Il est coupable de lèse-poésie* : et l'on avouera que c'était un crime que Voltaire ne pouvait guère pardonner.

L'Académie française pardonna beaucoup plus aisément des plaisanteries, un peu meilleures, que s'était permises contre elle l'auteur des *Lettres Persanes*, ainsi que Voltaire lui-même, et quelques autres aussi, qui n'avaient pas tout-à-fait autant de droits de plaisanter. S'il est aisé de donner à un homme de mérite un bon ridicule sans que cela tire à conséquence, à plus forte raison à une compagnie littéraire, où les titres et les prétentions sont pêle-mêle, sans que personne se croie solidaire pour la compagnie, ou la compagnie pour personne. Ce tribut qu'il fallait payer à la gaieté française ne compromettait pas plus l'Académie que Montesquieu, et n'embarrassa ni l'un ni l'autre quand l'auteur des *Lettres Persanes* vint prendre la place qui lui était due.

Ce livre, toujours piquant par la variété des tons pour le lecteur qui cherche l'amusement, attache souvent par l'importance des objets le lecteur qui veut s'instruire. Déjà l'auteur s'essaie aux matières de politique et de législation, et plusieurs de ces *Lettres* sont de petits traités sur la population, le commerce, les lois criminelles, le droit public; on voit qu'il jette en avant des idées qu'il doit développer ailleurs, et qui sont comme les pierres d'attente d'un édifice. La familiarité épistolaire met naturellement en jeu son talent pour la plaisanterie, qu'il maniait aussi bien que le raisonnement. L'ironie est dans ses mains une arme qu'il fait servir à tout, même contre l'Inquisition, et alors elle est assez amère pour tenir lieu d'indignation. Il peint à grands traits les mœurs serviles des états despotiques, et cette jalousie particulière aux harems de l'Orient, toujours humiliante et forcenée, soit dans le maître qui veut être aimé comme on veut être obéi, soit dans les femmes esclaves, qui se disputent un homme et non pas un amant. Il sait intéresser et toucher dans l'histoire des Troglodytes, et cet intérêt n'est pas celui d'aventures romanesques; c'en est un plus rare, plus original et plus difficile à produire, celui qui naît de la peinture des vertus sociales mises en action, et nous en fait sentir le charme et le besoin.

On a reproché à l'auteur, et non sans sujet, d'avoir cédé à la mode du moment dans le jugement qu'il porte de Louis XIV, qu'alors il était de bon air de décrier, comme il l'avait été auparavant de le flatter. Ce qu'il en dit n'est nullement d'un philosophe, mais d'un satirique; car il ne montre guère que les fautes et les faiblesses. S'il eût écrit l'histoire, sans doute il aurait montré l'homme tout entier, et l'homme était grand. On peut aussi réfuter avec avantage, même en philosophie naturelle, ses opinions sur le suicide, sur le divorce, sur les colonies et sur quelques autres objets d'une ancienne discussion. Il a été, depuis sa mort, attaqué sur presque tout, par Voltaire, entre autres, et dans des ouvrages faits exprès. Mais on doit avouer que Voltaire le combat comme il l'avait lu, très étourdiment. Ces objets de méditation étaient trop étrangers à l'excessive vivacité de son esprit. Saisir fortement par l'imagination les objets qu'elle ne doit montrer que d'un côté, c'est ce qui est du poète; les embrasser sous toutes les faces, c'est ce qui est du philosophe, et Voltaire était trop exclusivement l'un pour être l'autre.

Comme on aperçoit dans les *Lettres Persannes* le germe de l'*Esprit des Lois*, on croit voir aussi dans les *Considérations sur la Grandeur et la Décadence des Romains*, une partie détachée de cet ouvrage immense qui absorba la vie de Montesquieu. Il est probable qu'il se détermina à faire de ces *Considérations* un traité à part, parce que tout ce qui regarde les Romains offrant par soi-même un grand sujet, d'un côté l'auteur, qui se sentait capable de le remplir, ne voulut rester ni au-dessous de sa matière ni au-dessous de son talent; et de l'autre, il craignit que les Romains seuls ne tinssent trop de place dans l'*Esprit des Lois*, et ne rompissent les proportions de l'ouvrage. C'est ce qui nous a valu cet excellent traité dont nous n'avions aucun modèle dans notre langue, et qui durera autant qu'elle : c'est un chef-d'œuvre de raison et de style, et qui laisse bien loin Machiavel, Gordon, Saint-Réal, Amelot de La Houssaye, et tous les autres écrivains politiques qui avaient traité les mêmes objets.

Jamais on n'avait encore rapproché dans un si petit espace une telle quantité de pensées profondes et de vues lumineuses. Le mérite de la concision dans les vérités morales, naturalisé dans notre langue par La Rochefoucauld et La Bruyère, doit le céder à celui de Montesquieu, à raison de la hauteur et de la difficulté du sujet. Ceux-là n'avaient fait que circonscrire dans une mesure précise et une expression remarquable, des idées dont le fond est dans tout esprit capable de réflexion, parce que tout le monde en a besoin : celui-ci adapta la même précision à de grandes choses, hors de la portée et de l'usage des hommes, et où il portait en même temps une lumière nouvelle : il faisait voir dans l'histoire d'un peuple qui a fixé l'attention de toute la terre, ce que nul autre n'y avait vu, et ce que lui seul semblait capable d'y voir, par la manière dont il le montrait. Il sut démêler, dans la politique et le gouvernement des Romains, ce que nul de leurs historiens n'y avait aperçu. Celui d'eux tous qui eut le plus de rapport avec lui, et qu'il paraît même avoir pris pour modèle dans sa manière d'écrire, Tacite, qui fut comme lui grand penseur et grand peintre, nous a laissé un beau *Traité sur les Mœurs des Germains;* mais qu'il y a loin du portrait de peuplades à demi sauvages, tracé avec un art et des couleurs qui font de l'éloge des barbares la satire de la civilisation corrompue, à ce vaste tableau de vingt siècles, depuis la fondation de Rome jusqu'à la prise de Constantinople, renfermé dans un cadre étroit, où, malgré sa petitesse, les objets ne perdent rien de leur grandeur, et n'en deviennent même que plus saillants et plus sensibles! Que peut-on comparer en ce genre à un petit nombre de pages où l'on a pour ainsi dire fondu et concentré tout l'esprit de vie qui animait et soutenait ce colosse de la puissance romaine, et en même temps tous les poisons rongeurs qui, après l'avoir long-temps consumé, le firent tomber en lambeaux sous les coups de tant de nations réunies contre lui? C'est un monument unique dans notre siècle, que ce livre qui, avec tant de substance, a si peu d'étendue, où la philosophie est si heureusement mêlée à la politique, que l'auteur a pris de l'une la justesse des idées générales, et de l'autre celle des applications particulières, deux choses très différentes, et qui, faute d'être réunies, ont produit si souvent, ou des législateurs qui n'étaient nullement philosophes, ou des philosophes qui n'étaient nullement législateurs. Montesquieu a su joindre ici, comme dans l'*Esprit des Lois*, la brièveté des expressions à l'élévation des vues : il voit et fait voir beaucoup de conséquences dans un seul principe ; et le lecteur qui est de force à réfléchir sur ces matières, peut s'instruire plus dans un seul volume que dans tous ceux où les anciens et les modernes ont traité de l'histoire romaine.

Il ne manque à cet ouvrage que ce qui fait le principal mérite du seul que le siècle passé puisse lui opposer, quoiqu'il soit d'un genre et d'un style différents, le *Discours sur l'Histoire universelle*, de

Bossuet. Celui-ci, en traçant l'origine, les progrès et la chute des empires, a toujours suivi de l'œil et montré du doigt le dessein d'une Providence qui tenait les rênes; et l'on se tromperait beaucoup si l'on ne voyait là d'autre avantage que celui de la foi chrétienne. Cet avantage, précieux en lui-même, eût de plus complété, sous le rapport de l'utilité générale, l'ouvrage de Montesquieu, par un résultat plus important que tous les autres, et qui aurait prévenu toutes les fausses conséquences de l'esprit imitateur. La raison éclairée et désintéressée avait pu apercevoir que l'existence du peuple romain fut un évènement unique dans le monde; qu'il ne pouvait arriver qu'une fois; que rien n'avait ressemblé et ne pouvait ressembler à ce peuple, et que par conséquent cet exemple ne pouvait pas être un modèle. Mais l'admiration vulgaire devait naturellement avoir plus d'effet que la réflexion de quelques sages, et de là le fol enthousiasme de tant d'écrivains, même de ceux qui ont fait d'ailleurs preuve de connaissances, tels que Mably, et qui pourtant ont paru croire à la possibilité de mouler notre Europe moderne sur la république romaine. Je ne connais rien de plus insensé, et je m'en expliquerai plus au long quand j'aurai à parler de Mably. Montesquieu pouvait aller au-devant d'une méprise si grossière, et que peut-être même il n'a pas supposée possible, s'il eût fait voir, comme il le pouvait très-aisément, qu'un peuple que la Providence destinait à devenir le maître de la plus grande partie des peuples alors plus ou moins civilisés devait différer de tous les autres, non-seulement par ses vertus, mais par ses vices, et devait y porter un excès qui lui donnât une sorte d'énergie habituelle dont lui seul fût susceptible. Ainsi sa sévérité fut barbare, son patriotisme atroce, son avidité impudente, sa politique perverse et odieuse, et son orgueil destructeur : de là un Mucius faisant une vertu de ce qui n'est même jamais permis, l'assassinat : de là Torquatus immolant son fils pour une faute de discipline : un sage comme Caton voulant absolument la ruine entière de Carthage, que l'on consomma par des moyens infâmes; et de là enfin les légions romaines précipitées sur les trois parties du monde par l'attrait du pillage. C'est là ce qu'a fait le peuple romain, et qu'aucun gouvernement moderne ne pourrait vouloir imiter sans courir à une perte certaine, et sans être bientôt écrasé au-dedans et au-dehors.

J'indique à peine ce qui aurait pu fournir un beau chapitre à Montesquieu, mais ce qui suffit ici pour faire comprendre que les lumières de la religion s'étendent à tout, et peuvent éclairer et réformer la prudence du siècle; et que, quand Bossuet a fait sa *Politique de l'Écriture sainte*, et Fénelon ses *Directions pour la conscience d'un roi*, ils ont écrit, non pas seulement en théologiens, mais en amis de l'humanité. Si vous voulez apprécier sous ce rapport la politique religieuse et la *philosophie révolutionnaire*, il n'y a qu'à voir pour qui l'une et l'autre sont d'usage. La première est faite pour les bons rois et les ministres vertueux, qui veulent le bonheur des hommes ; la seconde ne peut servir qu'à ceux qui s'enorgueillissent d'être, ne fût-ce qu'un moment, les fléaux du genre humain.

Ces observations générales se réduisent, par rapport à Montesquieu, à restreindre, non pas le mérite intrinsèque, mais la valeur usuelle de l'ouvrage le plus parfait, selon moi, qui soit sorti de sa plume, mais dont l'utilité se borne à-peu-près à nous faire bien connaître le peuple romain. C'est dans l'*Esprit des Lois* que l'auteur écrivit pour le monde entier, c'est-à-dire pour toutes les nations policées ou susceptibles de l'être.

Il y a long-temps que ce livre est jugé, quant au mérite et au génie. Il est consacré par l'admiration dans tous les pays où il est lu. Mais, pour sentir combien il est admirable, il faut le méditer ; et pour reconnaître quelle abondance de lumières on en peut tirer, il faut comparer la théorie à l'expérience, c'est-à-dire rapprocher les vues de l'auteur des évènements qui ont eu lieu depuis lui, et qui ont fait de sa politique une sorte de prescience. Il ne fut pas d'abord aussi goûté qu'il devait l'être : il avait trop besoin d'être entendu, et l'auteur n'obtint pas ce qu'il avait demandé, que l'on ne jugeât pas en un moment ce qui avait coûté trente ans de réflexion : c'était trop demander aux hommes, et sur-tout à des Français. Celui que l'on aurait alors interrogé sur ce qu'il en pensait, et qui aurait répondu, je l'étudie, eût été seul digne de le juger ; et je ne sais si cet homme-là s'est trouvé. Le plus pressé pour la sagesse, c'est de s'instruire. Le plus pressé pour l'amour-propre, c'est de prononcer. L'amour-propre se satisfit donc d'abord, et sans peine. Personne ne trouvait dans ce livre ce qu'il cherchait, parce que chacun n'y cherchait que ce qu'il y aurait mis. Tout le monde en cela était plus ou moins comme Voltaire, dont Montesquieu disait si finement : « *Je ne puis m'en rapporter à « lui : cet homme refait tous les livres qu'il lit.* » Et il est sûr que l'*Esprit des Lois* n'était pas un livre qu'on pût refaire en le lisant. Les érudits ne le trouvèrent pas assez savant, faute de citations ; et les gens du monde, qui auraient voulu le lire comme ils lisent tout, c'est-à-dire comme une brochure, le trouvèrent vague et décousu. Madame Du Deffant, qui n'y voyait que des saillies, dit que c'était de *l'Esprit sur les Lois*, et Voltaire adopta le mot et le jugement. J'ai assez connu madame Du Deffant pour assurer que cette femme, qui avait de l'esprit naturel, et sur-tout de l'esprit de société, sans aucune instruction, n'était pas plus en état d'apprécier l'*Esprit des Lois* que capable de le lire : elle ne pouvait que le parcourir, pour en parler.

Après la mort de Montesquieu, nos *philosophes* crurent devoir appuyer leur *Encyclopédie* sur le piédestal de sa statue. Soit politique, soit bévue, ils parurent compter pour un des leurs celui peut-être de tous les esprits qui leur était le plus opposé, et qui l'eût été avec le plus d'éclat, s'il eût assez vécu pour voir les progrès de la secte dont il ne vit que les commencements. On voit au moins, par ses *Lettres* posthumes, ce qu'il en pensait déjà, et de quel ton il parle de la maison * que leur société rendit depuis si célèbre. Mais pour eux, travestissant dans l'opinion l'écrivain qui avait examiné tous les gouvernements sous les rapports de l'ordre à conserver et de l'abus à modifier, ils en parlèrent comme d'un satirique qui avait tout blâmé, hors le gouvernement anglais, qui devint en conséquence l'objet de tous les éloges et de tous les vœux. A mesure qu'on approchait davantage de la révolution, et depuis que Rousseau eut écrit, l'opinion s'éloigna un peu de Montesquieu, et, en révérant toujours son nom, l'on se servit, pour discréditer sa politique, d'un moyen fort peu dispendieux pour l'esprit, celui de rejeter tout ce qu'il avait dit en faveur de la noblesse et des parlements, attendu qu'il était noble et magistrat. De là le premier discrédit des *pouvoirs intermédiaires*, remplacés bientôt par les *pouvoirs représentatifs*, sur-tout d'après l'exemple de l'Amérique; et enfin *la souveraineté du peuple*, mise en principe général d'après Rousseau, principe qu'on appliquait fort mal, puisque lui-même ne l'appliquait qu'aux petits États; principe que de plus Rousseau lui-même avait follement exagéré jusqu'à la rigueur métaphysique, en dénaturant ce qu'il avait pris dans le *gouvernement civil* de Locke. Telle fut la marche de l'esprit français, quand Montesquieu et les économistes l'eurent tourné vers la législation, marche qu'il suffit de rappeler ici, et qu'il sera temps de suivre de plus

* Celle de madame Geoffrin.

près à l'article de Rousseau, dont l'influence a été tout autrement puissante que celle de Montesquieu, et devait l'être, puisque celui-ci avait écrit pour les hommes qui pensent, et celui-là pour la multitude. On sait assez comment notre révolution a divinisé le républicain Rousseau, en réprouvant le monarchiste Montesquieu, quoiqu'il soit plus vraisemblable qu'elle les eût également proscrits tous deux, s'ils avaient eu le malheur d'en être les témoins. On sait aussi que la France, au moment où j'écris*, n'est pas plus une république qu'une monarchie, et que les opinions révolutionnaires ne doivent pas plus compter parmi les théories politiques, que la *peste noire*, qui ravagea une partie du globe au quatorzième siècle, parmi les lois organiques du monde. J'ai fait voir ailleurs ** comment la Providence a voulu confondre ces opinions par une réponse qui n'appartient qu'à elle, en permettant qu'elles fussent un moment des *lois;* et lorsque les sophistes français passeront ici sous nos yeux avec leur enseigne de philosophes, nous verrons que leur doctrine contenait tous les principes dont nos *lois révolutionnaires* ont été la conséquence. Mais je ne crois pas pouvoir annoncer trop tôt, pour la gloire du grand homme qui nous occupe en ce moment, ce qui bientôt ne sera même pas mis en question, que la révolution aura fait, à l'égard de Montesquieu et de Rousseau, précisément ce qu'elle aura fait dans tout le reste sans exception, c'est-à-

---

* En 1799.
** Dans la troisième partie de l'*Apologie de la Religion*.

dire tout le contraire de ce qu'elle a prétendu faire. C'est elle qui éclairera tout le monde sur l'excellent esprit de Montesquieu, et qui détrompera tout le monde sur le très mauvais esprit de Rousseau. C'est elle qui prouvera que l'un était une espèce de prophète, et l'autre un véritable charlatan; qu'avec les principes de Rousseau on ne ferait pas même une petite république, et qu'avec ceux de Montesquieu on maintiendra toujours une grande monarchie.

Laissant donc de côté ce qui n'a point de rang dans les idées humaines, je puis affirmer que tous les bons juges étaient déjà convenus depuis long-temps que, dans les reproches à faire à l'*Esprit des Lois*, il n'y en avait aucun d'essentiel. Le défaut de méthode n'est qu'apparent; et l'analyse du livre, assez bien faite par d'Alembert pour qu'il ne soit pas permis d'en essayer une autre*, cette analyse, imprimée partout avec l'ouvrage même, a prouvé qu'il ne manquait ni de plan ni de liaison. Mais les divisions et subdivisions de son livre renferment des objets si nombreux et si variés, que, pour en suivre l'enchaînement, il faut un travail de mémoire et

---

* C'est pourtant ce que j'avais essayé dans un temps où je ne doutais de rien, non plus que bien d'autres, au milieu du vertige qui tournait les têtes françaises au commencement de 1789. C'était même plus qu'une analyse; c'était une réfutation de quelques-uns des principes de l'*Esprit des Lois*, et qui remplit cinq ou six séances du *Lycée*, avec un tel succès, que je fus sollicité de toutes parts de l'imprimer sur-le-champ. J'aurais dû dire alors comme cet ancien philosophe applaudi par la multitude: *Est-ce que je viens de dire des sottises?* Heureusement je ne publiai pas les miennes, quoique alors je ne m'en défendisse pas. Lorsque je les relus tout seul en 1794, je jetai sur-le-champ le manuscrit au feu, sans en conserver une phrase, et je rendis graces à Dieu.

d'attention dont peu de lecteurs sont capables; et l'auteur les mène si vite et si loin, qu'avant d'être à la moitié du chemin, la plupart ne se souviennent plus d'où ils sont partis, pour peu que leur paresse ait compté sur le soin qu'il aurait de le leur rappeler. C'est un soin dont il ne s'embarrasse guère: et je crois qu'en effet, dans une course si rapide et si longue, il n'était pas tenu de songer à ceux qui n'avaient pas assez d'haleine pour le suivre. Parmi les livres qui veulent de l'étude pour être lus, tant il en a fallu pour les faire, je crois que l'*Esprit des Lois* est le premier : c'est du moins, de ceux que je connais, celui où il y a le plus de choses fortement pensées.

On a blâmé avec raison une sorte d'affectation dont on ne voit pas le but, et peu convenable d'ailleurs dans un homme qui n'en devait avoir d'aucune espèce, c'est celle de découper souvent son ouvrage en petits chapitres, dont on ne voit point assez la distinction, ou qui, tenant par l'indication même du titre * à un même objet, semblent ne devoir pas être séparés. Il y en a de tels qui ne contiennent qu'une phrase ou deux; et plus la phrase est frappante, plus l'auteur a l'air de n'en avoir fait un chapitre que pour appeler l'admiration : or, plus on la mérite, moins il faut la commander.

Quelques erreurs de chronologie et de géographie peuvent avoir échappé sans conséquence à travers de tant de recherches et d'observations. Un

---

* Continuation du même sujet.

défaut plus important, ce serait de s'appuyer trop souvent sur des coutumes de certaines nations, ou trop peu civilisées, ou trop peu connues, s'il les citait à l'appui de ses principes fondamentaux; mais comme il ne s'agit guère alors que d'observations particulières et locales, l'inconvénient, s'il y en a, est assez léger.

On a beaucoup combattu, et Voltaire plus que tout autre, le système général du livre, qui établit les principes des trois gouvernements connus dans le monde, la vertu pour les républiques, l'honneur pour les monarchies, la crainte pour les états despotiques. Tout le monde est d'accord avec l'auteur sur le dernier : on a fort incidenté sur les deux autres. Je pense que Montesquieu eût prévenu beaucoup de difficultés, s'il fût entré dans son plan et dans son genre d'esprit de s'occuper beaucoup des objections; mais il est évident qu'il ne songe qu'à construire la série de ses idées, et je conçois ses motifs. Son entreprise était si considérable, à raison de ce qu'il y voyait; la carrière qu'il mesurait de l'œil était si étendue, et le terme lui en paraissait si éloigné, qu'il pouvait craindre que celui de sa vie ne l'arrêtât en deçà; et en effet, il avait à peine atteint le premier, qu'il touchait à l'autre. Il ne survécut que de peu d'années à la publication de l'*Esprit des Lois*. S'il eût voulu controverser, ne fût-ce que sur les points principaux, son ouvrage n'avait plus de mesure, et il était également de l'intérêt du public et de la gloire de l'auteur de resserrer l'ouvrage et de l'achever.

Si je me déclare d'une manière si authentique pour la doctrine de Montesquieu, ce n'est pas que je prétende prononcer sur des aperçus de cette nature d'après mes propres lumières, dont je reconnais volontiers l'insuffisance dans des objets qui n'ont pas été particulièrement ceux de mes études. Je ne fais que déférer à l'autorité d'un grand maître reconnu pour tel; et si je crois devoir y déférer, c'est d'après un arbitre qui, dans cette matière, est le plus infaillible de tous, l'expérience. Un ancien a dit : « L'évènement est un maître pour les « insensés : » *Eventus stultorum magister est*; et cela est vrai d'un évènement, mais non pas de l'expérience générale, qui se compose des faits de tous les temps et de tous les lieux. Or, non-seulement elle était pour Montesquieu lorsqu'il écrivait, mais elle l'a sur-tout justifié depuis qu'il a écrit. C'est par la raison des contraires qu'on peut, dès ce moment, juger nos législateurs et nos politiques révolutionnaires, sans que leurs succès même puissent, quoique prolongés contre toute vraisemblance, faire douter un moment de la vérité. Ils font profession hautement de détruire sans exception tout ce qui a été, et de fonder ce qui n'a jamais été, et ils ne justifient jamais le mal réel et présent qu'ils avouent que par le bien futur et éventuel qu'ils promettent. Je n'ai jamais été, graces au ciel, jusqu'à ce point de déraison ; mais quand je combattais Montesquieu aussi, j'opposais une chimère de perfection que je croyais possible à un bien dont je n'apercevais pas l'imperfection nécessaire. J'ai cédé à l'expérience, parce que du moins j'étais de bonne foi et sans intérêt ; et c'est cette même expérience, attentivement considérée, qui a rendu à Montesquieu mon suffrage, dont assurément il n'avait pas besoin, mais que je devais à la vérité comme à lui.

Ce n'est pas non plus que je prétende déroger à cette proposition générale que j'ai mise en avant partout, et que je crois incontestable, que la révolution est un évènement unique, dont il ne faudra jamais rien conclure, parce que rien de semblable ne peut arriver deux fois. Le sens de cette proposition est trop clair pour que l'on s'y méprenne ; j'ai voulu dire seulement, ce qui est trop facile à prouver, que ces choses-là ne sont pas deux fois faisables, et que ces moyens-là ne servent pas deux fois. Sans doute cette révolution, comme je le prouve ailleurs, est un miracle de la justice divine, sans quoi elle serait le scandale de la raison humaine, et l'histoire ne pourra l'expliquer que par le caractère d'un seul homme, caractère tellement singulier, qu'elle ne l'avait encore montré dans aucun autre, sur-tout dans un roi ; en sorte que ce caractère même est encore une autre espèce de miracle qui rentre dans ce plan de la Providence, le seul où tout soit clair et conséquent. Tout cela est très vrai ; mais il ne l'est pas moins qu'en opérant ce genre de prodiges qui doivent être le sujet de nos méditations*, elle se sert pourtant de moyens naturels, de moyens humains, quoiqu'elle en fasse un usage tout

---

* In factis manuum tuarum meditabar. (*Psalm.* CXLII, 5.)

nouveau. Or, ces moyens ont confirmé de la manière la plus éclatante tout ce que Montesquieu avait dit, par exemple, de l'importance majeure des pouvoirs intermédiaires : ils sont tellement adhérents à la racine de l'arbre monarchique, qu'il a fallu les en arracher tous successivement, noblesse, clergé, magistrature, avant d'approcher la cognée qui a frappé l'arbre; et encore l'avaient-ils tellement affermi par une adhérence de tant de siècles, qu'il ne tombait pas, si lui-même n'eût pour ainsi dire voulu tomber. Mais d'ailleurs le plan de la faction fut conséquent et suivi : elle n'attaqua ouvertement l'ennemi que quand elle l'eut dépouillé de tous ses appuis; et jusque-là elle jura toujours que ce n'était pas à lui qu'elle en voulait, afin qu'il les abandonnât et demeurât sans défense. Quand un exemple si frappant et si mémorable se joint à tous les autres genres de preuves si bien déduites par l'auteur de l'*Esprit des Lois*, n'est-ce pas comme si l'expérience des siècles venait en personne apposer son sceau aux arrêts de la raison?

Voilà donc la sanction d'un principe politique qui est celui de tous les royaumes de l'Europe. N'en est-il pas de même du principe moral, celui de la vertu pour les républiques, celui de l'honneur pour les monarchies? Et d'abord l'a-t-on combattu autrement qu'à la faveur d'une confusion d'idées que rendait plus facile encore et plus spécieuse le voisinage apparent des mots d'*honneur* et de *vertu*? On a toujours répondu à l'auteur comme s'il eût dit qu'il n'y avait que de la vertu dans les républiques, et que de l'honneur dans les monarchies; ou qu'il n'y avait d'honneur que dans celles-ci, et de vertu que dans celles-là. Mais il n'a dit ni l'un ni l'autre, et il est même fort étrange qu'on l'ait supposé, car c'était aussi le supposer capable d'une trop grande absurdité; mais la malveillance n'y regarde pas de si près. L'auteur s'est toujours renfermé, et dans le mot, et dans l'idée de *principe général de gouvernement;* et sans autre discussion (puisqu'ici je ne veux m'en permettre aucune), je me contenterai d'indiquer à la réflexion ce même argument de l'expérience, qui me paraît décisif en sa faveur. N'est-il pas naturel de penser que ce qui sert à fonder les États sert aussi à les maintenir? Or, il est de fait que la fondation des républiques a été partout une époque de *vertu*, et dans les temps passés, et dans le nôtre. Voyez les Romains au temps du premier Brutus, les Suisses au temps de Guillaume Tell, les Hollandais au temps des Nassau, enfin les Américains de Washington. C'est le moment où les hommes ont paru plus grands, et c'est ainsi qu'ils ont mérité d'être libres. C'est dans cette lutte glorieuse de la liberté naturelle et légale contre l'abus réel du pouvoir absolu qu'ont éclaté tous les prodiges de courage, de patience, de modération, de désintéressement, de fidélité, en un mot, tout ce que nous admirons le plus dans l'histoire, et ce qui rend un peuple respectable aux yeux de la postérité. Il n'y a point d'exception à cette remarque, fondée d'ailleurs sur la nature des choses, comme sur la constante uniformité des faits. Tout gouvernement est un ordre, et nul ordre ne s'établit que sur la morale. Or, le gouvernement républicain dépend principalement de l'esprit et du caractère du plus grand nombre, comme le gouvernement royal dépend éminemment du caractère d'un seul, du roi ou du ministre qui règne. Si le caractère général n'est pas bon, la chose publique sera donc mauvaise, comme le royaume ira mal si le prince est mauvais, avec cette différence que les vices du prince passent avec lui, et peuvent être compensés par un successeur meilleur que lui, au lieu que rien n'arrête la corruption d'une république. Mais que serait-ce s'il arrivait une fois que l'on prétendît faire, de tous les crimes d'une révolution de brigands, les principes d'un état républicain? Ces brigands eussent-ils les armées et les succès de Gengis et de Tamerlan, on peut prédire que leur chute totale est infaillible et prochaine, à moins que celle du monde ne le soit : pourquoi? parce qu'il faut que l'un des deux périsse très promptement, ou ces brigands, ou le monde contre lequel ils sont en guerre. Lequel croyez-vous le plus probable?

Ce que disait Montesquieu n'a pas été moins vérifié, par rapport à l'affaiblissement de ces deux principes, ressorts nécessaires et naturels de ces deux sortes d'états. La cupidité de l'esprit mercantile finit par relâcher tous les liens de cet esprit public, qui est proprement cette vertu dont l'auteur de l'*Esprit des Lois* fait l'âme des états libres.

Il recommande, comme un point capital dans une monarchie, d'y nourrir le principe de l'honneur comme le feu sacré : et ceux qui voient aujourd'hui de plus près les malheurs de la France peuvent-ils ignorer que, depuis long-temps, l'honneur n'y était plus un principe, et qu'il n'en restait plus guère que le nom? L'honneur avait fait place à l'argent. A dater de la funeste époque du système de Law, l'argent était parvenu progressivement à être enfin partout au premier rang. Aussi a-t-il été, de plus d'une manière, un des mobiles et des moyens de la révolution. C'est ce qui fait, entre autres raisons, qu'elle a été si abjecte dans les oppresseurs et dans les opprimés. Les uns n'ont voulu d'abord qu'envahir la propriété, et les autres n'ont jamais songé qu'à la conserver; en sorte qu'à travers les débats et les compositions, la chose publique est restée, au milieu des partis, indifférente à tous, et bientôt engloutie sans défense.

Rousseau était tout fait pour les *révolutionnaires*, sans avoir même besoin d'en être compris. Il blâme universellement ce qui est : c'était assez pour eux. Il imagine sans cesse ce qui devrait être, sans même s'embarrasser, comme il en convient expressément, si ce qu'il propose est possible. Rien au monde n'est plus aisé que de blâmer ou d'imaginer ainsi : les spéculations ne trouvent point d'obstacles sur le papier; et comme notre révolution est essentiellement sophistique, au point qu'elle n'a pas cessé de l'être, même entre les mains de la plus crasse ignorance, cette chimère de gouverner sur le papier ne périra qu'avec la révolution. Cette chimère est proprement celle du siècle, puisqu'elle a été celle de beaucoup de gens instruits, ou même au-dessus du vulgaire des gens instruits, et qu'aujourd'hui même peu l'ont abjurée. C'est ce qui me porterait à regarder Montesquieu comme l'esprit le plus sage et le plus profond du dix-huitième siècle, en ce qu'il a entièrement échappé à une épidémie si forte et si voisine des matières qu'il traitait. On a dit, à la louange de quelques grands hommes, qu'ils avaient devancé leur siècle : il faut dire de Montesquieu que sa gloire a été d'être seul à ne pas suivre le sien : c'est en cela qu'il a été fort au-dessus.

Montesquieu est loin de se mettre à l'aise comme Rousseau, qui n'a pas d'autre affaire que de se démêler, comme il peut et comme il lui plaît, de ses combinaisons gratuites, et qui n'est pas même toujours conséquent dans ses hypothèses. L'imagination de Rousseau se promène dans le vide : le génie de Montesquieu se meut à travers les gouvernements et les hommes, qu'on n'arrange pas comme des corollaires de métaphysique. Il ne heurte rien; il examine tout. Il explique, pour lui-même et pour les autres, les raisons de ce qui est; et cette explication est une haute leçon, du moins pour le bon sens; en faisant voir comment ce qui est subsiste malgré ses imperfections, et pourquoi il doit subsister; comment on peut balancer la tendance naturelle au mal, et fortifier le principe du bien contre l'abus, qui n'est jamais une raison pour attenter au principe. Il a lui-même exposé son dessein dans un passage de sa préface, qui marque les rapports de son caractère à son esprit. « Je me croirais bien « récompensé de mon travail, si, après m'avoir lu, « chacun trouvait dans mon livre de nouvelles « raisons d'aimer le pays où il est né, et le gouver- « nement sous lequel il vit. » C'était donc un génie conservateur parmi une foule d'esprits qui ont composé tous ensemble le génie de la destruction. C'est la différence de l'ordre au chaos, et de la lumière aux ténèbres.

Il fait partout dans l'*Esprit des Lois*, et en termes très expressifs, l'éloge de cette même religion qu'il avait si légèrement traitée dans sa jeunesse. Il ne la recommande pas seulement comme le plus parfait système religieux, mais comme le plus puissant de tous les soutiens du système social. Il réfute solidement ceux qui en ont méconnu l'utilité et la nécessité, et dit en propres termes, « qu'il est vrai- « ment admirable que cette religion qui semble ne « promettre le bonheur que dans un autre monde, « soit encore la plus propre à faire le nôtre ici bas. » Il est impossible de suspecter la sincérité de ce langage. S'il ne pensait pas ce qu'il a dit, une réserve politique pouvait l'engager à se taire; mais rien ne l'engageait à parler.

Je croirais volontiers que c'est là une des causes secrètes qui ont fait si souvent revenir Voltaire à l'attaque de l'*Esprit des Lois*, et qu'il était encore plus mécontent de tout le bien que l'auteur disait du christianisme que du mal qu'il n'avait dit de la poésie qu'en passant. Voltaire était blessé là dans ses deux grandes passions d'amour et de haine. C'est pourtant lui qui a écrit, dans ses bons moments, ces belles paroles souvent citées : « Le genre humain « avait perdu ses titres, Montesquieu les a retrouvés « et les lui a rendus. » Quant à ceux qui ne supposent pas qu'on puisse avoir de la religion et de l'esprit, je les laisse examiner, dans leur *philosophie*, jusqu'où ils doivent excuser ou mépriser Montesquieu, et je suis persuadé qu'ils ne peuvent être embarrassés ni de l'un ni de l'autre.

Quoique son style soit souvent ingénieux et piquant, au point d'avoir fait dire à quelques juges superficiels que l'*Esprit des Lois* n'était, comme les *Lettres Persanes*, qu'un livre agréable, Montesquieu savait trop bien écrire pour ne pas saisir et marquer la différence de l'un et de l'autre. Il porte ici dans son expression, le sentiment intime d'une grande force ; il la fait sentir à chacun en proportion de ce que chacun en peut avoir; et comme il ne l'épuise jamais, il n'en donne jamais la mesure tout entière. Toujours on peut supposer qu'il voit encore au delà de ce qu'il exprime, et c'est un exercice utile pour le lecteur, de chercher dans la phrase de Montesquieu toute sa pensée. En d'autres moments, ses paroles ont le caractère des lois, la précision claire et la simplicité majestueuse; et comme les lois, dans leur généralité, embrassent tous les cas, un principe de Montesquieu embrasse toutes les conséquences. Comme les lois, il ne se passionne point ; il prononce, il juge. Quoiqu'il ne néglige pas l'effet qui convient à l'éloquence du genre, il préfère en général le ton d'autorité qui convient à la raison, et qui est ferme sans être arrogant. La raison ne commande l'assentiment qu'avec la conviction*.

La Harpe, *Cours de Littérature*.

MORCEAUX CHOISIS.

I. Des Crimes inexpiables.

La religion païenne, qui ne défendait que quelques crimes grossiers, qui arrêtait la main et abandonnait le cœur, pouvait avoir des crimes inexpiables; mais une religion qui enveloppe toutes les passions, qui n'est pas plus jalouse des actions que des désirs et des pensées; qui ne nous tient point attachés par quelques chaînes, mais par un nombre innombrable de fils; qui laisse derrière elle la justice humaine et commence une autre justice; qui est faite pour mener sans cesse du repentir à l'amour, et de l'amour au repentir; qui met entre le juge et le criminel un grand médiateur, entre le juste et le médiateur un grand juge; une telle religion ne doit point avoir de crimes inexpiables. Mais, quoiqu'elle donne des craintes et des espérances à tous, elle fait assez sentir que, s'il n'y a point de

* Outre les jugements sur l'*Esprit des Lois* que cite La Harpe, ceux de Voltaire et de d'Alembert, on peut encore consulter d'autres ouvrages plus modernes: l'analyse qu'a faite de ce livre M. Villemain dans son *Éloge de Montesquieu*, et les objections qu'a élevées contre quelques points de sa doctrine politique, dans un commentaire de cette belle production, M. le comte Destutt de Tracy. Un jeune avocat, M. Théodore Regnault, a tout récemment mis en tableaux le système de l'*Esprit des Lois*, pour en faciliter l'étude. H. P.

crime qui par sa nature soit inexpiable, toute une vie peut l'être ; qu'il serait très dangereux de tourmenter sans cesse la miséricorde par de nouveaux crimes et de nouvelles expiations ; qu'inquiets sur les anciennes dettes, jamais quittes envers le Seigneur, nous devons craindre d'en contracter de nouvelles, de combler la mesure, et d'aller jusqu'au terme où la bonté paternelle finit.

Esprit des Lois. XXIV, 13.

II. Alexandre.

Alexandre fit une grande conquête. Les mesures qu'il prit furent justes. Il ne partit qu'après avoir achevé d'accabler les Grecs ; il ne laissa rien derrière lui contre lui. Il attaqua les provinces maritimes, et fit suivre à son armée de terre les côtes de la mer, pour n'être point séparé de sa flotte. Il se servit admirablement bien de la discipline contre le nombre ; et s'il est vrai que la victoire lui donna tout, il fit aussi tout pour se procurer la victoire. Dans le commencement de son entreprise, c'est-à-dire dans un temps où un échec pouvait le renverser, il mit peu de chose au hasard : quand la fortune le mit au-dessus des évènements, la témérité fut quelquefois un de ses moyens. Lorsqu'il s'agit de combattre les forces maritimes des Perses, c'est plutôt Parménion qui a de l'audace, c'est plutôt Alexandre qui a de la sagesse. La bataille d'Issus lui donna Tyr et l'Egypte ; la bataille d'Arbelles lui donna toute la terre. Voilà comme il fit ses conquêtes ; il faut voir comment il les conserva.

Il résista à ceux qui voulaient qu'il traitât les Grecs comme maîtres, et les Perses comme esclaves. Il ne songea qu'à unir les deux nations, et à faire perdre les distinctions du peuple conquérant et du peuple vaincu. Il abandonna après la conquête tous les préjugés qui lui avaient servi à la faire. Il prit les mœurs des Perses, pour ne point désoler les Perses en leur faisant prendre les mœurs des Grecs. Il respecta les traditions anciennes, et tous les monuments de la gloire et de la vanité des peuples. Il semblait qu'il n'eût conquis que pour être le monarque particulier de chaque nation et le premier citoyen de chaque ville. Les Romains conquirent tout pour tout détruire; il voulut tout conquérir pour tout conserver. Sa main se fermait pour les dépenses privées; elle s'ouvrait pour les dépenses publiques. Fallait-il régler sa maison, c'était un macédonien. Fallait-il payer les dettes des soldats, faire part de sa conquête aux Grecs, faire la fortune de chaque homme de son armée, il était Alexandre.

Alexandre mourut, et toutes les nations furent sans maître *. Mais qu'est-ce que ce conquérant qui est plaint de tous les peuples qu'il a soumis? Qu'est-ce que cet usurpateur, sur la mort duquel la famille qu'il a renversée du trône verse des larmes.

Ibid, X, 14.

III. Dialogue de Sylla et d'Eucrate **.

Quelques jours après que Sylla se fut démis de la

---

* Montesquieu a répété cette phrase dans *Lysimaque*. Voyez plus loin.
** M. Jouy, dans sa tragédie de *Sylla*, a développé ce beau dialogue de Montesquieu: nous citerons ici les principaux traits qu'il lui a empruntés. F.

dictature, j'appris que la réputation que j'avais parmi les philosophes lui faisait souhaiter de me voir. Il était à sa maison de Tibur, où il jouissait des premiers moments tranquilles de sa vie. Je ne sentis point devant lui le désordre où nous jette ordinairement la présence des grands hommes. Et dès que nous fûmes seuls : Sylla, lui dis-je, vous vous êtes donc mis vous-même dans cet état de médiocrité qui afflige presque tous les humains ? Vous avez renoncé à cet empire que votre gloire et vos vertus vous donnaient sur tous les hommes ? La fortune semble être gênée de ne plus vous élever aux honneurs.

Eucrate, me dit-il, si je ne suis plus en spectacle à l'univers, c'est la faute des choses humaines, qui ont des bornes, et non pas la mienne. J'ai cru avoir rempli ma destinée dès que je n'ai plus eu à faire de grandes choses. Je n'étais point fait pour gouverner tranquillement un peuple esclave. J'aime à remporter des victoires, à fonder ou à détruire des états *, à faire des ligues, à punir un usurpateur : mais pour ces minces détails du gouvernement, où les génies médiocres ont tant d'avantages, cette lente exécution des lois, cette discipline d'une milice tranquille, mon âme ne saurait s'en occuper.

Il est singulier, lui dis-je, que vous ayez porté tant

---

* Je renversai l'état, mais pour le reconstruire :
J'étais né, je le sens, pour fonder ou détruire ;
J'accomplis mes destins, et vers la liberté,
Je ramène en esclave un peuple épouvanté.
     E. Jouy, *Sylla*, act. II, sc. 7.

de délicatesse dans l'ambition. Nous avons bien vu des grands hommes peu touchés du vain éclat et de la pompe qui entourent ceux qui gouvernent; mais il y en a bien peu qui n'aient été sensibles au plaisir de gouverner, et de faire rendre à leurs fantaisies le respect qui n'est dû qu'aux lois.

Et moi, me dit-il, Eucrate, je n'ai jamais été si peu content que lorsque je me suis vu maître absolu dans Rome, que j'ai regardé autour de moi, et que je n'ai trouvé ni rivaux ni ennemis *. J'ai cru qu'on dirait quelque jour que je n'avais châtié que des esclaves. Veux-tu, me suis-je dit, que dans ta patrie il n'y ait plus d'hommes qui puissent être touchés de ta gloire? Et, puisque tu établis la tyrannie, ne vois-tu pas bien qu'il n'y aura point après toi de prince si lâche que la flatterie ne t'égale et ne pare de ton nom, de tes titres, et de tes vertus même?

Seigneur, vous changez toutes mes idées, de la façon dont je vous vois agir. Je croyais que vous aviez de l'ambition, mais aucun amour pour la gloire : je voyais bien que votre âme était haute, mais je ne soupçonnais pas qu'elle fût grande; tout dans votre vie semblait me montrer un homme dévoré du désir de commander, et qui, plein des plus funestes passions, se chargeait avec plaisir de la

---

* Parmi tous ces Romains, à mon pouvoir soumis,
Je n'ai plus de rivaux; j'ai besoin d'ennemis,
D'ennemis libres, fiers, dont la seule présence
Atteste mon génie, ainsi que ma puissance.

E. Jouy, *Sylla*, act. I, sc. 3.

honte, des remords, et de la bassesse même, attachés à la tyrannie. Car enfin vous avez tout sacrifié à votre puissance; vous vous êtes rendu redoutable à tous les Romains, vous avez exercé sans pitié les fonctions de la plus terrible magistrature qui fut jamais. Le sénat ne vit qu'en tremblant un défenseur si impitoyable. Quelqu'un vous dit : Sylla, jusqu'à quand répandras-tu le sang romain ? veux-tu ne commander qu'à des murailles ? Pour lors vous publiâtes ces tables qui décidèrent de la vie et de la mort de chaque citoyen.

Et c'est tout le sang que j'ai versé qui m'a mis en état de faire la plus grande de toutes mes actions. Si j'avais gouverné les Romains avec douceur, quelle merveille que l'ennui, que le dégoût, qu'un caprice m'eussent fait quitter le gouvernement ? mais je me suis démis de la dictature dans le temps qu'il n'y avait pas un seul homme dans l'univers qui ne crût que la dictature était mon seul asyle. J'ai paru devant les Romains, citoyen au milieu de mes concitoyens, et j'ai osé leur dire: Je suis prêt à rendre compte de tout le sang que j'ai versé pour la république; je répondrai à tous ceux qui viendront me demander leur père, leur fils ou leur frère. Tous les Romains se sont tus devant moi.

Cette belle action dont vous me parlez me paraît bien imprudente. Il est vrai que vous avez eu pour vous le nouvel étonnement dans lequel vous avez mis les Romains; mais comment osâtes-vous leur parler de vous justifier, et prendre pour juges des gens qui vous devaient tant de vengeances ?

Quand toutes vos actions n'auraient été que sévères pendant que vous étiez le maître, elles devenaient des crimes affreux dès que vous ne l'étiez plus.

Vous appelez des crimes, me dit-il, ce qui a fait le salut de la république. Vouliez-vous que je visse tranquillement des sénateurs trahir le sénat pour ce peuple qui, s'imaginant que la liberté doit être aussi extrême que le peut être l'esclavage, cherchait à abolir la magistrature même?

Le peuple, gêné par les lois et par la gravité du sénat, a toujours travaillé à renverser l'un et l'autre. Mais celui qui est assez ambitieux pour le servir contre le sénat et les lois, le fut toujours assez pour devenir son maître. C'est ainsi que nous avons vu finir tant de républiques dans la Grèce et dans l'Italie.

Pour prévenir un pareil malheur, le sénat a toujours été obligé d'occuper à la guerre ce peuple indocile. Il a été forcé malgré lui à ravager la terre, et à soumettre tant de nations dont l'obéissance nous pèse. A présent que l'univers n'a plus d'ennemis à nous donner, quel serait le destin de la république? Et, sans moi, le sénat aurait-il pu empêcher que le peuple, dans sa fureur aveugle pour la liberté, ne se livrât lui-même à Marius ou au premier tyran qui lui aurait fait espérer l'indépendance?

Les dieux, qui ont donné à la plupart des hommes une lâche ambition, ont attaché à la liberté presque autant de malheurs qu'à la servitude. Mais quelque doive être le prix de cette noble liberté, il faut bien le payer aux dieux.

La mer engloutit les vaisseaux, elle submerge des pays entiers; et elle est pourtant utile aux humains.

La postérité jugera ce que Rome n'a pas encore osé examiner : elle trouvera peut-être que je n'ai pas versé assez de sang, et que tous les partisans de Marius n'ont pas été proscrits.

Il faut que je l'avoue, Sylla, vous m'étonnez. Quoi! c'est pour le bien de votre patrie que vous avez versé tant de sang! et vous avez eu de l'attachement pour elle!

Eucrate, me dit-il, je n'eus jamais cet amour dominant pour la patrie dont nous trouvons tant d'exemples dans les premiers temps de la république : et j'aime autant Coriolan, qui porte la flamme et le fer jusqu'aux murailles de sa ville ingrate, qui fait repentir chaque citoyen de l'affront que lui a fait chaque citoyen, que celui qui chassa les Gaulois du Capitole. Je ne me suis jamais piqué d'être l'esclave ni l'idolâtre de la société de mes pareils ; et cet amour tant vanté est une passion trop populaire pour être compatible avec la hauteur de mon âme. Je me suis uniquement conduit par mes réflexions, et sur-tout par le mépris que j'ai eu pour les hommes. On peut juger, par la manière dont j'ai traité le seul grand peuple de l'univers, de l'excès de ce mépris pour tous les autres.

J'ai cru qu'étant sur la terre, il fallait que j'y fusse libre. Si j'étais né chez les barbares, j'aurais moins cherché à usurper le trône pour commander que pour ne pas obéir. Né dans une république, j'ai obtenu la gloire des conquérants en ne cherchant que celle des hommes libres.

Lorsque avec mes soldats je suis entré dans Rome, je ne respirais ni la fureur ni la vengeance. J'ai jugé sans haine, mais aussi sans pitié, les Romains étonnés. Vous étiez libres, ai-je dit, et vous voulez vivre esclaves ! Non. Mais mourez, et vous aurez l'avantage de mourir citoyens d'une ville libre. *

J'ai cru qu'ôter la liberté à une ville dont j'étais citoyen était le plus grand des crimes. J'ai puni ce crime-là ; et je ne me suis point embarrassé si je serais le bon ou le mauvais génie de la république. Cependant le gouvernement de nos pères a été rétabli ; le peuple a expié tous les affronts qu'il avait faits aux nobles : la crainte a suspendu les jalousies ; et Rome n'a jamais été si tranquille.

Vous voilà instruit de ce qui m'a déterminé à toutes les sanglantes tragédies que vous avez vues. Si j'avais vécu dans ces jours heureux de la république où les citoyens, tranquilles dans leurs maisons, y rendaient aux dieux une âme libre, vous m'auriez

---

* Les Romains n'avaient droit qu'à mon inimitié ;
Je les jugeai sans haine ainsi que sans pitié.
Malgré vous, ai-je dit, je brise vos entraves ;
Quoi ! lâches citoyens, vous voulez être esclaves !
Non, je vous ai jugés dignes d'un meilleur sort,
Vous demandez des fers ! Je vous donne la mort.
Bénissez, en tombant, cette faveur dernière,
Et rendez à vos dieux une âme libre et fière.

E. Jouy, *Sylla*, act. I, sc. 4.

vu passer ma vie dans cette retraite, que je n'ai obtenue que par tant de sang et de sueur.

Seigneur, lui dis-je, il est heureux que le ciel ait épargné au genre humain le nombre des hommes tels que vous. Nés pour la médiocrité, nous sommes accablés par les esprits sublimes. Pour qu'un homme soit au-dessus de l'humanité, il en coûte trop cher à tous les autres.

Vous avez regardé l'ambition des héros comme une passion commune, et vous n'avez fait cas que de l'ambition qui raisonne. Le désir insatiable de dominer, que vous avez trouvé dans le cœur de quelques citoyens, vous a fait prendre la résolution d'être un homme extraordinaire : l'amour de votre liberté vous a fait prendre celle d'être terrible et cruel. Qui dirait qu'un héroïsme de principe eût été plus funeste qu'un héroïsme d'impétuosité ? Mais si, pour vous empêcher d'être esclave, il vous a fallu usurper la dictature, comment avez-vous osé la rendre ? Le peuple romain, dites-vous, vous a vu désarmé, et n'a point attenté sur votre vie. C'est un danger auquel vous avez échappé; un plus grand danger peut vous attendre. Il peut vous arriver de voir quelque jour un grand criminel jouir de votre modération, et vous confondre dans la foule d'un peuple soumis.

J'ai un nom, me dit-il, et il me suffit pour ma sûreté et celle du peuple romain. Ce nom arrête toutes les entreprises, et il n'y a point d'ambition qui n'en soit épouvantée. Sylla respire, et son génie est plus puissant que celui de tous les Romains.

Sylla a autour de lui Chéronée, Orchomène et Signion ; Sylla a donné à chaque famille de Rome un exemple domestique et terrible : chaque Romain m'aura toujours devant les yeux ; et, dans ses songes même, je lui apparaîtrai couvert de sang; il croira voir les funestes tables, et lire son nom à la tête des proscrits. On murmure en secret contre mes lois ; mais elles ne seront pas effacées par des flots même de sang romain. Ne suis-je pas au milieu de Rome? Vous trouverez encore chez moi le javelot que j'avais à Orchomène, et le bouclier que je portai sur les murailles d'Athènes. Parce que je n'ai point de licteurs, en suis-je moins Sylla? J'ai pour moi le sénat avec la justice et les lois ; le sénat a pour lui mon génie, ma fortune et ma gloire *.

J'avoue, lui dis-je, que, quand on a une fois fait trembler quelqu'un, on conserve presque toujours quelque chose de l'avantage qu'on a pris.

* Mon asyle, a-t-on dit, est dans la dictature :
Eh bien ! dès ce moment devant vous je l'abjure ;
Je me dépouille ici des suprêmes honneurs,
Je dépose la pourpre..... Éloignez-vous, licteurs.
Me voilà désarmé ! je vous livre ma vie :
Aux complots, aux poignards, j'oppose mon génie.
La vertu de Brutus, l'âme de Scipion,
Chéronée, Orchomène et l'effroi de mon nom.
Le sénat a pour lui ma fortune et ma gloire :
Que Sylla soit toujours présent à sa mémoire.
Vainqueur de Marius je l'avais surpassé,
Et j'ai conquis le rang où je me suis placé.
Romains, je romps les nœuds de votre obéissance ;
Mais sur vos souvenirs je garde ma puissance,
Et cette dictature à l'autre survivra :
Privé de mes fa'sceaux, je suis toujours Sylla.

E. Jouy, *Sylla*, act. V, sc. 4.

Sans doute, me dit-il. J'ai étonné les hommes, et c'est beaucoup. Repassez dans votre mémoire l'histoire de ma vie : vous verrez que j'ai tout tiré de ce principe, et qu'il a été l'âme de toutes mes actions. Ressouvenez-vous de mes démêlés avec Marius : je fus indigné de voir un homme sans nom, fier de la bassesse de sa naissance, entreprendre de ramener les premières familles de Rome dans la foule du peuple; et, dans cette situation, je portais tout le poids d'une grande âme. J'étais jeune, et je me résolus de me mettre en état de demander compte à Marius de ses mépris. Pour cela je l'attaquai avec ses propres armes, c'est-à-dire par des victoires contre les ennemis de la république.

Lorsque, par le caprice du sort, je fus obligé de sortir de Rome, je me conduisis de même : j'allai faire la guerre à Mithridate; et je crus détruire Marius à force de vaincre l'ennemi de Marius. Pendant que je laissai ce Romain jouir de son pouvoir sur la populace, je multipliais ses mortifications; et je le forçais tous les jours d'aller au Capitole rendre graces aux dieux des succès dont je le désespérais *. Je lui faisais une guerre de réputation plus

---

* Un farouche soldat, trop fier de sa bassesse,
Sous son joug plébéien accablait la noblesse;
Au tribun Marius dès-lors je me promis
De demander un jour compte de ses mépris.
Son nom était fameux par plus d'une victoire,
Par des exploits plus grands je fis pâlir sa gloire,
Et je le vis contraint, ce rival odieux,
D'aller au Capitole en rendre grace aux dieux.

M. Jouy, *Sylla*, act. I, sc. I.

cruelle cent fois que celle que mes légions faisaient au roi barbare. Il ne sortait pas un seul mot de ma bouche qui ne marquât mon audace; et mes moindres actions, toujours superbes, étaient pour Marius de funestes présages. Enfin Mithridate demanda la paix : les conditions étaient raisonnables; et si Rome avait été tranquille, ou si ma fortune n'avait pas été chancelante, je les aurais acceptées. Mais le mauvais état de mes affaires m'obligea de les rendre plus dures; j'exigeai qu'il détruisît sa flotte, et qu'il rendît aux rois ses voisins tous les états dont il les avait dépouillés. Je te laisse, lui dis-je, le royaume de tes pères, à toi qui devrais me remercier de ce que je te laisse la main avec laquelle tu as signé l'ordre de faire mourir en un jour cent mille Romains. Mithridate resta immobile ; et Marius, au milieu de Rome, en trembla.

Cette même audace qui m'a si bien servi contre Mithridate, contre Marius, contre son fils, contre Thélésinus, contre le peuple, qui a soutenu toute ma dictature, a aussi défendu ma vie le jour que je l'ai quittée ; et ce jour assure ma liberté pour jamais.

Seigneur, lui dis-je, Marius raisonnait comme vous, lorsque, couvert du sang de ses ennemis et de celui des Romains, il montrait cette audace que vous avez punie. Vous avez bien pour vous quelques victoires de plus, et de plus grands excès. Mais, en prenant la dictature, vous avez donné l'exemple du crime que vous avez puni. Voilà l'exemple qui sera suivi, et non pas celui d'une modération qu'on ne fera qu'admirer.

Quand les dieux ont souffert que Sylla se soit impunément fait dictateur dans Rome, ils y ont proscrit la liberté pour jamais. Il faudrait qu'ils fissent trop de miracles pour arracher à présent du cœur de tous les capitaines romains l'ambition de régner. Vous leur avez appris qu'il y avait une voie bien plus sûre pour aller à la tyrannie et la garder sans péril. Vous avez divulgué ce fatal secret, et ôté ce qui fait seul les bons citoyens d'une république trop riche et trop grande, le désespoir de pouvoir l'opprimer.

Il changea de visage, et se tut un moment. Je ne crains, me dit-il avec émotion, qu'un homme dans lequel je crois voir plusieurs Marius. Le hasard, ou bien un destin plus fort, me l'a fait épargner. Je le regarde sans cesse; j'étudie son âme : il y cache des desseins profonds; mais s'il ose jamais former celui de commander à des hommes que j'ai faits mes égaux, je jure par les dieux que je punirai son insolence.

IV. La Jalousie.

Nous fûmes conduits, par un chemin de fleurs, au pied d'un rocher affreux. Nous vîmes un antre obscur; nous y entrâmes, croyant que c'était la demeure de quelque mortel. O Dieu! qui aurait pensé que ce lieu eût été si funeste? A peine y eus-je mis le pied que tout mon corps frémit; mes cheveux se dressèrent sur ma tête. Une main invisible m'entraînait dans ce fatal séjour; à mesure que mon cœur s'agitait, il cherchait à s'agiter encore. Ami! m'écriai-je, entrons plus avant, dussions-nous voir augmenter nos peines. J'avance dans ce lieu, où jamais le soleil n'entra, et que les vents n'agitèrent jamais : j'y vis la Jalousie; son aspect était plus sombre que terrible; la Pâleur, la Tristesse, le Silence, l'entouraient, et les Ennuis volaient autour d'elle. Elle souffla sur nous, elle nous mit la main sur le cœur, elle nous frappa sur la tête, et nous ne vîmes, nous n'imaginâmes plus que des monstres. Entrez plus avant, nous dit-elle, malheureux mortels; allez trouver une déesse plus puissante que moi. Nous vîmes une affreuse divinité, à la lueur des langues enflammées des serpents qui sifflaient sur sa tête, c'était la Fureur. Elle détacha un de ses serpents, et le jeta sur moi; je voulus le prendre : déjà, sans que je l'eusse senti, il s'était glissé dans mon cœur. Je restai un moment comme stupide; mais dès que le poison se fut répandu dans mes veines, je crus être au milieu des enfers; mon âme fut embrasée; et, dans sa violence, tout mon corps la contenait à peine; j'étais si agité qu'il me semblait que je tournais sous le fouet des Furies.

Temple de Gnide.

V. Lysimaque*.

Lorsqu'Alexandre eut détruit l'empire des Perses, il voulut que l'on crût qu'il était fils de Jupiter. Les

---

* Justin a fourni à Montesquieu la matière de ce morceau, généralement peu connu, et que nous ne balançons pas à signaler comme l'un des plus beaux de notre langue, et comme le plus parfait modèle de ce genre de compositions, sur lesquelles on exerce les jeunes rhétoriciens. Voici le canevas donné par l'historien latin. « Erat hic Lysimachus illustri quidem

Macédoniens étaient indignés de voir ce prince rougir d'avoir Philippe pour père : leur mécontentement s'accrut lorsqu'ils lui virent prendre les mœurs, les habits et les manières des Perses; et ils se reprochaient tous d'avoir tant fait pour un homme qui commençait à les mépriser. Mais on murmurait dans l'armée, et on ne parlait pas.

Un philosophe, nommé Callisthène, avait suivi le

Macedoniæ loco natus, sed virtutis experimentis omni nobilitate clarior ; quæ tanta in illo fuit, ut animi magnitudine, philosophiâ ipsâ, viriumque gloriâ omnes, per quos Oriens domitus est, vicerit. Quippe cùm Alexander Magnus Callisthenem Philosophum, propter salutationis Persicæ interpellatum morem, insidiarum, quæ sibi paratæ fuerant, conscium fuisse iratus finxisset; eumque truncatis crudeliter omnibus membris, abscissisque auribus, ac naso, labiisque, deforme ac miserandum spectaculum reddidisset; insuper cum cane in caveâ clausum, ad metum cæterorum circumferret; tunc Lysimachus audire Callisthenem, et præcepta ab eo virtutis accipere solitus, misertus tanti viri, non culpæ, sed libertatis pœnas pendentis, venenum ei in remedia calamitatum dedit. Quod adeò ægrè Alexander tulit, ut eum objici ferocissimo leoni juberet. Sed cùm ad conspectum ejus concitatus leo impetum fecisset, manum amiculo involutam Lysimachus in os leonis immersit, arreptâque linguâ, feram exanimavit. Quod cùm nunciatum Regi esset, admiratio in satisfactionem cessit: carioremque eum propter constantiam tantæ virtutis habuit. Lysimachus quoque magno animo, Regis, veluti parentis contumeliam tulit. Denique omni ex animo hujus facti memoriâ exturbatâ, posteà in Indiâ insectanti Regi quosdam palantes hostes, cùm à satellitum turbâ, equi sui celeritate, desertus esset, solus ei per immensas arenarum moles cursûs comes fuit. Quod idem anteà Philippus frater ejus cùm facere voluisset, inter manus Regis exspiraverat. Sed Lysimachum desiliens equo Alexander, hastæ cuspide ita in fronte vulneravit, ut sanguis aliter claudi non posset, quàm diadema sibi demptum Rex, alligandi vulneris causâ, capiti ejus imponeret. Quod auspicium, primam regalis majestatis Lysimacho fuit. Sed et post mortem Alexandri, cùm inter successores ejus provinciæ dividerentur, ferocissimæ gentes, quasi omnium fortissimo assignatæ sunt; adeò etiam consensu universorum palmam virtutis inter cæteros tulit. » (XV, 3,) Voyons maintenant le magnifique développement qu'a su lui donner l'auteur français.

roi dans son expédition. Un jour qu'il le salua à la manière des Grecs : « D'où vient, lui dit Alexandre, « que tu ne m'adores pas? Seigneur, lui dit Callis- « thène, vous êtes chef de deux nations, l'une, es- « clave avant que vous l'eussiez soumise, ne l'est « pas moins depuis que vous l'avez vaincue ; l'autre, « libre avant qu'elle vous servît à remporter tant « de victoires, l'est encore depuis que vous les avez « remportées. Je suis Grec, seigneur, et ce nom, « vous l'avez élevé si haut, que, sans vous faire « tort, il ne nous est plus permis de l'avilir. »

Les vices d'Alexandre étaient extrêmes comme ses vertus : il était terrible dans sa colère ; elle le rendait cruel. Il fit couper les pieds, le nez et les oreilles à Callisthène, ordonna qu'on le mît dans une cage de fer, et le fit porter ainsi à la suite de l'armée.

J'aimais Callisthène ; et de tout temps, lorsque mes occupations me laissaient quelques heures de loisir, je les avais employées à l'écouter ; et si j'ai de l'amour pour la vertu, je le dois aux impressions que ses discours faisaient sur moi. J'allai le voir. « Je vous salue, lui dis-je, illustre malheureux, « que je vois dans une cage de fer, comme on en- « ferme une bête sauvage, pour avoir été le seul « homme de l'armée. »

« Lysimaque, me dit-il, quand je suis dans une « situation qui demande de la force et du courage, « il me semble que je me trouve presque à ma « place. En vérité, si les dieux ne m'avaient mis sur « la terre que pour y mener une vie voluptueuse,

« je croirais qu'ils m'auraient donné en vain une
« âme grande et immortelle. Jouir des plaisirs des
« sens est une chose dont tous les hommes sont ai-
« sément capables; et si les dieux ne nous ont faits
« que pour cela, ils ont fait un ouvrage plus parfait
« qu'ils n'ont voulu, et ils ont plus exécuté qu'en-
« trepris. Ce n'est pas, ajouta-t-il, que je sois in-
« sensible; vous ne me faites que trop voir que je ne
« le suis pas. Quand vous êtes venu à moi, j'ai trouvé
« d'abord quelque plaisir à vous voir faire une ac-
« tion de courage; mais, au nom des dieux, que ce
« soit pour la dernière fois. Laissez-moi soutenir
« mes malheurs, et n'ayez point la cruauté d'y join-
« dre encore les vôtres. »

« Callisthène, lui dis-je, je vous verrai tous les
« jours. Si le roi vous voyait abandonné des gens
« vertueux, il n'aurait plus de remords, il commen-
« cerait à croire que vous êtes coupable. Ah! j'es-
« père qu'il ne jouira pas du plaisir de voir* que ses
« châtiments me feront abandonner un ami. »

Un jour Callisthène me dit : « Les dieux immor-
« tels m'ont consolé, et depuis ce temps je sens en
« moi quelque chose de divin qui m'a ôté le senti-
« ment de mes peines. J'ai vu en songe le grand Ju-
« piter. Vous étiez auprès de lui; vous aviez un
« sceptre à la main et un bandeau royal sur le front.
« Il vous a montré à moi, et m'a dit : *Il te rendra
« plus heureux.* L'émotion où j'étais m'a réveillé. Je
« me suis trouvé les mains élevées au ciel, et fai-

---

* Le mot *voir* est employé trois fois dans le même paragraphe ; c'est une négligence. F.

« sant des efforts pour dire : *Grand Jupiter, si Ly-*
« *simaque doit régner, fais qu'il règne avec justice.*
« Lysimaque, vous régnerez : croyez un homme qui
« doit être agréable aux dieux, puisqu'il souffre
« pour la vertu. »

Cependant Alexandre ayant appris que je respectais la misère de Callisthène, que j'allais le voir, et que j'osais le plaindre, il entra dans une nouvelle fureur : « Va, dit-il, combattre contre les
« lions, malheureux qui te plais tant à vivre avec les
« bêtes féroces. » On différa mon supplice pour le faire servir de spectacle à plus de gens *.

Le jour qui le précéda j'écrivis ces mots à Callisthène : « Je vais mourir. Toutes les idées que vous
« m'aviez données de ma future grandeur se sont
« évanouies de mon esprit. J'aurais souhaité d'adou-
« cir les maux d'un homme tel que vous. »

Prexape, à qui je m'étais confié, m'apporta cette réponse : « Lysimaque, si les dieux ont résolu que
« vous régniez, Alexandre ne peut pas vous ôter la
« vie ; car les hommes ne résistent pas à la volonté
« des dieux. »

Cette lettre m'encouragea ; et, faisant réflexion que les hommes les plus heureux et les plus malheureux sont également environnés de la main divine, je résolus de me conduire, non pas par mes espérances, mais par mon courage, et de défendre jusqu'à la fin une vie sur laquelle il y avait de si grandes promesses.

* *Gens* me paraît affecté ; c'est, avec la répétition du mot *voir*, la seule tache qu'offre ce morceau admirable.   V.

On me mena dans la carrière. Il y avait autour de moi un peuple immense qui venait être témoin de mon courage ou de ma frayeur. On me lâcha un lion. J'avais plié mon manteau autour de mon bras : je lui présentai ce bras; il voulut le dévorer; je lui saisis la langue, la lui arrachai, et le jetai à mes pieds.

Alexandre aimait naturellement les actions courageuses : il admira ma résolution; et ce moment fut celui du retour de sa grande âme.

Il me fit appeler, et me tendant la main : « Lysymaque, me dit-il, je te rends mon amitié, « rends-moi la tienne. Ma colère n'a servi qu'à « te faire faire une action qui manque à la vie « d'Alexandre. »

Je reçus les graces du roi; j'adorai les décrets des dieux, et j'attendais leurs promesses sans les rechercher ni les fuir. Alexandre mourut, et toutes les nations furent sans maître. Les fils du roi étaient dans l'enfance; son frère Aridée n'en était jamais sorti; Olympias n'avait que la hardiesse des âmes faibles, et tout ce qui était cruauté était pour elle du courage; Roxane, Eurydice, Statyre, étaient perdues dans la douleur. Tout le monde, dans le palais, savait gémir, et personne ne savait régner. Les capitaines d'Alexandre levèrent donc les yeux sur son trône; mais l'ambition de chacun fut contenue par l'ambition de tous. Nous partageâmes l'empire, et chacun de nous crut avoir partagé le prix de ses fatigues.

Le sort me fit roi d'Asie; et à présent que je puis tout, j'ai plus besoin que jamais des leçons de Callisthène. Sa joie m'annonce que j'ai fait quelque bonne action et ses soupirs me disent que j'ai quelque mal à réparer. Je le trouve entre mon peuple et moi.

Je suis le roi d'un peuple qui m'aime : les pères de famille espèrent la longueur de ma vie comme celle de leurs enfants ; les enfants craignent de me perdre comme ils craignent de perdre leur père. Mes sujets sont heureux, et je le suis.

Œuvres posthumes.

VI. Les Nouvellistes.

Il y a une certaine nation qu'on appelle les *Nouvellistes*. Leur oisiveté est toujours occupée. Ils sont très inutiles à l'état ; cependant ils se croient considérables, parce qu'ils s'entretiennent de projets magnifiques, et traitent de grands intérêts. La base de leur conversation est une curiosité frivole et ridicule. Il n'y a point de cabinets si mystérieux qu'ils ne prétendent pénétrer ; ils ne sauraient consentir à ignorer quelque chose. A peine ont-ils épuisé le présent, qu'ils se précipitent dans l'avenir ; et, marchant au-devant de la Providence, la préviennent sur toutes les démarches des hommes. Ils conduisent un général par la main, et, après l'avoir loué de mille sottises qu'il n'a pas faites, ils lui en préparent mille autres qu'il ne fera pas. Ils font voler les armées comme des grues, et tomber les murailles comme des cartons. Ils ont des ponts sur toutes les rivières, des routes secrètes dans toutes les montagnes, des magasins immenses dans les sables brûlants : il ne leur manque que le bon sens.

Lettres Persanes.

MONTFLEURY (ANTOINE-JACOB) était fils de Zacharie-Jacob Montfleury, comédien de l'hôtel de Bourgogne, et auteur d'une tragédie d'*Asdrubal*. Né en 1640, Antoine Montfleury fut d'abord destiné par son père à la profession d'avocat, et en conséquence on le mit à l'étude du droit; mais il ne tarda pas à s'en dégoûter, et il abandonna le barreau pour le théâtre. Son père étant mort en 1667, pendant le cours des représentations d'*Andromaque*, Montfleury fils continua à suivre son goût. Les anecdotes du temps, et la lecture des comiques espagnols, dont il possédait la langue, lui ont fourni la plupart des sujets qu'il a mis en scène, presque toujours avec un succès peu mérité. Malgré des situations comiques et de la gaieté dans le style, ses pièces, incorrectes et trop licencieuses, ont disparu du théâtre; aujourd'hui, qu'elles n'ont plus l'avantage de l'à-propos, ce qu'elles ont de trop libre suffirait pour les empêcher d'y reparaître; et c'est avec de grands changements que M. Le Roy a donné en 1821, la *Femme Juge et Partie*, au Théâtre-Français, où elle a réussi, graces au correcteur. C'est cependant la meilleure pièce de Montfleury, et celle qui eut le plus de vogue. « On voulut, dit Palissot (*Mémoires
« sur la Littérature*), opposer son auteur à Molière,
« comme on avait opposé Pradon à Racine; et l'on
« affecta de représenter au théâtre de l'hôtel de
« Bourgogne la *Femme Juge et Partie*, pendant
« qu'on donnait *le Tartufe* au théâtre de Molière.
« La pièce de Montfleury se soutint avec un succès
« égal. Tout ce qui était alors cou· et peuple, n'é-

« tait pas à portée de mesurer l'intervalle immense
« qui séparait ces deux hommes. Il y a des chefs-
« d'œuvre avec lesquels il faut, pour ainsi dire, que
« l'esprit humain ait le temps de se familiariser, et
« *le Tartufe* était de cette classe. » Aussi, tous les
jours les chefs-d'œuvre de Molière sont-ils couverts
d'applaudissements, tandis que le nom de Montfleury et le titre de ses pièces sont presque oubliés
du public.

Sa carrière ne fut pas uniquement consacrée à
ces travaux; Colbert le chargea d'une mission importante, dans laquelle il réussit. La mort, qui
l'enleva à Aix, le 11 octobre 1685, l'empêcha de
jouir de la récompense qu'il avait méritée. Montfleury était originaire d'une famille noble d'Anjou,
dont son père quitta le nom en s'engageant dans
une troupe de comédiens.

Excepté les *Bêtes raisonnables*, qu'on lui attribue, ses pièces ont été recueillies en 4 vol. in-12,
Paris, 1775. En voici les titres : le *Mariage de
Rien*, le *Mari sans Femme*, *Thrasybule*, tragi-comédie, *l'Impromptu de l'hôtel de Condé*, pour venger
son père des plaisanteries de Molière dans *l'Impromptu de Versailles*; *l'École des Filles*, la *Femme
Juge et Partie*, le *Procès de la Femme Juge et
Partie*, *l'École des Jaloux*, le *Gentilhomme de
Beauce*, la *Femme capitaine*, *l'Ambigu-Comique*,
tragi-comédie; le *Comédien poète*, *Trigaudin*, la
Dame médecin, la *Dupe de soi-même*, et *Crispin
gentilhomme*. On y a joint la tragédie d'*Asdrubal*,
dont nous avons parlé plus haut.

MOORE (THOMAS), un des poètes vivants les plus célèbres de la Grande-Bretagne, naquit à Dublin, le 28 mai 1780. Son père, respectable négociant de cette ville, confia sa première éducation à M. Samuel White, qui dirigea aussi celle du célèbre Sheridan. Les progrès du jeune Moore dans ses études ne tardèrent pas à annoncer qu'il ferait honneur à son pays. Entré à l'âge de quatorze ans au collège de la Trinité à Dublin, il y obtint des succès brillants; et, dès sa vingtième année, il publia les *Odes d'Anacréon*, traduites en vers anglais, avec des notes et une ode grecque par l'auteur. Décoré par ses concitoyens du surnom honorable d'*Anacréon*, il donna l'année suivante un volume de *Poésies légères*; mais bientôt il devint le poète de l'Irlande, et il acquit une réputation nouvelle en publiant ses *Mélodies Irlandaises*, qui excitèrent une espèce d'enthousiasme, et qui ont fait dire au poète Sheridan : que « l'âme de Thomas Moore semble un rayon de « feu séparé du soleil, et tend sans cesse à se réu- « nir à cette source de chaleur et de lumière. »

Depuis cette époque, la réputation de Thomas Moore n'a point augmenté, mais il l'a soutenue par de nouveaux ouvrages. Nommé, en 1823, secrétaire de l'amirauté des îles Bermudes, il prit occasion de là pour visiter les principales contrées de l'Amérique. De retour en Europe, après s'être démis d'une charge qui ne convenait point à son caractère, il a publié, en 1806, un recueil d'*Odes* et d'*Épitres*, précédé d'une bonne préface, et où il a consigné ses observations sur le Nouveau-Monde. La vie de M. Moore est maintenant celle d'un tranquille père de famille ; retiré à Bath, il partage ses loisirs entre la poésie et la musique. Nous l'avons vu deux fois en France ; et en 1818 il fit un voyage dans sa patrie, où il reçut les plus grands honneurs. Il peut être mis au nombre des bons poètes de l'Angleterre ; ses vers brillent sur-tout par la délicatesse du sentiment, et le tour gracieux qu'il a su leur donner. Quelquefois il s'est élevé au sublime de l'ode ; mais il réussit mieux à imiter la gaieté de Catulle ou d'Anacréon. Il est à regretter seulement qu'à la grace de ce dernier, il joigne aussi de temps en temps la trop grande licence du poète latin.

Outre ce que nous avons cité, on a de M. Moore : *The Fudge family in Paris* (la Famille Fudge à Paris) ; et deux poèmes : *Lalla Rookh*, son principal ouvrage, qui seul suffirait pour rendre sa réputation durable ; et *les Amours des Anges,* sujet que traitait en même temps lord Byron, dans son poème intitulé *le Ciel et la Terre.* Il en existe en français deux traductions. On attribue encore à M. Moore l'*Adresse de Tom Ceb au congrès.* Ses *Poésies légères* de 1801 furent publiées sous le nom de Thomas Little. Il vient de faire paraître, il y a quelques mois, une *Vie de Sheridan.*

MORALITÉ. Quelle est la fin que la poésie se propose ? Il faut l'avouer ; le plaisir. S'il est vicieux, il la déshonore ; s'il est vertueux, il l'ennoblit ; s'il est pur, sans autre utilité que d'adoucir de temps en temps les amertumes de la vie, de semer les fleurs de l'illusion sur les épines de la vérité, c'est encore un bien précieux. Horace distingue, dans la poésie, l'agrément sans utilité, et l'utilité sans agrément : l'un des deux peut se passer de l'autre, je l'avoue; mais cela n'est pas réciproque, et le poème didactique même a besoin de plaire, pour instruire avec plus d'attrait. Mais qu'à l'aspect des merveilles de la nature, plein de reconnaissance et d'amour, le génie aux ailes de flamme se rapproche de la Divinité par le désir d'être le bienfaiteur du monde; qu'ami passionné des hommes, il consacre ses veilles à la noble ambition de les rendre meilleurs et plus heureux; que dans l'âme héroïque du poète, l'enthousiasme de la vertu se mêle à celui de la gloire; c'est alors que la poésie est digne de cette origine céleste qu'elle s'est donnée autrefois.

Ainsi toute poésie un peu sérieuse doit avoir son objet d'utilité, son but moral : et la vérité de sentiment ou de réflexion qui en résulte, l'impression salutaire de crainte, de pitié, d'admiration, de mépris, de haine ou d'amour qu'elle fait sur l'âme, est ce qu'on appelle moralité.

Quelquefois la moralité se présente directement, comme dans un poème en préceptes; mais le plus souvent on la laisse à déduire, et l'effet n'en est que plus infaillible lorsque le mérite de l'avoir saisie trompe et console la vanité que le précepte aurait blessée : c'est l'artifice de l'apologue; c'est, plus en grand, celui de la tragédie et de l'épopée.

Je ferai voir, en parlant de la tragédie, comment

elle est une leçon de mœurs. Dans l'épopée, la moralité n'est pas toujours aussi sensible ni aussi généralement reconnue.

Le Bossu veut que ce poème, pour être moral, soit composé comme l'apologue. « Homère, dit-il, « a fait la fable et le dessein de ses poèmes sans « penser à ces princes (Achille et Ulysse), et ensuite « il leur a fait l'honneur de donner leurs noms aux « héros qu'il avait feints. » Homère serait, je crois, bien surpris d'entendre comment on lui fait composer ses poèmes. Aristote ne le serait pas moins du sens qu'on donne à ses leçons. « La fable, dit « ce philosophe, est la composition des choses. » Or deux choses composent la fable, dit Le Bossu, la vérité qui lui sert de fondement, et la fiction qui déguise la vérité et qui lui donne la forme de la fable. Aristote n'a jamais pensé à ce déguisement. Il ne veut pas que la fable enveloppe la vérité, il veut qu'elle l'imite. Ce n'est donc pas dans l'allégorie, mais dans l'imitation qu'il en fait consister l'essence. Le propre de l'allégorie est que l'esprit y cherche un autre sens que celui qu'elle présente. Or, dans la querelle d'Achille et d'Agamemnon, le sens littéral et simple nous satisfait aussi pleinement que dans la guerre civile entre César et Pompée. Le sens moral de l'*Odyssée* n'est pas plus mystérieux : il est direct, immédiat, aussi naturel enfin que dans un exemple tiré de l'histoire; et l'absence d'Ulysse, prise à la lettre, a toute sa moralité. La peine inutile que Le Bossu s'est donnée pour appliquer son principe à l'*Énéide* aurait dû l'en dissua-

MORALITÉ.

der. Qui jamais, avant lui, s'était avisé de voir dans l'action de ce poème « l'avantage d'un gouverne-« ment doux et modéré sur une conduite dure, « sévère et qui n'inspire que la crainte »? Voilà où conduit l'esprit de système. On s'aperçoit que l'on s'égare, mais on ne veut pas reculer.

Ce n'est pas, comme l'a entendu l'abbé Terrasson, la colère d'Achille en elle-même, mais la colère d'Achille *fatale aux Grecs*, qui fait le sujet de l'*Iliade*. Si par elle une armée triomphante passe tout à coup de la gloire de vaincre à la honte de fuir, et de la plus brillante prospérité à la plus affreuse désolation, l'action est grande et pathétique.

Le Tasse prétend qu'Homère a voulu démontrer dans Hector que c'est une chose très louable que de défendre sa patrie; et dans Achille, que la vengeance est digne d'une grande âme. « Le quali opi-« nioni essendo per se probabili, non verissimili, per « l'artificio d'Homero divennero probabilissime, e « provatissime, e similissime al vero. » Homère, je crois, n'a pensé à rien de tout cela : car 1° il n'a jamais été douteux qu'il fût beau de servir sa patrie; et 2° il n'a jamais été utile de persuader qu'il fût grand de se venger soi-même.

Il est encore moins raisonnable de prétendre que l'*Iliade* soit l'éloge d'Achille : c'est vouloir que le *Paradis Perdu* soit l'éloge de Satan. Un panégyriste peint les hommes comme ils doivent être; Homère les peint comme ils étaient. Achille et la plupart de ses héros ont plus de vices que de vertus; et l'*Iliade* est plutôt la satire que l'apologie de la Grèce.

MORALITÉ.

Je ne sais pourquoi l'on cherche dans *l'Iliade* une autre moralité que celle qui se présente naturellement, celle que le poëte annonce en débutant, et qu'il met encore dans la plainte d'Achille à sa mère, après la mort de son ami Patroce. « Ah! périssent « dans l'univers les contentions et les querelles! « puissent-elles être bannies du séjour des hommes « et de celui des dieux, avec la colère, qui ren- « verse de son assiette l'homme le plus sage et le « plus modéré, et qui, plus douce que le miel, « s'enfle et s'augmente dans le cœur comme la fu- « mée! Je viens d'en faire une cruelle expérience, « par ce funeste emportement où m'a précipité l'in- « justice d'Agamemnon. »

On voit ici bien clairement que la passion, pour avoir sa moralité, doit être funeste à celui qui s'y livre. C'est un principe qu'Homère seul a connu parmi les poètes anciens, et s'il l'a négligé à l'égard d'Agamemnon, il l'a observé à l'égard d'Achille.

La moralité de *la Henriade* est la même, en un point, que celle de *la Pharsale*; mais elle embrasse de plus grandes vues. A l'effroi des guerres civiles, que l'un et l'autre poëme apprennent à détester, se joint, dans l'exemple de la ligue, la juste horreur du fanatisme et de la superstition, ces deux tisons de la discorde, ces deux fléaux de l'humanité.

Dans quelques-unes de nos tragédies, la moralité est exprimée à la fin de l'action : celle de Sémiramis est imposante :

Par ce terrible exemple, apprenez tous du moins
Que les crimes cachés ont les dieux pour témoins.

Plus le coupable est grand, plus grand est le supplice.
Rois, tremblez sur le trône, et craignez leur justice.

Les comédiens se permettent de supprimer ces beaux vers. Un parterre éclairé les aurait avertis qu'ils n'ont pas plus ce droit-là que celui de changer la prose de Molière et d'y substituer la leur *.

MARMONTEL, *Éléments de Littérature.*

MORALITÉS. Espèce de drame. On représentait les moralités avec les farces et les sottises. Le sujet quelquefois en était pris dans la nature, comme celui de l'*Enfant Prodigue;* mais plus souvent la fable en était allégorique, et alors les idées les plus abstraites ou les plus fantastiques y étaient personnifiées : c'étaient la *chair,* l'*esprit,* le *monde, bonne compagnie, je bois à vous, accoutumance, passe-temps, friandise,* etc.

Dans la moralité de l'*Homme juste* et du *Mondain,* un ange promenant une âme dans l'autre monde lui fait voir l'enfer, dont voici la description, un peu différente de celle de *l'Énéide* et de *la Henriade*

En cette montagne et haut roc,
Pendus au croc,
Abbé y a, et moine en froc;

---

* Marmontel, comme La Harpe, a quelquefois trop insisté sur l'importance et la nécessité de la moralité; quelquefois-même ces deux littérateurs en ont déduit les règles des divers genres de poésie. C'était le défaut ordinaire de la critique du XVIIIe siècle. Nous avons eu plus d'une occasion de le relever. Voyez dans notre *Répertoire*, t. II, p. 186; X, 424; XII, 190, 191, 200, 400, 401; XV, 41; XXVIII, 94, etc. H. P.

Empereur, roi, duc, comte et pape,
Bouteiller, avec son broc,
De joie a poc.
Laboureur aussi ô son soc;
Cardinal, évêque ô sa chape.
Nul d'eux jamais de là n'échappe,
Que ne les happe
Le diable, avec un ardent broc.
Mis ils sont en obscure trappe,
Puis fort les frappe
Le diable, qui tous les attrappe
Avec sa rappe,
Au feu les mettant en un bloc.

La moralité de l'*Enfant ingrat* devait être un excellent drame pour le temps. Il y a de l'intérêt, de la conduite et une catastrophe qui devait faire alors la plus terrible impression. Cet enfant, pour lequel ses père et mère se sont dépouillés de leurs biens, les reçoit avec dureté, lorsque, réduits à l'indigence, ils veulent recourir à lui, et les menace de les méconnaître s'ils se présentent de nouveau. Après les avoir chassés de chez lui, il se met à table, se fait apporter un pâté, et comme il est prêt à l'ouvrir, son père, une seconde fois, vient lui demander l'aumône. Ce fils dénaturé le méconnaît et le chasse de sa maison. Le désespoir s'empare de l'âme du père; il sort et rend compte à sa femme du traitement qu'il a reçu. L'un et l'autre prononcent contre leur fils les plus terribles malédictions.

Le fils, après le départ du père, veut ouvrir le pâté, et à l'instant il en sort un crapaud qui s'élance sur lui et qui lui couvre le visage. Comme personne ne peut l'en détacher, on s'adresse au curé, à l'évêque, et enfin au pape; et comme le coupable est vraiment repentant, le souverain pontife ordonne au crapaud de se détacher de sa face. Le crapaud tombe, l'enfant ingrat recouvre l'usage de la parole, et accompagné de son beau-père, de sa femme, de ses amis et de ses domestiques, il va se jeter aux pieds de son père et de sa mère, et il en obtient son pardon. On voit, par cet exemple, que la moralité était une leçon de mœurs, comme son nom même l'annonce. Mais à la fin on s'aperçut du ridicule des allégories qui étaient en usage dans la moralité. Dans le prologue d'*Eugène*, Jodelle en fait sentir l'abus :

> On moralise un conseil, un écrit,
> Un temps, un tout, une chair, un esprit.

(*Voyez* ALLÉGORIE.)

MARMONTEL, *Eléments de Littérature*.

MORELLET (ANDRÉ), fils d'un marchand papetier de Lyon, naquit, dans cette ville, le 7 mars 1727, et y fit ses études au collège des Jésuites. A l'âge de quatorze ans, son père, qui le destinait à l'état ecclésiastique, l'envoya à Paris, où il fut admis au séminaire des *Trente-trois*; les succès qu'il y obtint, lui ouvrirent les portes de la Sorbonne, où il continua ses études avec distinction, et se lia avec Turgot et M. de Loménie, depuis cardinal de Brienne, ses condisciples. Ayant terminé le cours de ses études, et revêtu des ordres sacrés, Morellet, qui ne se sentait point une grande vocation pour les fonctions nobles et paternelles d'un curé, se chargea de diriger l'éducation du fils de M. de la Galaizière, chancelier du roi de Pologne, et accompagna son élève dans ses voyages en Italie. Il en rapporta son *Manuel des Inquisiteurs*, publié en 1762, et qui est un extrait du *Directorium inquisitorum*.

Morellet, à son retour à Paris, trouva les savants de cette époque, si connus sous le nom de *philosophes*, tout disposés à le regarder comme un des leurs, et à le présenter dans les maisons où quelques seigneurs et quelques grands personnages ne craignaient pas de se montrer les *Mécènes* du parti philosophique. L'abbé Morellet se rangea parmi les ennemis d'une religion dont il aurait dû être le ministre; il fut reçu chez madame Geoffrin, chez le baron d'Holbach, où son caractère, sa gaieté, sa conversation enjouée et aimable, le faisaient rechercher. Nous lui devons la justice de dire qu'il fut toujours opposé aux athées, et même un des antagonistes qu'ils craignaient le plus; mais nous ne pouvons taire que pour venger les philosophes attaqués par Le Franc et Palissot, il publia des *si*, des *pourquoi*, et la *Préface des Philosophes*, comédie, ou *Vision de Charles Palissot*. Malheureusement pour lui, il offensa dans ce dernier ouvrage madame de Robecq qui eut le crédit de lui faire passer deux mois à la Bastille.

« M. l'abbé Morellet, dit Palissot qui ne peut
« être soupçonné de le favoriser, a fait de son es-

« prit un usage plus convenable, en traduisant de
« l'italien le *Traité des Délits et des Peines*, ou-
« vrage fait pour adoucir les hommes, et qui peut
« contribuer, en leur inspirant plus d'indulgence
« les uns envers les autres, à les rendre meilleurs
« et plus heureux (*Mémoires sur la Littérature*). »
Nous ajouterons que cette traduction, où l'on retrouve beaucoup du mérite de l'original, eut en six mois sept éditions. Ce fut Malesherbes qui engagea Morellet à l'entreprendre, et elle fut publiée la même année 1766.

Ses connaissances en économie politique et dans la science du commerce, firent jeter les yeux sur lui, lorsque le gouvernement voulut envoyer quelqu'un en Angleterre pour recueillir des instructions relativement à ces matières. On voulait probablement aussi seconder Morellet dans ses travaux pour un nouveau *Dictionnaire de Commerce*, dont il avait publié le *Prospectus*, vers la fin de 1769. Il est à regretter que la révolution l'ait forcé à abandonner le projet de ce vaste ouvrage qui aurait pu être très utile, et pour lequel il avait pendant vingt ans amassé des matériaux. Ce voyage lui procura la connaissance et même l'amitié de plusieurs personnages anglais, tel que lord Shelburne, depuis marquis de Lansdown, chez qui il vit Franklin, le fameux Garrick et l'évêque Warburton. Il n'eut pas à s'en repentir dans la suite, surtout lorsqu'au moment de la signature du traité, qui terminait la guerre d'Amérique, la recommandation de lord Shelburne, lui valut de Louis XVI une pension de 4,000 francs sur les fonds de l'économat, ce qui le mit fort à son aise. En 1785, il remplaça l'abbé Millot à l'académie française, où il pouvait être très utile pour le travail du *Dictionnaire*, par sa connaissance approfondie de la langue et son esprit d'analyse; et en 1788, il se vit le maître d'un bon bénéfice qui lui valait 16,000 francs de rente. Ce n'était certainement pas à son zèle pour la religion et à son mérite, comme ecclésiastique, qu'il devait cette fortune, mais à la faveur de Turgot, qui ne l'avait pas oublié. Il devint encore président de l'Académie française; enfin tout semblait concourir à son bonheur, lorsque la révolution, qu'il avait d'abord favorisée, vint lui enlever son bénéfice et supprimer l'Académie. Peut être alors Morellet se repentit d'avoir favorisé les novateurs; il prouva du moins qu'il n'était plus leur partisan.

Morellet eut le bonheur de ne perdre à la révolution que sa fortune, et d'échapper aux proscriptions de la terreur. Lorsque l'époque la plus désastreuse fut passée, il profita le premier d'une sorte de liberté rendue à la presse pour plaider la cause de la justice. Le *Cri des Familles*, *la Cause des Pères* publiés en 1795, en faveur des enfants et des pères des émigrés, que l'on dépouillait de leurs possessions, sont une preuve de courage qui fait honneur à Morellet; il osa aussi en 1799 attaquer *la loi des ôtages*. Malheureusement il avait perdu une grande partie de ses biens et pensions, et fut forcé, pour pouvoir fournir à son entretien et à celui de sa sœur, de traduire des romans anglais, et d'autres ouvrages tels que *l'Italien* ou *le Confessionnal des pénitents noirs*; *les Enfants de l'Abbaye*, 1797; l'*Histoire de l'Amérique*; *Clermont*, 1798; *Phédora* ou *la Forêt de Minski*; *Voyages de Vancouver*, 1799.

Appelé en 1803 à siéger à l'institut, Morellet y rapporta en 1805 le précieux dépôt des archives de l'ancienne Académie, dont il s'était saisi et qu'il avait gardés chez lui. En 1807, il fut appelé au corps législatif. A l'époque de la restauration, Morellet devenu encore une fois membre de l'Académie française dont il fut bientôt le doyen, obtint du roi une pension de 2,000 francs qui assura ses vieux jours contre la pauvreté. En décembre 1814, il se cassa l'os de la cuisse, et fut contraint à être deux ans sans sortir de chez lui. Il en guérit cependant, et vécut encore jusqu'en 1819, où il mourut le 12 janvier âgé de 92 ans.

On a vu que la mémoire de Morellet n'est pas sans reproche; comme écrivain on ne peut lui refuser des qualités précieuses, peut être même obtint-il une sorte de supériorité sur ses contemporains dans les discussions dialectiques et les brochures polémiques. Quoiqu'il eût d'autres qualités, c'était le genre où, par la force du raisonnement, et la tournure de son esprit, il excellait le plus. Aussi Voltaire l'appelle-t-il quelque part l'abbé *Mords-les*. « Les « libelles qu'il a faits contre nous, dit Palissot dans « l'ouvrage que nous avons déjà cité, ne nous dis- « pensent pas d'être justes à son égard. Il est le « premier qui se soit révolté contre le mauvais goût

« ou contre la mauvaise foi des admirateurs
« d'*Atala*, dont il a fait sentir le ridicule dans une
« critique pleine de finesse *; et à l'occasion du pro-
« jet de continuer le *Dictionnaire de l'Académie*
« *française*, annoncé par l'Institut national, il a
« prouvé par d'excellentes raisons que cette com-
« pagnie savante ne jouissait pas encore, dans l'o-
« pinion publique d'un assez haut degré de con-
« fiance, pour se charger avec succès d'une tâche
« aussi difficile.

« Il faut lire la brochure même de M. l'abbé
« Morellet, pour juger avec quelle justesse de goût,
« et sans rien se permettre d'offensant contre l'Ins-
« titut national, il prouve son opinion, qui est
« aussi la nôtre. Mais ce qu'il y prouve encore mieux,
« c'est qu'il est un de ces grammairiens très instruits
« qui s'élèvent au-dessus de la lettre en faveur de
« l'esprit; et que, si l'on s'occupait en effet d'achever
« et de perfectionner le *Dictionnaire de l'Académie*,
« personne ne serait plus digne que lui d'être un des
« coopérateurs de ce grand ouvrage ».

On peut aussi reprocher à Morellet de n'avoir
jamais traité que des sujets de très peu d'étendue,
et de n'avoir entrepris aucun ouvrage qui pût donner une idée de son talent, et lui mériter une

---

* M. Dussault, dans ses *Annales littéraires*, ne manifeste pas la même opinion sur cette critique d'*Atala*. Il croit que Morellet était peu propre à juger les beautés de sentiment; cela peut être, mais il serait possible aussi qu'ayant porté beaucoup trop loin la sévérité, il ne se fût pas toujours trompé quand il critiquait le style de cet ouvrage. M. Dussault rend aussi justice au talent de Morellet comme grammairien.

place honorable dans notre littérature. Chénier le lui reprochait dans une de ses satires :

Morellet, dont l'esprit trop souvent se repose,
Enfant de soixante ans, qui promet quelque chose.

Outre les ouvrages déjà cités, et un grand nombre de brochures sur des sujets d'économie politique, on a encore de Morellet, *Recherches sur le style*, traduit de Beccaria, 1771 ; *Portrait de madame Geoffrin*, 1777 ; *de l'Esprit de contradiction*, 1780 ; *Lettres de Brutus à Cicéron*, 1782 ; *Mélanges de Littérature et de Philosophie du 18ᵉ siècle*, 1818, 4 vol. in-8°. Il a inséré dans le *Mercure* une excellente *Dissertation sur l'Étymologie et les figures du style*, et laissé plusieurs manuscrits. On a imprimé assez récemment ses *Mémoires* en 2 vol. in-8°. M. Lemontey lui a succédé à l'Académie française. Le discours du nouvel académicien et la réponse de M. Campenon, peignent l'abbé Morellet d'une manière ingénieuse et piquante.

Marmontel dans le XIᵉ livre de ses *Mémoires* a tracé de lui le portrait suivant :

« Morellet, esprit juste, ferme, éclairé, nourri « d'une saine littérature, et plein de connaissances « rares sur les objets d'utilité publique, s'était « distingué par des écrits d'un style sage et pur, « d'une raison sévère, d'une méthode exacte. Dans « un autre genre, on connaissait de lui des ouvrages « de plaisanterie d'un ton excellent, pleins de goût « et d'un sel très fin et très piquant. Lucien, Rabe-« lais et Swift, lui avaient appris à manier l'ironie et « la raillerie, et leur disciple était devenu leur rival. »

MORGAN (Lady). L'Angleterre, féconde en femmes auteurs, compte lady Morgan au premier rang de celles que leurs écrits ont illustrées dans l'Europe. Un esprit original, de la verve, du trait, peu de goût, un abandon qui n'est pas toujours de la grace, tels sont les principaux caractères qui distinguent son talent. S'il fallait la comparer à quelques-unes de nos compatriotes, l'auteur du parallèle serait fort embarrassé; sa pensée est plus forte, plus étendue et plus hardie que celle de madame de Genlis; on ne peut la rapprocher de madame Cottin, qui écrit si purement; elle a un caractère original et étrange, qui manque peut-être à madame de Flahaut; enfin, lady Morgan mérite une place absolument à part, et cet isolement, dont elle subit les inconvénients, n'est pas sans mérite ni sans gloire. Son nom de famille est *Owenson*, son père était comédien du théâtre de Dublin. Elle épousa le médecin de lord Abercome, M. Morgan, qui reçut, à l'époque de son mariage et d'après les sollicitations de sa nouvelle épouse, le titre de *Knight*, chevalier. Lady Morgan débuta dans le monde littéraire par des romans fort remarquables, par un mélange d'érudition et d'imagination dont peu d'écrivains avaient empreint leurs ouvrages. *La Jeune fille d'Irlande, Ida ou l'Athénienne, le Missionnaire, O'Donnel,* avaient obtenu un grand succès, non-seulement à Londres, mais à Paris, où les traductions des deux premiers de ces romans eurent plusieurs éditions. Après avoir consulté son imagination pour composer ces ouvrages, elle voulut écrire d'après son observation. Elle vint en France en 1816, et entreprit de peindre sur place la scène mobile et bruyante de déraison, de folie, de haine, d'inconstance, d'esprit et d'intrigue, qu'offrait alors ce malheureux pays. Son livre fit du bruit (*la France*, 1817). Il était semé d'erreurs, rempli d'esprit, brillamment coloré, et aussi remarquable par l'heureuse audace de quelques peintures que par le mauvais genre de plusieurs traits. Une légèreté, une vivacité d'esprit, auxquelles cette dame avait cru devoir s'abandonner avec moins de réserve encore en écrivant sur la France et sur les Français, dégénéraient trop souvent en pétulance, en partialité; causaient des erreurs grossières et gâtaient une suite de pages pleines d'éclat, d'originalité, d'indépendance et de raison. Les mêmes défauts, exagérés encore et poussés jusqu'à une sorte de dévergondage d'imagination bien extraordinaire chez une femme, se retrouvèrent dans l'ouvrage qu'elle publia, en 1820, sur l'Italie. Le malheur ou le défaut qui entraîne lady Morgan dans des écarts indignes de son talent, c'est la *manière*, le désir d'être lue, et le besoin de faire effet. Elle n'en est pas moins une des femmes les plus spirituelles et les plus remarquables de l'époque. Le mot d'un journaliste anglais : *Lady Morgan a enseveli miss Owenson*, nous semble trop sévère.

Extrait de la *Biographie des Contemporains*.

MOSCHUS, poète bucolique grec (*Voyez* BION).

MOTTEVILLE (FRANÇOISE BERTAUD dame de), fille d'un gentilhomme ordinaire de la chambre du roi, naquit vers 1615, en Normandie, où elle épousa Nicolas Langlois, seigneur de Motteville, premier président de la chambre des comptes. Après la mort du cardinal de Richelieu, Anne d'Autriche ayant été déclarée régente, rappela à la cour madame de Motteville, que le cardinal avait fait disgracier quelques années auparavant, et qui avait eu le malheur de perdre son époux après deux années de mariage. Elle mourut à Paris en 1689, laissant des *Mémoires pour servir à l'histoire d'Anne d'Autriche*, 6 vol. in-12. (*Voyez* MÉMOIRES, t. XIX. p. 100 et 117.)

MOUHY (CHARLES DE FIEUX, chevalier de), écrivain français, naquit à Metz le 9 mai 1701, et vint, jeune encore, exercer à Paris sa plume infatigable. Neveu du baron de Longepierre, il n'avait trouvé dans sa famille aucun appui, et pour réparer les torts de la fortune à son égard, il se mit à la solde du maréchal de Belle-Isle et de tous ceux qui voulaient payer ses intrigues. Cette honteuse industrie, et ses écrits bizarres contribuèrent toutefois à lui donner une existence aisée, et un amour-propre aussi démesuré que ridicule.

Rien de ce qui se disait dans les cafés, dans les foyers des théâtres, n'était perdu pour lui. Avec les anecdotes qu'il y recueillait, Mouhy fabriquait des romans auxquels il savait attacher des titres singuliers pour piquer la curiosité des lecteurs; mais s'il est parvenu à débiter ses ouvrages, c'était à force de sollicitations et d'instances, et en faisant le métier de colporteur littéraire. Il mourut le 29 février 1784.

Mouhy empruntait de l'argent à Voltaire et le payait en injures et en calomnies. Cependant Voltaire continuait à le secourir dans ses moments de gêne. « Je remercie le chev. de Mouhy de ses nou- « velles, écrivait-il à l'abbé Moussinot (Cirey, 12 « novembre 1736), et je n'en veux plus recevoir; « en trois mois de temps il n'a pas écrit trois véri- « rités. Je ne connais ce chevalier que parce qu'il « m'emprunte. Prêtez-lui cent écus, faites lui en « espérer autant pour le mois prochain. Je ne veux « plus être la dupe des ingrats.... » Le poète se vengeait noblement !

Les nombreux ouvrages de Mouhy sont empreints de son caractère. Il serait trop fastidieux d'en donner la liste complète. Voici les principaux :

La Paysanne parvenue 1735, 4 vol. in-12, pendant du *Paysan parvenu* de Marivaux; *Lamekis* ou *les Voyages extraordinaires d'un Égyptien dans la terre intérieure, avec la découverte de l'Ile de Sylphides*, 1735-37, 4 parties in-12; *Mémoires du Marquis de Fieux*, 1735-36, 2 vol. in-12; *Le Mérite vengé ou Conversation sur divers écrits modernes*, 1736, in-12; *le Papillon* ou *Lettres parisiennes*, 4 vol. in-12, *La Mouche* ou *les Aventures de Rigaud*, 1736; 6 parties in-12 : Ce roman a été traduit en Allemand sous le titre de l'*Espion;* il passe pour le moins mauvais de ses ouvrages; *Mémoires d'Anne-Marie de Moras, comtesse de Courbon*, 1739, 2 vol.

in-12 : Cette demoiselle n'était pas un personnage supposé *; *Mémoires d'une fille de qualité qui ne s'est pas retirée du monde*, 1747, 4 vol. in-12. L'abbé Prevost avait fait les *Mémoires d'un homme de qualité qui s'est retiré du monde*; *Le Masque de fer*, 1747, 3 vol. in-12; *Mille et une faveurs*, 1748, 8 vol. in-12; *Tablettes dramatiques*, contenant l'abrégé de l'histoire du théâtre français, l'établissement des théâtres à Paris, un dictionnaire des pièces, et l'abrégé de l'histoire des auteurs et des acteurs, 1752, petit in-8°. Palissot sait gré à Mouhy d'avoir conçu cette idée, et réclame pour lui la priorité; toutefois il convient que cet ouvrage est devenu inutile après les *Anecdotes dramatiques* de l'abbé Delaporte, qui valent mieux et qui l'ont fait oublier; *Les Dangers des spectacles ou Mémoires de M. de Champigny*, 1780, 4 vol. in-12, en 8 parties. *Abrégé de l'histoire du théâtre français, depuis son origine jusqu'au 1er juin de l'année 1780*, 1780, 3 vol. in-8°; même plan que les *Tablettes dramatiques*.

Mouhy fit placer en tête de cette histoire la gravure de son portrait, où il est représenté armé et cuirassé comme un paladin, sans doute pour repousser les coups de la critique.

* Exemple de la modestie de l'auteur. La comtesse de Courbon assiste à la comédie, et fait la revue des spectateurs. « Quel est, dit-elle, cet homme « qui vient de s'asseoir, qui n'est pas beau, mais qui a l'air si noble? » C'est le chevalier de Mouhy, répond l'interlocuteur. Palissot (*Mémoires pour servir à l'histoire de notre Littérature*) passe condamnation sur le premier trait quant à *l'air noble*, il assure que Mouhy en était le plus parfait contraste.

Il fut un des rédacteurs de la *Gazette de France*, depuis le 18 mai 1749, jusqu'au 1ᵉʳ juin 1751.

« C'est, dit Palissot, un des plus riches modèles qui existent du style plat et du genre niais. Depuis la *Paysanne parvenue*, jusqu'à son dernier ouvrage intitulé les *Dangers des Spectacles*, il a donné au public, qui ne s'en doute pas, environ 80 volumes de romans, où la langue n'est pas mieux traitée que le sens commun.... On ignore ce que peut être devenue cette foule de romans. On assure qu'ils ont disparu dans nos colonies, où ils faisaient les délices des nègres qui travaillaient à nos manufactures. »

MOUVEMENT DU STYLE. Montaigne a dit de l'âme : «L'agitation est sa vie et sa grace.» Il en est de même du style, encore est-ce peu qu'il soit en mouvement, si ce mouvement n'est pas analogue à celui de l'âme; et c'est ici que l'on va sentir la justesse de la comparaison de Lucien, qui veut que le style et la chose, comme le cavalier et le cheval, ne fassent qu'un et se meuvent ensemble. Les tours d'expression qui rendent l'action de l'âme sont ce que les rhéteurs ont appelé *figures de pensées*. Or l'action de l'âme peut se concevoir sous l'image des directions que suit le mouvement des corps. Que l'on me passe la comparaison : une analyse plus abstraite ne serait pas aussi sensible.

Ou l'âme s'élève, ou elle s'abaisse; ou elle s'élance en avant, ou elle recule sur elle-même; ou ne sachant auquel de ses mouvements obéir, elle penche de tous les côtés, chancelante et irrésolue; ou dans une agitation plus violente encore, et de tous sens retenue par les obstacles, elle se roule en tourbillon, comme un globe de feu sur son axe.

Au mouvement de l'âme qui s'élève, répondent tous les transports d'admiration, de ravissement, d'enthousiasme, l'exclamation, l'imprécation, les vœux ardents et passionnés, la révolte contre le ciel, l'indignation qu'excitent l'orgueil, l'insolence, l'iniquité, l'abus de la force, etc. Au mouvement de l'âme qui s'abaisse, répondent les plaintes, les humbles prières, le découragement, le repentir, tout ce qui implore grace ou pitié. Au mouvement de l'âme qui s'élance en avant et hors d'elle-même, répondent le désir impatient, l'instance vive et redoublée, le reproche, la menace, l'insulte, la colère et l'indignation, la résolution et l'audace, tous les actes d'une volonté ferme et décidée, impétueuse et violente, soit qu'elle lutte contre les obstacles, soit qu'elle fasse obstacle elle-même à des mouvements opposés. Au retour de l'âme sur elle-même, répondent la surprise mêlée d'effroi, la répugnance et la honte, l'épouvante et le remords, tout ce qui réprime ou renverse la résolution, le penchant, l'impulsion de la volonté. A la situation de l'âme qui chancelle, répondent le doute, l'irrésolution, l'inquiétude et la perplexité, le balancement des idées et le combat de sentiments. Les révolutions rapides que l'âme éprouve au dedans d'elle-même, lorsqu'elle fermente et bouillonne, sont un composé de ces mouvements divers, interrompus dans tous les points.

Souvent plus libre et plus tranquille, au moins en apparence, elle s'observe, se possède et modère ses mouvements. A cette situation de l'âme appartiennent les détours, les allusions, les réticences d'un style fin, délicat, ironique, l'artifice et le manège d'une éloquence insinuante, les mouvements retenus d'une âme qui se dompte elle-même et d'une passion naissante qui n'a pas encore secoué le frein.

Les mouvements se varient d'eux-mêmes dans le style passionné, lorsqu'on est dans l'illusion et qu'on s'abandonne à la nature : alors ces figures, qui sont si froides quand on les a recherchées, la répétition, la gradation, l'accumulation, etc., se présentent naturellement avec toute la chaleur de la passion qui les a produites. Le talent de les employer à propos n'est donc que le talent de se pénétrer des affections que l'on exprime. L'art ne peut suppléer à cette illusion; c'est par elle qu'on est en état d'observer, sans y penser, la génération, la gradation, le mélange des sentiments, et que dans l'espèce de combat qu'ils se livrent on sait donner tour à tour l'avantage à celui qui doit dominer.

A l'égard du style épique, au défaut de ces mouvements, il est animé par un autre artifice et varié par d'autres moyens.

Une idée, à mon gré, bien naturelle, bien ingénieuse et bien favorable aux poètes, a été celle d'attribuer une âme à tout ce qui donnait quelque signe de vie : j'appelle signe de vie l'action, la végétation, et en général l'apparence du sentiment. L'action est ce mouvement inné qui n'a point de cause étrangère connue, et dont le principe réside ou semble résider dans le corps même qui se meut sans recevoir sensiblement aucune impulsion du dehors : c'est ainsi que le feu, l'air et l'eau sont en action.

De ce que leur mouvement nous semble être indépendant, nous en inférons qu'il est volontaire ; et le principe que nous lui attribuons est une âme pareille à celle qui meut, ou qui semble mouvoir en nous les ressorts du corps qu'elle anime. A la volonté que suppose un mouvement libre, nous ajoutons en idée l'intelligence, le sentiment, et toutes les affections humaines. C'est ainsi que des éléments nous avons fait des hommes doux, bienfaisants, dociles, cruels, impérieux, inconstants, capricieux, avares, etc.

Cette induction, moitié philosophique et moitié populaire, est une source intarissable de poésie, et une règle universelle pour la justesse du style figuré.

Mais si le mouvement seul nous a induits à donner une âme à la matière, la végétation nous y a comme obligés.

Quand nous voyons les racines d'une plante se glisser dans les veines du roc, en suivre les sinuosités, ou le tourner, s'il est solide, et chercher, avec l'apparence d'un discernement infaillible, le terrain propre à la nourrir ; comment ne pas lui attribuer la même sagacité qu'à la brebis, qui, d'une dent aiguë, enlève d'entre les cailloux les herbes tendres et savoureuses?

Quand nous voyons la vigne chercher l'appui de l'ormeau, l'embrasser, élever ses pampres pour les entrelacer avec les branches de cet arbre tutélaire; comment ne pas l'attribuer au sentiment de sa faiblesse, et ne pas supposer à cette action le même principe qu'à celle de l'enfant qui tend les bras à sa nourrice pour l'engager à le soutenir?

Quand nous voyons les bourgeons des arbres s'épanouir au premier sourire du printemps, et se refermer aussitôt que le souffle de l'hiver, qui se retourne et menace en fuyant, vient démentir ces caresses trompeuses; comment ne pas attribuer à l'espoir, à la joie, à l'impatience, à la séduction d'un beau jour, le premier de ces mouvements, et l'autre au saisissement de la crainte? Comment distinguer entre les laboureurs, les troupeaux et les plantes, les causes diverses d'un effet tout pareil?

Ac neque jam stabulis gaudet pecus, aut, arator igni.
(HORAT. *Od.* I, 4.)

Les philosophes distinguent dans la nature le mécanisme, l'instinct, l'intelligence; mais l'on n'est philosophe que dans les méditations du cabinet : dès qu'on se livre aux impressions des sens, on devient enfant comme tout le monde. Les spéculations transcendantes sont pour nous un état forcé; notre condition naturelle est celle du peuple : ainsi, lorsque Rousseau, dans l'*illusion poétique*, exprime son inquiétude pour un jeune arbrisseau qui se presse trop de fleurir, il nous intéresse nous-mêmes :

  Jeune et tendre arbrisseau, l'espoir de mon verger,
  Fertile nourrisson de Vertumne et de Flore,
  Des faveurs de l'hiver redoutez le danger,
  Et retenez vos fleurs qui s'empressent d'éclore,
  Séduites par l'éclat d'un beau jour passager.

Dans Lucrèce la peste frappe les hommes, dans Virgile elle attaque les animaux : je rougis de le dire, mais on est au moins aussi ému du tableau de Virgile que de celui de Lucrèce ; et dans cette image,

  .... It tristis arator,
Mœrentem abjungens fraternâ morte juvencum.

ce n'est pas la tristesse du laboureur qui nous touche. De la même source naît cet intérêt universel répandu dans la poésie, le plaisir de nous trouver partout avec nos semblables, de voir que tout sent, que tout pense, que tout agit comme nous : ainsi le charme du style figuré consiste à nous mettre en société avec toute la nature, et à nous intéresser à tout ce que nous voyons, par quelque retour sur nous-mêmes.

Une règle constante et invariable dans le style poétique est donc d'animer tout ce qui peut l'être avec vraisemblance.

Non-seulement l'action et la végétation, mais le mouvement accidentel, et quelquefois même la forme et l'attitude des corps dans le repos, suffisent pour l'illusion de la métaphore. On dit qu'un rocher suspendu *menace;* on dit qu'il est *touché* de nos plaintes; on dit d'un mont très élevé, qu'il va *défier* les tempêtes; et d'un écueil immobile au milieu des flots, qu'il *brave* Neptune irrité. De même lorsque dans Homère la flèche vole *avide* de sang, ou qu'elle *discerne* et *choisit* un guerrier dans la mêlée, comme dans le poème du Tasse, son action physique donne de la vraisemblance au sentiment qu'on lui attribue : cela répond à la pensée de Pline l'ancien, « Nous avons donné des ailes « au fer et à la mort. » Mais qu'Homère dise des traits qui sont tombés autour d'Ajax sans pouvoir l'atteindre, qu'épars sur la poussière, ils *demandent le sang dont ils sont privés*, il n'y a dans la réalité rien d'analogue à cette pensée. La *pierre impudente** du même poète, et le *lit effronté* de Despréaux manquent aussi de cette apparence de vérité qui fait la justesse de la métaphore. Il est vrai que dans les livres saints le glaive des vengeances célestes *s'enivre et se rassasie de sang* : mais au moyen du merveilleux tout s'anime; au lieu que dans le système de la nature, la vraisemblance de cette espèce de métaphore n'est fondée que sur l'illusion des sens. Il faut donc que cette illusion ait son principe dans les apparences des choses.

Il y a un autre moyen d'animer le style ; et celui-ci est commun à l'éloquence et à la poésie pathétique : c'est d'adresser ou d'attribuer la parole aux absents, aux morts, aux choses insensibles ; de les voir, de croire les entendre et en être entendu.

* Le λᾶας ἀναιδής d'Homère, veut dire simplement une énorme pierre.
H. P.

Cette sorte d'illusion que l'on se fait à soi-même et aux autres est un délire qui doit avoir aussi sa vraisemblance; et il ne peut l'avoir que dans une violente passion, ou dans cette rêverie profonde qui approche des songes du sommeil.

Écoutez Armide après le départ de Renaud :

> Traître ! attends... Je le tiens. Je tiens son cœur perfide.
>   Ah ! je l'immole à ma fureur.
> Que dis-je ? où suis-je ? Hélas ! infortunée Armide,
>   Où t'emporte une aveugle erreur ?

C'est cette erreur où doit être plongée l'âme du poète, ou du personnage qui emploie ces figures hardies et véhémentes, c'est elle qui en fait le naturel, la vérité, le pathétique : affectées de sang-froid, elles sont ridicules plutôt que touchantes; et la raison en est que, pour croire entendre les morts, les absents, les êtres muets, inanimés, ou pour croire en être entendu, pour le croire au moins confusément et au même degré qu'un bon comédien croit être le personnage qu'il représente, il faut, comme lui, s'oublier. *Unus enimque omnium finis persuasio;* et l'on ne persuade les autres, qu'autant qu'on est persuadé soi-même. La règle constante et invariable pour l'emploi de ce qu'on appelle l'hypotypose et la prosopopée, est donc l'apparence du délire : hors de là plus de vraisemblance; et la preuve que celui qui emploie ces mouvements du style est dans l'illusion, c'est le ton et le geste qu'il y met. Que l'inimitable Clairon déclame ces vers de Phèdre :

Que diras-tu, mon père, à ce récit horrible?
Je crois voir de ta main tomber l'urne terrible;
Je crois te voir, cherchant un supplice nouveau,
Toi-même de ton sang devenir le bourreau.
Pardonne! Un dieu cruel a perdu ta famille,
Reconnais sa vengeance aux fureurs de ta fille.

L'action de Phèdre sera la même que si Minos était présent. Qu'Andromaque, en l'absence de Pyrrhus et d'Astyanax, leur adresse tour à tour la parole :

Roi barbare, faut-il que mon crime l'entraîne?
Si je te hais, est-il coupable de ma haine?
T'a-t-il de tous les siens reproché le trépas?
S'est-il plaint à tes yeux des maux qu'il ne sent pas?
Mais cependant, mon fils, tu meurs, si je n'arrête
Le fer que le cruel tient levé sur ta tête!

L'actrice, en parlant à Pyrrhus, aura l'air et le ton du reproche, comme si Pyrrhus l'écoutait; en parlant à son fils, elle aura dans les yeux, et presque dans le geste, la même expression de tendresse et d'effroi que si elle tenait cet enfant dans ses bras. On conçoit aisément pourquoi ces mouvements, si familiers dans le style dramatique, se rencontrent si rarement dans le récit de l'épopée. Celui qui raconte se possède, et tout ce qui ressemble à l'égarement ne peut lui convenir.

Mais il y a dans le dramatique un délire tranquille, comme un délire passionné; et la profonde rêverie produit, avec moins de chaleur et de véhémence, la même illusion que le transport. Un berger rêvant à sa bergère absente, à l'ombre du hêtre qui leur servait d'asyle, au bord du ruisseau dont le cristal répéta cent fois leurs baisers, sur le même gazon que leurs pas légers foulaient à peine, et qui, après les avoir vus se disputer le prix de la course, les invitait au doux repos; ce berger, environné des témoins de son amour, leur fait ses plaintes et croit les entendre partager ses regrets, comme il a cru les voir partager ses plaisirs. Tout cela est dans la nature.

Les facultés de l'éloquence, pour animer ce qu'elle peint, ne s'étendent pas aussi loin que celles de la poésie. Cependant elle se permet, dans des moments de véhémence, des figures assez hardies. Elle évoque les morts, elle parle aux absents, elle croit voir présent ce qui est éloigné, elle adresse la parole à des êtres insensibles, et fait franchir à l'imagination les intervalles des lieux et des temps; elle ose même faire parler non-seulement les absents et les morts, mais les choses inanimées. La vérité de ces figures tient au degré d'émotion et de l'âme de l'orateur et des esprits de l'auditoire. Froidement employées, elles sont ridicules; mais si, d'un côté, celui qui parle, et de l'autre ceux qui l'écoutent, sont émus au point où l'est Phèdre lorsqu'elle dit :

> Il me semble déjà que ces murs, que ces voûtes
> Vont prendre la parole, et prêts à m'accuser,
> Attendent mon époux pour le désabuser....

alors l'orateur, comme le poète, peut tout hasarder : il est maître des mouvements de la pensée et de l'âme de l'auditeur.

C'est ainsi qu'après avoir animé à la course un cheval sensible à l'éperon et docile au frein, un cavalier habile et hardi lui fait franchir les plus hautes barrières et les fossés les plus profonds. Mais après cette fougue, il doit savoir le modérer et le réduire à un pas tranquille.

Il en est de même de l'orateur. Toujours de la fougue serait de la folie. Il doit savoir placer, varier, ménager, distribuer ses mouvements. Le clair-obscur de la peinture, le *forte-piano* de la musique, sont des règles pour l'éloquence. Dans les arts comme dans la nature, rien n'a de l'effet que par les contrastes. Il ne s'agit que de concilier les oppositions et les convenances, les dissonances et les accords, et de marier les contraires de façon que de leur mélange et de leur diversité même se forme un tout harmonieux.

A l'égard des mouvements du style analogues à ceux de l'âme, ils sont encore plus familiers à l'éloquence qu'à la poésie. Mais c'est toujours de la correspondance de la parole avec le sentiment, c'est-à-dire avec le caractère de l'affection, de l'émotion actuelle, que résulte leur vérité. Ainsi la menace, la plainte, l'indignation, la douleur, la résolution, le doute, la frayeur, l'espérance, l'objurgation, l'imprécation, l'exclamation, l'apostrophe, l'interrogation, la communication, la réticence, l'ironie, etc., ont leur place marquée par la nature; et si l'âme, une fois remplie et profondément affectée de son sujet, s'abandonne, elle n'aura plus qu'à obéir à ces mouvements, ils se succèderont d'eux-mêmes, d'autant plus vrais, d'autant plus énergiques, qu'ils seront moins étudiés. C'est en cela que l'éloquence diffère de la déclamation; et si l'on demande pourquoi, avec les mêmes mouvements que l'orateur, et avec des moyens plus forts en apparence, le rhéteur, le sophiste, en un mot le déclamateur ne produit nul effet, la raison en est simple : *Non erat hic locus*.

La nature a prescrit des lois non-seulement aux mouvements des corps, mais à ceux de l'âme, et par conséquent à ceux de l'éloquence. Qu'on suive ces lois, tout se place, tout se succède avec aisance, et rien des forces qu'on emploie ne sera perdu. Mais qu'on change l'ordre établi par la nature : plus d'accord entre l'âme factice du déclamateur et l'âme de ceux qui l'écoutent; les cordes sensibles de celle-ci perdent leur résonnance et ne répondent plus; et l'auditoire tranquille et froid, tandis que l'orateur s'agite et se tourmente, ne conçoit pas pourquoi il ne sent rien de ce qu'on veut lui inspirer. (*Voyez* FIGURES.)

MARMONTEL, *Éléments de Littérature*.

MUET. Voyelle muette, syllabe muette, *e* muet.

La langue française a une voyelle qui lui est propre : c'est cet *e* faible et bref qui est deux fois dans le mot *demande*, et dont nous avons fait la désinence de nos vers féminins.

On prétend qu'il rend notre langue sourde, et peu susceptible de l'expression musicale : ce qui est au moins exagéré.

MUET.

L'*e* muet existe dans toutes les langues, quoiqu'il n'ait un signe alphabétique et une valeur appréciable que dans la nôtre : car il est physiquement impossible d'articuler une consonne sans lui donner un son ; et toutes les fois qu'elle n'a pas le son de quelque autre voyelle, elle a celui de l'*e* muet. En latin, par exemple, après le *p* d'*aptè*, après l'*r* d'*amor*, après l's d'*honos*, il est impossible de ne pas faire entendre, plus ou moins, ce faible son, *apetè*, *amore*, *honose*.

C'est donc cette voyelle, prise parmi les sons naturels de la voix, qui dans notre langue a une valeur sensible et prosodique, c'est-à-dire plus de volume et de durée que dans les autres langues, et qui, à la fin d'un très grand nombre de mots français, répond aux désinences brèves et fugitives des mots italiens *amore*, *amante*, *bene*, *cara*, *fedele*, *pianto*, etc.

Lorsqu'elle est jointe à une consonne qui la soutient, comme dans le mot *vive*, elle fait nombre dans le rhythme du vers ; lorsqu'elle est seule, comme dans le mot *vie*, elle n'est pas comptée, et c'est alors qu'elle est réellement muette, ou éteinte par l'élision. (*Voyez* ÉLISION.) Mais qu'elle soit seule ou articulée, elle n'est reçue à la fin du vers que comme syllabe superflue : le vers qu'elle termine a cette syllabe de plus, et on l'appelle féminin. (*Voyez* VERS.)

Cette différence de nos vers à finale pleine et de nos vers à finale muette, est la même entre les vers italiens où la finale est accentuée, et les vers où elle ne l'est pas. Ceux-ci ont, comme nos vers féminins, une syllabe superflue, c'est-à-dire une syllabe de plus que les vers de même mesure dont la finale porte l'accent; et dans l'une et dans l'autre langue, c'est l'oreille qui a demandé que la finale brève et défaillante qui termine le vers ne fît pas nombre, et servît seulement à varier les désinences.

Mais les Italiens avaient peu de mots dont la finale se soutînt, et ils en avaient un nombre infini dont la finale était brève et tombante : de là vient que leur vers par excellence, et presque le seul qu'ils emploient dans la poésie héroïque, est ce vers à finale expirante que nous appelons féminin. Ils appellent *tronco* leur vers de dix syllabes; et en effet il paraît tronqué, parce qu'étant coupé à la sixième, le second hémistiche est plus court de deux syllabes que le premier; au lieu que dans le vers français, coupé à la quatrième, le second hémistiche est le plus long; et c'est pourquoi l'oreille a voulu que le vers italien fût hendecasyllabe, et répondît au vers latin :

<blockquote>
Tuâ nunc operâ meæ puellæ
Flendo turgiduli rubent ocelli.
</blockquote>

L'italien a donc, comme le français, ses désinences *féminines* (Qu'on me passe le mot, dont je ne veux pas abuser). Ces désinences ne sont pas aussi faibles que dans notre langue, et elles sont plus variées; car ce sont les quatre voyelles *a*, *e*, *i*, *o*, sans accent; mais elles sont presque aussi brèves et aussi fugitives que l'*e* muet français : la valeur prosodique en est la même; et soit qu'on parle ou qu'on chante, leur son expire et tombe après la syllabe accentuée ; comme celui de l'*e* muet. Tout récemment un virtuose a voulu dans son chant donner à ces finales une valeur plus marquée : l'essai lui en a mal réussi ; et cette licence, qu'il s'était donnée impunément en Angleterre, a souverainement déplu à l'oreille des Italiens.

Il est donc vrai que l'*ancora* italien et l'encore français, l'*ombra* et l'ombre, l'*onda* et l'onde, l'*amante* et l'amante, *il pianto*, *i pianti* et la plainte, les plaintes, ont une finale de la même valeur, soit métrique soit musicale.

Mais ces finales italiennes sont moins sourdes que l'*e* muet français : j'en conviens ; et c'est à présent qu'il faut examiner de quelle conséquence cela peut être pour l'harmonie ou de la parole ou du chant.

Dans l'accent naturel de la parole, ainsi que dans celui du chant, dans la quantité prosodique et dans la mesure vocale, il y a des temps forts et des temps faibles : l'oreille ne demande pas à être également frappée de tous les sons ; sur les uns la voix glisse, et les passe rapidement ; sur les autres elle s'appuie et se déploie : les uns sont des éclats, les autres de faibles soupirs. Des sons toujours retentissants et soutenus fatigueraient l'oreille, et n'auraient aucune expression. Toute mélodie est composée de force, de douceur, de lenteur, de vitesse, d'élévation, d'abaissement, et d'inflexions dans la voix. C'est pour donner à la parole ces variétés expressives que la prosodie et l'accent ont été inventés ; et la langue qui, comme une cloche, n'aurait que des sons résonnants, ne serait favorable ni à l'éloquence, ni à la poésie, ni à la musique, ni même à l'expression familière de la pensée et du sentiment.

Il ne s'agit donc plus que de savoir dans quelle proportion de force et de faiblesse, de mollesse et de fermeté, de vigueur mâle ou de douceur, doivent être les éléments de la parole, pour qu'une langue soit plus ou moins susceptible d'une belle modulation; et la musique est actuellement la seule règle d'après laquelle on puisse résoudre ce problème.

La langue italienne est universellement reconnue pour la plus musicale de nos langues vivantes. Elle est en même temps celle qui abonde le plus en désinences molles et dont le son s'éteint comme celui de l'*e* muet. De cent mots italiens, il n'y en a pas deux dont la finale soit un son plein.

Il s'ensuit, à la vérité, que la poésie italienne, à rimes plates, serait insoutenable par l'uniformité de ses désinences, toutes accentuées sur la pénultième et défaillantes sur la dernière, et c'est pour remédier à cette monotonie de nombre par la variété des sons, qu'il a fallu non-seulement croiser les rimes, mais diviser le poème par octaves, afin d'y ménager à l'oreille des intervalles et des repos.

Mais dans la poésie lyrique, où l'on a su entremêler les désinences faibles de désinences fortes, et placer celles-ci à la fin des périodes pour servir d'appuis à la voix, le nombre a pris une marche à la fois et plus variée et plus ferme. Métastase n'a presque point d'airs dont les deux parties ne se reposent sur un vers masculin.

MUET.

> L'onda dal mar divisa,
> Bagna la valle, e'l monte ;
> Va passaggiera in fiume,
> Va prigioniera in fonte :
> Mormora sempre e geme,
> Fin che non torna al mar :
> Al mar, dove ella nacque,
> Dove acquistò gli amori,
> Dove, da lunghi errori,
> Spera di riposar.

On voit que tous ces vers sont terminés par une syllabe défaillante, excepté *mar* et *riposar*, qui sont les deux repos de l'air.

Or non-seulement cette multitude de finales presque muettes ne nuit point à l'accent musical, mais elle en fait le charme, en ce qu'elle procure continuellement à la voix un passage du fort au faible, du lent au rapide, et du son éclatant au son mollement abaissé. Un autre avantage de ce mélange, c'est le nombre : car si l'accent est sur l'antépénultième, la voix glisse sur les dernières, et le vers devient dactylique : et si l'accent est sur la pénultième, la dernière forme avec elle un chorée, dont le mouvement se renverse et donne ainsi, au gré du poète, le rhythme trochaïque et le rhythme iambique.

Cette abondance de mots, dont la pénultième est accentuée et la dernière faible, rend facile et commune, dans les vers lyriques italiens, telle et telle espèce de rhythme qu'il est presque impossible d'imiter dans les nôtres. Par exemple :

> Ardito ti renda,

T'accenda
Di sdegno,
D'un figlio
Il periglio,
D'un regno
L'amor.
È dolce ad un' alma
Che aspetta
Vendetta,
Il perder la calma,
Fra l'ire del cor.

Che abisso di pene,
Lasciare il suo bene,
Lasciarlo per sempre,
Lasciarlo cosi!

No, la speranza
Più non m'alletta;
Voglio vendetta,
Non chiedo amor.

Se il ciel mi divide
Dal caro mio sposo,
Perche non m'uccide
Pietoso il martir?
Divisa un momento
Dal dolce tesoro;
Non vivo, non moro;
Ma provo il tormento
Di viver penoso,
Di lungo morir.

Et cet avantage de la langue italienne est tel, qu'il a contribué au moins autant que la facilité de ses articulations et que la netteté de ses voyelles sonores, à la rendre, de l'aveu de l'Europe entière, la plus musicale des langues vivantes.

Loin donc que la multitude des finales faibles ou féminines soit nuisible à l'accent et à la mélodie d'une langue, elle leur est très favorable, et jusque là le préjugé me semble absolument détruit.

Mais, dans la langue italienne, ces désinences brèves et défaillantes ne laissent pas d'avoir un son distinct et plus sensible que celui de notre *e* muet, dont le vice est d'être trop faible et trop confus : c'est de quoi je tombe d'accord.

Je dirai seulement que ce défaut, qui ne se fait que trop sentir dans la simple élocution, lorsque l'acteur, l'orateur ou le lecteur néglige ces finales, affecte beaucoup moins le chant, qui donne lui-même à tous les sons une valeur plus décidée; et j'ajouterai que, si dans le chant, le son final de l'*e* muet se fait entendre assez pour remplir la mesure et pour tenir lieu à l'oreille du faible son qui achève, par exemple, les inflexions d'un air de flûte, il suffit à la mélodie; car on n'a jamais reproché à un joueur de flûte de former sur la petite note un son trop faible et trop doux; au contraire, plus ce son expirant sera délicatement lié, pourvu qu'il soit perceptible à l'oreille, plus il aura le caractère de mollesse qu'il doit avoir.

Or, dans le chant, la finale faible, que nous appelons muette, répond exactement à ce son expirant que la flûte laisse échapper : il a donc toute la valeur qu'il doit avoir, dès qu'il est sensible à l'oreille; et les musiciens français, qui, dans leurs ports de voix ridiculement déplacés, ont élevé la finale de *gloire* et de *victoire*, n'avaient le sentiment ni de la prosodie de leur langue, ni des finesses de leur art.

Les poëtes, il est vrai, les ont induits à faire cette faute, en leur donnant pour le repos final une désinence muette; ce que les italiens, et singulièrement Métastase, évitent avec soin, comme on vient de le voir. Mais cette négligence du poète n'est pas elle-même une excuse pour le compositeur, et lors même que la désinence est muette au repos de l'air, un homme habile sait bien lui conserver sa valeur et son caractère. Dans cet air d'Atys, par exemple,

> Je ressens un plaisir extrême
> A revoir ces aimables lieux :
> Où peut-on jamais être mieux
> Qu'aux lieux où l'on voit ce qu'on aime?

M. Piccini, tout novice qu'il était dans notre langue, s'est bien gardé de soutenir la finale d'*aime*: il a mis l'accent et l'expression sur *ai*, et a laissé expirer *me*, comme il expire dans l'élocution naturelle.

Nous voilà parvenus à cette vérité que j'ai voulu rendre sensible : que ce n'est jamais sur les syllabes brèves, fugitives ou défaillantes, que la musique met les accents, les appuis, le fort de la voix; que ce n'est donc jamais par elles, mais par les syllabes pleines et sonnantes, qu'il faut juger si une langue est elle-même assez sonore pour être favorable au chant; que si cette langue a dans ses éléments une grande abondance de sons pleins et retentissants, plus elle aura d'ailleurs de désinences molles, plus elle sera variée, et plus l'accent qui portera sur les sons pleins et soutenus sera marqué ; que c'est de ce mélange que résulte le *piano-forte* d'une langue et son analogie avec celui de la musique ; enfin qu'il est indifférent, ou presque indifférent, pour l'accent musical, que la syllabe fugitive ou défaillante soit plus ou moins sonore, pourvu qu'elle se fasse entendre, et que, si l'*e* muet final est sensible à l'oreille, non-seulement ce n'est pas un mal qu'il abonde dans notre langue, mais que, pour tenir lieu des désinences brèves et *cadentes* des Italiens, il n'est pas même encore assez fréquent.

Une propriété essentielle de l'*e* muet (quoique plus d'un grammairien l'ait méconnue), c'est de rendre longue, à la fin des mots, la syllabe qui le précède. Cela n'est presque pas sensible dans le langage familier ; mais lorsque l'accent oratoire ou poétique se fait entendre, il n'est personne qui ne s'aperçoive que la pénultième des mots à finale muette se prolonge et porte l'accent. Quand je dis qu'elle se prolonge, je ne dis pas qu'elle s'altère ; et le plus ou moins de durée n'en change point la qualité. Dans *répéter* et dans *répète*, les deux premiers *é* sont le même, ainsi que l'*a* de *flatter* et de *flatte*, ainsi que l'*i* d'*expirer* et d'*expire*, ainsi que l'*o* de *donner* et de *donne*, ainsi que l'*u* d'*imputer* et d'*impute ;* seulement avant l'*e* muet ces sons prennent plus de valeur. La musique sur-tout, qui donne à tous les sons une quantité appréciable, fait sentir ce que je veux dire. Depuis Lambert et Lulli jusqu'à nous, et dans le simple vaudeville comme dans les chants les plus mélodieux, les plus savamment composés, il est presque sans exemple qu'on se soit écarté de cette règle de prosodie, et toutes les fois que l'*e* muet final n'est pas éteint par l'élision, la syllabe qui le précède s'allonge et devient susceptible de prolongation et d'inflexion; ce qui n'arriverait jamais si elle était réellement brève : car en musique les valeurs relatives étant plus décidées, les fautes contre la prosodie y sont aussi plus remarquables que dans la modulation naturelle de la parole, et rien ne serait plus intolérable pour l'oreille que le retour continuel de ces voyelles brèves, que la musique prolongerait. (*Voyez* ACCENT.)

MARMONTEL, *Éléments de Littérature.*

MULLER (JEAN DE), célèbre historien suisse, né à Schaffhouse, le 3 janvier 1752, commença ses études au gymnase de cette ville, et les termina à l'université de Goëttingue. Ses maîtres, au nombre desquels se trouvaient Miller, Heyne et Schloezer, ayant reconnu en lui le germe d'un grand talent pour l'histoire, l'engagèrent à poursuivre la carrière qu'il semblait avoir adoptée depuis son enfance ; car dès l'âge de neuf ans, il s'était essayé dans l'histoire de sa ville natale, et il n'en avait que douze lorsque déjà il comparait les divers systèmes de chronologie. Ce fut donc d'après les conseils de Schloezer qu'il composa l'*Histoire de la guerre des*

Cimbres, publiée à Zurich en 1772, et d'après ceux de Miller qu'il devint l'historien de son pays.

Très versé dans les langues anciennes, il obtint sans peine une chaire de langue grecque à Schaffhouse, et n'en poursuivit pas moins les grands travaux historiques auxquels son génie s'était voué. Il alla ensuite à Genève, à Berne, et y donna successivement des leçons d'histoire universelle. Ce fut dans cette dernière ville que parut, en 1780, la première partie de son *Histoire de la Confédération suisse*. Cette première édition n'a point été continuée, et elle diffère essentiellement de celle que l'auteur commença six ans après à Leipzig.

S'étant rendu en Prusse en 1780, Muller fut accueilli avec distinction du grand Frédéric, et publia à Berlin ses *Essais historiques*, qui renferment diverses pièces curieuses et intéressantes. Il passa ensuite au service de l'électeur de Mayence, qui le nomma secrétaire de son cabinet et son conseiller intime. Mais la ville de Mayence étant tombée au pouvoir des Français dans la première guerre de la révolution, il fut obligé de quitter ses emplois et se rendit à Vienne, où l'empereur Léopold, qui lui avait déjà conféré des lettres de noblesse, lui donna le titre de conseiller à la grande chancellerie d'état, et peu après la place de bibliothécaire. Quelques désagréments, obligèrent Muller de changer encore une fois de situation. Il passa à Berlin, où Frédéric-Guillaume lui offrit une place à l'académie, place qu'il avait ambitionnée dix-huit ans auparavant, et il se promit dès-lors d'écrire l'histoire de Frédéric-le-Grand, dont il avait éprouvé les bontés. Deux discours qu'il prononça à l'académie, en 1805 et en 1807, donnèrent une idée très favorable de la manière dont il avait envisagé son sujet; mais la guerre dans laquelle la Prusse succomba vint le forcer de suspendre son travail.

Envoyé en Westphalie pour y remplir les fonctions de secrétaire d'état, fonctions qu'il échangea ensuite contre celles de directeur-général de l'instruction publique, les soins multipliés qu'il prit pour la réorganisation des études, et les autres travaux auxquels il se livrait sans relâche, hâtèrent sa mort, qui eut lieu le 29 mai 1809. Ce fut une perte irréparable pour les sciences, qu'elle priva d'une partie considérable des travaux que cet historien avait préparés avec tant de peine. « C'était un homme d'un savoir inouï, dit madame
« de Staël, et ses facultés en ce genre faisaient vrai-
« ment peur. On ne conçoit pas comment la tête d'un
« homme a pu contenir ainsi un monde de faits et
« de dates. Les six mille ans à nous connus étaient
« parfaitement rangés dans sa mémoire, et ses
« études avaient été si profondes, qu'elles étaient
« vives comme des souvenirs. Il n'y a pas un village
« en Suisse, pas une famille noble dont il ne sût
« l'histoire. Un jour, en conséquence d'un pari, on
« lui demanda la suite des comtes souverains du
« Bugey; il les dit à l'instant même, seulement il ne
« se rappelait pas bien si l'un de ceux qu'il nom-
« mait avait été régent ou régnant en titre, et il se

« faisait sérieusement des reproches d'un tel man-
« que de mémoire. »

« Son caractère était rempli de candeur et de
« bonté; sa probité et sa générosité étaient parfaites,
« sa modestie et sa simplicité extrêmes, dit un autre
« écrivain. Mais on est fondé à lui reprocher la fai-
« blesse de caractère, l'imprévoyance qu'il porta
« dans sa carrière politique, et sa persévérance à
« demeurer homme d'état, environné d'une médio-
« cre influence, au détriment de ses importants
« travaux littéraires. » Muller ne fut jamais marié et
mourut pauvre. La pauvreté d'un homme d'un si
grand talent est une circonstance honorable de sa
vie. Son testament, qu'on a publié, est remarquable
par sa noble et touchante simplicité. Il demande
que l'on vende ses manuscrits pour payer ses dettes,
qui d'ailleurs étaient peu considérables; et il ajoute
que si cela suffit pour les acquitter, il se permet
de disposer de sa montre en faveur de son domestique. « Ce n'est pas sans attendrissement, dit-il,
« qu'il recevra la montre qu'il a montée pendant
« vingt années. »

L'*Histoire de la Confédération suisse*, par Muller, ne dépasse pas le quinzième siècle, et a été traduite en français par Labaume. Mallet, en abrégeant
cet ouvrage, l'a continué jusqu'à nos jours. La collection complète des *OEuvres de Jean Muller* a été
publiée par son frère, Georges Muller, professeur
à Schaffhouse. On trouve dans cette importante
collection, dont le vingt-septième volume a paru
en 1819, outre l'*Histoire de la Confédération hel-*

vétique, le *Cours d'histoire universelle*, qui a été traduit en français par J.-G. Hess, Genève, 1814-17, la *Correspondance familière* de l'auteur, l'*Abrégé de sa Vie*, écrit par lui-même, etc. Cet abrégé forme le premier cahier des *Vies et Portraits des hommes lettrés de Berlin*, 1806, in-8°, publié par M. Lowe. Plusieurs autres étrangers ont écrit la vie de Jean Muller, et M. Guizot a donné dans le *Mercure de France* du 17 février 1810, une *Notice biographique* sur cet historien.

JUGEMENTS.

I.

Muller, qu'on peut considérer comme le véritable historien classique d'Allemagne, lisait habituellement les auteurs grecs et latins dans leur langue originale; il cultivait la littérature et les arts pour les faire servir à l'histoire. Son érudition sans bornes, loin de nuire à sa vivacité naturelle, était comme la base d'où son imagination prenait l'essor, et la vérité vivante de ses tableaux tenait à leur fidélité scrupuleuse; mais s'il savait admirablement se servir de l'érudition, il ignorait l'art de s'en dégager quand il le fallait; son histoire est beaucoup trop longue; il n'en a pas assez resserré l'ensemble. Les détails sont nécessaires pour donner de l'intérêt au récit des évènements; mais on doit choisir parmi les évènements ceux qui méritent d'être racontés.

L'ouvrage de Muller est une chronique éloquente; si pourtant toutes les histoires étaient ainsi conçues, la vie de l'homme se consumerait tout entière à lire la vie des hommes. Il serait donc à souhaiter que Muller ne se fût pas laissé séduire par l'étendue même de ses connaissances. Néanmoins les lecteurs, qui ont d'autant plus de temps à donner qu'ils l'emploient mieux, se pénétreront toujours avec un plaisir nouveau de ces illustres annales de la Suisse. Les discours préliminaires sont des chefs-d'œuvre d'éloquence. Nul n'a su mieux que Muller montrer dans ses écrits le patriotisme le plus énergique; et maintenant qu'il n'est plus, c'est par ses écrits seuls qu'il faut l'apprécier.

Il décrit en peintre la contrée où se sont passés les principaux évènements de la confédération helvétique. On aurait tort de se faire historien d'un pays qu'on n'aurait pas vu soi-même. Les sites, les lieux, la nature, sont comme le fond du tableau, et les faits, quelque bien racontés qu'ils puissent être, n'ont pas tous les caractères de la vérité quand on ne vous fait pas voir les objets extérieurs dont les hommes étaient environnés.

L'érudition qui a induit Muller à mettre trop d'importance à chaque fait lui est bien utile quand il s'agit d'un évènement vraiment digne d'être animé par l'imagination. Il le raconte alors comme s'il s'était passé la veille, et sait lui donner l'intérêt qu'une circonstance encore présente ferait éprouver. Il faut, autant qu'on le peut, dans l'histoire comme dans les fictions, laisser au lecteur le plaisir et l'occasion de pressentir lui-même le caractère et la marche des évènements. Il se lasse facilement de ce qu'on lui dit, mais il est ravi de ce qu'il découvre; et l'on assimile la littérature aux intérêts de la vie, quand on sait exciter par le récit l'anxiété de l'attente; le jugement du lecteur s'exerce sur un mot, sur une action qui fait tout-à-coup comprendre un homme, et souvent l'esprit même d'une nation et d'un siècle.

La conjuration de Rutli, telle qu'elle est racontée dans l'histoire de Muller, inspire un intérêt prodigieux. Cette vallée paisible où des hommes, paisibles aussi comme elle, se déterminèrent aux plus périlleuses actions que la conscience puisse commander; le calme dans la délibération, la solennité du serment, l'ardeur dans l'exécution, l'irrévocable qui se fonde sur la volonté de l'homme, tandis qu'au dehors tout peut changer; quel tableau! Les images seules y font naître les pensées : les héros de cet évènement, comme l'auteur qui le rapporte, sont absorbés par la grandeur même de l'objet. Aucune idée générale ne se présente à leur esprit, aucune réflexion n'altère la fermeté de l'action ni la beauté du récit.

A la bataille de Granson, dans laquelle le duc de Bourgogne attaqua la faible armée des cantons suisses, un trait simple donne la plus touchante idée de ces temps et de ces mœurs. Charles occupait déjà les hauteurs, et se croyait maître de l'armée qu'il voyait de loin dans la plaine; tout-à-coup, au lever du soleil, il aperçut les Suisses qui, suivant la coutume de leurs pères, se mettaient tous à genoux pour invoquer avant le combat la protection du Seigneur des seigneurs; les Bourguignons crurent qu'ils se mettaient à genoux ainsi pour rendre les armes, et poussèrent des cris de triomphe; mais tout-à-coup ces chrétiens, fortifiés par la prière, se relèvent, se précipitent sur leurs adversaires, et remportent à la fin la victoire dont leur pieuse ardeur les avait rendus dignes. Des circonstances de ce genre se retrouvent souvent dans l'histoire de Muller, et son langage ébranle l'âme, lors même que ce qu'il dit n'est point pathétique : il y a quelque chose de grave, de noble et de sévère dans son style, qui réveille puissamment le souvenir des vieux siècles.

C'était cependant un homme mobile avant tout que Muller; mais le talent prend toutes les formes, sans avoir pour cela un moment d'hypocrisie. Il est ce qu'il paraît, seulement il ne peut se maintenir toujours le même dans une telle disposition, et les circonstances extérieures le modifient. C'est sur-tout à la couleur de son style que Muller doit sa puissance sur l'imagination; les mots anciens dont il se sert si à propos ont un air de loyauté germanique qui inspire de la confiance. Néanmoins il a tort de vouloir quelquefois mêler la concision de Tacite à la naïveté du moyen âge : ces deux imitations se contredisent. Il n'y a même que Muller à qui les tournures du vieil allemand réussissent quelquefois; pour tout autre ce serait de l'affectation. Salluste seul, parmi les écrivains de l'antiquité, a imaginé d'employer les formes et les termes d'un temps antérieur au sien; en général le naturel s'oppose à cette sorte d'imitation; cependant les chroniques du moyen âge étaient si familières à Muller, que c'est spontanément qu'il écrit souvent du même style. Il faut bien que ces expressions soient vraies, puisqu'elles inspirent ce qu'il veut faire éprouver.

Mad. DE STAEL., *De l'Allemagne*.

II

On a traduit, il y a douze ans, l'*Histoire de la Confédération helvétique* par Muller. Cet écrivain, suisse de nation, vient d'être enlevé à la littérature allemande, qui le regrette et le célèbre à juste titre. Il commence son ouvrage à l'origine de la Suisse Il entre même dans quelques détails sur la première guerre des Helvétiens contre la république romaine, et décrit la défaite du consul Cassius par les Tiguriens, un peu avant les victoires de Marius contre les Cimbres, leurs alliés. Les développements se suivent sans intervalles à partir de la chute de l'empire romain, lorsque l'Europe, émancipée trop tôt, se recompose dans la barbarie. Mais ils n'acquièrent beaucoup d'intérêt qu'aux premières années du quatorzième siècle, à cette grande époque où les Suisses, brisant le joug de l'Autriche, fondent la liberté avec courage, et la maintiennent avec sagesse, en formant par degrés leur confédération respectable. L'auteur, ou du moins son traducteur, s'arrête au milieu du quinzième siècle, avant cette autre époque non moins brillante, où toutes les richesses et toutes les forces de Charles-le-Téméraire se trouvèrent insuffisantes contre les vertus d'un peuple pasteur et guerrier. Cette histoire a pourtant neuf volumes : car elle est pleine de recherches sur les origines des villes, et sur leurs traditions particulières. Elle doit être spécialement chère aux Suisses, ce que nous disons par éloge et non par reproche : quoique fort érudite, elle n'est point sèche; elle abonde en réflexions toujours judicieuses, et quelquefois d'une grande portée. Quant à l'exécution générale, la manière de l'auteur est large et grave; la chaleur n'est pas sa qualité dominante; mais il a souvent de la noblesse, et, dans ce qui concerne l'histoire naturelle de la Suisse, partie traitée de main de maître, son style s'élève à des formes majestueuses, dont la trace est facilement aperçue dans la traduction. L'ouvrage est dédié à tous les confédérés de la Suisse. Cette dédicace, que l'auteur fait à ses pairs, n'est pas d'un ton subalterne : on y remarque, comme en tout le reste du livre, un profond sentiment de liberté, et, ce qui pourrait à l'analyse se trouver encore la même chose, un grand respect pour le genre humain. Nous sommes fâchés que le traducteur ait cru devoir garder l'anonyme; il mérite à la fois des remercîments et des louanges. Nous avons une autre *Histoire des Suisses*, composée plus récemment dans notre langue : elle est de M. Mallet, connu depuis long-temps par son *Histoire du Danemarck*. Les particularités relatives aux différentes villes de la Suisse n'entrent point dans le plan de l'auteur. Il s'attache uniquement à l'ensemble de la confédération helvétique. Tout l'espace que parcourt Muller est ici renfermé dans le premier tome. Trois autres volumes contiennent les évènements écoulés depuis le milieu du quinzième siècle, jusqu'au moment où l'auteur écrit. C'est donc une histoire complète, mais peu détaillée. Le style en est sans ornements : toutefois elle se fait lire, et peut satisfaire cette classe nombreuse de lecteurs à qui des éléments suffisent. Quant aux hommes qui font de l'histoire une étude, c'est l'ouvrage important de Muller qu'ils aimeront à consulter.

M. J. Chénier, *Tableau de la Littérature française.*

NARRATION. La narration est l'exposé des faits, comme la description est l'exposé des choses, et celle-ci est comprise dans celle-là, toutes les fois que la description des choses contribue à rendre les faits plus vraisemblables, plus intéressants, plus sensibles.

Il n'est point de genre de poésie où la narration ne puisse avoir lieu; mais dans le dramatique, elle est accidentelle et passagère ; au lieu que dans l'épique, elle domine et remplit le fond.

Toutes les règles de la narration sont relatives aux convenances et à l'intention du poète.

Quel que soit le sujet, le devoir de celui qui raconte, pour remplir l'attente de celui qui l'écoute, est d'instruire et de persuader. Ainsi les premières règles de la narration sont la clarté et la vraisemblance.

La clarté consiste à exposer les faits d'un style qui ne laisse aucun nuage dans les idées, aucun embarras dans l'esprit. Il y a dans les faits des circonstances qui se supposent et qu'il serait superflu d'expliquer. Il peut arriver aussi que celui qui raconte ne soit pas instruit de tout, ou qu'il ne veuille pas tout dire; mais ce qu'il ignore ou veut dissimuler ne le dispense pas d'être clair dans ce qu'il expose. L'obscurité même qu'il laisse ne doit être que pour les personnages qui sont en scène. Les circonstances des faits, leurs causes, leurs moyens, le spectateur ou le lecteur veut tout savoir, et si l'acteur est dispensé de tout éclaircir, le poète ne l'est pas. Il est vrai qu'il a droit de jeter un voile sur l'avenir; mais, s'il est habile, il prend soin que ce voile soit transparent et qu'il laisse entrevoir ce qui doit arriver, dans un lointain confus et vague, comme on découvre les objets éloignés à la faible lumière des étoiles :

Sublustrique aliquid dant cernere noctis in umbrâ.
(Vida.)

C'est un nouvel attrait pour le lecteur, un nouveau charme qui se mêle à l'intérêt qui l'attache et l'attire;

Haud aliter, longinqua petit qui forte viator
Mœnia, si positas altis in collibus arces,
Nunc etiam dubias oculis, videt; incipit ultro
Lætior ire viam, placidumque urgere laborem.
(Vida.)

A l'égard du présent et du passé, tout doit être aux yeux du lecteur sans nuage et sans équivoque.

Les éclaircissements sont faciles dans l'épopée,

où le poète cède et reprend la parole quand bon lui semble. Dans le dramatique, il faut un peu plus d'art pour mettre l'auditeur dans la confidence, mais ce qu'un acteur ne sait pas ou ne doit pas dire, quelque autre peut le savoir et le révéler : ce qu'ils n'osent confier à personne, ils se le disent à eux-mêmes; et comme dans les moments passionnés il est permis de penser tout haut, le spectateur entend la pensée. C'est donc une négligence inexcusable, que de laisser, dans l'exposition des faits, une obscurité qui nous inquiète et qui nuise à l'illusion.

Si les faits sont trop compliqués, la méthode la plus sage, en travaillant, c'est de les réduire d'abord à leur plus grande simplicité; et à mesure qu'on aperçoit dans leur exposé quelque embarras à prévenir, quelque nuage à dissiper, on y répand quelques traits de lumière. Le comble de l'art est de faire en sorte que ce qui éclaircit la narration soit aussi ce qui la décore : c'était le talent de Racine.

Le poëte est en droit de suspendre la curiosité; mais il faut qu'il la satisfasse : cette suspension n'est même permise qu'autant qu'elle est motivée; et il n'y a qu'un poème folâtre comme celui de l'Arioste, où l'on soit reçu à se jouer de l'impatience de ses lecteurs.

L'art de ménager l'attention sans l'épuiser consiste à rendre intéressant et comme inévitable l'obstacle qui s'oppose à l'éclaircissement, et de paraître soi-même partager l'impatience que l'on cause. On emploie quelquefois un incident nouveau, pour suspendre et différer l'éclaircissement; mais qu'on prenne garde à ne pas laisser voir qu'il est amené tout exprès, et sur-tout à ne pas employer plus d'une fois le même artifice. Le spectateur veut bien qu'on le trompe, mais il ne veut pas s'en apercevoir. La ruse est permise en poésie, comme l'était le larcin à Lacédémone; mais on punit les maladroits.

Il n'y a que les faits surnaturels dont le poète soit dispensé de rendre raison en les racontant. OEdipe est destiné dès sa naissance à tuer son père et à épouser sa mère; Calchas demande qu'on immole Iphigénie sur l'autel de Diane : qu'a fait OEdipe, qu'a fait Iphigénie, pour mériter un pareil sort? Telle est la loi de la destinée, telle est la volonté du ciel : le poète n'a pas autre chose à répondre. Il faut avouer que ces traditions populaires, si choquantes pour la raison, étaient commodes pour la poésie.

Les poètes anciens n'ont pas toujours dédaigné de motiver la volonté des dieux; et le merveilleux est bien plus satisfaisant lorsqu'il est fondé, comme dans *l'Énéide* le ressentiment de Junon contre les Troyens, et la colère d'Apollon contre les Grecs dans *l'Iliade*. Mais pour motiver la conduite des dieux, il faut une raison plausible : il vaut mieux n'en donner aucune, que d'en alléguer de mauvaises. Dans *l'Énéide*, par exemple, les vaisseaux d'Énée au moment qu'on va les brûler, sont changés en nymphes; pourquoi? parce qu'ils sont faits des bois du mont Ida, consacré à Cybèle. Mais, comme un critique l'observe, plusieurs de ces vaisseaux n'en ont pas moins péri sur les mers; et ce qui ne les a pas garantis des eaux ne devait pas les garantir des flammes.

Ce que je viens de dire de la clarté contribue aussi à la vraisemblance. Un fait n'est incroyable que parce qu'on y voit de l'incompatibilité dans les circonstances ou de l'impossibilité dans l'exécution. Or, en l'expliquant, tout se concilie, tout s'arrange, tout se rapproche de la vérité. *Etiam incredibile solertia efficit sæpè credibile esse.* (Scaliger.) « Mais la crédulité est une mère que sa propre « fécondité étouffe tôt ou tard » (Bayle). D'un tissu de faits possibles le récit peut être incroyable, si chacun d'eux est si rare, si singulier, qu'il n'y ait pas d'exemple dans la nature d'un tel concours d'évènements. Il peut arriver une fois que la statue d'un homme tombe sur son meurtrier et l'écrase, comme fit celle de Myris; il peut arriver qu'un anneau jeté dans la mer se retrouve dans le ventre d'un poisson, comme celui de Polycrate; mais un pareil accident doit être entouré de faits simples et familiers qui lui communiquent l'air de la vérité. C'est une idée lumineuse d'Aristote, que la croyance que l'on donne à un fait se réfléchit sur l'autre, quand ils sont liés avec art. « Par une « espèce de paralogisme qui nous est naturel, nous « concluons, dit-il, de ce qu'une chose est vérita« ble, que celle qui la suit doit l'être. » Cette remarque importante prouve combien, dans le récit du merveilleux, il est essentiel d'entremêler des circonstances communes.

Ceux qui demanderaient qu'un poëme fût une suite d'évènements inouïs, n'ont pas les premières notions de l'art : ce qu'ils désirent dans un poème est le vice des anciens romans. Pour me persuader que les héros qu'on me présente ont fait réellement des prodiges dont je n'ai jamais vu d'exemples, il faut qu'ils fassent des choses qui tous les jours se passent sous mes yeux. Il est vrai que parmi les détails de la vie commune l'on doit choisir avec goût ceux qui ont le plus de noblesse dans leur naïveté, ceux dont la peinture a le plus de charmes ; et en cela les mœurs anciennes étaient plus favorables à la poésie que les nôtres. Les devoirs de l'hospitalité, les cérémonies religieuses donnaient un air vénérable à des usages domestiques qui n'ont plus rien de touchant parmi nous. Que les Grecs mangent avant le combat ; leurs sacrifices, leurs libations, leurs vœux, l'usage de chanter à table les louanges des dieux ou des héros, rendent ce repas auguste. Que Henri IV ait pris et fait prendre à ses soldats quelque nourriture avant la bataille d'Ivry, c'est un tableau peu favorable à peindre. Il y a donc de l'avantage à prendre ses sujets dans les temps éloignés, ou, ce qui revient au même, dans les pays lointains. Mais dans nos mœurs on peut trouver encore des choses naïves et familières, qui ne laissent pas d'avoir de la noblesse et de la beauté. Et pourquoi ne peindrait-on pas aujourd'hui les adieux d'un guerrier qui se sépare de sa femme et de son fils, avec cette ingénuité naturelle qui rend si touchants les adieux d'Hector ? Homère trouverait parmi nous la nature encore bien féconde, et saurait bien nous y ramener. Le poète est si fort à son aise lorsqu'il fait des hommes de ses héros? Pourquoi donc ne pas s'attacher à cette nature simple et charmante, lorsqu'une fois on l'a saisie? Pourquoi du moins ne pas se relâcher souvent de cette dignité factice où l'on tient ses personnages en attitude et comme à la gêne? Le dirai-je? le défaut dominant de notre poésie héroïque, c'est la raideur. Je la voudrais souple comme la taille des Graces. Je ne demande pas que le plaisant s'y joigne au sublime; mais je suis persuadé qu'on ne saurait trop y mêler le familier noble, et que c'est sur-tout de ces relâches que dépend l'air de vérité.

La troisième qualité de la narration, c'est l'à-propos. Toutes les fois que des personnages qui sont en scène l'un raconte et les autres écoutent, ceux-ci doivent être disposés à l'attention et au silence, et celui-là doit avoir eu quelques raisons de prendre, pour le récit dans lequel il s'engage, ce lieu, ce moment, ces personnes mêmes. S'il était vrai que Cinna rendît compte à Emilie, dans l'appartement d'Auguste, de ce qui vient de se passer dans l'assemblée des conjurés, la personne et le temps seraient convenables, mais le lieu ne le serait pas. Théramène raconte à Thésée tout le détail de la mort d'Hippolyte : la personne et le lieu sont bien choisis; mais ce n'est point dans le premier accès de sa douleur qu'un père qui se reproche la mort de son fils peut entendre la description du prodige qui l'a causée. Les récits dans lesquels s'engagent les héros d'Homère sur le champ de bataille sont déplacés à tous égards.

Une règle sûre pour éprouver si le récit vient à propos, c'est de se consulter soi-même, de se demander : « Si j'étais à la place de celui qui l'écoute, l'écouterais-je ? Le ferais-je à la place de celui qui le fait ? Est-ce là même et dans ce même instant, que ma situation, mon caractère, mes sentiments ou mes desseins me détermineraient à le faire ? » Cela tient à une qualité de la narration plus essentielle que l'à-propos : c'est de l'intérêt que je parle.

La narration purement épique, c'est-à-dire du poète à nous, n'a besoin d'être intéressante que pour nous-mêmes. Qu'elle réunisse à notre égard l'agrément et l'utilité, l'objet du poète est rempli : elle peut même se passer d'instruire, pourvu qu'elle attache. *Egli è desiderato per se stesso* (dit le Tasse, en parlant du plaisir), *e l'altre cose per lui sono desiderate*. Or le plaisir qu'elle peut causer est celui de l'esprit, de l'imagination ou du sentiment.

Plaisir de l'esprit, lorsqu'elle est une source de réflexions ou de lumières : c'est l'intérêt que nous éprouvons à la lecture de Tacite. Il suffit à l'histoire, il ne suffit pas à la poésie ; mais il en fait le plus solide prix, et c'est par là qu'elle plaît aux sages.

Plaisir de l'imagination, lorsqu'on présente aux yeux de l'âme le tableau de la nature : c'est là ce qui distingue la narration du poète de celle de l'historien. Le soin de la varier et de l'enrichir fait qu'on y mêle souvent des descriptions épisodiques ; mais l'art de les enlacer dans le tissu de la narration, de les placer dans les repos, de leur donner une juste étendue, de les faire désirer, ou comme délassements ou comme détails curieux; cet art, dis-je, n'est pas facile.

Omnia sponte suâ veniant, lateatque vagandi
Dulcis amor.

(Vida.)

Cet attrait même de la nouveauté, ce plaisir de l'imagination, s'il était seul, serait faible et bientôt insipide : l'âme ne saurait s'attacher à ce qui ne l'éclaire ni ne l'émeut; et du moins si on la laisse froide, ne faut-il pas la laisser vide.

Plaisir du sentiment, lorsqu'une peinture fidèle et touchante exerce en nous cette faculté de l'âme par les vives impressions de la douleur ou de la joie; qu'elle nous émeut, nous attendrit, nous inquiète et nous étonne, nous épouvante, nous afflige et nous console tour à tour; enfin qu'elle nous fait goûter la satisfaction de nous trouver sensibles, le plus délicat de tous les plaisirs.

De ces trois intérêts, le plus vif est évidemment celui-ci. Le sentiment supplée à tout, et rien ne supplée au sentiment; seul il se suffit à lui-même, et aucune autre beauté ne se soutient s'il ne l'anime. Voyez ces récits qui se perpétuent d'âge en âge, ces traits dont on est si avide dès l'enfance, et qu'on aime à rappeler encore dans l'âge le plus avancé; ils sont tous pris dans le sentiment. Mais c'est du concours de ces trois moyens de captiver les esprits que résulte l'attrait invincible de la narration, et la plénitude de l'intérêt. C'est donc sous ces trois points de vue que le poète, avant de s'engager dans ce travail, doit en considérer la matière pour en mieux pressentir l'effet. Il jugera, par la nature du fonds, de sa stérilité ou de son abondance; et glissant sur les endroits qui ne peuvent rien produire, il réservera les forces du génie pour semer en un champ fécond. *Hæc tu tum narrabis parcè, tum dispones aptè.* Scal.

Je n'ai considéré jusqu'ici l'intérêt que du poète au lecteur, et tel qu'il est même dans l'épopée; mais dans le poème dramatique il est relatif encore aux personnages qui sont en scène, et c'est par eux qu'il doit commencer. Qu'importe, direz-vous, qu'un autre que moi s'intéresse au récit que j'entends? Il importe beaucoup, et on va le voir. Je conviens que, si le spectateur est intéressé, l'objet du poète est rempli; mais l'intérêt dépend de l'illusion, et celle-ci de la vraisemblance : or il n'est pas vraisemblable que deux acteurs sur la scène s'occupent, l'un à dire, l'autre à écouter ce qui n'intéresse ni l'un ni l'autre. De plus, l'intérêt du spectateur n'est que celui des personnages; et selon que ce qu'il entend les affecte plus ou moins, l'impression réfléchie qu'il en reçoit est plus profonde ou plus légère.

Les faits contenus dans l'exposition de *Rodogune* ne manquent ni d'importance ni de pathétique; mais des deux personnages qui sont en scène, l'un raconte froidement, l'autre écoute plus froidement encore, et le spectateur s'en ressent.

L'intérêt personnel de celui qui raconte est un besoin de conseil, de secours, de consolation, de soulagement; l'intérêt qui lui vient du dehors est un mouvement d'affection ou de haine pour celui dont la fortune ou la vie est en péril ou comme en suspens. L'intérêt personnel de celui qui écoute est tranquille ou passionné, de curiosité ou d'inquiétude, et l'une et l'autre est d'autant plus vive que l'évènement le touche de plus près : l'intérêt, s'il lui est étranger, vient d'un sentiment de bienveillance ou d'inimitié, de compassion ou d'humanité simple.

Plus la narration est intéressante pour les acteurs, moins elle a besoin de l'être directement pour les spectateurs. Je m'explique : un fait simple, familier, commun, qui vient de se passer sous nos yeux, n'est rien moins qu'intéressant pour nous à entendre raconter; mais si ce récit va porter la joie dans l'âme d'un malheureux qui nous a fait verser des larmes; s'il le tire de l'abyme où nous avons frémi de le voir tomber; s'il jette la désolation, le désespoir dans l'âme d'une mère, d'un ami, d'un amant, si, par une révolution subite, il change la face des choses et fait passer le personnage que nous aimons d'une extrémité de fortune à l'autre; il devient très intéressant, quoiqu'il n'ait rien de merveilleux, rien de curieux en lui-même. Si, au contraire, la narration n'a pas cette influence rapide et puissante sur le sort des personnages, si elle ne doit exciter aucune de ces secousses dont l'ébranlement se communique à l'âme des spectateurs; au défaut de cette réaction; elle doit avoir une action directe et relative de l'objet à nous-mêmes. C'est là qu'il faut nous rendre les objets présents par la vivacité des peintures. Énée et Didon, Henri IV et Élisabeth ne sont pas assez émus pour nous émouvoir et nous attendrir; mais le tableau de l'incendie de Troie, et celui du massacre de la Saint-Barthelemi, nous frappent, nous ébranlent directement et sans contrecoup : c'est ainsi qu'agit l'épopée lorsqu'elle n'est pas dramatique; et alors, pour suppléer à l'action, elle exige les couleurs les plus vives et les plus vraies, les couleurs mêmes de la nature, mais choisies, distribuées, placées de la main de l'art.

Plus l'exposé d'un évènement tragique est nu, simple et naïf, mieux il fait l'impression de la chose : toute circonstance qui n'ajoute pas à l'intérêt l'affaiblit : *Obstat quidquid non adjuvat.* CICER.

Au lieu que, dans les récits tranquilles et qui n'intéressent que l'imagination, le fond n'est rien, la forme est tout, le travail fait le prix de la matière. Alors la poésie se répand en descriptions, en comparaisons : toutes ressources qu'elle dédaigne lorsqu'elle est vraiment pathétique; car ces vains ornemens blesseraient la décence, autre règle que le poète doit s'imposer en racontant.

Quid deceat, quid non, est un point de vue sur lequel il doit avoir sans cesse les yeux attachés. Ce n'est point là ce qu'on vous demande, dit Horace à l'artiste qui prodigue des ornemens étrangers ou superflus. Je lui dis plus : ce n'est point là ce que vous demandez à vous-même. Que faites-vous? c'est le cœur et non pas les sens que vous devez frapper. Vous voulez nous peindre la nature dans sa touchante simplicité, et vous la chargez d'un voile dont la richesse fait l'épaisseur. Est-ce avec des vers pompeux et de brillantes images que vous prétendez m'arracher des larmes? est-ce avec cet éclat de paroles qu'une amante, sur le tombeau de son amant, une mère, sur le corps froid et livide d'un fils unique et bien aimé, vous pénètre et vous déchire l'âme? Consultez-vous, écoutez la nature, et jetez au feu ces descriptions fleuries qui la glacent au fond de nos cœurs.

Les décences de la narration du poète à nous, se bornent à n'y rien mêler d'obscène, de bas, de choquant. Contre cette règle pèche, dans le *Paradis perdu*, l'allégorie du péché et de la mort. Le nuage qui, dans *l'Iliade*, couvre Jupiter et Junon sur le mont Ida, est pour les poètes une leçon et un modèle de bienséance.

Les décences d'un acteur à l'autre sont dans le rapport de leur rang, de leur situation respective. Un malheureux qui, pour émouvoir la pitié, fait le récit de ses aventures, est réservé, timide et modeste, ménager du temps qu'on lui donne, et attentif à n'en pas abuser :

Telephus et Peleus, cùm pauper et exul uterque.
(Hor. *De Art. poet.*)

Mérope demande à Égysthe quel est l'état, le rang, la fortune de ses parents; vous savez quelle est sa réponse :

Si la vertu suffit pour faire la noblesse,
Ceux dont je tiens le jour, Policlète, Sirris,
Ne sont pas des mortels dignes de vos mépris.

NARRATION.

Le sort les avilit, mais leur sage constance
Fait respecter en eux l'honorable indigence,
Sous ses rustiques toits, mon père vertueux.
Fait le bien, suit les lois, et ne craint que les dieux.

Ainsi le style, le ton, le caractère de la narration, et tout ce qu'on appelle convenance, est dans le rapport de celui qui raconte avec celui qui l'écoute. Si Virgile a une tempête à décrire, il est naturel qu'il emploie toutes les couleurs de la poésie à la rendre présente à l'esprit du lecteur.

Incubuere mari, totumque à sedibus imis
Unà Eurusque Notusque ruunt, creberque procellis
Africus, et vastos volvunt ad littora fluctus.
Insequitur clamorque virum stridorque rudentum :
Eripiunt subito nubes cœlumque diemque
Teucrorum ex oculis : ponto nox incubat atra.
Intonuere poli et crebris micat ignibus æther *.

(*Æneid.* I, 83.)

Mais qu'Idoménée, dans la plus cruelle situation où puisse être réduit un père, fasse à l'un de ses sujets la confidence de son malheur; il ne s'amusera point à décrire la tempête qu'il a essuyée : son

---

* En tourbillons bruyants l'essaim fougueux s'élance,
 Trouble l'air, sur les eaux fond avec violence ;
 Le rapide zéphyr et les fiers aquilons,
 Et les vents de l'Afrique, en naufrages féconds,
 Tous bouleversent l'onde, et des mers turbulentes
 Roulent les vastes flots sur leurs rives tremblantes.
 On entend des nochers les tristes hurlements ;
 Et des cables froissés les affreux sifflements ;
 Sur la face des eaux s'étend la nuit profonde.
 Le jour fuit, l'éclair brille, et le tonnerre gronde.
   Traduction de DELILLE.

objet n'est pas d'effrayer celui qui l'entend, mais de lui confier sa peine. « Nous allions périr, lui dira-t-il, j'invoquai les dieux, et pour les apaiser, je jurai d'immoler, en arrivant dans mes états, le premier homme qui s'offrirait à moi. Piété cruelle et funeste ! j'arrive, et le premier objet qui se présente à moi, c'est mon fils. » Voilà le langage de la douleur.

Il en est d'un personnage tranquille à peu près comme du poète : le sujet de la narration ne doit pas l'affecter assez pour lui faire négliger les détails : par exemple, il est naturel qu'Énée, racontant à Didon la mort de Laocoon et de ses enfants, décrive la figure des serpents qui, fendant la mer, vinrent les étouffer:

Pectora quorum inter fluctus arrecta, jubæque
Sanguineæ exsuperant undas; pars cætera pontum
Pone legit, sinuatque immensa volumine terga.
(Æneid. II, 205.)

Didon est disposée à l'entendre, au lieu que, dans le récit de la mort d'Hippolyte, ni la situation de Théramène, ni celle de Thésée, ne comportent ces riches détails :

Cependant, sur le dos de la plaine liquide,
S'élève à gros bouillons une montagne humide.
L'onde approche, se brise, et vomit à nos yeux,
Parmi des flots d'écume, un monstre furieux.
Son front large est armé de cornes menaçantes ;
Tout son corps est couvert d'écailles jaunissantes:
Indomptable taureau, dragon impétueux,
Sa croupe se recourbe en replis tortueux.

Ces vers sont très beaux, mais ils sont déplacés *.
Si le sentiment dont Théramène est saisi était la
frayeur, il serait naturel qu'il en eût l'objet présent,
et qu'il le décrivît comme il l'aurait vu; mais peu
importe à sa douleur et à celle de Thésée que le front
du dragon fût armé de cornes et que son corps fût
couvert d'écailles? Si Racine eût dans ce moment
interrogé la nature, lui qui la connaissait si bien,
j'ose croire qu'après ces deux vers,

> L'onde approche, se brise, et vomit à nos yeux,
> Parmi des flots d'écume, un monstre furieux.

il eût passé rapidement à ceux-ci :

> Tout fuit, et sans s'armer d'un courage inutile,
> Dans le temple voisin chacun cherche un asyle.
> Hippolyte, lui seul, etc.

Il est dans la nature que la même chose, racontée
par différents personnages, se présente sous des
traits différents, soit qu'ils ne l'aient pas vu de même,
soit qu'ils ne se rappellent, de ce qu'ils ont vu, que
ce qui les a vivement frappés, soit que le sentiment
qui les domine ou le dessein qui les occupe leur
fasse négliger et passer sous silence tout ce qui ne

---

* C'était aussi le sentiment de Fénelon qui s'exprime ainsi dans sa *Lettre sur l'Éloquence:* « Rien n'est moins naturel que la narration de la mort d'Hippolyte à la fin de la tragédie de *Phèdre*, qui a d'ailleurs de grandes beautés. Théramène, qui vient pour apprendre à Thésée la mort funeste de son fils, devait ne dire que ces deux mots, et manquer même de force pour les prononcer distinctement : « Hippolyte est mort. Un monstre envoyé du « fond des mers par la colère des dieux l'a fait périr. Je l'ai vu. » Un tel homme, saisi, éperdu, sans haleine, peut-il s'amuser à faire la description la plus pompeuse et la plus fleurie de la figure du dragon? » F.

l'intéresse pas. Pour savoir les détails sur lesquels il faut se reposer ou bien glisser légèrement, il n'y a qu'à examiner la situation ou l'intention de celui qui raconte : sa situation, lorsqu'il se livre aux mouvements de son âme et qu'il ne raconte que pour se soulager; son intention, lorsqu'il se propose d'émouvoir l'âme de celui qui l'écoute et d'en disposer à son gré. Là, tout ce qui l'affecte lui-même: ici, tout ce qui peut exciter dans l'autre les sentiments qu'il veut lui inspirer, sera placé dans sa narration; tout le reste y sera superflu; la règle est simple, elle est infaillible.

Que l'intention de celui qui raconte soit d'instruire ou seulement d'émouvoir, qu'il révèle des choses cachées ou qu'il rappelle des choses connues, les détails ne sont pas les mêmes. Le complot d'Égysthe et de Clytemnestre, l'arrivée d'Agamemnon, les embûches qu'on lui a dressées, comment il a été surpris et assassiné dans son palais, Oreste a dû voir tout cela dans le récit que lui a fait Palamède, quand il a voulu l'en instruire; mais il ne s'agit plus que de lui rappeler ce crime connu, pour l'exciter à la vengeance: c'est à grands traits qu'il le lui peindra :

Oreste, c'est ici que le barbare Égysthe,
Ce monstre détesté, souillé de tant d'horreurs,
Immola votre père à ses noires fureurs :
Là, plus cruelle encor, pleine des Euménides,
Son épouse sur lui porta ses mains perfides.
C'est ici que, sans force et baigné dans son sang,
Il fut long-temps traîné le couteau dans le flanc.

(CRÉBILLON, *Électre*, act. IV, sc. 4.)

Il en est de même d'un personnage qui, plein de l'objet qui l'intéresse directement, se le rappelle ou le rappelle à d'autres : il l'effleure et n'en prend que les traits relatifs à sa situation. Ainsi, dans l'apothéose de Vespasien, Bérénice n'a vu, ne fait voir à Phénice que le triomphe de Titus.

> De cette nuit, Phénice, as-tu vu la splendeur?
> Tes yeux ne sont-ils pas tout pleins de sa grandeur?
> Ces flambeaux, ce bûcher, cette nuit enflammée,
> Ces aigles, ces faisceaux, ce peuple, cette armée,
> Cette foule de rois, ces consuls, ce sénat,
> Qui tous de mon amant empruntaient leur éclat;
> Cette pourpre, cet or que rehaussait sa gloire,
> Et ces lauriers encor témoins de sa victoire;
> Tous ces yeux, qu'on voyait venir de toutes parts
> Confondre sur lui seul leurs avides regards;
> Ce port majestueux, cette douce présence, etc.
> (Act. I, sc. 5.)

Tel est aussi, dans *Andromaque*, le souvenir de la prise de Troie :

> Songe, songe, Céphise, à cette nuit cruelle,
> Qui fut pour tout un peuple une nuit éternelle.
> Figure-toi Pyrrhus, les yeux étincelants,
> Entrant à la lueur de nos palais brûlants,
> Sur tous mes frères morts se faisant un passage,
> Et, de sang tout couvert, échauffant le carnage :
> Songe aux cris des vainqueurs, songe aux cris des mourants,
> Dans la flamme étouffés, sous le fer expirants.
> Peins-toi, dans ces horreurs, Andromaque éperdue.
> (Act. III, sc. 8.)

Dans ce tableau, les yeux d'Andromaque ne se détachent point de Pyrrhus : elle ne distingue que lui ; tout le reste est confus et vague. C'est ainsi que tout doit être relatif et subordonné à l'intérêt qui domine dans le moment de la narration.

Comme elle n'est jamais plus tranquille, plus désintéressée, que dans la bouche du poète, elle n'est jamais plus libre de se parer des fleurs de la poésie : aussi, dans ce calme des esprits, a-t-elle besoin de plus d'ornements que lorsqu'elle est passionnée. Or ses ornements les plus familiers sont les descriptions et les comparaisons. (*Voyez ces mots à leurs articles*).

Marmontel, *Éléments de Littérature.*

NARRATION ORATOIRE. Cicéron la définit l'exposition des faits ou propres à la cause, ou étrangers, mais relatifs et adhérents à la cause même.

Trois qualités lui sont essentielles : la brièveté, la clarté et la vraisemblance.

La narration sera courte et précise, si elle ne remonte pas plus haut, et ne s'étend pas plus loin que la cause ne l'exige, et si, lorsqu'on n'aura besoin que d'exposer les faits en masse, elle en néglige les détails (car souvent c'est assez de dire qu'une chose s'est faite, sans exposer comment elle s'est faite); si elle ne se permet aucun écart; si elle fait entendre ce qu'elle ne dit pas; si elle omet non-seulement ce qui nuirait à la cause, mais ce qui n'y servirait point; si elle ne dit qu'une fois ce qu'il y a d'essentiel à dire, et si elle ne dit rien de plus.

Bien des gens se trompent, dit Cicéron, à une apparence de brièveté, et sont très longs, en croyant être courts. Ils s'efforcent de dire beaucoup de choses en peu de mots; c'est peu de choses qu'il faut dire, et jamais plus qu'il n'est besoin d'en dire. Par exemple, celui-là croit être bref, qui dit : « J'ai approché de « sa maison; j'ai appelé son esclave; je lui ai de-« mandé à voir son maître; il m'a répondu qu'il n'y « était pas. » Tout cela est dit en peu de mots; mais les détails en sont inutiles. « J'ai été le voir, je ne l'ai « pas trouvé, » dirait assez : le reste est superflu. Il faut donc éviter la superfluité des choses, comme la surabondance des mots.

La narration sera claire, ajoute l'orateur, si les faits y sont à leur place et dans leur ordre naturel; s'il n'y a rien de louche et rien de contourné, point de digression, rien d'oublié que l'on désire, rien au-delà de ce qu'on veut savoir; car les mêmes conditions qu'exige la brièveté, la clarté les demande; et si une chose n'est pas bien entendue, souvent c'est moins par l'obscurité que par la longueur de la narration. Il ne faut pas non plus y négliger la clarté des mots en eux-mêmes, et la lucidité de l'expression en général; mais c'est une règle commune à tous les genres de discours.

Quant à la vraisemblance, elle consiste à présenter les choses comme on les voit dans la nature; à observer les convenances relatives au caractère, aux mœurs, à la qualité des personnes; à faire accorder le récit avec les circonstances du lieu, de l'heure où l'action s'est passée et de l'espace de temps qu'il a fallu pour l'exécuter; à s'appuyer de la rumeur publique et de l'opinion même des auditeurs.

Il faut de plus observer, dit-il, de ne jamais interposer la narration dans un endroit où elle nuise ou ne serve pas à la cause, de ne l'employer qu'à propos et pour en tirer avantage.

La narration nuit lorsqu'elle présente quelque tort grave qu'on a soi-même, et qu'à force d'excuses et de raisonnements on est ensuite obligé d'adoucir. Si le cas arrive, il faut avoir l'adresse de disperser dans la plaidoierie les parties de l'action et à chacune d'elles opposer sur-le-champ une raison qui l'affaiblisse, afin que le remède soit incontinent appliqué sur la plaie, et que la défense tempère l'impression d'un fait odieux.

La narration ne sert de rien, lorsque par l'adversaire les faits viennent d'être exposés tels que nous voulons qu'ils le soient, ou que l'auditeur en est déjà instruit, et que nous n'avons aucun intérêt de leur donner une autre face.

Enfin la narration n'est pas telle que la cause la demande, quand l'orateur expose clairement et avec des couleurs brillantes ce qui ne lui est pas favorable, et qu'il néglige et laisse dans l'ombre ce qui lui est avantageux. Le talent contraire à ce défaut est de dissimuler, autant qu'il est possible, tout ce qui nous accuse, de le passer légèrement si on ne peut le dissimuler, de n'appuyer et de ne s'étendre que sur les circonstances qui peuvent nous favoriser.

C'est avec ces principes simples que Cicéron a

été, je ne dis pas le plus ingénieux, car c'est un don de la nature, mais le plus délié, le plus adroit des orateurs. Quant aux moyens et à la manière d'animer la narration. *Voyez* PATHÉTIQUE.

MARMONTEL, *Éléments de Littérature.*

NASALE. On appelle voyelle nasale celle dont le son retentit dans le nez; elle est formée par un son pur que la voix fait d'abord entendre, comme le son de l'*a*, de l'*e*, de l'*o*, etc., lequel, intercepté par l'organe de la parole, va expirer dans les narines et devient le son harmonique de la voix qui l'a précédé. Ce son fugitif, ce ressentiment est exprimé dans l'écriture par les deux consonnes qui désignent les deux manières d'intercepter le son de la voix pour le rendre nasal, c'est-à-dire que, si le son doit être intercepté par la même application de la langue au palais qu'exige l'articulation de l'*n*, l'*n* est le signe de la nasale; et si le son est intercepté par l'union des deux lèvres, comme pour l'articulation de l'*m*, c'est par l'*m* qu'on le désigne. On voit des exemples de l'un et de l'autre dans les mots *carmen* et *musam*, on y voit aussi que le signe du son nasal est précédé par le signe de la voyelle pure qui le modifie, et ce signe distingue chacune des nasales, *an*, *en*, *on*, *un*, etc. Dans notre langue, la nasale *in*, qui sans doute nous a paru trop grêle a cédé sa place à la nasale *en*; et au lieu de *destin*, nous prononçons *desten*. Nous avons substitué de même, et pour la même raison, en prononçant le latin, la nasale *om* à la nasale *um* ; ainsi, pour *dominum*, nous disons *dominom*.

Les nasales françaises diffèrent des nasales grecques et latines, que les Italiens ont prises, en ce que le son de celles-ci est coupé net par l'articulation de l'*n* ou de l'*m*, au lieu que nous laissons retentir le son des nôtres jusqu'à ce qu'il expire ; et l'articulation qui le termine est presque insensible à l'oreille. Ceux qui nous en font un reproche supposent que le son nasal est un vilain son, et en effet ce son est désagréable à l'oreille, lorsqu'il n'a pas un timbre pur : sur quoi l'on peut faire une observation assez singulière : c'est qu'un homme à qui l'on reproche de parler ou de chanter du nez fait précisément tout le contraire, je veux dire qu'il a dans le nez quelque difficulté habituelle ou accidentelle qui s'oppose au passage du son nasal, et qui le rend pénible et dur.

Le son nasal, de sa nature, ressemble au retentissement du métal ; et quand l'organe est bien disposé, ce timbre de la voix ne la rend que plus harmonieuse. Mais alors on confond ce retentissement pur de la voix avec la voix même ; il ne fait qu'un son avec elle ; au lieu que, s'il est pénible, obscur, et en un mot déplaisant à l'oreille, on aperçoit ce vice, qui n'est pas dans la voix, mais dans l'organe auxiliaire ; et pour en désigner la cause, on appelle cela *parler du nez, chanter du nez*. Mais autant le son de la nasale est déplaisant lorsqu'il est altéré par quelque vice de l'organe, autant il est agréable lorsqu'il est pur ; et l'on a vu dans l'article HARMONIE, qu'il contribue sensiblement à rendre une langue sonore, et que la nôtre lui doit, en partie, l'avantage d'être moins monotone, plus mâle et plus majestueuse que celle des Italiens.

A l'égard des consonnes nasales *m*, *n*, il me semble qu'on n'a pas assez distingué les deux sons qu'elles font entendre : l'un, qui précède l'articulation, et qui retentit dans le nez; l'autre, qui accompagne l'articulation, et qui est le son pur de la voyelle. Que la langue appliquée au palais, ou que les lèvres jointes ensemble interceptent le son, et qu'il s'échappe par le nez, vous entendez le son nasal, le bruit confus ou de l'*n* ou de l'*m*; et ce bruit diffère de celui qui précède l'articulation de l'*l*, en ce que celui-ci s'échappe par la bouche et ne passe point par le nez. Mais que la langue se détache du palais, ou que les lèvres se séparent, le même souffle qui passait par le nez sort par la bouche, et devient le son pur de la voyelle articulée. Ainsi le son nasal n'est pas le son produit par l'articulation, mais le son occasioné par la position de la langue ou des lèvres pour articuler l'*m* ou l'*n*; et M. l'abbé de Dangeau s'est trompé lorsqu'il a dit que l'*m* n'était qu'un *b* qui passait par le nez. Qu'on intercepte absolument le son du nez, et qu'on articule les deux syllabes *ma* et *ba*, on entendra les deux consonnes très distinctes l'une de l'autre. La cause en est que l'application des deux lèvres n'est pas la même : pour le *b*, la lèvre supérieure prend son appui au-dessous de l'inférieure; et pour l'*m*, les deux lèvres, d'un mouvement égal, ne font que s'unir et se détacher. L'*m* et l'*n*, à la fin d'un mot, ne modifient point la voyelle précédente ; mais après avoir intercepté le son nasal, elles donnent une articulation faible, qui est celle de l'*e* muet : *Examen-e*, *deum-e*).

Marmontel, *Eléments de Littérature*.

NEUFCHATEAU (Le comte FRANÇOIS * DE), membre de l'Académie française, est né en Lorraine le 17 avril 1750. Après avoir fait de bonnes études, il suivit le droit, fut reçu avocat, et acheta ensuite la charge de lieutenant-général au présidial de Mirecourt, où l'intendant de Lorraine le nomma son subdélégué en 1781. Envoyé un an après à Saint-Domingue, en qualité de procureur-général, M. François de Neufchâteau y remplit cette place pendant quelques années, et revint ensuite dans sa patrie, où il se livra d'abord uniquement à la culture des lettres; mais, la révolution étant survenue, il accepta successivement les fonctions de juge de paix, celle d'administrateur du département des Vosges, et de député à l'assemblée législative, dont il fut élu président en 1791.

Après le 9 thermidor, M. François de Neufchâteau fut d'abord nommé juge au tribunal de cassation, puis ministre de l'Intérieur en 1797, et enfin, par suite de la journée du 18 fructidor (16 juillet 1797), il devint membre du directoire à la place de Carnot;

---

* M. François ne prit le nom de Neufchâteau qu'en 1766, et ne fut autorisé à le porter qu'en 1777, par un arrêt du parlement de Nancy.

mais, peu de temps après, il reprit les fonctions de ministre, et les conserva jusqu'en 1799.

Nommé membre du Sénat-Conservateur après le 18 brumaire (9 novembre 1799), il fut élu président annuel de cette assemblée, jusqu'au 19 mai 1806, et fut pourvu à-peu-près dans le même temps de la Sénatorerie de Dijon, qu'il abandonna ensuite pour celle de Bruxelles.

M. François de Neufchâteau s'est beaucoup occupé d'objets d'agriculture, et ses observations n'ont pas peu contribué à perfectionner cette branche d'industrie. Il fut présenté à Louis XVIII, en mai 1814, à la tête d'une députation de la Société d'agriculture, et lui fit hommage des 16 volumes de *Mémoires* publiés par elle dans l'espace de dix-neuf ans. Ce prince également accueillit avec bonté, en 1815, le recueil a des *OEuvres poétiques* de M. François de Neufchâteau, qui s'est exercé dans presque tous les genres de littérature. On a de lui :

Poésies diverses, in-12, 1765; *Pièces fugitives de François de Neufchâteau*, in-12, 1766; *Ode sur le parlement*, in-8°, 1771; *Le mois d'Auguste, épître à Voltaire*, in-8° 1774; *Discours sur la manière de lire les vers*, in-12, Paris, 1775; *Anthologie morale*, in-16, 1784; *Recueil authentique des anciennes ordonnances de Lorraine*, 2 vol. in-8°, 1784; *les Études du Magistrat au cap français*, 1786; *Paméla*, comédie en cinq actes et en vers, 1793; *Des Améliorations dont la paix doit être l'époque*, in-8°, 1797; *les Vosges*, poème in-8°, 1796, deuxième édition, 1797; *l'Institution des enfants, ou Conseils d'un père à son fils*, imités des vers latins de Muret, in-8°, 1798; *le Conservateur ou Recueil de morceaux choisis d'histoire, de politique, de littérature et de philosophie*, 2 vol., 1800; *Tableau des vues que se propose la politique anglaise dans toutes les parties du monde*, in-8°, 1804; *Fables et Contes en vers*, suivis des *poèmes de la Lupiade et de la Vulpéide*, 2 vol. in-12, 1814; *Lettre à M. Suard, sur la nouvelle édition de sa traduction de l'Histoire de Charles Quint, et sur quelques oublis de Robertson*, insérée dans les *Annales Encyclopédiques*, et tirée à part à cent exemplaires, 1817; une *Épître à M. Viennet*; une *Dissertation* lue à l'académie française, *sur la question de savoir si Le Sage est l'auteur de Gil Blas, ou s'il l'a pris de l'espagnol*; un *Essai sur les meilleurs ouvrages écrits en prose dans la langue française, et particulièrement sur les Lettres Provinciales*; et, en tête des ouvrages de Corneille, un examen intitulé *Esprit de Corneille*.

MORCEAUX CHOISIS.

I. Manière de lire les vers.

Arrête, sot lecteur, dont la triste manie
Détruit de nos accords la savante harmonie;
Arrête, par pitié! Quel funeste travers,
En dépit d'Apollon, te fait lire des vers?
Ah! si ta voix ingrate ou languit, ou détonne,
Ou traîne avec lenteur son fausset monotone;
Si du feu du génie en nos vers allumé
N'étincelle jamais ton œil inanimé;
Si ta lecture enfin, dolente psalmodie,

Ne dit rien, ne peint rien à mon âme engourdie,
Cesse, ou laisse-moi fuir. Ton regard abattu
Du regard de Méduse a la triste vertu.
L'auditeur qu'ont glacé tes sons et ta présence,
Croit subir le supplice inventé par Mézence :
C'est un vivant qu'on lie au cadavre d'un mort :
Attentif à ta voix, Phébus même s'endort;
Sa défaillante main laisse tomber sa lyre.

C'est peu d'aimer les vers, il les faut savoir lire;
Il faut avoir appris cet art mélodieux,
De parler dignement le langage des dieux;
Cet art, qui, par les tons des phrases cadencées,
Donne de l'harmonie et du nombre aux pensées :
Cet art de déclamer, dont le charme vainqueur
Assujettit l'oreille et subjugue le cœur.

« D'où vient, me diras-tu, cette brusque apostrophe?
Lisant pour m'éclairer, je lis en philosophe.
Plus un écrit est beau, moins il a besoin d'art,
Et le teint de Vénus peut se passer de fard.
L'harmonieux débit que ta muse me vante,
Ne séduisit jamais une oreille savante.
De cette illusion qu'un autre soit épris;
Mais la vérité nue a pour moi plus de prix. »

Hé quoi ! d'une lecture insipide et glacée,
Tu prétends attrister mon oreille lassée !
Quoi ! traître ! à tes côtés tu prétends m'enchaîner !
A loisir, en détail, tu veux m'assassiner ;
Dans les longs bâillements et les vapeurs mortelles
Ensevelir l'honneur des œuvres les plus belles;
Et toujours méthodique, et toujours concerté,
Des élans d'un auteur abaisser la fierté,
Tomber quand il s'élève, et ramper quand il vole!

Ah ! garde pour toi seul ton scrupule frivole :
Sois captif dans le cercle obscur et limité
Qui fut tracé des mains de l'uniformité ;
Aux lois de ton compas asservis Melpomène,
Et la douleur de Phèdre, et l'amour de Chimène ;
Ravale à ton niveau l'essor audacieux
De l'oiseau du tonnerre égaré dans les cieux ;
Meurs d'ennui, j'y consens : sois barbare à ton aise ;
Mais ne m'accable pas sous un joug qui me pèse ;
N'exige pas du moins, insensible lecteur,
Que jamais je me plie à ton goût destructeur.
Va, d'un débit heureux l'innocente imposture,
Sans la défigurer, embellit la nature ;
Et les traits que la muse éternise en ses chants,
Récités avec art, en seront plus touchants :
Ils laisseront dans l'âme une trace durable,
Du génie éloquent empreinte inaltérable,
Et rien ne plaira plus à tous les goûts divers,
Qu'un organe flatteur, déclamant de beaux vers.
Jadis on les chantait : les annales antiques
De Moïse et d'Orphée exaltent les cantiques.
Te faut-il rappeler ces prodiges connus ?
Ces rochers attentifs à la voix de Linus ?
Et Sparte qui s'éveille aux accents de Tyrtée ?
Et Terphandre apaisant la foule révoltée ?
Les poètes divins, maîtres des nations,
Savaient noter alors l'accent des passions.
L'âme était adoucie et l'oreille charmée,
Et même des tyrans la rage désarmée.
Ce fut l'attrait des vers qui fit aimer les lois.
L'art de les déclamer fut le talent des rois.
Les dieux mêmes, les dieux, par la voix des oracles,
De cet art enchanteur consacraient les miracles.

Chez les fils de Cadmus, peuples ingénieux,
Que les sons de la lyre étaient harmonieux!
Que, dans ces beaux climats, l'exacte prosodie
Aux chansons des neuf sœurs prêtait de mélodie !
On voyait, à côté des dactyles volants,
Le spondée allongé se traîner à pas lents.
Chaque mot, chez les Grecs, amants de la mesure,
Se pliait de lui-même aux lois de la césure.
Chaque genre eut son rhythme. En vers majestueux,
L'épopée entonna ses récits fastueux.
La modeste élégie eut recours au distique;
Archiloque s'arma de l'iambe caustique.
A des mètres divers, Alcée, Anacréon,
Prêtèrent leur génie, et leur gloire, et leur nom.

Pour nous, enfants des Goths, Apollon plus avare
A dédaigné long-temps notre jargon barbare.
Ce jargon s'est poli : les muses, sur nos bords,
Ont d'une mine ingrate arraché des trésors;
O Racine ! ô Boileau ! votre savante audace
Fait parler notre langue aux échos du Parnasse;
Ce rebelle instrument rend des accents flatteurs,
Vous peignez la nature en sons imitateurs,
Tantôt doux et légers, tantôt pesants et graves;
Votre Apollon est libre au milieu des entraves;
Et l'oreille, attentive au charme de vos vers,
Croit de Virgile même entendre les concerts.

Discours sur la Manière de lire les vers.

II. Paris.

Mais Paris.....Oh! Paris est bien cher à mon cœur!
On ne trouve que là tout à sa fantaisie,
Société sans gêne, amour sans jalousie,
Galanterie aimable, aisance du bon ton,

Point d'airs, point d'étiquette et de prétention;
De l'esprit, sans la morgue austère et magistrale
De cet ennui qu'ailleurs on prend pour la morale :
C'est là qu'on sait danser, se promener, causer.
L'art de vivre à Paris est l'art de s'amuser,
D'effleurer, d'embellir chaque instant qui s'envole,
Et sous cet air léger, insouciant, frivole,
L'essor de la raison n'en est que plus hardi :
On rit de tout, et tout se trouve approfondi.
Là, du beau dans tout genre est la règle accomplie.
On peut trouver ailleurs une femme jolie;
L'élégance à Paris relève ses appas :
Hors de Paris, vraiment, le goût n'existe pas.

Paméla, act. II, sc. 12.

III. La douleur des veuves.

Nicaise est mort ! Dieu ! quelle épreuve !
S'écriait un jour tout en pleurs,
Une jeune et gentille veuve.
Laissez-moi seule à mes douleurs.
Mais connaissez-vous le veuvage,
Lui dit-on, pour pleurer si fort ?
Dieu fasse paix au pauvre mort !
C'était un vivant bien sauvage.
Ah ! le coup est trop foudroyant !
Dit-elle, toujours larmoyant.
Quoique pour ranimer Nicaise,
Tous mes regrets soient superflus,
Laissez-moi pleurer à mon aise.....
Et puis je n'y songerai plus.

IV. L'erreur commune.

La vieille Alix, jadis si belle,

Jadis si chère à ses amants,
Se courbait sous la faux du temps,
Et se croyait toujours nouvelle :
Un jour une glace fidèle
Lui fit voir ses traits alongés :
« Ah ! quelle horreur ! s'écria-t-elle,
« Comme les miroirs sont changés. »

NEUVILLE (ANNE-JOSEPH-CLAUDE * FREY DE), célèbre prédicateur, naquit le 23 décembre 1693, d'une famille distinguée. Il entra fort jeune dans la société des Jésuites, et se consacra d'abord à l'enseignement des belles lettres et de la philosophie, mais son talent oratoire s'étant fait remarquer dans les discours qu'il avait occasion de prononcer, ses supérieurs le destinèrent à la prédication, et bientôt il se distingua par d'éclatants succès. Paris l'entendit pour la première fois, en 1736. La vogue extraordinaire qu'il y obtint dès son début, dura pendant plus de trente années consécutives, et on poussa même l'enthousiasme jusqu'à le considérer comme l'héritier de Massillon, « avec lequel cependant, dit un peu trop sévèrement le cardinal Maury, il n'avait rien de commun. » La Harpe place le P. de Neuville immédiatement après l'abbé Poule, à la tête des prédicateurs du dix-huitième siècle. « Il a dirigé,
« dit un autre critique, tous les ressorts de son es-
« prit, toute l'impulsion de son éloquence vers la
« défense et l'honneur de la religion. Quel que fût le

---

* Plusieurs biographes lui donnent le seul prénom de Charles.

« sujet de son discours, fût-ce la moralité la plus
« simple et la plus connue, fût-ce un panégyrique
« ou une oraison funèbre, son zèle y trouvait des di-
« gressions faciles et naturelles sur l'excellence, l'u-
« tilité et la vérité du christianisme; jamais il ne
« perdait de vue ce grand objet; jamais les couleurs
« ne lui ont manqué pour en tracer des tableaux
« brillants et magnifiques.

« Si quelquefois l'enthousiasme de son éloquence
« lui a fait négliger l'exactitude du langage et les lois
« sévères de l'élocution française; si l'ardeur de sa
« marche a paru déranger quelquefois l'économie du
« discours et la régularité de la distribution, ce sont
« des défauts de grands maîtres, que l'homme de goût
« préférera sans hésiter à la froide exactitude des
« génies subalternes. »

Les longs travaux, les vertus et les talents du P. de Neuville lui avaient mérité à la cour d'illustres protecteurs, et lorsque la destruction de sa société vint attrister sa vieillesse, il obtint de Louis XV la liberté de finir ses jours à Saint-Germain-en-Laye, sans être obligé de prêter le serment exigé de ses confrères.

Les bienfaits du roi et de la reine le suivirent dans sa retraite, où il mourut le 13 juillet 1774. Ses *Sermons* ont été publiés en 8 vol. in-12, Paris, 1776.

JUGEMENT.

Le P. de Neuville avait de l'étendue, quelquefois même assez d'élévation dans l'esprit, des aperçus nouveaux, du trait et même de la précision, comme par exemple quand il dit dans son *Oraison funèbre* *du cardinal de Fleury*, où il fit un portrait ingénieux de la cour [*], *que les heureux n'y ont point d'amis, puisqu'il n'en reste point aux malheureux* : il montrait aussi de la clarté et quelque profondeur dans le raisonnement; mais c'est pour avoir eu trop la manie de l'esprit, qu'il n'a que de l'esprit, un esprit sautillant et discord, si l'on peut parler ainsi, et qui fatigue ses lecteurs par une superfétation de pléonasmes, autant que la rapidité étouffante de son débit et ses interminables énumérations suffoquaient son auditoire auquel il ne laissait pas le temps de respirer.

Ce n'est donc plus ici un mauvais genre de sermons, c'est un mauvais genre d'éloquence, le genre déchu de Pline et de Sénèque. Le P. de Neuville a beaucoup d'idées, de détails qui se croisent et se supplantent pour ainsi dire; mais il n'a point de verve, point de ces jets d'éloquence qui donnent de l'unité, de la suite, de la véhémence et de la grandeur au discours; et en admirant de bon cœur son

[*] « La cour, ce théâtre changeant et mobile où, sous les apparences du repos, règne le mouvement le plus rapide; cette région d'intrigues cachées, de perfidies ténébreuses, de méchanceté profonde et réfléchie; cette région où l'on respecte sans estimer, où l'on sert sans aimer, où l'on nuit sans haïr, où l'on s'offre par vanité, où l'on se promet par politique, où l'on se donne par intérêt, où l'on s'engage sans sincérité, où l'on se retire, où l'on abandonne sans bienséance et sans pudeur; ce labyrinthe de détours tortueux où la prudence marche au hasard, où la route de la prospérité mène si souvent à la disgrâce; où les qualités nécessaires pour s'avancer sont souvent un obstacle qui empêche de parvenir ; où vous n'évitez le mépris que pour tomber dans la haine; où le mérite modeste est oublié, parce qu'il ne s'annonce pas; où le mérite qui se produit est écarté, opprimé parce qu'on le redoute ; où les heureux n'ont point d'amis, puisqu'il n'en reste point aux malheureux. »

singulier talent, je regrette qu'il ne l'ait pas mieux réglé et mieux employé. Je suis ébloui de ses saillies : je n'en suis jamais frappé. Son imagination s'évapore en éclairs qui ne sont suivis d'aucun tonnerre. C'est précisément le contraire de Bridaine. Rien ne m'inspire dans la lecture de ses sermons, et je n'en retiens presque rien quand j'ai fermé le livre. Il ne profite pas assez de l'écriture sainte pour y trouver des traits historiques, des comparaisons lumineuses, ou des passages féconds dont il devrait former le cadre de ses tableaux, et le point central de son éloquence. Il manque totalement d'onction, il ne descend jamais dans son propre cœur, ni par conséquent dans le mien.

Son imagination brillante et enluminée, mais inquiète et vagabonde, ne sait ni se borner, ni s'arrêter, ne suit aucune veine abondante, ne file aucune idée, en réunit souvent d'hétérogènes très étrangères à son sujet; et il montre malheureusement avec affectation cette recherche puérile d'antithèses symétriques qui dénote toujours dans un orateur la privation absolue du vrai talent.

Les nombreux imitateurs du P. de Neuville n'ayant pas ses beautés, ont selon l'usage, renchéri sur ses défauts; et en voyant l'école qu'il avait formée, il ne dut pas se glorifier d'une pareille postérité. Il mâche très souvent à vide. Il est tellement verbeux, qu'on pourrait retrancher presque la moitié des termes dont se compose sa diction; non-seulement sans qu'il y perdît rien; mais encore sans qu'une telle suppression y fût sensible, et y laissât le moindre vide ou du moins la moindre obscurité.

Cependant le P. de Neuville a montré quelquefois un beau talent pour la chaire. Je me plais à pouvoir en citer ici deux exemples : je tire le premier de son *Panégyrique de Saint-Jean-de-la-Croix*, qui fut son premier et peut-être son meilleur ouvrage. Il le composa en professant la rhétorique à Orléans. L'orateur embarrassé par son état de religieux, pour ne blesser aucune des deux familles du Carmel, entre lesquelles la réforme de **Sainte**-Thérèse, propagée par Saint-Jean-de-la-Croix, excita des dissensions très vives, avant qu'elle attirât les plus cruelles persécutions aux réformateurs, sut éviter cet écueil avec un art et un bonheur infini. C'est beaucoup plus que de l'adresse oratoire; c'est un usage admirable de l'Écriture, c'est la véritable éloquence du genre et de la circonstance. « Saint-Jean-de-la-Croix, dit-il, ne fut pas
« seulement l'auteur de cette entreprise, il en fut la
« victime...... Ne demanderons-nous point ici ce que
« demandèrent les disciples en voyant l'aveugle né
« *Quis peccavit, hic aut parentes ejus?* (Joan. IX, 2.)
« Quelle est la cause de cette disgrace? Le péché
« du fils ou le péché du père? Pouvons-nous louer
« celui qui souffre la persécution, sans condamner
« ceux qui le persécutent? Son innocence ne fe-
« rait-elle pas leur crime, ou peut-il n'être point
« coupable, s'ils ne le sont pas eux-mêmes? *Quis
« peccavit hic aut parentes ejus?* J'ose répondre
« ce que le Sauveur répondit : *Neque hic peccavit*

« *neque parentes ejus, sed ut manifestentur opera*
« *Dei in illo.* (Ibid. ix, 3.) Admirons la fermeté
« qui résiste à la violence de l'orage; n'accusons
« pas la main qui l'excite. Dieu se plaît quelquefois
« à conduire les saints par des voies extraor-
« dinaires; et en les exceptant de la loi commune,
« il leur fait entendre ses volontés par lui-même,
« tandis que les hommes pour qui les secrets arran-
« gements de la Providence sont des mystères im-
« pénétrables, agissent selon les règles de la pru-
« dence ordinaire. De là il arrive que ce qui, aux
« yeux de Dieu, n'est que zèle et vertu, paraît à la
« raison humaine caprice et entêtement, jusqu'au
« moment où Dieu vient justifier ses élus, et mettre
« le sceau de l'inspiration divine à leurs entre-
« prises : *Neque hic peccavit, neque parentes ejus,*
« *sed ut manifestentur opera Dei in illo.* »

Le second exemple d'éloquence que je vais extraire du P. de Neuville est encore plus beau; il justifie pleinement tous les éloges que je me suis plu à donner à son talent; et il offre même beaucoup moins de traces de la mauvaise manière et des défauts qu'on peut lui reprocher. Il y a plus ici que du bonheur, il y a un superbe trait; il y a une grande et lumineuse idée; il y a du nerf et de la verve; il y a une conception très neuve suggérée par le génie de la religion; et l'orateur l'a si bien présentée, qu'on ne pourrait la lui enlever sans être plagiaire. On ne la lui dérobera donc pas en lui donnant un plus heureux développement ou en y ajoutant des richesses de style; car elle n'en a pas besoin. On ne saurait donc abuser ici contre le

P. de Neuville du droit qui établit dans la littérature que toute idée appartient à l'écrivain qui sait le mieux l'exprimer.

Dans son *Sermon sur le Péché mortel*, dont les dix dernières pages me paraissent le chef-d'œuvre de cet orateur, le P. de Neuville se propose de peindre toute l'horreur de Dieu pour le péché. Voici comment il s'y prend : Il me semble que Bossuet n'aurait pas désavoué un pareil aperçu dans l'éloquence sacrée. : « Voulez-vous savoir, dit-il, combien
« Dieu déteste le péché? Voyez l'enfer. Il ne me reste
« rien à dire. Je me trompe : je n'ai rien dit. L'enfer
« tout affreux qu'il est, n'exprime pas encore assez
« combien Dieu est irrité par le péché..... Ces hom-
« mes que Dieu accable du poids de sa colère, et
« qu'il en accablera toujours, ah! je les vois tous
« trempés, tous baignés du sang de Jésus-Christ.
« Mes frères, renonçons à notre foi, ou ne regardons
« plus le péché qu'avec horreur et exécration. Un
« Dieu qui meurt pour sauver les hommes, qui
« réprouve ensuite ces mêmes hommes qu'il aima
« jusqu'à mourir pour leur salut : ô péché! quel
« est donc ton funeste pouvoir d'arracher ainsi du
« sein de Dieu ces enfants objets d'un amour aussi
« tendre; d'effacer le sceau de leur adoption; de leur
« imprimer le caractère d'une réprobation éternelle;
« d'en faire aux yeux de leur père, eh quel père! un
« objet d'anathème et de vengeance immortelle!
« Non, ce n'est point dans les arrêts d'un juge équi-
« table, c'est dans les fureurs d'un père irrité, qui
« s'arme contre son propre sang qu'il faut aller

« puiser la juste idée d'un crime, pour savoir com-
« bien Dieu déteste le péché; souvenez-vous combien
« Dieu a aimé le pécheur. Jésus-Christ sur la croix,
« le pécheur dans l'enfer, réunissons le contraste de
« ces deux étonnants spectacles ; appliquons-nous à
« les étudier, à les creuser, à les approfondir. Ne
« craignons point d'en être troublés, consternés; ne
« craignons que de n'en être point assez touchés.....
« Jésus-Chsist fut sur la croix, le pécheur est dans
« l'enfer; ah! mes chers auditeurs, après vous avoir
« mis devant les yeux un spectacle qui parle avec
« plus de force et d'énergie que ne parlerait toute
« l'éloquence des prophètes et des apôtres, ce n'est
« plus que par un silence plein d'étonnement et de
« de douleur, qu'il convient de vous reprocher les
« égarements de votre conduite...... Qu'est-ce donc
« que le péché! Dieu seul peut le savoir parfaite-
« ment; par conséquent Dieu seul peut me l'appren-
« dre. Oserai-je interroger le Très-Haut? Il a prévenu
« mes désirs. J'entends retentir la voix foudroyante
« de la religion, dépositaire de ses oracles; elle lève,
« elle déchire le voile, elle m'annonce, elle me mon-
« tre qu'il en a coûté le sang d'un Dieu pour expier
« le péché, et que pour le punir il y a un enfer. »

Jamais le P. de Neuville ne fut si éloquent, et ne s'éleva autant au-dessus de lui-même que dans ces beaux morceaux; et je n'ai pas besoin de faire remarquer ici au lecteur qui les admire, que ce fut la mine inépuisable des livres saints et de la sublime doctrine de la religion qui lui fournit ces trésors. Le succès extraordinaire et constamment soutenu de son sermon sur le péché, dut l'avertir que c'est uniquement dans cette source qu'il faut en chercher, parce qu'on ne saurait trouver rien de semblable ailleurs.

Maury, *Essai sur l'Eloquence de la Chaire.*

NICOLE (pierre), théologien, écrivain polémique, né à Chartres, en 1625, fit ses humanités dans sa ville natale sous les yeux de son père, et vint ensuite à Paris pour faire son cours de philosophie. Ce fut pendant ce cours qu'il s'attacha aux solitaires de Port-Royal, et qu'il devint partisan de leur doctrine.

Après avoir fait sa théologie, il se préparait à entrer en licence; mais les sentiments qu'il manifestait n'étant point approuvés par la faculté de théologie de Paris, il dut se contenter du baccalauréat, qu'il reçut en 1649. Libre alors de suivre ses engagements avec Port-Royal, il fréquenta assiduement cette maison, y fit même d'assez longs séjours, et travailla avec Arnauld à plusieurs écrits pour la défense de Jansénius et de sa doctrine.

Sollicité ensuite d'entrer dans les ordres sacrés, il consulta Pavillon, évêque d'Aleth, qui lui conseilla, après un examen de trois semaines, de rester simple tonsuré.

Une lettre que Nicole écrivit au pape Innocent XI, en 1677, pour les évêques de Saint-Pons et d'Arras, attira sur lui un orage qui l'obligea de s'expatrier; il se rendit alors dans les Pays-Bas, et ne revint en

France qu'en 1683. Sur la fin de sa carrière il entra dans deux querelles célèbres, celle des études monastiques et celle du quiétisme. Dans l'une, il défendit les sentiments de Mabillon, et dans l'autre ceux de Bossuet. Les deux dernières années de sa vie furent très languissantes. Il mourut en 1695, âgé de soixante-dix ans.

On a de lui un grand nombre d'écrits, parmi lesquels on distingue sur-tout ses *Essais de Morale*, Paris, 1682, 1702, 24 vol. in-12. Il règne dans cet ouvrage un ordre qui plaît, et une solidité qui convainc; mais l'auteur y parle moins au cœur qu'à l'esprit. « C'est un logicien fort exact, dit La Harpe, « et un auteur d'un style pur et sain, comme tous « ceux de Port-Royal; mais il est un peu froid et « très verbeux : il prouve plus la morale qu'il ne la « persuade, et raisonne plus qu'il ne touche; ce qui « n'empêche pas que la lecture de ses écrits ne soit « utile : Voltaire lui-même en a loué plusieurs. » D'Aguesseau, dans sa quatrième *Instruction*, s'exprime ainsi sur cet écrivain : « Les ouvrages de « M. Nicole, et sur-tout les quatre premiers volumes « des *Essais de Morale*, qui sont plus travaillés « que les autres, et où il est plus aisé d'apercevoir « un plan et un ordre suivi, peuvent être analysés « avec fruit; et en y apprenant à bien ordonner les « pensées de son esprit, on y trouvera l'avantage « infiniment plus grand d'apprendre en même temps « à bien régler les mouvements de son cœur. »

Les autres ouvrages de Nicole sont : *Traité de la Foi humaine*, composé avec Arnauld, 1664, in-4°; Lyon, 1693, in-12; *la Perpétuité de la Foi de l'Église catholique touchant l'Eucharistie*, Paris, 1670, 1672 et 1674, 3 volumes in-4°. Les tomes 4 et 5, publiés en 1711 et 1713, sont de l'abbé Renaudot. Arnauld, dit-on, y a eu part; *les Préjugés légitimes* contre les calvinistes; *Traité de l'Unité de l'Église*, contre le ministre Jurien; *les Prétendus réformés convaincus de schisme;* et quelques autres ouvrages de controverse; les *Lettres imaginaires et visionnaires*, 2 vol. in-12, 1667, contre Desmarets de Saint-Sorlin; un très grand nombre d'écrits pour la défense de Jansénius et d'Arnauld; plusieurs autres contre la morale des casuistes relâchés; quelques-uns sur la *Grace générale*, recueillis en 4 vol. in-12 avec les écrits d'Arnauld, de Quesnel, et des autres théologiens qui ont combattu ce système; enfin un choix d'épigrammes latines, intitulé : *Epigrammatum delectus*, 1659, in-12; et une *Traduction latine* des *Lettres Provinciales*, publiée sous le nom de *Wendrock*. La première édition parut en 1658; la quatrième, qui est beaucoup plus ample, est de 1665.

L'abbé Gouget a donné l'*Histoire de la Vie et des ouvrages de Nicole*, 1733, in-12.

MORCEAUX CHOISIS.

I. Connaissance de soi-même.

Le précepte le plus commun de la philosophie, tant païenne que chrétienne, est celui de *se connaître soi-même*, et il n'y a rien en quoi les hommes se soient plus accordés que dans l'aveu de ce devoir : c'est une de ces vérités sensibles qui n'ont point besoin de preuves, et qui trouvent dans tous les hommes un cœur qui les sent, et une lumière qui les approuve. Quelque agréable qu'on s'imagine l'illusion d'un homme qui se trompe dans l'idée qu'il a de lui-même, on le trouve toujours malheureux d'être trompé, et on est au contraire pénétré du sentiment qu'un poète a exprimé dans ces vers :

> Illi mors gravis incubat
> Qui ,notus nimis omnibus ,
> Ignotus moritur sibi.
> (Senec. *Thyest.* II, 402.)

Qu'un homme est méprisable à l'heure du trépas,
Lorsqu'ayant négligé le seul point nécessaire,
Il meurt connu de tous, et ne se connaît pas.

Il faut faire d'autant plus d'état de ces principes, dans lesquels les hommes se trouvent unis par un consentement si unanime, que cela ne leur arrive pas souvent. Leur humeur vaine et maligne les a toujours portés à se contredire les uns les autres, quand ils en ont eu le moindre sujet. Chacun a voulu ou rabaisser les autres ou s'en distinguer, en disant quelque chose de nouveau, et en ne suivant pas simplement le train commun. Ainsi il faut qu'une vérité soit bien claire, lorsqu'elle étouffe cette inclination, et qu'elle les contraint à se réunir dans quelque maxime. Et c'est ce qui est arrivé à l'égard de celle-ci : car il ne s'est point trouvé de philosophe assez bizarre pour prétendre que l'homme devait éviter de se connaître ; que si quelqu'un passait même jusqu'à cet excès, il ne le pourrait faire qu'en supposant que l'homme est si malheureux, et que ses maux sont tellement sans remède, qu'il ne ferait qu'augmenter son malheur en se connaissant soi-même; et ainsi il faudrait toujours se connaître, pour conclure, même par ce bizarre raisonnement, qu'il est bon de ne se connaître pas.

Mais ce qui est bien étrange, c'est qu'étant si unis à avouer l'importance de ce devoir, ils ne le sont pas moins dans l'éloignement de le pratiquer. Car, bien loin de travailler sérieusement à acquérir cette connaissance, ils ne sont presque occupés toute leur vie que du soin de l'éviter. Rien ne leur est plus odieux que cette lumière qui les découvre à leurs propres yeux, et qui les oblige de se voir tels qu'ils sont. Ainsi, ils font toutes choses pour se la cacher, et ils établissent leur repos à vivre dans l'ignorance et dans l'oubli de leur état.

Essais de Morale.

II. *L'amour-propre.*

Le nom d'amour-propre ne suffit pas pour nous faire connaître sa nature, puisqu'on se peut aimer en bien des manières. Il faut y joindre d'autres qualités pour s'en former une véritable idée. Ces qualités sont, que l'homme corrompu non-seulement s'aime soi-même, mais qu'il n'aime que soi, qu'il rapporte tout à soi. Il se désire toutes sortes de biens, d'honneurs, de plaisirs, et il n'en désire qu'à soi-même, ou par rapport à soi-même. Il se fait le centre de tout; il voudrait dominer sur tout, et que toutes les créatures ne fussent occupées qu'à le contenter, à le louer, à l'admirer. Cette disposition tyrannique étant empreinte dans le fond du cœur de tous les hommes, les rend violents, injustes, cruels, ambitieux, flatteurs, envieux, insolents, querelleurs : en un mot, elle renferme les semences de tous les crimes et de tous les dérèglements des hommes, depuis les plus légers, jusqu'aux plus détestables. Voilà le monstre que nous renfermons dans notre sein. Il vit et règne absolument en nous, à moins que Dieu n'ait détruit son empire en versant un autre amour dans notre cœur. Il est le principe de toutes les actions qui n'en ont point d'autre que la nature corrompue; et, bien loin qu'il nous fasse de l'horreur, nous n'aimons et ne haïssons toutes les choses qui sont hors de nous, que selon qu'elles sont conformes ou contraires à ses inclinations.

Mais si nous l'aimons dans nous-mêmes, il s'en faut bien que nous le traitions de même, quand nous l'apercevons dans les autres. Il nous paraît alors au contraire sous sa forme naturelle, et nous le haïssons même d'autant plus que nous nous aimons, parce que l'amour-propre des autres hommes s'oppose à tous les désirs du nôtre. Nous voudrions que tous les autres nous aimassent, nous admirassent, pliassent sous nous; qu'ils ne fussent occupés que du soin de nous satisfaire; et non-seulement ils n'en ont aucune envie, mais ils nous trouvent ridicules de le prétendre, et ils sont prêts à tout faire, non-seulement pour nous empêcher de réussir dans nos désirs, mais pour nous assujettir aux leurs, et pour exiger les mêmes choses de nous. Voilà donc par là tous les hommes aux mains les uns contre les autres; et si celui qui a dit qu'ils naissent dans un état de guerre, et que chaque homme est naturellement ennemi de tous les autres hommes, eût voulu seulement représenter par ces paroles la disposition du cœur des hommes les uns envers les autres, sans prétendre la faire passer pour légitime et pour juste, il aurait dit une chose aussi conforme à la vérité et à l'expérience, que celle qu'il soutient est contraire à la raison et à la justice.

Ibid.

NIVERNOIS (LOUIS-JULES MANCINI-MAZARINI, DUC DE), ministre d'état, pair de France, grand d'Espagne, membre de l'Académie française et de celle des inscriptions et belles-lettres, naquit à Paris, le 16 décembre 1716. Son père, Philippe-Jules-François Mancini, duc de Nevers, lui ayant transmis, avec de riches domaines, le goût de la poésie, qui était héréditaire dans sa famille, il voulut rehausser l'éclat de son illustre origine, par quelque gloire littéraire; et, s'étant attaché avec ardeur à l'étude des langues anciennes et modernes, il se familiarisa de bonne heure avec le génie des grands écrivains.

Marié dès l'âge de quinze ans avec Hélène Phélipeaux de Pont-Chartrain, sœur du comte de Maurepas, ce fut pour elle qu'il composa ses premiers vers, et lorsque dans la suite il offrit au public un choix de ses productions, il ne craignit pas d'y comprendre plusieurs de ses premiers essais.

Le duc de Nivernois embrassa, à l'âge de dix-huit ans, la carrière militaire, et fit ses premières armes en Italie, sous le maréchal de Villars. Il fut nommé colonel du régiment de Limosin, et prit part en 1743 à la campagne de Bavière; mais la faiblesse de son tempérament l'ayant obligé d'abandonner cette carrière, il s'attacha à l'étude de la diplomatie, et fut envoyé ensuite en qualité d'ambassadeur en 1748 à Rome, à Berlin et à Londres, où il eut la gloire de négocier la paix de 1763.

De retour à Paris, le duc de Nivernois se consacra entièrement aux lettres, et fit paraître un grand nombre d'ouvrages qui attestent son instruction, sa facilité et son goût. Il avait remplacé Massillon à l'Académie française en 1742; il fut adopté aussi par celle des inscriptions et belles-lettres, au recueil de laquelle il fournit deux *Mémoires* intéressants; l'un sur la politique de Clovis, l'autre sur l'indépendance de nos rois par rapport à l'empire.

Lié avec les hommes les plus distingués de son temps, maître d'une fortune immense, il goûtait avec délices les douceurs d'une vie privée, et faisait un noble usage de son patrimoine en accueillant les talents, et en allégeant les charges de ses vassaux, dont il était le père et l'appui.

Ce fut au milieu de cet état prospère, que le malheur vint tout à coup l'assaillir. Il eut à pleurer plusieurs membres de sa famille que la mort lui enleva successivement, et les calamités publiques achevèrent ensuite d'accabler sa vieillesse. Dénoncé par Chaumette à la commune de Paris, il fut dépouillé de presque toute sa fortune, et jeté dans la prison dite *des Carmes*, le 13 septembre 1793, d'où il ne sortit qu'après le 9 thermidor 1796. Quelques temps après, il fut nommé président de l'assemblée électorale du département de la Seine, et ce fut le dernier acte de sa vie politique. Il mourut le 25 février 1798, à l'âge de 82 ans.

Les productions du duc de Nivernois ont été rassemblées par lui-même, Paris, 1796, 8 vol. in-8°. Deux volumes de *Fables*, réimprimés à part, commencent cette collection. Les bons juges auraient voulu réduire ces fables à une cinquantaine qui ont le mérite de celles de La Motte. Les volumes suivants renferment : *Lettres sur l'usage de l'esprit dans la société, l'Étude et les Affaires*; *Dialogues des morts*, au nombre de quatre*; *Réflexions sur le génie d'Horace, de Despréaux et de J. B. Rousseau*, in-12, ouvrage rempli d'une sage impartialité et d'une critique éclairée ; *Traduction de l'Essai sur l'art des jardins modernes*, par Horace Walpole, 1785, in-4°; *Réflexions sur Alexandre et Charles XII*; la *Vie d'Agricola*, traduite de Tacite ; *Essai sur l'homme*, traduit de l'anglais de Pope; *Portrait de Frédéric-le-Grand*; *Adonis*, traduit de l'italien, du chevalier Marini; *Richardet*, traduit de l'italien, de Forteguerri; *Vie de l'abbé Barthelemy*;

---

* Ils ressemblent un peu trop à ceux de Fontenelle, par la singularité des idées et le contraste des personnages, mais ils ne leur cèdent point sous le rapport de l'esprit, de la sagacité et de la vivacité piquante.

des *Chansons* et des *Poésies fugitives*, des *Imitations* de Virgile, Horace, Tibulle, Ovide, l'Arioste et Milton. M. François de Neufchâteau a publié, en 1807, deux volumes des *OEuvres posthumes de Nivernois*, qui, outre son *Éloge*, contiennent des *Lettres*, sa *Correspondance diplomatique avec le duc de Choiseul*, son *Théâtre de société*, et des *Discours académiques*, « qui doivent être regardés, dit
« Dussault, comme des morceaux très distingués de
« style académique. La diction en est pure, noble,
« harmonieuse; les convenances y sont observées
« avec une exquise délicatesse; et quelquefois, lors-
« que le sujet ou la circonstance le demandent,
« l'orateur s'élève jusqu'au ton de la grande élo-
« quence, et s'y soutient avec beaucoup de succès;
« c'est là ce qui montre qu'il était véritablement
« un homme de lettres, et non pas seulement un
« amateur, comme son rang, son état, et le genre
« même de poésie dans lequel il s'est le plus exercé
« portaient naturellement à le croire. »

JUGEMENT.

De tous les ouvrages de poésie du duc de Nivernois, ses *Fables* paraissaient être l'objet de sa prédilection; mais il avait précisément tout ce qui est inconciliable avec le naturel exquis, réservé jusqu'à présent au seul La Fontaine. Trop de recherche, de finesse, et quelquefois d'afféterie, trop de ce bel esprit qui exclut souvent le bon esprit, et aucune naïveté, voilà ce qui rend la lecture de ses fables pénible. Quelques-unes d'elles ne sont pas moins ingénieuses que celles de La Motte; mais, comme les siennes, elles amènent bientôt l'ennui.

Dans un recueil de lettres de ce prétendu chevalier d'Éon, qui n'était bien réellement qu'une femme, quoiqu'en France, en Russie, en Angleterre, et même dans nos armées, elle eût réussi à se faire passer pour un homme, on trouve quelques lettres du duc de Nivernois à cette aventurière, dont apparemment il connaissait le sexe, et qu'il finit ordinairement par cette formule : « Je baise « vos jolies petites oreilles. » Ce ton de mignardise et d'afféterie pouvait être excusable dans une lettre; mais on est affligé d'en retrouver quelque trace dans d'autres ouvrages de l'auteur. L'esprit de cour qui se permettait quelquefois de pareilles fadeurs, cachait alors au duc de Nivernois combien elles y étaient déplacées.

Il a essayé de traduire en vers différents morceaux de Virgile, d'Horace, de Tibulle, d'Ovide, de l'Arioste, de Milton; mais il n'avait pas cet heureux mécanisme de versification, dont M. l'abbé Delille s'est réservé le secret, et qui s'applique également à tout ce qu'il entreprend de traduire.

Quelques jolies chansons, qui n'ont cependant ni le sel ni la verve des chansons de Collé, quelques romances, et sur-tout la pièce de vers intitulée *les Souvenirs, les Regrets et les Ressources d'un octogénaire*, nous paraissent ce que le duc de Nivernois a fait de plus aimable en poésie. Il y a même du sentiment dans les vers qui terminent cette dernière pièce, et dans l'envoi que l'auteur adresse à l'amitié.

De ses ouvrages en prose, celui que nous avons toujours distingué, et qui nous a paru prouver le plus de goût, ce sont ses *Réflexions critiques* sur le génie d'Horace, de Despréaux, et de J. B. Rousseau. Malgré la contagion du mauvais exemple que commençaient à donner quelques gens de lettres, il rend à Despréaux sur-tout, et à Rousseau, une justice que l'on affecte aujourd'hui de leur refuser, même dans des poétiques; et c'est, en quelque sorte, associer son nom à celui de ces écrivains célèbres, que sentir si vivement leurs beautés.

Le duc de Nivernois nous semble, à cet égard, d'autant plus digne d'éloges, qu'il avait à combattre non-seulement les préjugés de nos beaux esprits, mais encore un sentiment d'aversion pour le genre satirique, qu'il ne dissimule pas, et qui tenait sans doute à l'aménité de son caractère. C'est apparemment par une suite de cette antipathie, qu'il appelait les épigrammes de Rousseau, « des « traits où l'esprit se pare des défauts du cœur. » Nous croyons ce jugement trop rigoureux ; nous croyons que le duc de Nivernois ne se rappelait point assez que ce grand poète, victime de la haine et de la persécution, n'a employé le ridicule qu'à se venger de l'injustice. Il oubliait que des épigrammes qui ne tombent que sur des productions littéraires, n'annoncent souvent que la gaieté de l'esprit, et non la dépravation du cœur, comme les libelles calomnieux; qu'il y a toujours quelque mérite à venger le goût par une raillerie fine et ingénieuse ; et que même si quelque chose est capable de faire pardonner l'essor d'un méchant livre, c'est le bon mot dont il a fourni l'occasion.

Le mérite des *Réflexions* du duc de Nivernois ne se borne pas à l'analyse fine et raisonnée qu'il y fait de ces trois poètes; il traduit Horace, si non en poète, du moins avec assez de grace.

PALISSOT, *Mémoires sur la Littérature.*

MORCEAUX CHOISIS.

1. L'Aigle et le Pélican.

Tout-à-fait retiré du monde,
Un pélican vivait au sommet d'un vieux pin,
    Et s'occupait soir et matin,
    Dans sa solitude profonde,
D'aimer, de soulager, de servir son prochain :
    Aussi de partout à la ronde
On venait le chercher. Il était sans enfants,
Mais il servait de père à tous les indigents,
    Prêtant à tous son assistance,
Même les soulageant de sa propre substance,
Ainsi qu'il se pratique entre vrais pélicans.
    Près de cet oiseau débonnaire
Vivait un autre oiseau d'humeur toute contraire;
    C'était un aigle des plus beaux,
    Mais fier, orgueilleux, sanguinaire,
    Et qui régnait sur les oiseaux
    En vrai despote, et non en père.
Il fut un jour, par curiosité,
Faire visite à l'oiseau solitaire :
De la vertu la touchante beauté
Aux méchants même a souvent droit de plaire.
Du pélican le tendre et doux aspect
Au fier despote imprima le respect.

En ce moment l'ermite vénérable,
Environné d'orphelins malheureux,
Qu'arrachait au trépas son effort généreux,
Faisait couler son sang, et d'un bec secourable
Avec amour le partageait entre eux.
Que vois-je ! dit l'aiglon dans sa surprise extrême ;
Si mon œil n'en était témoin
Je ne le croirais pas. Peut-on porter si loin
Le sacrifice de soi-même !
Etre ainsi son propre bourreau !
Oui, dit le pélican, je connais un oiseau
Qui se traite plus mal encore.
— Un oiseau ! quel est-il ? — C'est celui dont l'aurore
Et tout l'éclat dont le soleil se dore
Ne peuvent étonner le regard assuré ;
C'est vous, seigneur, qui, de gloire enivré,
N'avez d'autres plaisirs que ceux de la puissance ;
C'est vous qui méprisez la douce jouissance
Qu'offre aux bons cœurs la sensibilité.
Votre pouvoir est redouté ;
Mais on chérit ma bienfaisance :
Le bon lot est de mon côté.

Fables.

II. Le Soleil et les Oiseaux de nuit.

Le chat-huant et le hibou,
Et la chouette leur cousine,
Rentrent, comme on sait, dans leur trou
A l'heure où le ciel s'illumine,
Et, pour tuer le temps se livrant au sommeil,
Attendent tristement le coucher du soleil.
Un jour, en traçant son ellipse,
La lune se trouva juste entre nous et lui ;
Le cas arrive encore quelquefois aujourd'hui,

Et c'est ce qu'on nomme une éclipse.
Celle-là fut totale, et jamais on ne vit
Obscurité pareille à celle qui suivit.
Ce fut grande détresse en toute la nature,
  Hors chez le peuple chat-huant.
  Et dom hibou sortant de sa masure
   D'un air tout-à-fait triomphant ;
Je savais bien, dit-il, que ce flambeau funeste
  Perdrait bientôt son éclat odieux.
   Hâtons-nous de monter aux cieux,
  Pour rendre grace à l'équité céleste
   Qui venge et rassure nos yeux.
  Disant ces mots, l'amateur de ténèbres
S'élance avec orgueil vers le séjour des dieux,
  Suivi des siens, dont les chansons funèbres
Achèvent de porter l'épouvante en tous lieux ;
   Mais, tandis qu'en leur folle ivresse
Ils fatiguent les airs de leur triste allégresse,
   La lune passe son chemin,
   Et, délivré de sa rencontre,
   Le céleste fanal se montre
   Dans son éclat le plus serein.
   La nature renaît soudain ;
    Mais il en coûta la vue
    A l'insolente cohue
   Des chats-huants et des hibous,
   Qui, punis de leur algarade,
   L'esprit confus et l'œil malade,
S'allèrent à tâtons renfermer dans leurs trous.
   Mortels envieux et jaloux,
   Vils esprits que la vertu blesse,
   Reconnaissez votre bassesse
  Dans ce tableau que j'ai tracé pour vous.

Si sur le cours de la plus belle vie,
Le nuage le plus léger
Répand un voile passager,
Malheur, disgrace ou maladie,
Tout vous sert de prétexte, et vos lâches fureurs,
Au héros qui sert la patrie,
Au sage qui l'éclaire, adressent mille horreurs :
Mais, grace au ciel, les efforts de l'envie
Sont impuissants, et ses succès sont courts;
Les astres poursuivent leur cours ;
L'éclipse cesse au bout d'une heure;
Le hibou rentre en sa sombre demeure;
Le soleil brille et brillera toujours.

Ibid.

III. L'Enfant et le Mâtin.

Un jeune enfant se promenait,
Et chemin faisant déjeûnait :
Un mâtin lui tint compagnie,
Vint le flatter, et, léchant son habit
Avec un air de courtoisie,
Gagna son cœur. L'adolescent le prit
Pour un ami du meilleur acabit;
Il lui rendit caresse pour caresse,
Et, pour s'assurer sa tendresse,
Par un bienfait qui le sût enchaîner,
Il lui donna son déjeûner.
C'était le but du parasite.
Dès qu'il eut happé le morceau,
Il prit vilainement la fuite,
Et laissa là le jouvenceau,
Fort stupéfait de sa conduite.
Elle n'est pas rare pourtant;

Et dans les lieux que la fortune habite
 On en voit tous les jours autant.

Ibid.

IV. Les Souvenirs, les Regrets et les Ressources d'un Octogénaire.

J'ai vu le temps que sur une épinette,
Une guitare, ou bien un violon,
J'accompagnais les enfants d'Apollon;
Même j'osais, d'une voix assez nette,
A leurs concerts mêler ma chansonnette.
C'était alors qu'un crayon à la main
Je dessinais joliment une belle;
Et quelquefois le succès du dessin
Me procurait les bontés du modèle.
. . . .
. . . .
Voilà les dons que j'eus à mon printemps;
Ils sont perdus. Ces dieux que rien ne touche,
Le fier Destin, l'impitoyable Temps,
Ont tout détruit au déclin de mes ans.
Faire parler ou la corde ou la touche
D'un instrument, manier un crayon,
Faire avec grace un pas de rigaudon,
C'est aujourd'hui pour moi chose impossible :
Ma voix n'est plus ni juste, ni flexible;
Et des boudoirs je craindrais d'approcher;
Je perdrais trop ma peine à m'y chercher.
Voilà mon sort : le sort de la vieillesse.
Et savez-vous comme en cette détresse
Je me défends du poison des ennuis?
J'ai conservé parmi tant de débris
Un cœur sensible, et j'ai de bons amis
Dont l'indulgence à mon sort s'intéresse.
Ils veulent bien encor tous les jeudis

Venir chez moi ranimer ma faiblesse;
Et c'est pour eux, c'est par eux que je vis.

ENVOI.

Sainte amitié, c'est à toi que j'adresse
Ces derniers sons de ma lyre aux abois.
Tes seuls bienfaits, divine enchanteresse,
Ont ranimé ma défaillante voix;
Et si j'existe encor, je te le dois.

NOBLESSE. Il y a trois mille ans qu'Homère a défini mieux que personne la noblesse politique, son objet, ses titres, sa fin, lorsque dans *l'Iliade* (liv. xii) Sarpédon dit à Glaucus : « Ami, pourquoi « sommes-nous révérés comme des dieux dans la « Lycie? pourquoi possédons-nous les plus fertiles « terres, et recevons-nous les premiers honneurs « dans les festins? C'est pour braver les plus grands « périls et pour occuper au champ de Mars les pre- « mières places; c'est pour faire dire à nos soldats : de « tels princes sont dignes de commander à la Lycie ».

C'est d'après cette idée d'élévation dans les sentimens, et d'après les habitudes qu'elle suppose, que s'est formée l'idée de noblesse dans le langage. Des âmes sans cesse nourries de gloire et de vertu doivent naturellement avoir une façon de s'exprimer analogue à l'élévation de leurs pensées. Les objets vils et populaires ne leur sont pas assez familiers, pour que les termes qui les représentent soient de la langue qu'ils ont apprise. Ou ces objets ne leur viennent pas dans l'esprit, ou si quelques circonstances leur en présentent l'idée, et les obligent à l'exprimer, le mot propre qui les désigne est censé leur être inconnu, et c'est par un mot de leur langue habituelle qu'ils y suppléent. Voilà le caractère primitif du langage et du style nobles. On sent bien qu'il a dû varier dans ses degrés et dans ses nuances, selon les temps, les lieux, les mœurs et les usages; qu'il a dû même recevoir et rejeter tour à tour les mêmes idées et leurs signes propres, selon que la même chose a été avilie ou ennoblie par l'opinion; mais c'est toujours le même rapport de convenance des mœurs avec le langage qui a décidé de la noblesse ou de la bassesse de l'expression.

Quelle est donc la marque infaillible pour savoir si, dans les anciens, un tour, une image, une comparaison, un mot, est noble ou ne l'est pas?

Il n'y a guère d'autre règle de critique, à leur égard, que leur exemple et leur témoignage.

Il en est à peu près des étrangers comme des anciens : c'est aux Anglais, dit-on, qu'il faut demander ce qui est trivial et bas, et ce qui est noble dans leur langue : l'opinion et les mœurs en décident; et c'est sur-tout en fait de langage qu'on peut dire :

Quand tout le monde a tort, tout le monde a raison.

Il n'en est pas moins vrai qu'il y a dans la nature une infinité d'objets d'un caractère si marqué ou de grandeur ou de bassesse, que l'expression propre en est essentiellement noble ou basse chez toutes les nations cultivées, et qui ne peuvent être avilis ou relevés que par une sorte d'alliance que l'expression métaphorique fait contracter l'idée, ou par l'espèce de diversion que le mot vague ou détourné fait à l'imagination.

A notre égard et dans notre langue, le seul moyen de se former une idée juste du langage noble, c'est, quant au familier, de fréquenter le monde cultivé et poli, et quant au style plus élevé, de se nourrir de la lecture des écrivains qui ont excellé dans l'éloquence et dans la haute poésie.

Du temps de Montaigne et d'Amyot, les Français n'avaient pas encore l'idée du style noble. Comparez ces vers de Racine,

Mais quelque noble orgueil qu'inspire un sang si beau,
Le crime d'une mère est un pesant fardeau.

avec ceux-ci d'Amyot :

Qui sent son père ou sa mère coupable
De quelque tort ou faute reprochable,
Cela de cœur bas et lâche le rend,
Combien qu'il l'eût de sa nature grand.

et ces vers d'un vieux poète appelé la Grange,

Ceux vraiment sont heureux
Qui n'ont pas le moyen d'être fort malheureux,
Et dont la qualité, pour être humble et commune,
Ne peut pas illustrer la rigueur de fortune.

avec ceux que Racine a mis dans la bouche d'Agamemnon,

Heureux qui, satisfait de son humble fortune,
Libre du joug superbe où je suis attaché,
Vit dans l'état obscur où les dieux l'ont caché !

(*Iphig.* act. I, sc. 1.)

Ce n'a été que depuis Malherbe, Balzac et Corneille, que la différence du style noble et du familier populaire s'est fait sentir ; mais de leur temps même le style noble était trop guindé et ne se rapprochait pas assez du familier décent, qui lui donne du naturel. Corneille sentait bien la nécessité d'être simple dans les choses simples ; mais alors il descendait trop bas comme il s'élevait quelquefois trop haut quand il voulait être sublime. Racine a mieux connu les limites du style héroïque et du familier noble; et par la facilité des passages qu'il a su se ménager de l'un à l'autre, par le mélange harmonieux qu'il a fait de ces deux nuances, il a fixé pour jamais l'idée de l'élégance et de la noblesse du style (*Voyez* FAMILIER).

C'est le plus grand service que le goût ait jamais pu rendre au génie ; car tant qu'une langue est vivante, et que l'idée de décence et de noblesse dans l'expression est variable d'un siècle à l'autre, il n'y a plus de beauté durable; tout périt successivement. Voyez, dans l'espace d'un demi-siècle, combien le style de le tragédie avait changé; et comparez aux vers de l'*Andromaque* de Racine ces vers de l'*Andromaque* de Jean Heudon en 1598 :

O trois et quatre fois plus que très fortunée
Celle qui au pays sa misère a bornée,
Sur la tombe ennemie ayant souffert la mort,
Et qui n'a comme nous été lottie au sort,
Pour entrer peu après, captive, dans la couche
D'un superbe vainqueur et seigneur trop farouche,
Et lequel pour un autre, étant soûlé de nous,
Serve, nous a baillée à un esclave époux !

Que manque-t-il à cela pour être touchant ? une expression élégante et noble *. C'est encore pis, si l'on compare à l'*Hermione* de Racine la *Didiame* de Heudon. Celle-ci, en apprenant la mort de Pyrrhus, s'écrie :

Ah ! je sens que c'est fait; je suis morte; autant vaut,
Hélas ! je n'en puis plus; le pauvre cœur me faut.

Dans ce temps-là, voici comment on annonçait à une reine la mort tragique de son fils :

Votre fils s'est jeté du haut d'une fenêtre,
La tête contre bas. Envoyez-le quérir.
Hélas ! madame, il est en danger de mourir.

Aujourd'hui l'on rirait aux éclats, si sur la scène on entendait pareille chose, et ce qui serait si ridicule pour nous était touchant pour nos aïeux : tant il est vrai que, dans une langue vivante, rien n'est assuré de plaire et de réussir d'un siècle à l'autre, qu'autant que les idées de bienséance et de noblesse ont été fixées par des écrits dignes d'en être les modèles. Aujourd'hui même, pour être naturel avec noblesse, il faut un goût délicat et sûr.

Il aura donc pour moi combattu par pitié ?
(*Tancrède*, act. IV, sc. 5.)

dit Aménaïde en parlant de Tancrède ; cela est noble.

Il ne s'est donc pour moi battu que par pitié ?

eût été du style comique.

MARMONTEL, *Éléments de Littérature*.

* On trouvera cette expression dans Virgile, de qui ces vers sont imités. Voyez dans le troisième livre de *l'Énéide*, vers 320 et suivants, le discours d'Andromaque à Énée.   H. P.

NOMBRE. En poésie et en éloquence, on appelle ainsi le mouvement qui résulte d'une succession de syllabes réunies dans un petit espace de temps distinct et limité. « Quidquid est quod sub aurium « mensuram aliquam cadit, *numerus* vocatur. »(*Orat.*) Ce petit espace est divisé à l'oreille en parties aliquotes ou unités de temps; et selon que chaque syllabe occupe une ou deux de ces parties de leur temps commun, elle est brève ou longue. L'espace de temps qu'elles occupent ensemble est ce qu'on appelle *mesure*; l'articulation de la mesure est ce qu'on appelle *cadence*, l'égalité ou l'inégalité des syllabes réunies, et, si elles sont inégales, leurs diverses combinaisons font la diversité des nombres. « Distinctio, et æqualium et sæpè variorum inter- « vallorum percussio, *numerum* efficit. » (*De Orat.*) Un espace de temps divisé en quatre parties aliquotes peut être occupé par deux, par trois ou par quatre syllabes, c'est-à-dire par deux longues, par une longue et deux brèves combinées de trois façons, et par quatre brèves de suite. Ainsi, dans la même mesure, il y a cinq nombres à former.

Dans les vers, le nombre et le pied sont synonymes. Mais le pied métrique n'avait guère que quatre temps, et le nombre oratoire en avait davantage. Le *pæon*, par exemple, était composé d'une longue et de trois brèves, et *vice versâ*, et le *crétique* d'une brève entre deux longues. Ainsi la mesure de l'un et de l'autre était de cinq temps. Mais les nombres oratoires décomposés se réduisaient aux pieds métriques, qu'on divisait en trois espèces, savoir : celle où le pied était formé de deux parties égales, comme le spondée et le dactyle ; celle où l'une des deux parties n'était que la moitié de l'autre, comme l'iambe et le chorée, et celle où d'un côté il y avait d'excédent une moitié de la moitié du tout, comme dans le pæon. « Nullus est *nume-* « *rus* extrà poeticos pedes.... pes qui adhibetur ad « numeros partitur in tria.... æqualis, dactylus ; du- « plex, iambus ; sesqui, pæon. » (*Orat.*)

Les pieds ou nombres du vers étaient prescrits. Comment se fait-il donc que de deux vers latins de la même mesure, les uns soient si nombreux, et que les autres le soient si peu ? Par exemple, dans ces vers d'Horace :

Quî fit, Mæcenas, ut nemo, quam sibi sortem
Seu ratio dederit, seu fors objecerit, illà
Contentus vivat, laudet diversa sequentes ?
(*Sat.* I, 1.)

pourquoi le nombre n'est-il pas aussi sensible à l'oreille qu'il l'est dans ces vers de Virgile ?

At trepida, et cœptis immanibus effera Dido,
Sanguineam volvens aciem, maculisque trementes
Interfusa genas, et pallida morte futurâ.
(*Æneid.* IV, 642.)

Est-ce la différente contexture des nombres et leur mélange qui en est la cause ? Cela sans doute y contribue, mais de deux vers spondaïques d'un bout à l'autre, l'un a du nombre et l'autre n'en a pas. Que l'oreille compare ce vers de Virgile,

Belli ferratos rupit Saturnia postes,
(*Æneid.* VII, 622.)

avec ce vers d'Horace,

Quî fit, Mæcenas, ut nemo, quam sibi sortem.....

la force du rhythme dans l'un, et sa nullité dans l'autre, ne sont-elles pas très sensibles?

Prenons de même deux vers dactyliques, celui-ci d'Horace,

Militia est potior: quid enim? concurritur, horæ.....
(*Sat.* I, 1.)

et ceux-ci de Virgile :

Indè ubi clara dedit sonitum tuba, finibus omnes,
Haud moræ, prosiluere suis, ferit æthera clamor:

ne sent-on pas la même différence?

Enfin prenons deux vers du même poëte, et du même rhythme, l'un à côté de l'autre:

Ille gravem duro terram qui vertit aratro,
Perfidus hic caupo, miles, nautæque per omne.
(Horat. *Sat.* I, 1)

le premier n'est-il pas bien plus nombreux que le second? Deux vers, avec les mêmes pieds, peuvent donc n'avoir pas le même nombre, et voici pourquoi.

1° C'est qu'il y a dans les langues une prosodie naturelle et une prosodie de convention, et que l'une est beaucoup plus sensible à l'oreille que l'autre. La prosodie naturelle est donnée par la qualité des sons, par le mécanisme de la parole, quelquefois par l'analogie du mot avec l'idée, le sentiment, et sur-tout l'image. La prosodie artificielle et de fantaisie n'est analogue ni au physique ni au moral de l'expression : ce n'est point la nature, c'est le pur caprice de l'usage qui l'a prescrite. Mon oreille et mon âme sont également indécises sur le mouvement de ces mots : *Contrà mercator*. Elles ne le sont pas de même sur le mouvement de ceux-ci : *Navim jactantibus austris*, et encore moins sur l'analogie des sons avec l'image, dans ce vers de Virgile :

Tam multa in tectis crepitans salit horrida grando.
(*Georg.* I, 449.)

2° C'est que les nombres étant bien placés, ils se fortifient par leur contraste, par leur enchaînement, par leur impulsion commune. *Seu ratio dederit, seu fors objecerit*, sont deux incidentes inanimées, dans les sons comme dans la pensée; c'est de la froide prose comme de la froide raison. Mais ces membres de phrase: « Sanguineam volvens aciem, « maculisque trementes interfusa genas, et pallida « morte futurâ, » font, pour l'oreille comme pour l'âme, une accumulation de force qui l'ébranle profondément.

3° C'est que le nombre n'est jamais si sensible que lorsque sa cadence prosodique se trouve coïncidente avec le repos ou la suspension du sens, et en cela le rhythme de la prose et celui de nos vers a un avantage marqué sur le rhythme des vers anciens, où la ponctuation n'était presque jamais consultée

(*Voyez* césure). Cependant il arrivait que, par sentiment, les poètes observaient cette correspondance, et alors le nombre du vers devenait un nombre oratoire, c'est-à-dire marqué par les repos naturels de la voix. On peut le voir dans ces vers de Virgile :

Illi inter sese magnâ vi brachia tollunt
In numerum......
(*Georg.* IV, 174.)

Illa graves oculos conata attollere, rursùs
Deficit: infixum stridet sub pectore vulnus.
Ter sese attollens cubitoque innixa levavit;
Ter revoluta toro est : oculisque errantibus alto
Quæsivit cœlo lucem , ingemuitque repertâ.
(*Æneid.* IV, 688.)

Qu'on oublie la parité et la continuité des nombres, et que l'on prononce ces vers selon leur ponctuation, comme une prose libre, elle n'aura que le défaut d'être trop nombreuse et trop belle ; et ce secret de donner à ses vers, indépendamment de leur contexture métrique, le mouvement le plus analogue à l'impulsion du sentiment, au caractère de la pensée ou de l'image, et en même temps le mieux marqué par les suspensions et les repos du sens, ce secret, dis-je, que Virgile a eu parmi les poètes latins, comme Cicéron parmi les prosateurs, est ce qui donne si singulièrement, si éminemment, à ses vers, un charme auquel l'oreille de toutes les nations est sensible, malgré l'extrême altération qu'éprouve, dans la bouche d'un Anglais, d'un

Français, d'un Allemand, le nombre métrique des vers latins.

Concluons de là que ce n'est point en scandant les vers, mais en les prononçant, qu'on sent la puissance du nombre. Les petits élans et les petites pauses qui, dans la scandaison, divisent les mesures, sont une cadence factice. La seule cadence donnée par la nature est celle qui est marquée par les repos du sens; et les intervalles de ces repos, quel que soit le rhythme du vers, seront toujours la mesure du nombre. Ainsi, pour en sentir l'effet, ce n'est ni un, ni deux, ni trois pieds seulement qu'il faut entendre, c'est la phrase; et bien souvent, d'un vers à l'autre, on sent le nombre qui se presse, s'accélère et s'accroît jusqu'à son repos. « Maculisque tremen-« tes — interfusa genas, et pallida morte futurâ. »

Cette théorie du nombre, que je viens d'appliquer aux vers, est encore plus convenable à la prose. Mais une prose libre est-elle susceptible de nombre? et peut-il y avoir quelque règle dans l'art de l'y introduire et de l'y placer à propos?

Les Grecs furent long-temps à s'en apercevoir; mais dès que les rhéteurs en eurent fait l'essai, et qu'Isocrate, en modérant l'usage du nombre oratoire, en eut fait sentir la puissance, les orateurs Eschine, Démosthène, les philosophes Platon et Théophraste, les historiens Thucydide et Xénophon, se saisirent avidement de ce moyen de captiver l'oreille de celui des peuples du monde qui fut le plus soumis à l'empire des sens.

Chez les Romains, la poésie fut tardive, et plus

tardive que l'éloquence, à s'emparer du pouvoir du nombre. Les vers *sénaires* de Pacuvius, de Plaute et de Térence, n'avaient pas même l'harmonie d'une prose variée et nombreuse. « Comicorum senarii, « propter similitudinem sermonis, sic sæpè sunt « abjecti, ut nonnunquam vix in his *numerus* et « versus intelligi possit. » (Cic. *Orat.*) Et lorsque Lucrèce, le premier des poètes latins qui ait donné au vers héxamètre de la magnificence et du nombre, publia son poème, il y avait long-temps que Crassus et Marc-Antoine avaient appris du rhéteur Carnéade le secret de communiquer le pouvoir du nombre à l'éloquence. Cicéron, âgé alors de trente-cinq ans, possédait ce grand art, et l'avait déjà pratiqué. Après y avoir excellé lui-même, il en donna des leçons profondes dans ses livres *de l'Orateur*. J'en vais extraire quelques détails.

Il ne veut pas que le nombre de la prose soit celui des vers (car il parle des vers métriques, dont tous les pieds étaient prescrits); et une prose ainsi cadencée eût paru trop artificielle. Mais comme la prose même a, de sa nature, et sa lenteur, et sa vitesse, et ses mouvements, et ses repos, il demande que sans l'assujettir, on en règle la marche, soit pour la soutenir, soit pour l'accélérer, soit pour donner au cercle qu'elle doit parcourir l'étendue qui lui convient. « Oratio quoniam tum « stabilis est tum volubilis, necesse est ejusmodi na- « turam *numeris* contineri. Nam circuitus ille..... in- « citatior *numero* ipso fertur et labitur, quoad per- « veniat ad finem et insistat. Perspicuum est igi-

« tur numeris adstrictam orationem esse debere,
« carere versibus. » (*Orat.*)

Quant à l'espèce de nombre que reçoit la prose, il décide, contre le sentiment des rhéteurs et d'Aristote même, qu'elle les admet tous. « Ego autem « sentio omnes in oratione esse quasi permixtos « confusosque pedes. » L'iambe, *Deos*, dans la langue latine, était le plus commun : « Magnam enim « partem ex iambis nostra constat oratio. » Le chorée, *musa*, est vicieux dans la désinence des phrases, parce qu'il tombe sur la brève, et Cicéron préfère le spondée, *campos* : « Habet stabilem quem- « dam et non expertem dignitatis gradum. » Il le recommande sur-tout dans les incises ou petites phrases coupées ; « paucitatem enim pedum gravitatis « suæ tarditate compensat. » Or il est important de donner aux incises, lorsque la pensée en est remarquable, un nombre sensible et frappant : « Nihil « tam debet esse *numerosum*, quam hoc quod mi- « nimè apparet, et valet plurimùm. »

Mais si le *chorée* simple est trop léger pour les conclusions des phrases, il y devient plus grave lorsqu'il est redoublé, et Cicéron, en parlant de ce nombre, cite un exemple de ses effets dans une harangue de l'orateur Carbon : « O Marce Druse (pa- « trem appello) ! tu dicere solebas sacram esse « rempublicam ; quicumque eam violavisset, ab om- « nibus esse ei pœnas persolutas. Patris dictum sa- « piens temeritas filii comprobavit. » Ce dichorée *comprobavit*, ajoute Cicéron, fit un effet prodigieux. Et changez l'ordre des paroles ; dites : *comprobavit filii temeritas;* ce n'est plus rien : *jam nihil est.*

Ce mot *temeritas* est pourtant le pæon, qu'Aristote préfère à tous les autres nombres pour terminer la période. Mais Cicéron n'est pas de son avis, et il pense que le crétique, *languidos,* est au moins aussi favorable. Cependant il admet les deux pæons comme très oratoires; la longue et les trois brèves pour le début de la période : *desinite, comprimite,* et les trois brèves suivies de la longue pour les repos : *domuerant, sonipedes.* Les pæons mêmes lui semblent d'autant plus convenables à l'éloquence, qu'on les rencontre rarement dans les vers. « Pæon « minimè est aptus ad versum, quò libentiùs eum « recipit oratio. » Tels sont les éléments du nombre.

Mais dans les vers il faut que le nombre soit sensible et soutenu d'un bout à l'autre. « Nam versûs « æquè prima et media et extrema pars attenditur; « qui debilitatur, in quâcumque sit parte titubatum. » (*De Orat.*) Au lieu que dans la prose, non-seulement le nombre n'a pas besoin d'être continu, mais il ne doit pas l'être. C'est dans les points éminents du discours, dans les incises remarquables (quæ incisim aut membratim efferuntur, ea vel aptissimè cadere debent), aux articulations des membres, aux deux extrémités de la période qu'il doit être placé; mais plus sensiblement encore dans les phrases correspondantes et symétriquement opposées, dans les antithèses, dans les corrélations, dans ce qu'on appelait *similiter cadens,* ou *similiter desinens.*

« Nec *numerosa* esse ut poemata, nec extra *nu-*

« *merum*, ut sermo vulgi, esse debet oratio. Alterum
« nimis est vinctum, ut de industriâ factum appa-
« reat; alterum nimis dissolutum, ut pervagatum
« et vulgare videatur. Sit igitur permixta et tempe-
« rata *numeris*, nec dissoluta, nec tota *numerosa*,
« pœone maximè, sed reliquis *numeris* etiam tem-
« perata.... Multùm interest utrùm *numerosa* sit, an
« planè è *numeris* constet oratio. Alterum si fit, in-
« tolerabile vitium est; alterum si non fit, dissipata
« et inculta et fluens est oratio. »

Il y avait alors, comme aujourd'hui des gens qui ne croyaient point au nombre de la période, et c'est de ceux-là que Cicéron disait : « nescio quas « habeant aures. » (*Voyez* PÉRIODE.)

Il reconnaissait cependant que le style périodique et nombreux avait une place plus libre et plus marquée dans les discours uniquement destinés à instruire et à plaire, dans les morceaux de décoration, comme dans les éloges, dans les narrations, dans les descriptions oratoires, où l'âme n'étant attachée par aucun intérêt pressant, on ne pouvait captiver l'attention que par le plaisir de l'oreille. Enfin le nombre était comme l'âme de ce que nous appelons harangues : « Nam cùm is est auditor, qui non « vereatur ne compositæ orationis insidiis sua fides « attentetur, gratiam quoque habet oratori volup- « tati aurium servienti. » Aussi la plus harmonieuse des oraisons de Cicéron, c'est la *Harangue pour Marcellus*.

Mais, dans l'éloquence du barreau, cette recherche curieuse et continuelle du nombre serait nuisible à l'éloquence. Il ne doit ni en être exclus, ni trop y dominer, sur-tout dans les endroits pathétiques. « Si enim semper utare, cùm satietatem « affert, tùm quale sit etiam ab imperitis agnoscitur. « Detrahit præstereà actionis dolorem, aufert huma- « num sensum actoris, tollit funditùs veritatem et « fidem. » Cependant Cicéron avoue qu'il l'a recherché très souvent avec le plus grand soin, et singulièrement dans ses péroraisons, mais lorsqu'il s'était déjà rendu le maître de son auditoire, et que les esprits obsédés et captivés n'étaient plus assez en état de prendre garde au prestige du nombre. « Id « nos fortassè non perficimus, conati quidem sæpis- « simè sumus : quòd plurimis locis perorationes « nostræ voluisse nos atque animo contendisse de- « clarant. Id autem tum valet, cùm is qui audit ab « oratore jam obsessus est ac tenetur. Non enim id « agit ut insidietur et observet; sed jam favet, pro- « cessumque vult; dicentisque vim admirans, non « inquirit quod reprehendat. »

Les mêmes nombres, qui étaient prescrits dans les vers grecs et latins, et qui se faisaient distinctement apercevoir dans leur prose oratoire, se retrouvent dans nos vers et dans notre prose. Et qui ne reconnaît pas la mesure des deux vers français dans ces deux vers d'Horace ?

Quem tu, Melpomene, semel
Nascentem placido lumine videris?

Qui ne reconnaît pas la mesure des vers latins dans ces vers de Racine ?

Aux feux inanimés dont se parent les cieux
Il rend de profanes hommages.

Cependant, il faut l'avouer, les mêmes nombres sont moins marqués dans notre prosodie que dans la prosodie ancienne ; et si quelque chose peut les décider à notre oreille, ce sera la musique.

Mais un mal irrémédiable et un désavantage auquel notre langue est condamnée à l'égard du nombre, c'est la barbarie de nos conjugaisons, toutes formées en dépit de l'oreille.

On envie aux anciens leurs inversions, et ce regret est juste, mais bien moins fondé qu'on ne pense. L'un des plus grands avantages de l'inversion, pour les anciens, était de terminer les phrases par le verbe. Mais presque tous les temps des verbes donnaient de belles désinences, toutes les inflexions en étaient nombreuses ; et c'est la source la plus féconde de l'harmonie de Cicéron.

Dans notre langue, au contraire, où les terminaisons du verbe sont si désagréables qu'elles ne peuvent pas même être souffertes dans une prose élégante, *qu'ils commandassent*, *que nous confondissions*, *qu'ils entreprissent*, *que je délibérasse*, *que vous délibérassiez*, etc. ; ou elles se réduisent à la monotonie d'un participe indéclinable avec le verbe auxiliaire ; ou elles sont dénuées d'accents et réduites à la mesure du chorée, comme dans j'*aime;* du spondée, comme dans j'*aimais;* ou de l'iambe, comme dans j'*attends*. Si quelques temps conservent encore une faible empreinte de l'ancien nombre comme j'*attendrais*, je *succombe*, je *tenterais*, cela est rare; et quoique l'invariable désinence des noms, dans notre langue, soit une des causes de notre indigence, il n'en est pas pas moins vrai que le verbe est, à l'égard du nombre, ce que nous avons de plus ingrat. Il faut une adresse continuelle pour le faire passer dans la foule des mots, et comme à l'insu de l'oreille, quand nous voulons écrire en style harmonieux.

Je suppose donc que nous eussions, comme les Latins, la liberté de l'inversion, nous ferions encore de nos verbes ce que nous en avons fait en suivant l'ordre naturel des idées : nous les glisserions à la dérobée, et nous emploierions à former la partie ostensible et dominante du discours, les noms, les épithètes, les adverbes, qui dans notre langue sont comme imbus encore du nombre des langues éloquentes dont ils sont dérivés.

Quelques exemples feront mieux sentir cette vérité affligeante. Prenons d'abord la description de la grotte de Calypso : « Elle était tapissée d'une jeune vigne, qui étendait également ses branches souples de tous côtés. Les doux zéphyrs conservaient en ce lieu, malgré les ardeurs du soleil, une délicieuse fraîcheur. Des fontaines, coulant avec un doux murmure, sur des prés semés d'amaranthes et de violettes, formaient en divers lieux des bains aussi purs et aussi clairs que le crystal. Mille-fleurs naissantes émaillaient les tapis verts dont la grotte était environnée, etc. »

On voit dans ces phrases que non-seulement ce n'est pas le verbe qui fait le nombre, mais qu'il ne l'eût pas fait, quand même notre usage eût permis de le transposer, et la même chose est évidente dans l'éloquence de Massillon et de Bossuet, comme dans la poésie de Fénelon.

Au contraire, jetons les yeux sur les endroits les plus nombreux de l'ancienne éloquence, et nous reconnaîtrons que le verbe est le plus souvent la pause et l'appui de la voix, soit dans les suspensions, soit dans les désinences.

« Ego te, si quid graviter *acciderit*, ego te, in-
« quam, Flacce, *prodidero* : mea dextera illa, mea
« fides, mea promissa, cùm te, si rempublicam
« *conservaremus*, omnium bonorum præsidio, quoad
« *viveres*, non modo munitum, sed etiam ornatum
« fore *pollicebar*.

« Huic, huic misero puero, vestro ac liberorum
« vestrorum supplici, judices, hoc judicio, vivendi
« præcepta, *dabitis*.... Qui etiam me *intuetur*, me
« vultu *appellat*, meam quodammodo flens fidem
« *implorat*; ac repetit eam quam ego patri suo
« quondam, pro salute patriæ, spoponderim digni-
« tatem. *Miseremini* familiæ, judices, *miseremini*
« fortissimi patris, *miseremini* filii : nomen cla-
« rissimum et fortissimum vel generis, vel vetusta-
« tis, vel hominis causâ, reipublicæ *reservate*. » (Cic. *Pro Flacco*.)

On voit par ces exemples avec quel art Cicéron plaçait le verbe, selon qu'il avait plus ou moins de rapidité ou de lenteur : *spoponderim* dignitatem; reipublicæ *reservate*. Et ce *miseremini* déchirant, qui le rendra jamais dans notre langue ? Telle était la magie de cette prose inimitable, et si l'on ne veut pas m'en croire, qu'on écoute Cicéron lui-même, parlant de l'art qu'il y employait. Si dans cette phrase, dit-il : « Neque me divitiæ movent, quibus « omnes Africanos et Cœlios multi venalitii merca- « toresque superarunt; » j'avais mis, par exemple, *Multi superarunt mercatores venalitiique;* tout était perdu : *perierit tota res.* Il n'aurait pourtant fait que déplacer le verbe. De même, ajoute-t-il, dans celle-ci : « Neque vestis, aut cælatum aurum et argentum « me movet; quo nostros veteres Marcellos Maximos- « que multi eunuchi è Syriâ Ægyptoque vicerunt; » si j'avais dit *vicerunt eunuchi è Syriâ Ægyptoque,* voyez combien un léger déplacement des mots aurait réduit à rien et l'expression et la pensée, quoiqu'il n'y eût pas un seul mot de changé. « Videsne « ut, ordine verborum paulùm commutato, iisdem « verbis, stante sententiâ, ad nihilum omnia reci- « dant, cùm sint ex aptis dissoluta? » Au contraire, il cite un endroit d'une harangue de Gracchus où l'orateur a négligé le nombre. « Abesse non potest, « quin ejusdem hominis sit probos improbare, qui « improbos probet. » Combien la phrase n'eût-elle pas été mieux construite, observe-t-il, si Gracchus avait dit : « quin ejusdem hominis sit qui improbos « probet, probos improbare? »

On a reproché à Cicéron l'usage trop fréquent de l'*esse videatur*. Mais on vient de voir que sans *videatur* il savait clore ses périodes, et que non-seulement il variait les mots, mais qu'il variait aussi avec le plus grand soin le nombre de ses désinences.

Je terminerai cet article par les préceptes généraux qu'il nous donne à l'égard du nombre, dans le livre *de Oratore,* en faisant parler l'orateur Crassus; et de ces préceptes chacun s'appliquera ce qu'en peut comporter sa langue.

« Efficiendum est illud modò vobis, ne fluat ora-
« tio, ne vagetur, ne insistat interiùs, ne excurrat
« longiùs. Neque semper utendum est perpetui-
« tate.... sed sæpè carpenda membris minutioribus
« oratio est; quæ tamen ipsa membra sunt *numeris*
« vincienda.

« Neque vos pæon aut heroüs ille conturbet.
« Ipsi occurrent orationi : ipsi, inquam, se offerent,
« et respondebunt non vocati. Consuetudo modò
« illa sit scribendi atque dicendi, ut sententiæ ver-
« bis finiantur eorumque verborum junctio nasca-
« tur à proceris *numeris* ac liberis, maximè heroo,
« et pæone priore aut cretico; sed variè, distincto-
« que considat. Notatur enim maximè similitudo
« in conquiescendo : et si primi, et postremi illi
« pedes sunt hâc ratione servati, medii possunt
« latere; modo ne circuitus ipse verborum sit aut
« brevior quàm aures expectent, aut longior quàm
« vires atque anima patiatur.

« Clausulas autem diligentiùs etiam servandas
« esse arbitror quàm superiora: quod in his maxime
« perfectio atque absolutio judicatur. Nam versûs
« æquè prima et media et extrema pars attenditur;
« qui debilitatur, in quâcumque sit parte tituba-
« tum. In oratione autem, prima pauci cernunt;
« postrema, plerique : quæ, quoniam apparent et

« intelliguntur, varianda sunt, ne aut animorum
« judiciis repudientur aut aurium satietate*. » (*De
Orat.* III, 49, 50.)

Telle fut la théorie de celui des hommes qui, dans sa langue, a donné le plus d'harmonie à la prose.

Le plus souvent je me dispense, ou plutôt je m'abstiens de le traduire, pour trois raisons : 1° parce que, même en fait de goût, ce qui a force de loi doit être cité à la lettre; 2° parce que j'ai de la répugnance à priver le lecteur des charmes d'une langue qui m'enchante moi-même; 3° parce que je

* « Il suffit que notre style ne coure pas au hasard, qu'il ne s'arrête pas dans sa marche, qu'il ne s'étende pas hors de propos; que les intervalles soient bien ménagés, les périodes complètes. Il ne faut pas cependant qu'elles soient jetées toutes dans le même moule: coupez-les de temps en temps par des phrases de peu d'étendue, mais qui soient aussi assujetties à une sorte de mesure. Que le péon et le mètre héroïque ne vous effraient pas: ils se présenteront d'eux-mêmes, sans que vous preniez la peine de les chercher, si, en écrivant ou en parlant, vous contractez l'habitude de donner un tour harmonieux à vos périodes, et si après les avoir commencées par des mesures libres et majestueuses, telles que l'héroïque, le péon de la première espèce, et le crétique, vous avez soin de varier les effets et l'harmonie de vos finales; car c'est sur-tout aux endroits des repos que l'uniformité blesse l'oreille. Lorsqu'on aura disposé d'après ces règles les mesures qui commencent et terminent la phrase, celles du milieu échapperont à l'attention, pourvu que la période ne trompe pas l'oreille par une chute trop prompte, et qu'elle ne se prolonge pas au point de gêner la respiration.

La fin des périodes exige beaucoup plus de soin que les autres parties dont elles se composent; car c'est par là sur-tout qu'on juge de leur perfection. Dans un vers, où tout est également remarqué, le commencement, le milieu et la fin, un défaut choque d'abord, quelque part qu'il se trouve; mais dans la prose, le dernier membre de la période frappe sur-tout les auditeurs, et il en est peu qui fassent attention aux premiers. Il faut donc varier habilement la chute de vos phrases, afin de ne rebuter ni l'esprit ni l'oreille. »   *Traduction de* Th. Gaillard.

ne suppose pas que ceux à qui l'étude de l'éloquence peut être nécessaire ignorent la langue de Cicéron. Les traductions n'ont déjà fait que trop de lecteurs paresseux.

MARMONTEL, *Eléments de Littérature*.

ODE. Lorsqu'en Italie on entend un habile improvisateur préluder sur le clavecin, se laisser d'abord remuer les fibres par les vibrations harmoniques, et quand tous les organes du sentiment et de la pensée sont en mouvement, chanter des vers faits impromptu sur un sujet donné, s'animer en chantant, accélérer lui-même le mouvement de l'air sur lequel il compose, et produire alors des idées, des images, des sentiments, quelquefois même d'assez longs traits de poésie et d'éloquence, dont il serait incapable dans un travail plus réfléchi, tomber enfin dans un épuisement pareil à celui de la Pythonisse; on reconnaît l'inspiration et l'enthousiasme des anciens poètes, et l'on est en même temps saisi d'étonnement et de pitié : d'étonnement, de voir réaliser ce délire divin qu'on croyait fabuleux; et de pitié, de voir ce grand effort de la nature employé à un jeu futile, dont tout le succès, pour l'improvisateur, est d'avoir amusé quelques auditeurs curieux, sans que des peintures, des sentiments, des beaux vers même qui lui sont échappés, il reste plus de trace que des sons de sa voix.

C'était ainsi sans doute que s'animaient les poètes lyriques anciens; mais leur verve était plus dignement, plus utilement employée! ils ne s'exposaient pas au caprice de l'impromptu, ni au défi d'un sujet stérile, ingrat ou frivole; ils méditaient leurs chants; ils se donnaient eux-mêmes des sujets graves et sublimes: ce n'était pas un cercle de curieux oisifs qui excitait leur enthousiasme; c'était une armée au milieu de laquelle, au son des trompettes guerrières, ils chantaient la valeur, l'amour de la patrie, les charmes de la liberté, les présages de la victoire, ou l'honneur de mourir les armes à la main; c'était un peuple au milieu duquel ils célebraient la majesté des lois, filles du ciel, et l'empire de la vertu; c'étaient des jeux funèbres, où, devant un tombeau chargé de trophées et de lauriers, ils recommandaient à l'avenir la mémoire d'un homme vaillant et juste, qui avait vécu et qui était mort pour son pays; c'étaient des festins où, assis à côté des rois, ils chantaient les héros, et donnaient à ces rois la généreuse envie d'être célébrés à leur tour par un chantre aussi éloquent; c'était un temple, où ce chantre sacré semblait inspiré par les dieux, dont il exaltait les bienfaits, dont il faisait adorer la puissance.

La plus juste idée, en un mot, que l'on puisse avoir d'un poète lyrique ancien, dans le genre élevé de l'ode, est celle d'un vertueux enthousiaste qui accourait, la lyre à la main, ou dans le moment d'une sédition, pour calmer les esprits; ou dans le moment d'un désastre, d'une calamité publique, pour rendre l'espérance et le courage aux peuples; ou dans le moment d'un succès glorieux, pour en consacrer la mémoire; ou dans une solennité, pour en rehausser la splendeur; ou dans des jeux, pour exciter l'émulation des combattants par les chants promis au vainqueur, et qu'ils préféraient tous au prix de la victoire. Telle fut l'ode chez les Grecs. On a vu, dans l'article LYRIQUE, combien elle a dégénéré chez les Romains et chez les nations modernes.

L'ode française n'est plus qu'un poème de fantaisie, sans autre intention que de traiter en vers plus élevés, plus animés, plus vifs en couleur, plus véhéments et plus rapides, un sujet qu'on choisit soi-même ou qui quelquefois est donné. On sent combien doit être rare un véritable enthousiasme dans la situation tranquille d'un poète qui, de propos délibéré, se dit à lui-même : faisons une ode, imitons le délire, et ayons l'air d'un homme inspiré. Quoi qu'il en soit, voyons quelle est la nature de ce poème.

L'ode était l'hymne, le cantique et la chanson des anciens; elle embrasse tous les genres, depuis le sublime jusqu'au familier noble : c'est le sujet qui lui donne le ton, et son caractère est pris dans la nature.

Il est naturel à l'homme de chanter, voilà le genre de l'ode établi. Quand, comment, et d'où lui vient cette envie de chanter, voilà ce qui caractérise l'ode.

Le chant nous est inspiré par la nature, ou dans l'enthousiasme de l'admiration, ou dans le délire de la joie, ou dans l'ivresse de l'amour, ou dans la douce rêverie d'une âme qui s'abandonne aux sentiments qu'excite en elle l'émotion légère des sens.

Ainsi, quels que soient le sujet et le ton de ce poème, le principe en est invariable : toutes les règles en sont prises dans la situation de celui qui chante, et dans la nature même du chant. Il est donc bien aisé de distinguer quels sont les sujets qui conviennent essentiellement à l'ode. Tout ce qui agite l'âme et l'élève au-dessus d'elle-même, tout ce qui l'émeut voluptueusement, tout ce qui la plonge dans une douce langueur, dans une tendre mélancolie ; les songes intéressants dont l'imagination l'occupe; les tableaux variés qu'elle lui retrace; en un mot, tous les sentiments qu'elle aime à recevoir et qu'elle se plaît à répandre, sont favorables à ce poème.

On chante pour charmer ses ennuis, comme pour exhaler sa joie ; et quoique dans une douleur profonde il semble qu'on ait plus de répugnance que d'inclination pour le chant, c'est quelquefois un soulagement que se donne la nature. Orphée se consolait, dit-on, en exprimant ses regrets sur sa lyre :

Te, dulcis conjux, te solo in littore secum,
Te veniente die, te decedente canebat *.
(*Georg.* IV, 465.)

Achille oisif dans sa colère, charmait, en chan-

---

* Là, seul, touchant sa lyre et charmant son veuvage,
Tendre épouse, c'est toi qu'appelait son amour,
Toi qu'il pleurait la nuit, toi qu'il pleurait le jour.
DELILLE.

tant sur sa lyre, l'inquiétude de son âme indignée, et la pénible violence de ses ressentiments : c'est une des belles fictions d'Homère.

La sagesse, la vertu même n'a pas dédaigné le secours de la lyre : elle a plié ses leçons aux règles du nombre et de la cadence; elle a même permis à la voix d'y mêler l'artifice du chant, soit pour les graver plus avant dans nos âmes, soit pour en tempérer la rigueur par le charme des accords, soit pour exercer sur les hommes le double empire de l'éloquence et de l'harmonie, de la raison et du sentiment. Ainsi le genre de l'ode s'est étendu, élevé, ennobli; mais on voit que le principe en est toujours et partout le même : pour chanter il faut être ému. Il s'ensuit que l'ode est dramatique, c'est-à-dire que ses personnages sont en action. Le poète même est acteur dans l'ode; et s'il n'est pas affecté des sentiments qu'il exprime, l'ode sera froide et sans âme; elle n'est pas toujours également passionnée; mais elle n'est jamais, comme l'épopée, le récit d'un simple témoin. Dans Anacréon j'oublie le poète, je ne vois que l'homme voluptueux. De même, si l'ode s'élève au ton sublime de l'inspiration, je veux croire entendre un homme inspiré; si elle fait l'éloge de la vertu, ou si elle en défend la cause, ce doit être avec l'éloquence d'un zèle ardent et généreux. Il en est des tableaux que l'ode peint, comme des sentiments qu'elle exprime : le poète en doit être affecté comme il veut m'en affecter moi-même. La Motte a connu toutes les règles de l'ode, excepté celle-ci : de là vient qu'il a mis dans les siennes tant d'esprit et si peu de chaleur : c'est de tous les poètes lyriques celui qui annonce le plus d'enthousiasme, et qui en a le moins. Le sentiment et le génie ont des mouvements qui ne s'imitent pas.

Boileau a dit, en parlant de l'ode :

Son style impétueux souvent marche au hasard;
Chez elle un beau désordre est un effet de l'art.

On ne saurait croire combien ces deux vers, mal entendus, ont fait faire d'extravagances. On s'est persuadé que l'ode, appelée *pindarique*, ne devait aller qu'en bondissant : de là tous ces mouvements qui ne sont qu'au bout de la plume, et ces formules de transport, *Qu'entends-je? Où suis-je? Que vois-je?* qui ne se terminent à rien.

Qu'Horace, dans une chanson à boire, se dise inspiré par le dieu du vin et de la vérité pour chanter les louanges d'Auguste, c'est une flatterie ingénieuse, déguisée sous l'air de l'ivresse : la période est courte, le mouvement est rapide, le feu soutenu, et l'illusion complète. Mais à ce début,

Quò me, Bacche, rapis, tuî
Plenum?
(III, 25.)

comparez celui de l'ode sur la prise de Namur :

Quelle docte et sainte ivresse
Aujourd'hui me fait la loi?

Cette *docte et sainte ivresse* n'est point le langage d'un homme enivré. Supposé même que le style en fût aussi véhément, aussi naturel que dans la version latine :

> Quis me furor ebrium rapit
> Impotens ?

Ce début serait déplacé : ce n'est point là le premier mouvement d'un poëte qui a devant les yeux l'image sanglante d'un siège.

Celui des modernes qui a le mieux pris le ton de l'ode, sur-tout lorsque David le lui a donné, Rousseau, dans l'ode à M. Du Luc, commence par se comparer au ministre d'Apollon, possédé du dieu qui l'inspire,

> Ce n'est plus un mortel, c'est Apollon lui-même
> Qui parle par ma voix.

Ce début me semble bien haut, pour un poëme dont le style finit par être l'expression douce et touchante du sentiment le plus tempéré.

Pindare, en un sujet pareil, a pris un ton beaucoup plus humble. « Je voudrais voir revivre Chiron, « ce centaure ami des hommes, qui nourrit Esculape « et qui l'instruisit dans l'art divin de guérir nos « maux..... Ah ! s'il habitait encore sa caverne, si mes « chants pouvaient l'attendrir, j'irais moi-même « l'engager à prendre soin des héros, et j'apporte-« rais, à celui qui tient sous ses lois les campagnes « de l'Etna et les bords de l'Aréthuse, deux pré-« sents qui lui seraient chers, la santé, plus pré-« cieuse que l'or, et un hymne sur son triomphe. »

Rien de plus imposant, de plus majestueux que

ce début prophétique du poète français que je viens de citer.

>Qu'aux accents de ma voix la terre se réveille!
>Rois, soyez attentifs; peuples, prêtez l'oreille;
>Que l'univers se taise et m'écoute parler.
>Mes chants vont seconder les accords de ma lyre;
>L'Esprit-Saint me pénètre, il m'échauffe et m'inspire
>Les grandes vérités que je vais révéler.

Mais quelles sont ces vérités inouies? « Que vainement l'homme se fonde sur ses grandeurs et sur ses richesses, que nous sommes tous mortels, et que Dieu nous jugera tous. » Voilà le précis de cette ode. Horace débute comme Rousseau, dans les leçons qu'il donne à la jeunesse romaine sur l'inégalité apparente et sur l'égalité réelle entre les hommes :

>Carmina non priùs
>Audita, Musarum sacerdos,
>Virginibus puerisque canto *.
>(III, 1.)

Mais voyez comme il se soutient. C'est peu de cette vérité que Rousseau a développée :

>Æquâ lege necessitas
>Sortitur insignes et imos **.
>(*Ibid.*)

---

* Recueillez en silence, ô jeunesse romaine,
  Les vers qu'un Dieu m'inspire, et que l'oreille humaine
  Entend pour la première fois.
                                DE WAILLY.

** . . . . Du destin la loi toujours égale
  Frappe du même coup et le faible et le fort
  Tôt ou tard pour nous tous viendra l'heure fatale.
  Chaque nom doit sortir de l'urne de la mort.
                                LÉON HALEVY.

Horace oppose les terreurs de la tyrannie, les inquiétudes de l'avarice, les dégoûts, les sombres ennuis de la fastueuse opulence, au repos, au doux sommeil de l'humble médiocrité. C'est de là qu'est prise cette grande maxime qui passe encore de bouche en bouche :

> Regum timendorum in proprios greges,
> Reges in ipsos imperium est Jovis,
>   Clari giganteo triumpho,
>   Cuncta supercilio moventis *.

et ce tableau si vrai, si terrible de la condition des tyrans :

> Districtus ensis cui super impiâ
> Cervice pendet, non siculæ dapes
>   Dulcem elaborabunt saporem,
>   Non avium citharæque cantus
>   Somnum reducent **.

et celui que Boileau a si heureusement rendu, quoi que dans un genre moins noble :

> Sed timor et minæ
> Scandunt eòdem quò dominus, neque

---

* Les peuples sous les rois courbent un front paisible ;
Mais les rois sont soumis au vainqueur des titans,
A Jupiter, au dieu dont le sourcil terrible
Fait trembler l'univers sur ses vieux fondements.
                        Léon Halévy.

** Pour qui voit sur sa tête une arme vengeresse,
De la table des rois brille en vain l'appareil :
Le doux chant des oiseaux, la lyre enchanteresse,
A ses trop longues nuits rendront-ils le sommeil?
                        Le même.

Decedit æratâ triremi, et
Post equitem sedet atra cura*.

Si ces vérités ne sont pas nouvelles, au moins sont-elles présentées avec une force inouie, et cependant l'on reproche au poète le ton imposant qu'il a pris, tant il est vrai qu'il faut avoir de grandes leçons à donner au monde pour être en droit de demander silence.

La Motte prétend que ce début, condamné dans un poème épique,

Je chante le vainqueur des vainqueurs de la terre,

serait placé dans une ode. Oui, s'il était soutenu. « Cependant, dit-il, dans l'épopée comme dans « l'ode, le poète se donne pour inspiré; » et de là il conclut que le style de l'ode est le même que celui de l'épopée. Cette équivoque est de conséquence; mais il est facile de la lever. Dans l'épopée, on suppose le poète inspiré, au lieu qu'on le croit possédé dans l'ode.

Muse, dis-moi la colère d'Achille.

La muse raconte et le poète écrit : voilà l'inspiration tranquille.

Est-ce l'esprit divin qui s'empare de moi ?
C'est lui-même.

Voilà l'inspiration prophétique. Mais il faut bien

---

* Fuit-il ? Le noir souci l'atteint sur son navire,
S'attache inévitable aux flancs de son coursier.
Léon Halévy.

se consulter avant de prendre un si rapide essor; par exemple, il ne convient pas à celui qui va décrire un cabinet de médailles; et après avoir dit : comme La Motte :

> Docte fureur, divine ivresse !
> En quels lieux m'as-tu transporté ?

l'on ne doit pas tomber dans de froides réflexions sur l'incertitude et l'obscurité des inscriptions et des emblêmes.

Le haut ton séduit les jeunes gens, parce qu'il marque l'enthousiasme; mais le difficile est de le soutenir, et plus l'essor est présomptueux, plus la chute sera risible.

L'air du délire est encore un ridicule que les poètes se donnent, faute d'avoir réfléchi sur la nature de l'ode. Il est vrai qu'elle a le choix entre toutes les progressions naturelles des sentiments et des idées, avec la liberté de franchir les intervalles que la réflexion peut remplir; mais cette liberté a des bornes, et celui qui prend un délire insensé pour l'enthousiasme ne le connaît pas.

L'enthousiasme est, comme je l'ai dit, la pleine illusion où se plonge l'âme du poète. Si la situation est violente, l'enthousiasme est passionné; si la situation est voluptueuse, c'est un sentiment doux et calme. *Voyez* ENTHOUSIASME.

Ainsi, dans l'ode, l'âme s'abandonne ou à l'imagination ou au sentiment. Mais la marche du sentiment est donnée par la nature, et si l'imagination est plus libre, c'est un nouveau motif pour lui laisser un guide qui l'éclaire dans ses écarts.

On ne doit jamais écrire sans dessein, et ce dessein doit être bien conçu avant que l'on prenne la plume, afin que la réflexion ne vienne pas ralentir la chaleur du génie. Entendez un musicien habile préluder sur des touches harmonieuses, il semble voltiger en liberté d'un mode à l'autre; mais il ne sort point du cercle étroit qui lui est prescrit par la nature : l'art se cache, mais il le conduit, et dans ce désordre tout est régulier. Rien ne ressemble mieux à la marche de l'ode. Gravina en donne une idée encore plus grande, en parlant de Pindare, dont il semble avoir pris le style pour le louer plus magnifiquement. « Pindare, dit-il, pousse son vaisseau « sur le sein de la mer, il déploie toutes les voiles, « il affronte la tempête et les écueils, les flots se « soulèvent et sont prêts à l'engloutir; déjà il a dis- « paru à la vue du spectateur, lorsque tout à coup « il s'élance du milieu des eaux et arrive heureuse- « ment au rivage. »

Cette allégorie, en déguisant le défaut essentiel de Pindare, ne laisse pas de caractériser l'ode, dont l'artifice consiste à cacher une marche régulière sous l'air de l'égarement, comme l'artifice de l'apologue consiste à cacher un dessein rempli de sagesse sous l'air de la naïveté. Mais ces idées, vagues dans les préceptes, sont plus sensibles dans les exemples. Etudions l'art du poète dans ces belles odes d'Horace : *Justum et tenacem*, etc. (III,3), *Des-*

cende cœlo, etc.(*Ibid.*4), *Cœlo tonantem*, etc.(*Ibid.*5).

Dans l'une, Horace voulait combattre le dessein proposé de relever les murs de Troie et d'y transférer le siège de l'empire. Voyez le tour qu'il a pris. Il commence par louer la constance dans le bien. C'est par là, dit-il, que Pollux, Hercule, Romulus lui-même s'est élevé au rang des dieux. Mais quand il fallut y admettre le fondateur de Rome, Junon parla dans le conseil des immortels, et dit qu'elle voulait bien oublier que Romulus fût le sang des Troyens, et consentir à voir dans leurs neveux les vainqueurs et les maîtres du monde, pourvu que Troie ne sortît jamais de ses ruines et que Rome en fût séparée par l'immensité des mers. Cette ode est, pour la sagesse du dessein, un modèle peut-être unique; mais ce qu'elle a de prodigieux, c'est qu'à mesure que le poète approche de son but, il semble qu'il s'en écarte et qu'il a rempli son objet lorsqu'on le croit tout-à-fait égaré.

Dans l'autre, il veut faire sentir à Auguste l'obligation qu'il a aux Muses non-seulement d'avoir embelli son repos, mais de lui avoir appris à bien user de sa fortune et de sa puissance. Rien n'était plus délicat, plus difficile à manier. Que fait le poète? D'abord il s'annonce comme le protégé des Muses. Elles ont pris soin de sa vie dès le berceau; elles l'ont sauvé de tous les périls; il est sous la garde de ces divinités tutélaires, et, en actions de graces, il chante leurs louanges. Dès-lors il lui est permis de leur attribuer tout le bien qu'il imagine, et en particulier la gloire de présider aux conseils d'Auguste, de lui inspirer la douceur, la générosité, la clémence :

> Vos lene consilium et datis, et dato
> Gaudetis almæ.
> (III, 4.)

Mais de peur que la vanité de son héros n'en soit blessée, il ajoute qu'elles n'ont pas été moins utiles à Jupiter lui-même dans la guerre contre les Titans; et sous le nom de Jupiter et des divinités célestes qui président aux arts et aux lettres, il représente Auguste environné d'hommes sages, humains, pacifiques, qui modèrent dans ses mains l'usage de la force, *de la force*, dit le poète, *l'instigatrice de tous les forfaits.*

> Vires omne nefas animo moventes.

Dans la troisième, veut-il louer les triomphes d'Auguste et l'influence de son génie sur la discipline des armées romaines ; il fait voir le soldat fidèle, vaillant, invincible sous ses drapeaux; il le fait voir, sous Crassus, lâche déserteur de sa patrie et de ses dieux, s'alliant avec les Parthes, et servant sous leurs étendards. Il va plus loin, il remonte aux beaux jours de la république; et dans un discours plein d'héroïsme, qu'il met dans la bouche de Régulus, il représente les anciens Romains posant les armes et recevant des chaînes de la main des Carthaginois, en opposition avec les Romains du temps d'Auguste, vainqueurs des Parthes, et qui vont, dit-il, subjuguer les Bretons.

Cet art de flatter est comme imperceptible : le

poète n'a pas même l'air de s'apercevoir du parallèle qu'il présente. On le prendrait pour un homme qui s'abandonne à son imagination, et qui oublie les triomphes présents, pour s'occuper des malheurs passés. Tel est le prestige de l'ode.

C'est là qu'un beau désordre est un effet de l'art.

En réfléchissant sur ces exemples, on voit que l'imagination, qui semble égarer le poète, pouvait prendre mille autres routes, au lieu que dans l'ode, où le sentiment domine, la liberté du génie est réglée par les lois que la nature a prescrites aux mouvements du cœur humain.

L'âme a son tact comme l'oreille; elle a sa méthode comme la raison : or chaque son a un générateur, chaque conséquence un principe; de même chaque mouvement de l'âme a une force qui le produit, une impression qui le détermine. Le désordre de l'ode pathétique ne consiste donc pas dans le renversement de cette succession, ni dans l'interruption totale de la chaîne, mais dans le choix de celle des progressions naturelles qui est la moins familière, la plus inattendue, et, s'il se peut, en même temps la plus favorable à la poésie : j'en vais donner un exemple pris du même poète latin.

Virgile s'embarque pour Athènes. Horace fait des vœux pour son ami, et recommande à tous les dieux favorables aux matelots ce navire où il a déposé la plus chère moitié de lui-même. Mais tout à coup le voyant en mer, il se peint les dangers qu'il court, et sa frayeur les exagère. Il ne peut concevoir l'audace de celui qui le premier osa s'abandonner, sur un fragile bois, à cet élément orageux et perfide. Les dieux avaient séparé les divers climats de la terre par le profond abîme des mers; l'impiété des hommes a franchi cet obstacle; et voilà comme leur audace ose enfreindre toutes les lois. Que peut-il y avoir de sacré pour eux? Ils ont dérobé le feu du ciel; et de là ce déluge de maux qui ont inondé la terre et précipité les pas de la mort. N'a-t-on pas vu Dédale traverser les airs, Hercule forcer les demeures sombres? Il n'est rien de trop pénible, de trop périlleux pour les hommes. Dans notre folie, nous attaquons le ciel, et nos crimes ne permettent pas à Jupiter de poser un moment la foudre (*Od.* I, 3).

Quelle est la cause de cette indignation? Le danger qui menace les jours de Virgile : cette frayeur, ce tendre intérêt qui occupe l'âme du poète, est comme le ton fondamental de toutes les modulations de cette ode, à mon gré le chef-d'œuvre d'Horace dans le genre passionné, qui est le premier de tous les genres.

J'ai dit que la situation du poète et la nature de son sujet déterminent le ton de l'ode. Or sa situation peut être ou celle d'un homme inspiré qui se livre à l'impulsion d'une cause surnaturelle, *velox mente nová*, ou celle d'un homme que l'imagination ou le sentiment domine, et qui se livre à leurs mouvements. Dans le premier cas, il doit soutenir le merveilleux de l'inspiration par la hardiesse des images et la sublimité des pensées : *nil mortale loquar*.

On en voit des modèles divins dans les prophètes : tel est le cantique de Moïse, que le sage Rollin a cité ; tels sont quelques-uns des psaumes de David, que Rousseau a paraphrasés avec beaucoup d'harmonie et de pompe ; telle est la prophétie de Joad dans *l'Athalie* de l'illustre Racine, le plus beau morceau de poésie lyrique qui soit sorti de la main des hommes, et auquel il ne manque, pour être une ode parfaite, que la rondeur des périodes dans la contexture des vers :

Mais d'où vient que mon cœur frémit d'un saint effroi ?
Est-ce l'Esprit divin qui s'empare de moi ?
C'est lui-même : il m'échauffe, il parle, mes yeux s'ouvrent,
Et les siècles obscurs devant moi se découvrent.
Lévites, de vos sons prêtez-moi les accords,
Et de ses mouvements secondez les transports.
Cieux, écoutez ma voix ; terre, prête l'oreille.
Ne dis plus, ô Jacob, que ton Seigneur sommeille.
Pécheurs, disparaissez, le Seigneur se réveille.
Comment en un plomb vil l'or pur s'est-il changé ?
Quel est dans le lieu saint ce pontife égorgé ?
Pleure, Jérusalem, pleure, cité perfide,
Des prophètes divins malheureuse homicide.
De son amour pour toi ton Dieu s'est dépouillé :
Ton encens à ses yeux est un encens souillé.
　　Où menez-vous ces enfants et ces femmes ?
Le Seigneur a détruit la reine des cités :
Ses prêtres sont captifs, ses rois sont rejetés ;
Dieu ne veut plus qu'on vienne à ses solennités.
Temple, renverse-toi ; cèdres, jetez des flammes.
　　　　Jérusalem, objet de ma douleur,
Quelle main en ce jour t'a ravi tous tes charmes ?

ODE.

Qui changera mes yeux en deux sources de larmes,
  Pour pleurer ton malheur?
  Quelle Jérusalem nouvelle
Sort du fond du désert brillante de clartés,
Et porte sur le front une marque immortelle?
  Peuples de la terre, chantez :
Jérusalem renaît plus charmante et plus belle.
  D'où lui viennent de tous côtés
Ces enfants qu'en son sein elle n'a point portés?
Lève, Jérusalem, lève ta tête altière;
Regarde tous ces rois de ta gloire étonnés;
Les rois des nations, devant toi prosternés,
  De tes pieds baisent la poussière;
Les peuples à l'envi marchent à ta lumière.
Heureux qui pour Sion d'une sainte ferveur
  Sentira son âme embrasée!
  Cieux, répandez votre rosée,
Et que la terre enfante son Sauveur.

Dans cette inspiration, l'ordre des idées est le même que dans un simple récit : c'est la chaleur, la véhémence, l'élévation, le pathétique, en un mot c'est le mouvement de l'âme du prophète, qui rend comme naturelle, dans l'enthousiasme de Joad, la rapidité des passages; et voilà, dans son essor le plus hardi, le plus sublime, le seul égarement qui soit permis à l'ode.

A plus forte raison, dans l'enthousiasme purement poétique, le délire du sentiment et de l'imagination doit-il cacher, comme je l'ai dit, un dessein régulier et sage, où l'unité se concilie avec la grandeur et la variété. C'est peu de la plénitude, de l'abondance et de l'impétuosité qu'Horace attribue à Pindare, lorsqu'il le compare à un fleuve qui tombe des montagnes, et qui, enflé par les pluies, traverse de riches campagnes :

>Fervet, immensusque ruit profundo
>Pindarus ore*.

(IV, 1.)

Il faut, s'il m'est permis de suivre l'image, que les torrents qui viennent grossir le fleuve se perdent dans son sein; au lieu que dans la plupart des odes qui nous restent de Pindare, ses sujets sont de faibles ruisseaux qui se perdent dans de grands fleuves. Pindare, il est vrai, mêle à ses récits de grandes idées et de belles images; c'est d'ailleurs un modèle dans l'art de raconter et de peindre en touches rapides. Mais pour le dessein de ses odes, il a beau dire qu'il rassemble une multitude de choses, afin de prévenir le dégoût de l'uniformité, il néglige trop l'unité et l'ensemble : lui-même il ne sait quelquefois comment revenir à son héros, et il l'avoue de bonne foi. Il est facile sans doute de l'excuser par les circonstances; mais si la nécessité d'enrichir des sujets stériles et toujours les mêmes par des épisodes intéressants et variés, si la gêne où devait être son génie dans ces poëmes de commande, si les beautés qui résultent de ses écarts suffisent à son apologie, au moins n'autorisent-elles personne à l'imiter : c'est ce que j'ai voulu faire entendre.

>* Tel que du haut des monts précipite son onde,
>   Un fleuve dont l'orage enfle les flots errants;
>   Tel Pindare, à pleins bords, de sa veine profonde
>   Épanche les torrents.
>
>   CHARLES LOYSON.

Du reste, ceux qui ne connaissent Pindare que par tradition s'imaginent qu'il est sans cesse dans le transport, et rien ne lui ressemble moins; son style n'est presque jamais passionné. Il y a lieu de croire que, dans celles de ses poésies où son génie était en liberté, il avait plus de véhémence; mais dans ce que nous avons de lui, c'est de tous les poètes lyriques le plus tranquille et le plus égal. Quant à ce qu'il devait être en chantant les héros et les dieux, lorsqu'un sujet sublime et fécond lui donnait lieu d'exercer son génie, le précis d'une de ses odes en va donner une idée; c'est la première des *Pythiques*, adressée à Hiéron, tyran de Syracuse, vainqueur dans la course des chars.

« Lyre d'Apollon, dit le poëte, c'est toi qui donnes
« le signal de la joie, c'est toi qui préludes au concert
« des Muses. Dès que tes sons se font entendre, la
« foudre s'éteint, l'aigle s'endort sous le sceptre de
« Jupiter; ses ailes rapides s'abaissent des deux cô-
« tés relâchées par le sommeil; une sombre vapeur
« se répand sur le bec recourbé du roi des oiseaux,
« et appesantit ses paupières; son dos s'élève, et
« son plumage s'enfle au doux frémissement qu'ex-
« citent en lui tes accords. Mars, l'implacable Mars,
« laisse tomber sa lance, et livre son cœur à la vo-
« lupté. Les dieux mêmes sont sensibles aux charmes
« des vers inspirés par le sage Apollon, et émanés
« du sein profond des Muses. Mais ceux que Jupiter
« n'aime pas ne peuvent souffrir ces chants divins. Tel
« est ce géant à cent têtes, ce Typhée accablé sous
« le poids de l'Etna, de ce mont, colonne du ciel,

« qui nourrit des neiges éternelles, et du flanc
« duquel jaillissent à pleine source des fleuves d'un
« feu rapide et brillant. L'Etna vomit le plus souvent
« des tourbillons d'une fumée ardente; mais la nuit,
« des vagues enflammées coulent de son sein et rou-
« lent des rochers avec un bruit horrible jusque
« dans l'abîme des mers. C'est ce monstre rampant
« qui exhale ces torrents de feu; prodige incroyable
« pour ceux qui entendent raconter aux voyageurs
« comment, enchaîné dans les gouffres profonds de
« l'Etna, le dos courbé de ce géant ébranle et sou-
« lève sa prison, dont le poids l'écrase sans cesse. »

De là Pindare passe à l'éloge de la Sicile et d'Hiéron, fait des vœux pour l'une et pour l'autre, et finit par exhorter son héros à fonder son règne sur la justice et la vertu.

Il n'est guère possible de rassembler de plus belles images, et la faible esquisse que j'en ai donnée suffit, je crois, pour le persuader. Mais comment sont-elles amenées? Typhée et l'Etna, à propos des vers et du chant; l'éloge d'Hiéron, à propos de l'Etna et de Typhée; voilà la marche de Pindare. Ses liaisons le plus souvent ne sont que dans les mots, et dans la rencontre accidentelle et fortuite des idées. Ses ailes, pour me servir de l'image d'Horace, sont attachées avec de la cire; et quiconque voudra l'imiter éprouvera le destin d'Icare. Aussi voyez dans l'ode à la louange de Drusus, *Qualem ministrum*, etc., avec quelle précaution, quelle sagesse le poète latin suit les traces du poète grec.

« Tel que le gardien de la foudre, l'aigle à qui

« le roi des dieux a donné l'empire des airs, l'aigle
« est d'abord chassé de son nid par l'ardeur de la
« jeunesse et la vigueur de son naturel. Il ne connaît
« point encore l'usage de ses forces; mais déjà les
« vents lui ont appris à se balancer sur ses ailes
« timides. Bientôt d'un vol impétueux il fond sur
« les bergeries. Enfin le désir impatient de la proie
« et des combats le lance contre les dragons, qui,
« enlevés dans les airs, se débattent sous ses griffes
« tranchantes *. Ou tel qu'une biche, occupée au
« pâturage, voit tout à coup paraître un jeune lion
« que sa mère a écarté de sa mamelle et qui vient
« essayer au carnage une dent nouvelle encore;
« tels les habitants des Alpes ont vu dans la guerre
« le jeune Drusus. Ces peuples, long-temps et par-
« tout vainqueurs, ces peuples vaincus à leur tour
« par l'habileté prématurée de ce héros, ont reconnu
« ce que peut un naturel formé sous de divins aus-
« pices, et l'influence de l'âme d'Auguste sur les
« neveux des Nérons. Des grand hommes naissent
« les grands hommes. Les taureaux, les coursiers
« héritent de la vigueur de leurs pères. L'aigle auda-
« cieux n'engendre point la timide colombe. Mais
« dans l'homme, c'est à l'instruction à faire éclore
« le germe des vertus naturelles, et à la culture à
« leur donner des forces. Sans l'habitude des bonnes
« mœurs, la nature est bientôt dégradée. O Rome!
« que ne dois-tu pas aux Nérons? Témoins le fleuve
« Métaure et Asdrubal vaincu sur ses bords, et l'Ita-

---

* Voyez la traduction en vers de ce passage par M. Léon Halevy, dans notre *Répertoire*, t. XII, p. 380.   F.

« lie, dont ce beau jour, ce jour serein dissipa les
« ténèbres. Jusqu'alors le cruel Africain se répandait
« dans nos villes comme la flamme dans les forêts,
« ou le vent d'orient sur les mers de Sicile. Mais
« depuis, la jeunesse romaine marcha de victoire
« en victoire, et les temples, saccagés par la fureur
« impie des Carthaginois, virent leurs autels relevés.
« Le perfide Annibal dit enfin : Nous sommes des
« cerfs timides en proie à des loups ravissants. Nous
« les poursuivons, nous dont le plus beau triomphe
« est de pouvoir leur échapper? Ce peuple qui,
« fuyant Troie enflammée, à travers les flots, ap-
« porta dans les villes d'Ausonie ses dieux, ses
« enfants, ses vieillards; semblable aux forêts qui
« renaissent sous la hache qui les dépouille, ce peu-
« ple se reproduit au milieu des débris et du carnage,
« et reçoit du fer même qui le frappe une force,
« une vigueur nouvelle. L'hydre mutilée renaissait
« moins obstinément sous les coups d'Hercule, indi-
« gné de se voir vaincu. Thèbes et Colchos n'ont
« jamais vu de monstre plus terrible. Vous le sub-
« mergez, il reparaît plus beau; vous luttez contre
« lui, il se relève de sa chute; il terrasse son vain-
« queur, sans se donner même le temps de l'affaiblir*.
« Non, je n'enverrai plus à Carthage les nouvelles
« de mes triomphes; tout est perdu, tout est déses-
« péré par la défaite d'Asdrubal (*Od.* IV, 4). »

* On ne voit pas trop pourquoi Marmontel omet ce trait si beau : « Et
« il livre des combats qui deviendront l'entretien de nos épouses désolées. »
Geretque
Prælia conjugibus loquenda.
H. P.

Il faut avouer qu'Horace doit à Pindare cet art d'agrandir ses sujets ; mais les éloges qu'il donne à son maître ne l'ont pas aveuglé sur le manque de liaison qui était le défaut de Pindare, dont il avait à se garantir en l'imitant.

Nous avons peu de ces exemples d'un délire naturel et vrai, je vois presque partout le poëte qui compose, et c'est là ce qu'on doit oublier : *Unus idemque omnium finis persuasio* (Scaliger), je le répéterai sans cesse.

L'air de vérité fait le charme des poésies de Chaulieu, on voit qu'il pense comme il écrit, et qu'il est tel qu'il se peint lui-même. On ne s'attend pas à le voir cité à côté de Pindare et d'Horace ; je ne connais cependant aucune ode française qui remplisse mieux l'idée d'un beau délire, que ce morceau de son épître au chevalier de Bouillon :

Heureux qui, se livrant à la philosophie,
A trouvé dans son sein un asyle assuré ;

jusqu'à ce vers,

Je sais mettre, en dépit de l'âge qui me glace,
    Mes souvenirs à la place
    De l'ardeur de mes plaisirs.

Passons-lui les négligences, les longueurs, le défaut d'harmonie, quelle marche libre et naturelle ! quels mouvements ! quels tableaux ! l'heureux enchaînement ! le beau cercle d'idées ! l'aimable et touchante poésie ! Celui qui est sensible aux beautés de l'art est saisi de joie ; et celui qui est sensible aux mouvements de la nature est saisi d'attendrissement en lisant ce morceau, comparable aux plus belles odes d'Horace.

Nous avons tous droit d'exiger du poète qu'il nous parle le langage de la nature, et qu'il nous mène par les routes du sentiment et de la raison. Il vaut cependant mieux s'égarer quelquefois, que d'y marcher d'un pas trop craintif, comme on a fait le plus souvent dans ce genre tempéré qu'on appelle l'ode philosophique. Son mouvement naturel est celui de l'éloquence véhémente, c'est-à-dire du sentiment et de l'imagination, animés par de grands objets. Par exemple, Tyrtée appelant aux combats les Spartiates, et Démosthène les Athéniens, doivent parler le même langage; à cela près que l'expression du poète doit être encore plus hardie et plus impétueuse que celle de l'orateur.

Une ode froidement raisonnée est le plus mauvais de tous les poèmes; ce n'est pas le fonds du raisonnement qu'il en faut bannir; mais la forme dialectique. « Cet enchaînement de discours qui n'est « lié que par le sens, » et que La Bruyère attribue au style des femmes, est celui qui convient ici à l'ode. Les pensées y doivent être en images ou en sentiments, les exposés en peinture, les preuves en exemples. Raimond de Saint-Mard a eu quelque raison de reprocher à Rousseau une marche trop didactique. Mais il donne à La Motte sur Rousseau une préférence évidemment injuste. La première qualité d'un poème est la poésie, c'est-à-dire la chaleur, l'harmonie et le coloris; il y en a dans les *Odes* de Rousseau; il n'y en a point dans celles de La Motte. Il manquait à Rousseau d'être philosophe et sensible ; son génie (s'il en est sans beaucoup d'âme) était dans son imagination ; mais avec cette faculté imitative, il s'est élevé au ton de David, et personne, depuis Malherbe, n'a mieux senti que Rousseau la coupe de notre vers lyrique. La Motte pense davantage ; mais il ne peint presque jamais, et la dureté de ses vers est un supplice pour l'oreille. On ne conçoit pas comment l'auteur d'*Inès* a si peu de chaleur dans ses *Odes*. Il était persuadé sans doute qu'il n'y fallait que de l'esprit ; et le succès incompréhensible de ses premières odes ne fit que l'engager plus avant dans l'opinion qui l'égarait.

Comment un écrivain aussi judicieux, en étudiant Pindare, Horace, Anacréon, ne s'est-il pas détrompé de la fausse idée qu'il avait prise du genre dont ils sont les modèles ? Comment s'est-il mépris au caractère même de ces poëtes en tâchant de les imiter ? Il fait de Pindare un extravagant qui parle sans cesse de lui ; il fait d'Horace, qui est tout images et sentiments, un froid et subtil moraliste ; il fait du voluptueux, du naïf, du léger Anacréon, un bel esprit qui s'étudie à dire des gentillesses.

Si La Motte est didactique, il l'est plus que Rousseau, et l'est avec moins d'agrément : s'il s'égare, c'est avec un sang-froid qui rend son enthousiasme risible ; les objets qu'il parcourt ne sont liés que par des *que vois-je ?* et *que vois-je encore ?* C'est une galerie de tableaux, et, qui pis est, de tableaux mal peints. Ce n'est pas ainsi que l'imagination d'Horace voltigeait, ce n'est pas même ainsi que s'égarait celle de Pindare. Si l'un ou l'autre abandonnait son sujet principal, il s'attachait du moins à son épisode, et ne se jetait point au hasard sur tout ce qui se présentait à lui.

La Motte n'est pas plus heureux lorsqu'il imite Anacréon, il avoue lui-même qu'il a été obligé de se feindre un amour chimérique, et d'adopter des mœurs qui n'étaient pas les siennes : ce n'était pas le moyen d'imiter celui de tous les poètes anciens qui avait le plus de naturel.

Mais avant de passer à l'ode anacréontique, rendons justice à Malherbe. C'est à lui que l'ode est redevable des progrès qu'elle a faits parmi nous. Non-seulement il nous a fait sentir le premier de quelle cadence et de quelle harmonie les vers français étaient susceptibles ; mais, ce qui me semble plus précieux encore, il nous a donné des modèles dans l'art de varier et de soutenir les mouvements de l'ode, d'y répandre la chaleur d'une éloquence véhémente, et ce désordre apparent des sentiments et des idées, qui fait le style passionné. Lisez les premières stances de l'ode qui commence par ces vers :

> Que direz-vous, races futures,
> Si quelquefois un vrai discours
> Vous récite les aventures
> De nos abominables jours ?

Le style en a vieilli sans doute, mais pour les mouvements de l'âme, l'ode française n'a eu rien encore de plus sensible ni de plus véhément.

On a raison de citer avec éloge son ode à Louis XIII: pleine de verve, riche en images, variée dans ses mouvements, elle a cette marche libre et fière qui convient à l'ode héroïque. Seulement je n'aime pas à voir un poète exciter son roi à la vengeance contre ses sujets. Les muses sont des divinités bienfaisantes et conciliatrices; il leur appartient d'apprivoiser les tigres, et non pas de rendre les hommes cruels.

Ce n'est pas que l'ode ne soit quelquefois guerrière; mais c'est la valeur qu'elle inspire, c'est le mépris de la mort, c'est l'amour de la patrie, de la liberté, de la gloire; et, dans ce genre, les chants prussiens sont à la fois des modèles d'enthousiasme et de discipline. Le poète éloquent qui les a faits, et le héros qui prend soin qu'on les chante, ont également bien connu l'art de remuer les esprits.

Si l'on savait diriger ainsi tous les genres de poésie vers leur objet politique, ce don de séduire et de plaire, d'instruire et de persuader, d'exalter l'imagination, d'attendrir et d'élever l'âme, de dominer enfin les hommes par l'illusion et le plaisir, ne serait rien moins qu'un frivole jeu.

Je viens de considérer l'ode dans toute son étendue; mais quelquefois réduite à un seul mouvement de l'âme, elle n'exprime qu'un tableau. Telles sont les odes voluptueuses dont Anacréon et Sapho nous ont laissé des modèles parfaits.

Un naturel aimable fait l'essence de ce genre; et celui qui a dit d'Anacréon que la persuasion l'accompagne, *Suada Anacreontem sequitur*, a peint le caractère du poète et du poème en même temps.

Après La Fontaine, celui de tous les poètes qui est le mieux dans sa situation, et qui communique le plus l'illusion qu'il se fait à lui-même, c'est à mon gré Anacréon. Tout ce qu'il peint, il le voit; il le voit, dis-je, des yeux de l'âme; et l'image qu'il fait éclore est plus vive que son objet. Dans sa tasse, a-t-on représenté Vénus fendant les eaux à la nage, le poète, enchanté de ce tableau, l'anime; son imagination donne au bas-relief la couleur et le mouvement (*Od.* XLIX) :

> Trahit ante corpus undam;
> Secat inde fluctus ingens
> Roseis deæ quod unum
> Supereminet papillis,
> Tenero subestque collo;
> Medio deinde sulco,
> Quasi lilium implicatum
> Violis, renidet illa,
> Placidum maris per œquor *.

Horace, le digne émule de Pindare et d'Anacréon, a fait le partage des genres de l'ode. Il attribue à la lyre de Pindare les louanges des dieux et des hé-

---

* La déité dous sa course indolente,
Erre au hasard au sein des flots amers,
Et fait rider la vague caressante.
L'eau de son sein dérobe les appas,
Et de son col les contours delicats
S'élèvent seuls sur ces ondes discrètes;
Cypris nageant dans leur sillon d'azur,
A cet éclat dont le lis blanc et pur
Brille au milieu des sombres violettes.

Traduction de M. DE SAINT-VICTOR.

ros, et à celle d'Anacréon, le charme des plaisirs, les artifices de l'amour, ses jaloux transports et ses tendres alarmes.

> Et fide Teiâ
> Dices laborantem in uno
> Penelopen vitreamque Circen.
> (HORAT. *Od.* I, 17.)

L'ode anacréontique rejette ce que la passion a de sinistre. On peut l'y peindre dans toute son ivresse, mais avec les couleurs de la volupté. L'ode de Sapho, que Longin a citée et que Boileau a si bien traduite, est le modèle peut-être inimitable d'un amour à la fois voluptueux et brûlant. *Voyez* SAPHO.

Du reste, les tableaux les plus riants de la nature, les mouvements les plus ingénus du cœur humain, l'enjouement, le plaisir, la mollesse, la négligence de l'avenir, le doux emploi du présent, les délices d'une vie dégagée d'inquiétudes, l'homme enfin ramené par la philosophie aux jeux de son enfance, voilà les sujets que choisit la muse d'Anacréon. Le caractère et le génie du Français lui sont favorables : aussi a-t-elle daigné nous sourire.

Nous avons peu d'odes anacréontiques dans le genre voluptueux, encore moins dans le genre passionné ; mais beaucoup dans le genre galant, délicat, ingénieux et tendre. Tout le monde sait par cœur celle de Bernard :

> Tendres fruits des pleurs de l'aurore, etc.

En voici une du même auteur, qui n'est pas aussi

connue, et qu'on peut citer à côté de celles d'Anacréon :

> Jupiter, prête-moi ta foudre,
> S'écria Lycoris un jour :
> Donne que je réduise en poudre
> Le temple où j'ai connu l'Amour.
>
> Alcide, que ne suis-je armée
> De ta massue et de tes traits,
> Pour venger la terre alarmée,
> Et punir un Dieu que je hais !
>
> Médée, enseigne-moi l'usage
> De tes plus noirs enchantements :
> Formons pour lui quelque breuvage
> Égal au poison des amants.
>
> Ah ! si dans ma fureur extrême
> Je tenais ce monstre odieux !...
> Le voilà, lui dit l'Amour même,
> Qui soudain parut à ses yeux.
>
> Venge-toi, punis, si tu l'oses.
> Interdite à ce prompt retour,
> Elle prit un bouquet de roses
> Pour donner le fouet à l'Amour.
>
> On dit même que la bergère,
> Dans ses bras n'osant le presser,
> En frappant d'une main légère,
> Craignait encor de le blesser.

Le sentiment, la naïveté, l'air de la négligence, et une certaine mollesse voluptueuse dans le style, font le charme de l'ode anacréontique; et Chaulieu, dans ce genre, aurait peut-être effacé Anacréon lui-même, si, avec ces graces qui lui étaient naturelles, il eût voulu se donner le soin d'être moins diffus et plus châtié. Quoi de plus doux, de plus élégant que ces vers à M. de la Farre?

O toi ! qui de mon âme est la chère moitié,
Toi, qui joins la délicatesse
Des sentiments d'une maîtresse
A la solidité d'une sûre amitié;
La Farre, il faut bientôt que la Parque cruelle
Vienne rompre de si doux nœuds;
Et malgré nos cris et nos vœux,
Bientôt nous essuirons une absence éternelle.
Chaque jour je sens qu'à grands pas
J'entre dans ce sentier obscur et difficile
Qui va me conduire là-bas
Rejoindre Catulle et Virgile.
Là sous des berceaux toujours verts,
Assis à côté de Lesbie,
Je leur parlerai de tes vers
Et de ton aimable génie;
Je leur raconterai comment
Tu recueillis si galamment
La Muse qu'ils avaient laissée;
Et comme elle sut sagement,
Par la paresse autorisée,
Préférer avec agrément,
Au tour brillant de la pensée,
La vérité du sentiment.

Voltaire a joint, à ce beau naturel de Chaulieu, plus de correction et de coloris, et ses poésies familières sont pour la plupart d'excellents modèles de la gaieté noble et de la liberté qui doivent régner dans l'ode anacréontique.

Le temps de l'ode bachique est passé. C'était autrefois la mode de chanter à table. Les poëtes composaient le verre à la main, et leur ivresse n'était pas simulée. Cet heureux délire a produit des chansons pleines de verve et d'enthousiasme. J'en ai cité quelques exemples dans *l'article* de la CHANSON. En voici deux qu'Anacréon n'eût pas désavouées :

> Je ne changerais pas, pour la coupe des rois,
> Le petit verre que tu vois :
> Ami, c'est qu'il est fait de la même fougère
> Sur laquelle cent fois
> Reposa ma bergère.

L'autre roule sur la même idée, mais le même sentiment n'y est pas :

> Vous n'avez pas, humble fougère,
> L'éclat des fleurs qui parent le printemps :
> Mais leurs beautés ne durent guère,
> Les vôtres plaisent en tout temps.
> Vous offrez des secours charmants
> Aux plaisirs les plus doux qu'on goûte sur la terre :
> Vous servez de lit aux amants :
> Aux buveurs vous servez de verre.

Dans tous les genres que je viens de parcourir, non-seulement l'ode est dramatique dans la bouche du poète, mais elle le devient expressément lorsque le poète introduit et fait parler un autre personnage : on en voit des exemples dans Pindare, dans Anacréon, dans Sapho, dans Horace, etc. Mais celui-ci est je crois le premier qui ait mis l'ode en dialogue; et l'exemple qu'il en a laissé *Donec gratus eram tibi,* est un modèle de délicatesse. *Voyez* LYRIQUE et CHANSON.

MARMONTEL, *Éléments de Littérature.*

MÊME SUJET.

On convient que l'ode était chantée chez les anciens. Le mot d'ode lui-même signifie chant. Je ne prétends point m'enfoncer dans des discussions profondes sur la lyre des Grecs et celle des Latins, sur l'accord de la musique, de la danse et de la poésie chez ces peuples ; sur la strophe, l'antistrophe et la péristrophe, qui marquaient les mouvements faits pour accompagner celui qui maniait l'instrument ; sur la mesure des vers lyriques, sur cette liberté d'enjamber d'une strophe à l'autre, de manière qu'un sens commencé dans la première ne finissait que dans la seconde ; sur la possibilité d'accorder ces suspensions de sens avec les phrases musicales et les pas des danseurs : toutes ces difficultés ont souvent exercé les savants, et plusieurs ne sont pas encore éclaircies. On peut se représenter l'histoire des arts, chez les anciens, comme un pays immense, semé de monuments et de ruines, de chefs-d'œuvre et de débris. Nous avons mis notre gloire à imiter les uns et à étudier les autres. Mais le génie a été plus loin que l'érudition, et il est plus sûr que l'*Iphigénie* de Racine est au-dessus de celle d'Euripide qu'il n'est sûr que nous ayons bien compris la combinaison et les procédés de tous les arts qui concouraient chez les Grecs à la représentation d'*Iphigénie*.

D'ailleurs, les anciens n'ont rien fait pour nous conserver une tradition exacte de leurs connaissances et de leurs progrès. Ils n'ont point pris de précaution contre le temps et la barbarie. Il semblait qu'ils ne redoutassent ni l'un ni l'autre ; et peut-être doit-on pardonner à ces peuples qui jouèrent long-temps dans le monde un rôle si brillant, d'avoir été trompés par le sentiment de leur gloire et de leur immortalité.

Les différences dans les mœurs, dans la religion, dans le gouvernement, dans la langue, ont du nécessairement en amener aussi dans les arts que nous avons imités, et qui ont pris sous nos mains de nouvelles formes. Ainsi les mêmes mots n'ont plus signifié les mêmes choses. Nous avons continué d'appeler une action héroïque, dialoguée sur la scène, du nom de *tragédie* (qui signifie *chanson du bouc,* parce qu'autrefois un bouc en était le prix), quoique nos tragédies ne soient plus chantées, et que l'auteur du *Siège de Calais* ait reçu, au lieu d'un bouc, une médaille d'or. Ainsi nous avons des odes, quoique nos odes ne soient point des chants; et ces odes ont des strophes, *des conversions,* quoiqu'on n'ait encore jamais imaginé de mettre l'*Ode à la Fortune* en ballet.

Tout ce que je me propose ici, c'est de rendre compte des différences les plus essentielles que j'ai cru remarquer entre les odes, les *chants* des anciens, et les vers qu'on nomme parmi nous *odes,* qui ne sont point chantés, et qui souvent même ne sont pas lus.

Un chant m'offre en général l'idée d'une inspiration soudaine, d'un mouvement qui ébranle notre âme, d'un sentiment qui a besoin de se produire au dehors. Il semble que rien de ce qui est étudié, réfléchi, rien de ce qui suppose l'opération tranquille de l'entendement, n'appartienne au chant conçu de cette manière. Le *chanteur* m'offrira donc beaucoup plus de sentiments et d'images que de raisonnements, et parlera bien plus à mes organes qu'à ma raison. Si le son de l'instrument qui résonne sous ses doigts, si l'impression irrésistible de l'harmonie, si le plaisir qu'il éprouve et qu'il donne, vient à remuer plus fortement son âme, et ajoute de moment en moment à la première impulsion qu'il ressentait, alors il s'élève jusqu'à l'enthousiasme ; les objets passent rapidement devant lui, et se multiplient sous ses yeux, comme les accords se pressent sous son archet. Ses chants portent dans les âmes le trouble qui paraît être dans la sienne : c'est un oracle, un prophète, un poète ; il transporte et il est transporté ; il semble maîtrisé par une puissance étrangère qui le fatigue et l'accable ; il halète sous le dieu qui le remplit, et, semblable à un homme emporté par une course rapide, il ne s'arrête qu'au moment où il est délivré du génie qui l'obsédait.

C'est précisément sous ces traits que les anciens devaient se représenter le poëte lyrique, si l'on veut se souvenir que leur poésie, qui par elle-même était une espèce de musique vocale, ne se séparait point de la musique d'accompagnement, et que l'harmonie produit un enthousiasme réel dans tous les hommes qui ont des organes sensibles, soit qu'ils composent, soit qu'ils écoutent. Tel était Pindare, du moins s'il en faut croire Horace. Écoutons un poète qui parle d'un poète :

Ah ! que jamais mortel, émule de Pindare,
Ne s'expose à le suivre en son vol orgueilleux ;
Sur des ailes de cire élevé dans les cieux,
  Il retracerait à nos yeux
  L'audace et la chute d'Icare.
  Tel qu'un torrent furieux
  Qui, grossi par les orages,
Se soulève en grondant et couvre ses rivages ;
  Tel ce chantre impérieux,
Ivre d'enthousiasme, ivre de l'harmonie,
Des vastes profondeurs de son puissant génie
Précipite à grand bruit ses vers impétueux ;
  Soit que, plein d'un bouillant délire,
Et de termes nouveaux inventeur admiré,
  Il laisse errer sur sa lyre
Le bruyant dithyrambe * à Bacchus consacré ;

* Le dithyrambe des Anciens était originairement, ainsi que la tragédie, consacré à Bacchus, comme son nom l'indique ; il s'étendit ensuite à la louange des héros. L'antiquité ne nous en a laissé aucun modèle, et nous ne pouvons en avoir d'autre idée que celle qu'Horace nous donne ici en parlant des dithyrambes de Pindare. Sur ce qu'il en dit, on doit croire que c'était un genre de poésie hardi (*audaces*) ; qui n'était assujetti à aucune mesure de vers déterminée, et pouvait les admettre toutes ; que ce genre, plus que tout autre, autorisait le poète à la création de nouvelles expressions (*nova verba*) ; ce qui, dans la langue grecque, dont il s'agit ici, ne pouvait signifier qu'une nouvelle combinaison en un seul mot de plusieurs mots connus, telle que la comportait l'idiome grec, dont nous avons, ainsi que les Latins, emprunté presque tous nos termes combinés. On sent qu'il serait d'ailleurs trop facile de forger au hasard des expressions baroques, au

Soit que, soumis aux lois d'un rhythme plus sévère,
  Il chante les immortels,
Et ces enfants des dieux, vainqueurs de la Chimère
  Et des Centaures cruels ;
Soit qu'aux champs de l'Élide, épris d'une autre gloire,
  Il ramène triomphants
L'athlète et le coursier qu'a choisis la Victoire,
Qui mieux que sur l'airain revivront dans ses chants ;
Soit qu'enfin, sur des tons plus doux et plus touchants,
Il calme les regrets d'une épouse éplorée,
  Et dérobe à la nuit des temps
D'un fils ou d'un époux la mémoire adorée, etc.

Si quelqu'un, d'après ce portrait, va lire Pindare ailleurs que dans l'original, il croira qu'Horace avait apparemment ses raisons pour exalter ce lyrique grec ; mais quant à lui, il s'accomodera fort peu de tout ce magnifique appareil de mythologie qui remplit les odes de Pindare, de ces digressions éternelles qui semblent étouffer le sujet principal, de ces écarts dont on ne voit ni le but ni le point de réunion. Quelques grandes images qu'il apercevra çà et là, malgré la traduction qui en aura ôté le coloris ; quelques traits de force qui n'auront pas été tout-à-fait détruits, ne lui paraîtront pas un mérite suffisant pour lui faire aimer des ouvrages où d'ailleurs rien ne l'attache. Il s'ennuiera, il quittera le livre, et il aura raison. Mais s'il juge Pindare et

mépris de toutes les règles de l'analogie, comme ont fait tant de mauvais écrivains, à l'exemple de Ronsard, et de nos jours plus que jamais. Ce ridicule néologisme, noté par tous les bons juges comme un vice de style, ne saurait, en aucun temps ni dans aucune langue, être une beauté ni une preuve de talent.

contredit Horace sur cette lecture, je crois qu'il aura tort.

Rappelons-nous d'abord ce principe très connu, qu'on ne peut pas juger un poète sur une version en prose; et cet autre, qui n'est pas moins incontestable, qu'en le lisant, même dans sa langue, il faut, pour être juste à son égard, se reporter au temps où il écrivit. Cette théorie n'est pas contestée; mais la pratique est plus difficile qu'on ne pense. Nous sommes si remplis des idées, des mœurs, des préjugés qui nous entourent, que nous avons une disposition très prompte à rejeter tout ce qui nous paraît s'en éloigner. J'avoue que la famille d'Hercule et de Thésée, les aventures de Cadmus et la guerre des Géants, les jeux olympiques et l'expédition des Argonautes, ne nous touchent pas d'aussi près que les Grecs, et que des odes qui ne contiennent guère que des allusions à toutes ces fables, et qui roulent toutes sur le même sujet, ne sont pas très piquantes pour nous. Mais il faut convenir aussi que l'histoire des Grecs devait intéresser les Grecs; que ces fables étaient en grande partie leur histoire, qu'elles fondaient leur religion; que les jeux olympiques, isthmiens, néméens, étant des actes religieux, des fêtes solennelles en l'honneur des dieux de la Grèce, le poète ne pouvait rien faire de plus agréable pour ces peuples que de mêler ensemble les noms des dieux qui avaient fondé ces jeux et ceux des athlètes qui venaient d'y triompher. Il consacrait ainsi la louange des vainqueurs en la joignant à celle des immortels, et il s'emparait avidement de ces fables si propres à exciter l'enthousiasme lyrique et à déployer les richesses de la poésie. On ne peut nier, en lisant Pindare dans le grec, qu'il ne soit prodigue de cette espèce de trésors qui semblent naître en foule sous sa plume. Il n'y a point de diction plus audacieusement figurée. Il franchit toutes les idées intermédiaires, et ses phrases sont une suite de tableaux dont il faut souvent suppléer la liaison. Toutes les formules ordinaires qui joignent ensemble les parties d'un discours ne se trouvent jamais dans ses chants, d'où l'on peut conclure que les Grecs, qui avaient une si grande admiration pour ce poète, étaient bien éloignés d'exiger de lui cette marche méthodique que nous voulons trouver plus ou moins ressentie dans toute espèce d'ouvrages; ce tissu plus ou moins caché qui ne doit jamais nous échapper, et que notre prétendu désordre lyrique n'a jamais rompu. Les Grecs, beaucoup plus sensibles que nous à la poésie de style, parce que leur langue était élémentairement plus poétique, demandaient sur-tout au poète des sons et des images, et Pindare leur prodiguait l'un et l'autre. Quoique les grâces particulières de la prononciation grecque soient en partie perdues pour nous, il est impossible de n'être pas frappé de cet assemblage de syllabes toujours sonores, de cette harmonie toujours imitative, de ce rhythme imposant et majestueux qui semble fait pour retentir dans l'Olympe. Quelque difficulté qu'il y ait à conserver dans notre versification une partie de ces avantages, le désir que j'ai de donner au moins quelque idée de la marche de Pindare, m'a engagé à essayer de traduire le commencement de la première *Pythique*. Cette ode fut composée en l'honneur d'Hiéron, roi de Syracuse, vainqueur à la course des chars dans les jeux pythiens, c'est-à-dire dont le cocher avait remporté la victoire. Mais les Grecs étaient si passionnés pour ces sortes de spectacles, qu'on ne pouvait trop célébrer à leur gré celui qui avait su se procurer le cocher le plus habile et les chevaux les plus légers. Voici le début de Pindare :

Doux trésors des neuf Sœurs, instrument du génie,
Lyre d'or qu'Apollon anime sous ses doigts,
Mère des plaisirs purs, mère de l'harmonie,
  Lyre, soutiens ma voix.

Tu présides au chant, tu gouvernes la danse.
Tout le chœur, attentif et docile à tes sons,
Soumet aux mouvements marqués par ta cadence
  Ses pas et ses chansons.

L'Olympe en est ému : Jupiter est sensible ;
Il éteint les carreaux qu'alluma son courroux.
Il sourit aux mortels, et son aigle terrible
  S'endort à ses genoux.

Il dort, il est vaincu : ses paupières pressées
D'une humide vapeur se couvrent mollement.
Il dort, et sur son dos ses ailes abaissées
  Tombent languissamment.

Tu fléchis des combats l'arbitre sanguinaire ;
Ses traits ensanglantés échappent de ses mains.
Il dépose le glaive, et promet à la terre
  Des jours purs et sereins.

O lyre d'Apollon, puissante enchanteresse !
Tu soumets tour-à-tour et la terre et les cieux.
Qui n'aime point les arts, les muses, la sagesse,
    Est ennemi des dieux.

Tel est ce fier géant, dont la rage étouffée
D'un rugissement sourd épouvante l'enfer,
Ce superbe Titan, ce monstrueux Typhée
    Qu'a puni Jupiter.

Le tonnerre frappa ses cent têtes difformes.
Sous l'Etna qui l'accable il veut briser ses fers ;
L'Etna s'ébranle, s'ouvre, et des rochers énormes
    Vont rouler dans les mers.

Ce reptile effroyable, enchaîné dans le gouffre,
Et portant dans son sein une source de feux,
Vomit des tourbillons et de flamme et de soufre
    Qui montent dans les cieux.

Qui pourra s'approcher de ces rives brûlantes ?
Qui ne frémira pas de ces grands châtiments,
Des tourments de Typhée et des roches perçantes
    Qui déchirent ses flancs ?

J'adore, ô Jupiter ! ta puissance et ta gloire.
Tu règnes sur l'Etna, sur ces fameux remparts
Elevés par ce roi qu'a nommé la Victoire
    Dans la lice des chars.

Hiéron est vainqueur : son nom s'est fait entendre, etc.

Telle est la marche de Pindare. D'une invocation aux Muses, d'un éloge de leurs attributs, ouverture très naturelle dans le sujet qu'il traitait, il passe tout d'un coup à la peinture de Typhée écrasé sous l'Etna, sous prétexte que Typhée est ennemi des dieux et des Muses. C'est s'accrocher à un mot, et une pareille digression ne nous paraîtrait qu'un écart mal déguisé. Peut-être les Grecs n'avaient-ils pas tort d'en juger autrement. C'est d'Hiéron qu'il s'agissait : Hiéron régnait sur Syracuse et sur l'Etna. Il avait bâti une ville de ce nom près de cette montagne : il fallait bien en parler; et comment nommer l'Etna sans parler de Typhée? C'eût été une maladresse dans un poète lyrique, de refuser une description aux Grecs, qui aimaient prodigieusement la poésie descriptive. Ils étaient, à cet égard à peu près dans la même disposition que nous portons à l'Opéra, où les ballets nous paraissent toujours assez bien amenés quand les danses sont bonnes. Nous ne sommes pas à beaucoup près si indulgents pour les vers. Les vers, parmi nous, sont jugés sur-tout par l'esprit, par la raison; chez les Grecs, ils étaient jugés davantage par les sens, par l'imagination; et l'on sait combien l'esprit est un juge inflexible, et combien les sens sont des juges favorables.

   La Poésie eut le sort de Pandore.
   Quand le génie au ciel la fit éclore,
   Chacun des arts l'enrichit d'un présent.
   Elle reçut des mains de la Peinture
   Le coloris, prestige séduisant,
   Et l'heureux don d'imiter la nature.
   De l'Éloquence elle eut ces traits vainqueurs,
   Ces traits brûlants qui pénètrent les cœurs.
   A l'Harmonie elle dut la mesure,
   Le mouvement, le tour mélodieux,

Et ces accents qui ravissent les dieux.
La Raison même à la jeune immortelle
Voulut servir de compagne fidèle ;
Mais quelquefois, invisible témoin ,
Elle la suit et l'observe de loin.

C'est ainsi que s'exprime M. Marmontel dans son *Epître aux poètes*. On ne peut employer mieux l'imagination pour donner un précepte de goût. Mais, parmi nous, il faut le plus souvent que la raison suive la poésie de fort près ; et chez les Grecs, la raison était assez souvent perdue de vue. C'est qu'ils avaient de quoi s'en passer, et que nous ne pouvons être, comme eux, assez grands musiciens en poésie pour qu'on nous permette des moments d'oubli fréquents. Nous avons d'autres avantages ; mais ce n'est pas ici le lieu d'en parler.

Au reste, si les suffrages d'un peuple aussi éclairé et aussi délicat que les Grecs suffisent pour nous décider sur Pindare, nous aurons la plus haute idée de son mérite. On sait qu'il laissa une mémoire révérée, et que la vengeance d'Alexandre, qui avait enveloppé tout un peuple dans le même arrêt, s'arrêta devant cette inscription : *Ne brûlez pas la maison du poète Pindare*. Les Lacédémoniens, lorsqu'ils avaient pris Thèbes dans le temps de leur puissance, avaient eu le même respect. Mais ce qui prouve le succès qu'il eut dès son vivant, c'est le grand nombre d'odes qu'il composa sur le même sujet, c'est-à-dire pour les vainqueurs des jeux. Il paraît que chaque triomphateur était jaloux d'avoir Pindare pour panégyriste, et qu'on aurait cru qu'il manquait quelque chose à la gloire du triomphe, si Pindare ne l'avait pas chanté. Ces chants n'étaient pas sans récompense. L'aventure fabuleuse de Simonide, racontée dans Phèdre, fait voir qu'on avait coutume de payer libéralement les poètes lyriques. Parmi nous je ne crois pas qu'il y ait un plus mauvais moyen de fortune que les odes. Elles sont dans un grand discrédit; elles étaient un peu mieux accueillies autrefois, et fort à la mode. Une ode valut un évêché à Godeau : c'est la plus heureuse de toutes les odes, et c'est une des plus mauvaises. Chapelain en fit une pour le cardinal de Richelieu, et ce qui peut étonner, c'est que, de l'aveu même de Boileau, l'ode est assez bonne*. Mais ce dont il ne convient pas, et ce qui n'est pas moins vrai, c'est que l'ode qu'il composa sur la prise de Namur est très mauvaise. Pour cette fois Despréaux fut au-dessous de Chapelain, comme il fut au-dessous de Quinault, quand il voulut faire un prologue d'opéra : double exemple qui rappelle ces vers de La Fontaine :

>Ne forçons point notre talent;
>Nous ne ferions rien avec grace.

Si l'on veut remonter jusqu'à la naissance de la poésie lyrique, on se perd dans le pays des fables et dans les ténèbres de l'antiquité : toutes les origines sont plus ou moins fabuleuses. Qui peut savoir au juste quand s'établirent les lois de l'harmonie, dont le goût est si naturel à l'homme? Ce

---

* Voyez cette ode citée dans notre *Répertoire*, t. VII, p. 120. F.

qui est certain, c'est qu'elle a été nécessairement la mère de toute poésie, et qu'il n'y a qu'un pas du chant à la mesure des paroles. Il est probable que les noms les plus anciennement consacrés en ce genre sont ceux des hommes qui s'y distinguèrent les premiers, ou qui en donnèrent aux autres les premières leçons. Les merveilles qu'on en raconte ne sont que l'image allégorique de leur succès et de leur pouvoir. On croit que Linus fut le premier inventeur du rhythme et de la mélodie, c'est-à-dire qu'il sut le premier combiner ensemble la mesure des sons et celle des vers; c'est le plus ancien favori des Muses. Virgile, dans sa sixième églogue, le place auprès d'elles sur le Parnasse, le front couronné de fleurs, et le représente comme leur interprète. Il fut le maître d'Orphée, qui eut encore plus de réputation que lui, parce qu'il fit servir la musique et la poésie à l'établissement des cérémonies religieuses qu'il emprunta des Égyptiens pour les porter dans la Grèce. Ce fut lui qui institua les mystères de Bacchus et de Cérès-Eleusine, à l'imitation de ceux d'Isis et d'Osiris, et qui, de son nom, furent appelés *orphiques*. Nous avons encore quelques fragments des hymnes que l'on y chantait, et dont très certainement il fut l'auteur *. Ils sont remarquables, sur-tout en ce qu'ils contiennent les idées les plus hautes et les plus pures, sur l'unité d'un Dieu et sur tous les attributs de l'essence divine, sans nul mélange de polythéisme. En voici un que

* Voyez cette assertion démentie par M. Boissonade, à l'art. ORPHÉE.
F.

Suidas nous a conservé : « Dieu seul existe par lui-
« même, et tout existe par lui seul. Il est dans tout :
« nul mortel ne peut le voir, et il les voit tous. Seul
« il distribue dans sa justice les maux qui affligent
« les hommes, la guerre et les douleurs. Il gouverne
« les vents qui agitent l'air et les flots, et allume
« les feux du tonnerre. Il est assis au haut des cieux
« sur un trône d'or, et la terre est sous ses pieds.
« Il étend sa main jusqu'aux bornes de l'Océan, et
« les montagnes tremblent jusque dans leurs fonde-
« ments. C'est lui qui fait tout dans l'univers, et qui
« est à la fois le commencement, le milieu et la fin. »

Suidas, en citant ce fragment, assure qu'Orphée avait lu les livres de Moïse, et en avait tiré
tout ce qu'il enseignait sur la nature divine. On a
contesté cette assertion : il est clair pourtant que
l'on retrouve dans ce morceau, non-seulement les
idées, mais les expressions des livres saints, très
antérieurs aux écrits d'Orphée; et il est difficile de
ne pas croire que le second a copié le premier.
Observons encore que le grand secret des anciens
mystères était partout l'unité d'un Dieu : c'était la
croyance des sages; mais eux-mêmes la regardaient
avec raison comme insuffisante pour les peuples,
et voyaient dans la religion et le culte public la
sanction la plus sûre et la plus nécessaire de l'ordre
social.

Horace nous dit qu'Orphée, révéré comme l'interprète des dieux, adoucit les mœurs des hommes,
leur apprit à détester le meurtre et à ne point se
nourrir de la chair des animaux, dogme renouvelé

depuis par Pythagore. Nous voyons, par plusieurs passages authentiques, que ceux qui menaient une vie chaste et frugale étaient appelés des disciples d'Orphée. Thésée, dans la *Phèdre* d'Euripide, donne ce nom à son fils Hippolyte, en lui reprochant d'affecter des mœurs sévères. Orphée est donc le plus ancien des sages dont le nom soit venu jusqu'à nous; et pendant long-temps ce nom de sage fut joint à celui de poète, parce que la poésie était alors essentiellement morale et religieuse.

Orphée n'eut point de disciple plus célèbre que Musée, qui marcha sur les traces de son maître, et présida aux mystères d'Éleusine chez les Athéniens. Virgile, dans le sixième livre de *l'Enéide*, le met dans l'Élysée à la tête des poètes pieux, dont les chants ont été dignes d'Apollon, et qui ont consacré leur vie à la culture des beaux-arts.

Alcée, Stésichore, Simonide et quantité d'autres, ne nous ont laissé que leurs noms et quelques fragments qui ne sont connus que des critiques de profession. Nous n'avons qu'une douzaine de vers de cette fameuse Sapho*, dont Horace a dit :

Le feu de son amour brûle encor dans ses vers.

Ils sont assez passionnés pour faire croire tout ce qu'on raconte d'elle, et pour regretter ce qu'on en a perdu. Boileau en a donné une imitation très élégante; quoique peut-être elle ne soit pas animée de toute la chaleur de l'original.

LA HARPE, *Cours de Littérature*.

---

* L'érudition de La Harpe est encore ici en défaut. Voyez l'art. SAPHO.

F.

OLIVET (JOSEPH * THOULIER D'), de l'Académie française, l'un des meilleurs grammairiens du XVIIIe siècle et l'un des écrivains qui se sont opposés le plus constamment aux ravages du néologisme et du mauvais goût, naquit à Salins en 1682. Son père, conseiller au parlement de Besançon, se délassait dans le sein des muses des études sérieuses de la jurisprudence. Il inspira à son fils ce goût décidé pour les belles lettres, qui le détermina, au moment où il venait d'achever ses humanités avec le plus grand succès, à entrer chez les Jésuites. Le jeune d'Olivet espérait trouver dans cette société d'excellents maîtres et de bons modèles, et surtout le loisir nécessaire pour se livrer à sa passion favorite. La compagnie des Jésuites fut en effet, comme le remarque d'Alembert, la seule parmi tant d'ordres religieux dont la France était remplie, où, tous les moments, le temps du noviciat excepté, fussent consacrés à s'instruire.

Vers cette époque, d'Olivet prit, dit-on, par déférence pour les volontés d'un de ses oncles, le nom de Thoulier. Ses rapides progrès attirèrent sur lui l'attention bienveillante de ses supérieurs qui l'envoyèrent en 1700 au collège de Reims. Pendant son séjour dans cette ville, il se lia avec le savant Dom Mabillon et avec Maucroix, qui depuis lui donna des preuves d'une affection toute particulière. De Reims notre jeune Jésuite vint à Dijon où il connut

---

* L'abbé d'Olivet se nommait Pierre-Joseph. Il est né le 1er avril 1682, et non le 30 mars, comme le dit d'Alembert.

le P. Oudin, et le président Bouhier avec lequel il contracta une amitié dont la constance les honora tous deux. Le désir de suivre son cours de théologie l'engagea à se rendre à Paris. Cette circonstance eut sur lui une influence favorable. Il eut l'avantage de rencontrer Boileau, et l'avantage plus grand d'être admis dans son intimité. Les fréquentes visites de d'Olivet à Auteuil, et ses entretiens avec son illustre maître contribuèrent puissamment à former son goût. Il profita des sublimes leçons de son ami : il les recueillit avec une vénération religieuse : aussi adopta-t-il la sévérité de ses jugements. Son assiduité auprès du législateur du Parnasse lui fit penser qu'il pouvait s'y placer. Il devint poète : dans un âge plus avancé, mais il fut assez sévère pour dévouer ses compositions poétiques, comme il le disait lui-même, *emundaturis ignibus* (au feu destiné à les corriger): de la poésie il passa à la chaire. La médiocrité pèse aux âmes nobles. Il voulut briller dans cette carrière et acquérir cette saine éloquence si rare dans les orateurs, mais si précieuse. Cicéron lui parut être le seul qui pût lui donner à la fois le précepte et l'exemple. Il étudia ses œuvres avec une ardeur si passionnée qu'il n'eut bientôt plus d'autre occupation : tout autre lecture lui semblait fastidieuse : dans son idolâtrie littéraire, d'Olivet le Cicéronien (Olivetus Ciceronianus), comme l'appelle Voltaire, se promit en secret de tout sacrifier à l'objet unique de sa prédilection : alors ses supérieurs fixèrent leur choix sur lui pour continuer *l'Histoire de la Sorbonne*. Envoyé en 1713 à Rome, il y fut accueilli avec bonté par le P. Jouvency, chargé de lui remettre les documents nécessaires à son travail. Cette tâche honorable exigeait nécessairement beaucoup de temps : négliger Cicéron, était une chose impossible : sans hésiter, d'Olivet se dispensa de ses fonctions en quittant la société de Jésus, pour laquelle il conserva toujours un sincère attachement. Sa vaste érudition l'exposait à une foule de demandes. On lui proposa de lui confier l'éducation du prince des Asturies; mais pénétré des difficultés d'une pareille charge, il préféra à une responsabilité si flatteuse le noble état d'homme de lettres.

Cicéron était son idole : il lui consacra les premiers essais de sa plume, et successivement parurent la traduction des *Entretiens sur la Nature des dieux*; celle des *Tusculanes* et des *Catilinaires* faite concurremment avec Bouhier. D'Olivet sentait parfaitement toutes les difficultés à surmonter pour le traducteur : « Celui-ci, dit-il dans son *Histoire de*
« *l'Académie,* doit être un Protée qui n'ait point de
« forme immuable, et qui sache prendre tous les
« caractères de ses originaux; mais pour cela, outre
« la souplesse du génie, il faut de la patience, vertu
« qui manque sur-tout aux traducteurs : car tout
« écrivain ne fait d'efforts qu'à proportion de la
« gloire qu'il se promet de son ouvrage; et comme
« les traducteurs savent que le public n'attache
« qu'une gloire médiocre à leur travail, aussi sont-
« ils sujets à ne faire que des efforts médiocres pour
« réussir. » Il comprenait trop bien l'étendue de la tache qui lui était imposée pour ne pas la remplir

avec conscience. Ses travaux furent couronnés d'un brillant succès.

Notre illustre rhéteur, en s'occupant d'un ouvrage philosophique de son modèle, avait fait de nombreuses recherches sur cette partie; il les publia à la suite des *Entretiens sur la Nature des dieux*, sous le titre de *Théologie des Philosophes*.

D'Olivet avait inséré ses traductions des *Philippiques* de Démosthène et des *Catilinaires* dans les *OEuvres posthumes* de Maucroix. Ses amis seuls étaient dans le secret, et le monde savant ne connaissait de lui qu'une traduction d'un ouvrage philosophique de son auteur chéri, quand il fut élu en 1723 par l'Académie française. Absent, il rendait alors les derniers devoirs à son père. En cette occasion l'Académie s'écarta de ses usages, elle fit ce qu'elle devrait toujours faire; mais pour nous servir ici des expressions d'un académicien, l'intrigue et le crédit, ces deux ressources de la médiocrité rendront nos vœux inutiles.

Le nouvel élu pensa que sa dignité lui prescrivait de faire quelque chose de plus pour une langue qui lui était chère et qu'il n'avait pas eu le tort de négliger. Il donna sa *Prosodie française*, apologie et éloge de notre langue. « Ouvrage, dit Voltaire, qui « subsistera aussi long-temps que la langue française, « qu'il venge des injustes reproches qu'osaient lui « adresser des écrivains peu exercés dans l'art de la « manier. » A ce suffrage vient se joindre celui de J.-J. Rousseau, qui engage les musiciens à consulter cet excellent traité dont le mérite est, comme l'a remarqué Chénier, d'avoir puissamment contribué à perfectionner notre idiome.

Le culte que notre académicien professait pour l'antiquité, lui avait suscité un grand nombre d'ennemis au milieu desquels on voyait figurer les rédacteurs du *Journal de Trevoux*. Les PP. Lescalopier et l'Honoré ne lui pardonnaient pas d'ailleurs d'avoir critiqué amèrement leurs commentaires sur les *Entretiens sur la Nature des Dieux* ; la traduction de ce traité par d'Olivet servit de prétexte à leur haine. Ils prétendirent que ce livre proclamait l'athéisme ou du moins l'indifférence en matière de religion. La publication de la *Faiblesse de l'esprit humain*, œuvre posthume de Huet, leur fournit de nouvelles armes contre l'éditeur. A leurs calomnies, d'Olivet répondit en montrant à l'Académie le manuscrit de son ami qu'on l'accusait d'avoir falsifié et en publiant une apologie et une défense du pieux évêque d'Avranches.

Fatigué de ces querelles ennuyeuses et de sa polémique avec les PP. Du Cerceau et Castel, il fit en 1726 un voyage en Angleterre avec le duc de La Force. A son arrivée il se fit conduire chez Pope, cet admirateur fidèle des anciens, et passa avec ce grand homme les moments les plus agréables.

On l'avait chargé de la continuation de l'*Histoire de l'Académie* dont la première partie faisait tant d'honneur à Pellisson. Sa modestie augmentait encore à ses yeux la difficulté réelle de ce travail. Le succès couronna ses efforts. Un critique habile n'a même pas craint d'avancer que cette suite soutenait avantageusement le parallèle avec ce qui était sorti de la plume du prédécesseur. On désirerait pourtant plus de noblesse et d'aménité dans le style. L'inimitié, ingénieuse à trouver des défauts où il n'y en a pas, lui reprocha d'avoir rehaussé les qualités de Cotin, cet infortuné sermoneur qui semblait n'avoir possédé aucun talent, parce que le satirique Boileau l'avait ridiculisé. Avec plus de raison aurait-on pu reprocher à l'auteur ses censures envers La Bruyère. Le style des *Caractères* vrai, pur, concis s'éloignait du classique rigoureux. Le défenseur des anciens fut égaré par son zèle et son admiration pour ses dieux. Cette faute ne resta point impunie. Une épigramme fut lancée contre d'Olivet : un avocat de Reims en était l'auteur, et avait gardé l'anonyme; on en profita pour mettre la zizanie entre deux amis, et J.-B. Rousseau fut accusé d'avoir méconnu les devoirs de l'amitié. Ces intrigues furent inutiles, car lorsque d'Olivet fut obligé, en 1730, de suspendre ses travaux à cause de son extrême faiblesse, il se rendit à Bruxelles pour se distraire; et là, son cœur se plut à prodiguer à l'infortuné exilé des consolations. Il fit plus; de retour à Paris, il publia l'histoire de ces fameux couplets colportés par des inconnus au café Laurent, et dans beaucoup d'autres réunions. (On lit dans une lettre au président Bouhier, les pièces intéressantes de ce procès qui divisa le Parnasse.)

D'Olivet revit ensuite le *Dictionnaire de l'Académie*, et se chargea avec Gedoyn et Rothelin ses confrères, de faire une grammaire française plus méthodique et plus nette que celle de Desmarais.

Il remplit seul cette tâche. Encouragé par les suffrages de l'Académie, il publia en 1738, des *Remarques grammaticales sur Racine*. Peut-être poussa-t-il trop loin la sévérité, et prouva-t-il qu'on peut connaître parfaitement la langue et ignorer quelquefois les privilèges de la poésie. L'abbé Desfontaines, satirique plus fameux que célèbre, combattit ses observations par un ouvrage intitulé : *Racine vengé*. L'Académie dédaigna de répondre à ce Cerbère de la littérature : le vengeur en fut pour sa brochure que personne ne lut et dont l'Académie rejeta la dédicace. D'Olivet s'est en effet montré admirateur si vrai de Racine, même en ne plaidant pas bien pour lui, qu'il serait moins absurde, quoique très injuste, de le regarder comme un enthousiaste peu éclairé de ce grand poète, que comme son ennemi secret et son commentateur perfide. C'est l'opinion de d'Alembert que nous partageons.

Au reste, en dépit des journalistes et des libelles, il se proposait de faire le même travail sur Boileau, quand il fut détourné de ce projet par la proposition que lui fit le ministère anglais de donner ses soins à une édition complète de Cicéron. D'Olivet, comme on se l'imagine bien, ne négligea ni soins ni recherches pour élever un monument digne de lui à la gloire de l'écrivain « qu'il avait désiré « toute sa vie voir lu, goûté, adoré de tous ceux qui « savent lire. » Sa magnifique édition, formant neuf vol. in-4°, fut publiée à Paris de 1740 à 1742. Si l'on en croit M. de la Tour, l'un des intéressés à l'impression, d'Olivet ne demanda aucune rétribu-

tion pour un travail aussi long et aussi pénible. Il reçut seulement 1500 livres sur la cassette du roi, « prix modique de ses peines, dit d'Alembert, mais qui suffisait à ses divers goûts, et qui n'était à ses yeux qu'une marque précieuse et chère de la satisfaction de son souverain. » Cette édition se distingue par la correction du texte, le goût dans les remarques, et un choix judicieux de commentaires auxquels l'éditeur en ajouta plusieurs qui ne le cèdent en rien aux autres pour l'agrément et l'utilité. Un plaisir d'un genre différent mais non moins vif était réservé au traducteur infatigable de Cicéron. Il avait dirigé au collège des Jésuites les premières études de Voltaire; il fut choisi pour le recevoir à l'Académie: sa joie fut au comble, sur-tout lorsque le récipiendaire, après avoir rendu justice à sa vaste érudition, dit en parlant de lui : « Il a aujourd'hui à la fois,
« un ami à regretter[*] et à célébrer, un ami à rece-
« voir et à encourager. Il peut vous dire avec plus
« d'éloquence, mais non avec plus de sensibilité que
« moi, quel charme l'amitié répand sur les travaux
« des hommes consacrés aux lettres; combien elle
« sert à les conduire, à les corriger, à les consoler;
« combien elle inspire à l'âme cette joie douce et
« recueillie sans laquelle on n'est jamais le maître
« de ses idées. »

C'était en effet dans une amitié constante et inaltérable des Bouhier, des Oudin, etc., que d'Olivet se dédommageait des petits chagrins auxquels une âme bienfaisante, honnête et vraie doit toujours

[*] Le président Bouhier que Voltaire remplaçait.

s'attendre. Ses liaisons louables, sa tendresse pour sa famille, le soin qu'il prenait de ses neveux, au soutien et à l'avancement desquels il sacrifiait son patrimoine, le justifient du reproche injuste que lui fit Piron qui lui gardait rancune de la chaleur qu'il avait mise à l'écarter de l'Académie. L'épigramme suivante viendrait à l'appui de cette assertion, que les poètes ne sont pas mieux disposés en faveur des grammairiens que des géomètres:

> Ci-gît maître Jobelin,
> Suppôt du pays latin,
> Juré peseur de diphtongue,
> Rigoureux au dernier point,
> Sur la virgule et le point,
> La syllabe brève et longue,
> Sur l'accent grave et l'aigu,
> Sur le tiret contigu,
> L'*u* voyelle et l'*u* consonne.
> Ce charme qui l'enflamma
> Fut sa passion mignonne;
> Son huile il y consomma :
> Du reste il n'aima personne,
> Personne aussi ne l'aima.

Une plaisanterie ne prouve rien lorsqu'on doit juger un homme de mérite; celle-ci prouve moins que tout autre. Parvenu à une extrême vieillesse, d'Olivet renonça à ses travaux, abandonna Cicéron pour prendre la *Bible*. Il mourut à Paris, le 8 octobre 1768, à l'âge de quatre-vingt-six ans. D'Alembert a composé son *Éloge*.

AD. LAUGIER.

OPÉRA. Le caractère de ce spectacle a si fort varié depuis quelque temps, qu'il serait difficile de le bien définir, à moins d'en distinguer deux genres ; l'un pris dans l'hypothèse du merveilleux, l'autre réduit à la simple nature. J'examinerai l'un et l'autre ; et après en avoir balancé les avantages réciproques, je tâcherai de les concilier.

Le premier de ces deux systèmes fut celui de l'opéra français, inventé par Quinault et perfectionné par son inventeur. Voici qu'elle en est l'hypothèse.

Le caractère de l'épopée est de transporter la scène de la tragédie dans l'imagination du lecteur. Là, profitant de l'étendue de son théâtre, elle agrandit et varie ses tableaux, se répand dans la fiction, et manie à son gré tous les ressorts du merveilleux. Dans l'opéra, la muse dramatique, à son tour, jalouse des avantages que la muse épique a sur elle, essaye de marcher son égale ou plutôt de la surpasser, en réalisant pour les yeux ce qui, dans les récits, ne se peint qu'en idée. Pour bien concevoir ces deux révolutions, supposez qu'on ait vu sur le théâtre une reine de Phénicie, qui, par ses graces et sa beauté, eût attendri, intéressé pour elle les chefs les plus vaillants de l'armée de Godefroi, en eût même attiré quelques-uns dans sa cour, y eût donné asyle au fier Renaud dans sa disgrace, l'eût aimé, eût tout fait pour lui, et l'eût vu s'arracher aux plaisirs pour suivre la gloire : voilà le sujet d'Armide en tragédie. Le poète épique s'en empare ; et au lieu d'une reine, tout naturellement belle, sensible, intéressante, il en fait une enchanteresse :

dès-lors, dans une action simple, tout devient magique et surnaturel. Dans Armide, le don de plaire est un prestige; dans Renaud, l'amour est un enchantement; les plaisirs qui les environnent, les lieux mêmes qu'ils habitent, ce qu'on y voit, ce qu'on y entend, la volupté qu'on y respire, tout n'est qu'illusion, et c'est le plus charmant des songes. Telle est Armide, embellie des mains de la muse héroïque. La muse du théâtre la réclame et la reproduit sur la scène avec toute la pompe du merveilleux. Elle demande, pour varier et pour embellir ce brillant spectacle, les mêmes licences que la muse épique s'est données; et appelant à son secours la musique, la danse, la peinture, elle nous fait voir, par une magie nouvelle, les prodiges que sa rivale ne nous a fait qu'imaginer. Telle est Armide sur le théâtre lyrique; et voilà l'idée qu'on peut se former d'un spectacle qui réunit les prestiges de tous les arts.

Dans ce composé tout est mensonge, mais tout est d'accord; et cet accord en fait la vérité. La musique y fait le charme du merveilleux, le merveilleux y fait la vraisemblance de la musique : on est dans un monde nouveau : c'est la nature dans l'enchantement et visiblement animée par une foule d'intelligences dont les volontés sont ses lois. Une intrigue nette et facile à nouer et à dénouer; des caractères simples; des incidents qui naissent d'eux-mêmes; des tableaux variés; des passions douces, quelquefois violentes, mais dont l'accès est passager; un intérêt vif et touchant, mais qui par intervalles laisse respirer l'âme: tels sont les sujets de Quinault.

La passion qu'il a préférée est de toutes la plus féconde en images et en sentiments ; celle où se succèdent avec le plus de naturel toutes les nuances de la poésie, et qui réunit le plus de tableaux riants et sombres tour à tour.

L'autre système est celui d'Apostolo-Zeno et de Métastase, mais renforcé et plus tragique que la tragédie elle-même, c'est-à-dire plus noir, plus sanglant, plus pressé dans le tissu de l'action, et d'une expression plus outrée, soit dans la pantomime, soit dans l'accent des passions.

Il est aisé de sentir combien ce nouveau genre a d'avantages sur le premier, du côté de l'émotion ; et ce que j'ai dit de la pantomime peut s'appliquer à ce nouveau genre. C'est là, sans contredit, que la musique passionnée trouve à produire ses grands effets; et si l'on ajoute à ces avantages l'extrême facilité d'emprunter du théâtre français et de celui des Grecs les tragédies les plus intéressantes, et de n'avoir qu'à les réduire à leurs situations pittoresques pour les accommoder au théâtre lyrique, on s'expliquera aisément la préférence que les poètes, les musiciens, le public lui-même ont donnée, au moins pour quelque temps, à ce genre nouveau.

Mais l'ancien genre ne laisse pas d'avoir de son côté des avantages dignes de nos regrets, et auxquels je ne saurais croire qu'on ait renoncé sans retour. Le premier de ces avantages est la convenance : le second, la variété ; et le troisième la richesse et la pompe.

Sur un théâtre où tout est prodige, il paraît tout

simple que la façon de s'exprimer ait son charme comme tout le reste. Mais à un spectacle où tout se passe comme dans la nature et selon l'exacte vérité, par quoi serait-on préparé à entendre, comme en Italie, Fabius, Régulus, Thémistocle, Titus, Adrien, parler en chantant? Nous accoutumera-t-on de même à entendre les Horaces, Camille, Auguste, Cornélie, Agrippine ou Brutus s'exprimer ainsi? les Italiens s'y sont habitués, me direz-vous ; je répondrai que les Italiens n'écoutent point la scène, et ne s'occupent que du chant.

Quelques-unes de nos tragédies, dont les sujets tiennent au merveilleux, répugnent moins à la forme lyrique : il en reste encore au Théâtre-Français cinq ou six dont l'action est réductible en pantomime, et qui peuvent souffrir l'espèce de mutilation que l'on exerce à l'Opéra. Mais quand celles ci auront été gâtées, on sera obligé d'inventer soi-même; et Corneille, Racine et Voltaire ne seront plus défigurés.

Voltaire, dans ses derniers jours, ne pouvait voir sans un violent chagrin qu'on se permît ainsi d'estropier nos belles tragédies. Il entendait parler d'*Électre*; il tremblait pour *Alzire*, pour *Sémiramis*, pour *Tancrède**, et pour l'*Orphelin de la Chine*, et à ce propos on a feint** qu'en s'adressant à la Muse lyrique, il lui avait parlé en ces mots :

---

* Cette crainte s'est réalisée de nos jours, *Sémiramis* et *Tancrède* ont fourni au premier compositeur de cette époque le sujet de deux beaux ouvrages. H. P.

** Marmontel dans le poème de *Polymnie*, ouvrage posthume imprimé pour la première fois en 1818, et dont il a déjà été question, tom. VII, page 98. de notre *Répertoire*. H. P.

OPÉRA.

D'un suppliant à son heure dernière,
Muse, dit-il, écoutez la prière.
Daignez laisser tout son enchantement
A l'Opéra, lieu magique et charmant,
« Où les beaux vers, la danse, la musique,
« L'art de tromper les yeux par les couleurs,
« L'art plus heureux de séduire les cœurs,
« De cent plaisirs font un plaisir unique. »
La Tragédie a son trône à Paris :
Nous arracher des larmes et des cris,
C'est son partage : elle est terrible et sombre,
C'est son génie ! elle ne permet pas
Que les plaisirs accompagnent ses pas :
Sur des tombeaux elle gémit dans l'ombre.
Laissez-là donc aux pleurs s'abandonner.
De temps en temps vous serez sa rivale :
Mais votre plainte aura quelque intervalle,
Et les amours viendront vous couronner.
Toujours austère en sa mâle énergie,
Elle n'a point de fête à nous donner.
Son éloquence est sa seule magie.
Sur son théâtre, où règne la douleur,
On n'attend point ces doux moments de joie,
Ce calme heureux où l'âme se déploie,
Où l'espérance interrompt la douleur.
Vous vous plaisez à cet heureux mélange.
A tout moment vous voulez que tout change ;
De vos tableaux conservez la couleur.
En sons notés faire mugir Oreste,
Changer OEdipe en acteur d'opéra,
La coupe en main faire chanter Thyeste,
C'est faire un monstre, et quelqu'un le fera.
Ce n'est pas tout, le Velche applaudira ;

> Et si le goût n'y met d'heureux obstacles,
> Sur les débris de nos deux grands spectacles
> La barbarie enfin triomphera.

Si au théâtre des illusions, et des illusions agréables, on ne porte plus que des sens blasés et que des âmes engourdies; et si, pour sortir d'une espèce d'assoupissement léthargique, on a besoin de rapides secousses et de violentes agitations, il n'est pas douteux que les compositeurs feront bien de tâcher sans cesse à produire ce qu'on appelle aujourd'hui exclusivement des *effets ;* mais en serions-nous réduits là, et de douces émotions ne sont-elles plus des effets pour nous? Je sais bien que cette douceur sans mélange de force serait de la mollesse, et finirait bientôt par dégénérer en langueur; mais il y a loin de ce mélange à la continuité d'un spectacle triste et funeste d'un bout à l'autre. C'est ce qu'on a fait dire à Piccini, en parlant d'*Atys* qu'on lui avait défendu de mettre en musique, parce qu'il n'était pas, disait-on, assez fort.

> Hélas! disait le chantre d'Ausonie,
> *Atys* me plaît, il m'inspire, il m'émeut.
> Laisse-le moi. Chacun suit son génie :
> On ne fait bien qu'en faisant ce qu'on veut.
> Vous demandez que je sois pathétique;
> Je le serai, mais non pas frénétique :
> Le chant n'est pas un long cri de douleur,
> Et ma palette a plus d'une couleur.
> D'un lieu charmant, que le plaisir décore,
> Pourquoi bannir la tendre volupté?
> *Atys* ressemble à ces beaux jours d'été :

D'un doux éclat il brille à son aurore.
Vers le midi, sous un ciel plus brûlant,
On voit l'orage avancer à pas lents;
Mais sous l'ormeau l'on peut danser encore.
Enfin le soir, un nuage orageux
Tonne, épouvante, et dissipe les jeux.
Vernet et moi, nous aimons ces contrastes;
Et n'en déplaise aux froids enthousiastes
Du genre noir, j'oserais parier
Qu'on s'ennuira de ne voir que du sombre.
Entremêlons la lumière avec l'ombre :
Le don de plaire est l'art de varier.
Laissez-moi donc, fût-ce dans l'élégie,
Du clair-obscur employer la magie;
Car je suis peintre, et non pas teinturier. *

C'est par cette magie du clair-obscur qu'il est possible, à ce que je crois, de concilier les deux genres et d'en réunir les avantages.

Rien de plus beau sans doute, rien de plus précieux que ces récitatifs passionnés, que ces airs pathéthiques et déchirants dont les Italiens nous ont donné tant de modèles, et dont ils ont eux-mêmes enrichi l'opéra français. Mais les passions violentes ne sont pas les seules qui donnent lieu à une expression qui touche et qui pénètre l'âme. La tendresse, l'inquiétude, l'espérance, la volupté s'animent; et c'est par le contraste et la variété de ces caractères, mêlés avec des passions plus fortes, que la mélodie enchante l'oreille, sans la rassasier jamais. Or Quinault n'a presque pas une fable qu'on

* Poëme de *Polymnie*. H. P.

ne puisse citer pour modèle de cette variété si favorable à la musique, lorsqu'on saura y accommoder ses poëmes, et leur donner plus d'énergie dans les moments passionnés. Je me borne à l'exemple de l'opéra d'*Alceste*.

Ce théâtre s'ouvre par les noces d'Alceste et d'Admète, et l'allégresse publique règne autour de ces heureux époux. Lycomède, roi de Scyros, désespéré de voir Alceste au pouvoir de son rival, feint de leur donner une fête. Il attire Alceste sur son vaisseau, et l'enlève en présence d'Alcide, autre rival d'Admète, mais rival généreux et qui sait vaincre son amour. A cet enlèvement, le trouble et la douleur prennent la place de la joie. Alcide s'embarque avec Admète pour aller délivrer Alceste et la venger. Lycomède, assiégé dans Scyros, résiste et refuse de rendre sa captive, l'effroi règne durant l'assaut. Alcide enfin brise les portes, la ville est prise, Alceste est délivrée, et la joie reparaît avec elle. Mais à l'instant la douleur lui succède : on ramène Admète mortellement blessé ; il est expirant dans les bras d'Alceste. Alors Apollon descend des cieux ; il annonce que si quelqu'un veut se dévouer à la mort pour lui, les destins consentent qu'il vive, et l'espérance vient suspendre la douleur. Cependant nul ne se présente pour mourir à la place d'Admète, et c'est l'instant où il va expirer. Le trouble, l'effroi, la douleur règnent de nouveau sur la scène. Tout-à-coup paraît Admète environné de son peuple qui célèbre son retour à la vie. Il va revoir Alceste, il est au comble du bonheur. Apollon a promis que les arts élèveraient un monument à la gloire de la victime qui se serait immolée pour lui. Ce monument s'élève; et dans l'image de celle qui s'est dévouée à la mort, Admète reconnaît sa femme : à l'instant même tout le palais retentit de ce cri de douleur : *Alceste est morte!* l'allégresse se change en deuil, et Admète lui-même ne peut souffrir la vie que le ciel lui rend à ce prix. Mais vient Alcide, qui lui déclare l'amour qu'il avait pour Alceste, et lui propose, s'il veut la lui céder, d'aller forcer l'enfer à la lui rendre. Admète y consent, pourvu qu'elle vive; et l'espoir de revoir Alceste suspend les regrets de sa mort. Alcide descend aux enfers, et les obstacles qui l'arrêtent redoublent encore l'intérêt : Pluton, touché du courage et de l'amour d'Alcide, lui permet de ramener Alceste à la lumière; on le revoit sortant des enfers avec elle, et ce triomphe répand la joie dans tous les cœurs. Mais à peine Admète a-t-il revu son épouse, qu'il est obligé de la céder; et leurs adieux sont mêlés de larmes. Alceste présente sa main à son libérateur; Admète au désespoir veut s'éloigner; Alcide l'arrête, et refuse le prix qu'il avait demandé.

 Non, non, vous ne devez pas croire
Qu'un vainqueur des tyrans soit tyran à son tour.
Sur l'enfer, sur la mort j'emporte la victoire.
 Il ne manquait plus à ma gloire
 Que de triompher de l'amour.

A la place d'une fable ainsi variée, prenez l'intrigue d'une tragédie dont l'intérêt soit continu, pressant et douloureux, sans mélange et sans intervalle;

retranchez-en tous les développements, toutes les gradations, tout les morceaux d'éloquence poétique, et serrez les situations de manière qu'elles se pressent et se succèdent sans relâche; alors vous aurez une suite de tableaux et de scènes très pathétiques; rien ne languira, je l'avoue, le spectateur se sentira remué d'un bout à l'autre de l'action; il aura un plaisir approchant de celui que lui ferait la tragédie; mais ce plaisir ne sera pas l'enchantement d'une musique mélodieuse et variée dans ses tons et dans ses couleurs. Il entendra des traits d'harmonie épars et mutilés, des coups d'archet pleins d'énergie; mais il entendra peu de chant. Un tel spectacle pourra plaire dans sa nouveauté, mais à la longue il paraîtra monotone et triste, et il laissera désirer le charme d'un spectacle fait pour enivrer tous les sens.

Cette même succession d'incidents, de situations et de tableaux, que suppose et qu'exige une musique variée, contribue aussi à la richesse et à la pompe du spectacle, et il n'a jamais tant de magnificence que dans le genre du merveilleux : la raison en est bien sensible.

1°. Les décorations font une partie essentielle du spectacle de l'opéra; et l'on sent combien les sujets pris dans le merveilleux sont plus favorables au décorateur et au machiniste, que les sujets pris dans l'histoire. Le changement de lieu que les poètes italiens se sont permis, non-seulement d'un acte à l'autre, mais de scène en scène, et à tout propos, et contre toute vraisemblance, amène des décorations où l'architecture, la peinture et la perspective peuvent éclater avec magnificence; et la grandeur des théâtres d'Italie donne un champ libre et vaste au génie des décorateurs. Mais combien plus fécond en spectacles inattendus et variés ne doit pas être le système ou de la fable ou de la magie?

Dans un poëme, quel qu'il soit, si les évènements sont conduits par des moyens naturels, le lieu ne peut changer que par ces moyens mêmes. Or, dans la nature, le temps, l'espace et la vitesse ont des rapports immuables. On peut donner quelque chose à la vitesse; on peut aussi étendre un peu le temps fictif au-delà du réel; mais à cela près le changement de lieu n'est permis qu'autant qu'il est possible dans des intervalles donnés. Le poëme épique a la liberté de franchir l'espace, parce qu'il a celle de franchir la durée. Il n'en est pas de même du poëme dramatique : le temps lui mesure l'espace, et la nature le mouvement. Un char, un vaisseau peut aller un peu plus ou un peu moins vite; le temps fictif qu'on lui accorde peut être un peu plus ou un peu moins long : mais si on abuse de cette licence, il n'y aura plus d'illusion. Ainsi, par exemple; si le premier acte du *Régulus* de Métastase se passait à Carthage, et le second à Rome, ce poëme aurait beau être lyrique, ce changement de scène choquerait le bon sens.

Mais dans un spectacle où le merveilleux règne, il y a deux moyens de changer de lieu qui ne sont pas dans la nature, et qui sont dans la vraisemblance. Le premier est un changement passif : c'est le lieu même qui se transforme, non par un accident naturel, comme lorsqu'un palais s'embrase ou qu'un temple s'écroule, mais par un pouvoir surnaturel, comme lorsqu'à la place du palais et des jardins d'Armide, paraissent tout-à-coup un désert, des torrents, des précipices : c'est ce qui ne peut s'opérer sans le secours du merveilleux. Le second changement est actif; et c'est dans la vitesse du passage qu'est le prodige. On ne demande pas quel temps emploient les dragons d'Armide à traverser les airs. Leur vitesse n'a d'autre règle que la pensée qui les suit.

2°. La danse, qui est l'une des plus brillantes décorations du spectacle lyrique, ne peut avoir lieu que dans des fêtes; et les fêtes doivent tenir à l'action du moins comme incidents : il est naturel que les plaisirs, les amours et les graces présentent, en dansant, à Énée, les armes dont Vénus sa mère lui fait don; il est naturel que les démons, formant un complot funeste au repos du monde, expriment leur joie par des mouvements furieux et terribles; il est naturel que des chasseurs, des bergers, ou (dans le merveilleux) des nymphes, des sylvains, des fées, des génies embellissent la scène par des jeux et par des concerts; mais presque toute réjouissance est exclue d'un opéra dont l'action est grave et tragique d'un bout à l'autre : les Italiens n'ont pas même tenté d'y introduire des fêtes; et s'ils se donnent le plaisir d'y voir des danses, ce n'est jamais qu'au moment de l'entr'acte, et dans des ballets détachés et d'un genre contraire à celui du spectacle.

La difficulté de bien placer les fêtes dans l'opéra vient donc de ce que le tissu de l'action est trop serré et l'intérêt trop sérieux ; et cette difficulté sera presque toujours invincible dans le tragique austère : car c'est le propre de la tragédie que l'action n'ait point de relâche, que tout y inspire la crainte ou la pitié, et que le danger ou le malheur des personnages intéressants croisse et redouble de scène en scène. Si donc on veut avoir des fêtes et des danses à l'opéra, il est de l'essence de ce spectacle que l'action n'en soit affligeante ou terrible que par intervalles, et que, les passions qui l'animent ayant des moments de repos, quelques rayons d'espérance et de joie viennent de temps en temps éclairer le théâtre.

Quinault, en formant le projet de réunir tous les moyens d'enchanter les yeux et l'oreille, sentit donc bien qu'il devait prendre ses sujets dans le système de la fable ou dans celui de la magie. Par là il rendit son théâtre fécond en prodiges ; il se facilita le passage de la terre aux cieux, des cieux aux enfers, se soumit la nature, s'empara de la fiction, ouvrit à la tragédie la carrière de l'épopée, et réunit les avantages de l'un et de l'autre poëme en un seul.

Du reste, pour juger du genre qu'a pris notre poëte, il ne faut pas se borner à ce qu'il a fait : aucun des arts qui devaient le seconder n'était au même degré que le sien ; il a été obligé de remplir souvent, avec de froids épisodes, un temps qu'il eût mieux employé s'il avait eu plus de secours. Il ne faut pas même le juger tel que nous le voyons au théâtre ; et sans parler de la musique, il serait ridicule de borner l'idée qu'on doit avoir du spectacle de *Persée* et de *Phaëton*, à ce qu'on peut exécuter dans un espace aussi étroit avec aussi peu de moyens. Mais qu'on suppose la musique, la danse, la décoration, les machines, le talent des acteurs, soit pour le chant, soit pour l'action, au même degré que la partie essentielle des poèmes d'*Atys*, de *Thésée* ou d'*Armide*, on aura l'idée de ce spectacle tel que l'avait conçu le génie de l'inventeur. La théorie de ce système sera peut-être encore plus sensiblement énoncée dans les vers que voici :

>Le chant lui-même est fabuleux, magique;
>Que tout soit donc magique et fabuleux
>Avec le chant, tantôt sombre et tragique,
>Tantôt serein, tendre et voluptueux.
>Si vous voulez entendre Cornélie,
>César, Brutus, Orosmane, ou Néron,
>Le vieil Horace, ou la fière Émilie;
>C'est au théâtre où fleurissait Clairon
>Qu'il faut aller. Vous cherchez la nature;
>Là, tout est vrai dans sa noble peinture.
>Mais attirés par de plus doux accents,
>Aimez-vous mieux, dans une heureuse ivresse,
>De tous les arts jouir par tous les sens?
>De l'Opéra la muse enchanteresse
>Va vous causer ces songes ravissants.
>L'illusion est son brillant empire :
>Là tout s'exalte et se met au niveau.
>N'êtes-vous pas dans un monde nouveau?
>Faites-vous donc à l'air qu'on y respire.
>Ainsi Quinault, que l'on attaque en vain,
>L'avait conçu, ce spectacle divin.

Tout est fictif dans son hardi système,
Hormis le cœur, qui sans cesse est le même.
Ah! plût au ciel qu'il revînt ce Quinault,
Avec sa plume élégante et flexible,
Plier au chant le langage sensible
D'Atys, d'Eglé, d'Armide et de Renaud!
Qui chantera l'amour tendre et timide,
Si ce n'est pas Atys et Sangaride?
Qui chantera l'amour fier et jaloux,
Mieux que Roland et Médée en courroux?
Qui chantera, si ce n'est pas Armide?*

Ce n'est pourtant pas encore là le dernier degré de beauté où notre opéra peut atteindre. Du temps de Lulli, la musique ne connaissait pas bien ses forces, et ce langage passionné, ces accents déchirants, ces traits si énergiques de mélodie et d'harmonie, que Pergolèse, Leo, Galuppi et leurs dignes émules ont inventé depuis un demi-siècle, Lulli n'en avait point l'idée. Soit donc qu'en essayant les moyens de Lulli, Quinault se fût accommodé à la faiblesse de son art, soit qu'ayant lui-même plus de douceur, de grace et de mollesse dans le génie et dans le style, que de vigueur et d'énergie, il eût suivi son propre naturel, il est certain qu'il n'a poussé aucune des passions jusqu'au degré de chaleur dont elles étaient susceptibles. Quinault n'est pas assez tragique : Métastase l'est davantage, mais dans quelques moments ; et ces moments sont rares. C'est de Racine et de Voltaire qu'il faut apprendre à l'être, même dans l'opéra; et sans le dépouiller de sa magnificence, sans lui ôter aucun de ses char-

* Poème de *Polymnie*. H. P.

mes, il est possible d'y répandre le feu des passions à son plus haut degré.

Mais le plus grand avantage du genre merveilleux, c'est d'épargner aux poètes une infinité de détails et d'éclaircissements qu'exige une action toute prise dans la nature; et c'est pour cela qu'on a trouvé beaucoup plus facile de transplanter à l'opéra les sujets du théâtre grec, qui sont tous fabuleux, que ceux du théâtre moderne; car dans une action purement historique, il faut tout expliquer, tout motiver, tout rendre vraisemblable; au lieu que dans une action dont un décret de la destinée, un oracle, un ordre des dieux est le premier mobile, tout est préparé d'un seul mot. Mais comme le théâtre grec, où la fatalité domine, ne laisse pas d'être pathétique et ne l'en est même que davantage, le poème lyrique peut l'être aussi dans le système du merveilleux, qui, fécond en prodiges et en révolutions soudaines, donnera lieu à des retours fréquents de l'une et de l'autre fortune, et à toute la variété des mouvements du cœur humain.

Voilà, selon moi, les moyens de concilier les deux genres et d'en réunir les beautés; voilà peut-être aussi une réponse satisfaisante aux reproches que l'on a faits au genre fabuleux de l'ancien opéra français.

« Un Dieu, a-t-on dit, peut étonner; il peut pa-
« raître grand et redoutable; mais peut-il intéresser?
« Comment s'y prendra-t-il pour nous toucher? »

Le Dieu ne vous touchera point; mais les malheurs dont il sera la cause vous toucheront, et c'est assez. Dans la tragédie de *Phèdre*, est-ce Vénus ou

Neptune qui nous touchent? est-ce Apollon ou les Euménides, dans la tragédie d'*Oreste?* est-ce l'oracle, dans *OEdipe?* est-ce Diane, dans l'une et l'autre *Iphigénie?* serait-ce Jupiter, dans l'opéra de *Didon?* avons-nous besoin de nous intéresser à Cybèle pour être émus et attendris sur le malheur d'Atys? Ce serait sans doute une grande bévue que de vouloir faire d'un personnage merveilleux l'objet de l'intérêt théâtral : il n'en doit être que le mobile, et ce mot tranche la difficulté.

« Mais supposé, dit-on, que la colère d'un Dieu,
« ou sa bienveillance, influe sur le sort d'un héros,
« quelle part pourrais-je prendre à une action où
« rien ne se passe en conséquence de la nature et
« de la nécessité des choses ? »

Vous ne prenez donc aucune part au malheur de Phèdre, brûlant d'un amour incestueux et adultère, parce qu'on le dit allumé par la colère de Vénus? aucune part au malheur d'Oreste, parce qu'un ordre des dieux l'a condamné au parricide? aucune part à la fuite d'Énée et au désespoir de Didon, parce que telle a été la volonté de Jupiter? Je demanderai à mon tour si ce ne sont là, comme on l'a dit, que des jeux propres à émouvoir des enfants ? Tout ce que vous direz de l'opéra, je le dirai de ces tragédies, et il sera également faux que le merveilleux y soit incompatible avec l'unité d'action, et qu'il en fasse une suite d'incidents sans nœud, sans liaison, sans ordre et sans mesure. Et qu'importe que le ressort, le mobile de l'action soit naturel ou merveilleux ? Souvenez-vous qu'il est merveilleux dans presque toutes les tragédies grecques ; et l'action n'en est pas moins une, moins régulière, ni moins complète : elle n'en est même que plus simple et plus étroitement réduite à l'unité.

« Mais comment, nous dit-on encore, en nous
« prenant par notre faible, comment le style musical
« se serait-il formé dans un pays où l'on ne fait chanter
« que des êtres de fantaisie, dont les accents n'ont
« nul modèle dans la nature ? »

Le style musical aura été en France tout ce que l'on voudra ; mais le merveilleux n'y fait rien : soit parce que les dieux et les personnages allégoriques n'étant que des hommes sur la scène, rien n'empêche qu'on ne les fasse parler et chanter comme des hommes ; soit parce qu'il est absolument faux qu'on ne fasse chanter dans l'opéra français que des êtres de fantaisie, puisque Roland, Thésée, Atys, Armide, Amadis sont des hommes comme Régulus et Caton ; soit enfin parce que les accents des êtres même fantastiques ou allégoriques, comme l'Amour, la Haine, la Vengeance, ont pour modèles, dans la nature, les accents des mêmes passions. En supposant donc à l'ancienne musique française tous les défauts qu'on lui attribue, il sera vrai que le système du merveilleux était associé avec une mauvaise musique ; mais non pas que le caractère de cette musique fût adhérent au système du merveilleux.

« Des dieux de tradition pourraient-ils émouvoir
« un peuple et l'intéresser comme les objets de son
« culte et de sa croyance ? »

A cela je réponds : il n'est pas besoin de croire au merveilleux pour qu'il nous fasse illusion. Dans la poésie dramatique comme dans l'épopée, l'illusion n'est jamais complète; elle n'exige donc pas une croyance sérieuse, mais une adhésion de l'esprit au système qui lui est offert, et on obtient cette adhésion à tous les spectacles du monde. *Voyez* MERVEILLEUX et ILLUSION.

« Que faudrait-il penser du goût d'un peuple, s'il « pouvait souffrir sur ses théâtres un Hercule en taf« fetas couleur de chair, un Apollon en bas blancs « et en habit brodé ?»

Il faudrait penser que ce peuple a donné quelque chose aux bienséances théâtrales; que, par égard pour la décence, il a permis que les dieux et les héros ne fussent pas nus sur la scène, qu'il veut bien les supposer vêtus comme on l'était dans le pays et dans le temps où l'action s'est passée : et si ces convenances ne sont pas assez bien gardées, c'est une négligence à laquelle il est facile de remédier. Est-ce bien sérieusement qu'on critique des bas blancs et un habit brodé? Est-ce que l'idée du Dieu de la lumière manque d'analogie avec l'éclat de l'or? Et que fait la couleur ou des bas ou des brodequins ? Supposez même que dans cette partie on ait manqué de goût, le génie de Quinault est-il responsable des maladresses du tailleur de l'Opéra? le genre de Corneille et de Racine est-il mauvais ou ridicule, parce que nous avons vu long-temps Auguste et Agamemnon en longue perruque et en chapeau avec un panache, Hermione et Camille avec de grands paniers? et si dans l'opéra de *Didon* l'ombre d'Anchise vêtue en moine sort ridiculement du parquet, sans qu'aucune vapeur l'annonce et l'environne, est-ce la faute du poète?

Je me souviens d'avoir entendu tourner en ridicule les ciels de l'Opéra, parce que c'étaient des lambeaux de toile. Eh! les ciels de Claude Lorrain ne sont-ils pas des lambeaux de toile? Demandez que les ciels soient peints à faire illusion; demandez de même que les dieux et les héros soient vêtus avec goût, selon leur caractère; mais ne jugez ni de Racine, ni de Quinault, ni de Métastase par les négligences accidentelles qui vous choquent sur leur théâtre; et ne nous donnez pas pour un défaut du genre, ce qui est commun à tous les genres et ce qui leur est étranger à tous.

On demande « si le bon goût et le bon sens per-
« mettraient de personnifier tous les êtres que l'ima-
« gination des poètes a enfantés, un génie aérien,
« un jeu, un ris, un plaisir, une heure, une con-
« stellation, etc. »

Pourquoi non, si la poésie leur a donné une existence et une forme idéale, si la peinture l'a secondée, et si nos yeux par elle y sont accoutumés? La fable et la féerie une fois reçues, tout le système en existe dans notre imagination. Dès qu'Armide paraît, on s'attend à voir des génies; dès que Vénus ou l'Amour s'annonce, on serait surpris de ne pas voir les Graces, les Jeux, les Plaisirs. Le Guide a peint les heures entourant le char de l'aurore; il en a fait un tableau divin : pourquoi ce qui nous charme dans le tableau du Guide choquerait-il le bon sens et le goût sur le théâtre du merveilleux?

On a voulu tourner en ridicule l'allégorie de la haine dans l'opéra d'*Armide*, et après en avoir fait un détail burlesque, on a dit : « Voilà le tableau de « Quinault. »

Une parodie n'est pas une critique, comme une injure n'est pas une raison. Jamais allégorie, je le répète, ne fut plus juste, ni plus ingénieuse. Elle est d'autant plus belle, qu'en laissant d'un côté à la vérité simple tout ce qu'elle a de pathétique, de l'autre elle se saisit d'une idée abstraite qui nous serait échappée, et dont elle fait un tableau frappant. Je vais tâcher de me faire entendre. Armide aime Renaud et désire de le haïr : ainsi, dans l'âme d'Armide, l'amour est en réalité, et la haine n'est qu'en idée. On ne parle point le langage d'une passion que l'on ne sent pas. Le poète ne pouvait donc, au naturel, exprimer vivement que l'amour d'Armide. Comment s'y est-il pris pour rendre sensible, actif et théâtral le sentiment qu'Armide n'a pas dans le cœur? Il en a fait un personnage : et quel développement eût jamais eu le relief de ce tableau, la chaleur et la véhémence de ce dialogue?

LA HAINE.

Sors, sors du sein d'Armide; Amour, brise ta chaîne.

ARMIDE.

Arrête, arrête, affreuse Haine.

Est-ce là mettre l'allégorie à la place de la passion?

Nullement. Je suppose qu'au lieu du tableau que je viens de rappeler, on vît sur le théâtre Armide endormie, et l'Amour et la Haine personnifiés se disputant son cœur; ce combat purement allégorique serait froid. Mais la fiction de Quinault ne prend rien sur la nature : la passion qui possède Armide est exprimée dans sa vérité toute simple; et le poète ne fait que lui opposer, au moyen de l'allégorie, la passion qu'Armide n'a pas. Plus on réfléchit sur la beauté de cette fable, plus on y trouve de génie et de goût. Le moyen de la rendre grotesque et ridicule serait de faire tirailler Armide par la Haine et par les démons.

A l'égard de la vraisemblance, la Haine est un personnage réalisé par le système de la mythologie, comme l'Envie, la Vengeance, le Désespoir, etc. Dans le système de la féerie, c'est un démon, c'est l'un des esprits infernaux auxquels le magicien commande. Le système une fois reçu, ce personnage a donc sa vraisemblance, comme celui d'Armide et comme celui de Pluton.

Mais « l'hypothèse d'un spectacle où les person-« nages parlent quoiqu'en chantant, n'est-elle pas « beaucoup trop voisine de notre nature, pour « être employée dans un drame dont les acteurs « sont des dieux? »

C'est au contraire parce que la langue de ce spectacle s'éloigne de notre nature, qu'elle convient mieux à des êtres surnaturels ou fabuleux. Les dieux et les héros, tels que les poètes et les peintres nous ont accoutumés à les concevoir, ne sont autre chose que des hommes perfectionnés : la langue musicale est donc comme leur langue naturelle; et voilà ce qui donne à l'opéra français une vérité relative que l'opéra italien n'aura jamais : car l'imagination, déjà exaltée par le merveilleux de la fable ou de la magie, attribue aisément un accent fabuleux ou magique aux personnages de l'un ou de l'autre système; au lieu que si l'action théâtrale ne me présente que la vérité historique, et que des hommes tels que j'en vois et que j'en entends tous les jours, c'est alors que j'ai de la peine à me persuader qu'ils parlaient en chantant. Ainsi, à l'égard de la vraisemblance, l'hypothèse du merveilleux s'accommode mille fois mieux de ce langage musical, que la vérité historique.

On nous oppose enfin l'exemple des Italiens, lesquels ayant d'abord adopté pour l'opéra le système du merveilleux, l'ont quitté pour la tragédie.

La vérité simple est que les premiers essais du spectacle lyrique en Italie furent faits aux dépens des ducs de Florence, de Mantoue et de Ferrare; que leur magnificence n'y épargna rien; qu'alors le merveilleux, qui exige de grands frais, put paraître sur leur théâtre ; et que dans la suite les villes d'Italie, obligées de faire elles-mêmes les dépenses de leur spectacle, allèrent à l'épargne, et donnèrent par économie la préférence à la tragédie dénuée de merveilleux.

Or, je soutiens qu'au lieu de l'embellir, ils ont gâté la tragédie, non-seulement par les sacrifices que leurs poètes ont été obligés de faire à leurs musiciens, mais parce qu'il est impossible à la musique de compenser le tort qu'elle fait à la vérité, à la rapidité, à la chaleur de l'expression. Pour s'en convaincre, on n'a qu'à voir si un opéra italien a causé jamais cette émotion continue, ce saisissement gradué, cette alternative pressante d'espérance et de crainte, de terreur et de compassion, ce trouble enfin qui nous agite du commencement jusqu'à la fin de *Mérope* ou d'*Iphigénie*. Non-seulement cela n'est pas, mais cela n'est pas possible, parce que la modulation altérée du récitatif, quel qu'il soit, ne peut jamais avoir le naturel, la véhémence, et l'énergie du langage passionné : aussi voit-on qu'en Italie l'opéra n'est point écouté ; que dans des loges on ne pense à rien moins qu'à ce qui se passe sur le théâtre, et que l'attention n'y est ramenée que lorsqu'une ritournelle brillante annonce l'air postiche qui termine la scène et qui en refroidit l'intérêt.

Pourquoi avons-nous donc aussi adopté un spectacle où la vérité de l'expression est sans cesse altérée par l'accent musical? Le poète n'est-il pas soumis à la même contrainte? les gradations, les nuances, les développements, ne lui sont-ils pas également interdits ? n'est-il pas de même obligé d'esquisser plutôt que de peindre, et d'indiquer les mouvements de l'âme plutôt que de les exprimer? ne s'impose-t-il pas encore d'autres gênes que le poète italien ne connaît pas? Oui, sans doute : mais le spectateur en est dédommagé par des plaisirs d'un autre genre ; et c'est en quoi le système français est plus conséquent que le système italien.

L'expression musicale, nous dit-on, ne convient qu'aux situations violentes et aux mouvements passionnés. Mais les passions violentes sont-elles les seules dont l'accent s'élève au-dessus de la simple déclamation? et toutes les fois que l'âme est en mouvement, soit que ce mouvement ait plus ou moins de violence et de rapidité, ne donne-t-il pas lieu à une expression plus vive et plus marquée que le langage tranquille et froid? C'est là sur-tout ce qui distingue l'air d'avec le simple récitatif, et ce qui le rend susceptible d'une infinité de nuances : c'est aussi, comme je l'ai dit, ce qui, dans le système du merveilleux, rendra l'opéra susceptible d'une variété inépuisable dans les caractères du chant.

Il me reste à examiner quel est le style qui convient au poème lyrique; et je n'hésite point à dire que, pour le simple récitatif, Quinault est le modèle de l'élégance, de la grace, de la facilité, quelquefois même de la splendeur et de la majesté que la scène demande.

Le moyen, par exemple, de ne pas déclamer avec de doux accents ces vers de l'opéra d'*Isis?* C'est Hiérax qui se plaint d'Io:

> Depuis qu'une nymphe inconstante
> A trahi mon amour et m'a manqué de foi,
> Ces lieux, jadis si beaux, n'ont plus rien qui m'enchante :
> Ce que j'aime a changé; tout a changé pour moi.
> L'inconstante n'a plus l'empressement extrême
> De cet amour naissant qui répondait au mien :

Son changement paraît en dépit d'elle-même ;
   Je ne le connais que trop bien.
Sa bouche quelquefois dit encor qu'elle m'aime,
Mais son cœur ni ses yeux ne m'en disent plus rien.....
Ce fut dans ces vallons, où, par mille détours,
Inachus prend plaisir à prolonger son cours,
   Ce fut sur son charmant rivage
    Que sa fille volage
   Me promit de m'aimer toujours.
Le zéphyr fut témoin, l'onde fut attentive,
Quand la nymphe jura de ne changer jamais ;
Mais le zéphyr léger et l'onde fugitive
Ont bientôt emporté les serments qu'elle a faits.

  Et en parlant à la nymphe elle-même, écoutez comme ses paroles semblent solliciter une déclamation touchante !

Vous juriez autrefois que cette onde rebelle
Se ferait vers sa source une route nouvelle,
Plutôt qu'on ne verrait votre cœur dégagé :
Voyez couler ces flots dans cette vaste plaine :
C'est le même penchant qui toujours les entraîne ;
Leur cours ne change point, et vous avez changé.

IO.

Non, je vous aime encor.

HIÉRAX.

    Quelle froideur extrême !
Inconstante ! est-ce ainsi qu'on doit dire qu'on aime ?

IO.

   C'est à tort que vous m'accusez :
Vous avez vu toujours vos rivaux méprisés.

HIÉRAX.

Le mal de mes rivaux n'égale point ma peine ;

La douce illusion d'une espérance vaine
Ne les fait point tomber du faîte du bonheur:
Aucun d'eux, comme moi, n'a perdu votre cœur.

On voit encore un exemple plus sensible de l'aisance et du naturel du dialogue lyrique, dans la scène de Cadmus :

Je vais partir, belle Hermione.

Mais un modèle parfait dans ce genre est la scène du cinquième acte d'*Armide*.

ARMIDE.

Vous m'allez quitter! etc.

RENAUD.

D'une vaine terreur pouvez-vous être atteinte,
Vous qui faites trembler le ténébreux séjour?

ARMIDE.

Vous m'apprenez à connaître l'amour;
L'amour m'apprend à connaître la crainte.
Vous brûliez pour la gloire avant que de m'aimer;
Vous la cherchiez par-tout d'une ardeur sans égale:
La gloire est une rivale
Qui doit toujours m'alarmer.

RENAUD.

Que j'étais insensé de croire
Qu'un vain laurier donné par la victoire,
De tous les biens fût le plus précieux!
Tout l'éclat dont brille la gloire,
Vaut-il un regard de vos yeux!

C'est en étudiant l'art dans ces modèles, qu'on sentira, ce que je ne puis définir, le tour élégant et facile, la précision, l'aisance, le naturel, la clarté d'un style arrondi, cadencé, mélodieux, tel enfin qu'il semble que le poète ait lui-même écrit en chantant. Mais ce n'est pas seulement dans les choses tendres et voluptueuses que son vers est doux et harmonieux; il sait réunir, quand il le faut, l'élégance avec l'énergie, et même avec la sublimité. Prenons pour exemple le début de Pluton dans l'opéra de *Proserpine:*

>Les efforts d'un géant qu'on croyait accablé
>Ont fait encor frémir le ciel, la terre et l'onde.
>>Mon empire s'en est troublé;
>>>Jusqu'au centre du monde
>>>Mon trône en a tremblé.
>>L'affreux Typhée, avec sa vaine rage,
>>Trébuche enfin dans des gouffres sans fonds.
>>L'éclat du jour ne s'ouvre aucun passage
>>Pour pénétrer les royaumes profonds
>>>Qui me sont échus en partage.
>Le ciel ne craindra plus que ses fiers ennemis
>Se relèvent jamais de leur chute mortelle,
>Et du monde, ébranlé par leur fureur rebelle,
>>>Les fondements sont affermis.

Il était impossible, je crois, d'imaginer un plus digne intérêt pour amener Pluton sur la terre, et de l'exprimer en de plus beaux vers.

Si l'amour est la passion favorite de Quinault, ce n'est pas la seule qu'il ait exprimée en vers lyriques, c'est-à-dire en vers pleins d'âme et de mouvement. Écoutez Cérès au désespoir après avoir perdu sa fille, et, la flamme à la main, embrasant les moissons:

J'ai fait le bien de tous. Ma fille est innocente,
Et pour toucher les dieux mes vœux sont impuissants :
J'entendrai sans pitié les cris des innocents.
   Que tout se ressente
  De la fureur que je sens.

Écoutez Méduse dans l'opéra de *Persée*.

  Pallas, la barbare Pallas
   Fut jalouse de mes appas,
Et me rendit affreuse autant que j'étais belle ;
Mais l'excès étonnant de la difformité
   Dont me punit sa cruauté
   Fera connaître, en dépit d'elle,
   Quel fut l'excès de ma beauté.
Je ne puis trop montrer sa vengeance cruelle,
Ma tête est fière encor d'avoir pour ornement
   Des serpents dont le sifflement
   Excite une frayeur mortelle.
Je porte l'épouvante et la mort en tous lieux ;
Tout se change en rocher à mon aspect horrible.
Les traits que Jupiter lance du haut des cieux
   N'ont rien de si terrible
   Qu'un regard de mes yeux.
Les plus grands dieux du ciel, de la terre et de l'onde,
Du soin de se venger se reposent sur moi.
Si je perds la douceur d'être l'amour du monde,
J'ai le plaisir nouveau d'en devenir l'effroi.

Boileau avait-il lu ces vers, lorsqu'en se moquant d'un genre dans lequel il s'efforça inutilement lui-même de réussir, il disait des opéra de Quinault :

Et jusqu'à *Je vous hais*, tout s'y dit tendrement ?

Avait-il lu le cinquième acte d'*Atys ?*

Quoi ! Sangaride est morte ! Atys est son bourreau !
Quelle vengeance, ô dieux! quel supplice nouveau !
Quelles horreurs sont comparables
Aux horreurs que je sens !
Dieux cruels, dieux impitoyables,
N'êtes-vous tout-puissants,
Que pour faire des misérables !

Quelle force! quelle harmonie! quelle incroyable facilité! Personne n'a croisé les vers et arrondi la période poétique avec tant d'intelligence et de goût; et celui qui sera insensible à ce mérite, ou n'aura point d'oreille, ou n'aura pas la première idée de la difficulté de l'art de bien écrire en vers.

Dans les vers lyriques destinés au récitatif libre et simple, on doit éviter le double excès d'un style ou trop diffus ou trop concis; et c'est ce que l'oreille de Quinault a senti avec une extrême justesse. Les vers dont le style est diffus sont lents, pénibles à chanter, et d'une expression monotone; les vers d'un style coupé par des repos fréquents obligent le musicien à briser de même son style. Cela est réservé au tumulte des passions, et par conséquent au récitatif obligé : car alors la chaîne des idées est rompue, et à chaque instant il s'élève dans l'âme un mouvement subit et nouveau.

Pour cette partie de la scène où règne une passion tumultueuse et violente, comme dans les rôles d'Armide, de Cérès, de Médée, et sur-tout dans celui d'Atys, Métastase est encore un modèle supérieur à Quinault lui-même. Mais dans le simple récitatif, le style de Métastase me semble trop concis,

et moins susceptible de belles modulations, que le
style nombreux et développé de Quinault.

A l'égard des peintures, un grand tableau dont
les traits sont distincts et se succèdent rapidement,
exige, comme la passion, un style concis et articulé.

Par exemple, dans les beaux vers du début des
Éléments, voyez comme chaque image est détachée
par un silence : c'est dans ces silences de la voix
que l'harmonie va se faire entendre.

Les temps sont arrivés : cessez, triste chaos,
Paraissez, éléments. Dieux, allez leur prescrire
  Le mouvement et le repos.
Tenez-les renfermés chacun dans son empire.
Coulez, ondes, coulez. Volez, rapides feux.
Voile azuré des airs, embrassez la nature.
Terre, enfante des fruits, couvre-toi de verdure.
  Naissez, mortels, pour obéir aux dieux.

Si au contraire les sentiments et les images que
l'on peint sont destinés à former un air d'un dessin
continu et simple, l'unité de couleur et de ton est
essentielle au sujet même; et c'est le vague de l'expression
qui facilitera le chant. Dans le *Démophon*
de Métastase, Timante, qui frémit de se trouver le
frère de son fils, n'exprime sa pitié pour le malheur
de cet enfant qu'en termes vagues : le poète laisse
au musicien à dire ce qu'il ne dit pas.

  Misero pargoletto,
  Il tuo destin non sai.
  Ah! non gli dite mai
  Qual era il genitor.
  Come in un punto, o Dio!

> Tutto cambiò d'aspetto !
> Voi foste il mio diletto ;
> Voi siete il mio terror.

C'est à l'accent de la nature à faire entendre quel est ce père, quel est cet enfant malheureux. (*Voyez* AIR, CHANT, RÉCITATIF.)

Il n'est pas exactement vrai que l'expression musicale soit réservée, comme on l'a dit, au langage des passions. C'est là sans doute son triomphe; mais ce n'est pas dans la nature le seul objet que l'harmonie et la mélodie soient en état de peindre, d'animer, d'embellir.

« Si vous choisissez, nous dit-on, deux compo-
« siteurs d'opéra; que vous donniez à l'un à expri-
« mer le désespoir d'Andromaque lorsqu'on arrache
« Astyanax du tombeau où sa piété l'avait caché,
« ou les adieux d'Iphigénie qui va se soumettre
« au couteau de Calchas, ou bien les fureurs de sa
« mère éperdue au moment de cet affreux sacrifice,
« et que vous disiez à l'autre : faites-moi une tem-
« pête, un tremblement de terre, un chœur d'A-
« quilons, un débordement du Nil, une descente de
« Mars, une conjuration magique, un sabbat in-
« fernal : n'est-ce pas dire à celui-ci, je vous choisis
« pour faire peur ou plaisir aux enfants; et à l'au-
« tre, je vous choisis pour être l'admiration des
« nations et des siècles ? »

Mais à quoi bon ce partage exclusif de l'art d'imiter par des accents, par des accords, et par des nombres? Le même compositeur à qui l'on donnerait à exprimer le désespoir d'Andromaque, se croirait-il déshonoré si on lui donnait aussi à exprimer les gémissements de l'ombre d'Hector qui se feraient entendre du fond de son tombeau? Celui qui aurait exprimé les adieux d'Iphigénie, ou le désespoir de sa mère, rougirait-il d'exprimer aussi la descente de Diane par une symphonie auguste? Celui qui aurait à exprimer la douleur d'Idoménée, obligé d'immoler son fils, dédaignerait-il d'imiter la tempête de l'avant-scène? La chute du Nil serait-elle un objet moins magnifique à peindre aux yeux et à l'oreille, que le triomphe de Sésostris? et sans être un peuple d'enfants, ne pourrait-on pas être ému de la beauté de ces peintures? Un chœur infernal peut aussi n'être pas *un bruit de sabbat* : les Grecs ne l'appelaient point ainsi sur le théâtre d'Eschyle; il n'y ressemble pas d'avantage dans l'opéra de *Castor*, et quant à l'exécution, il est possible et facile encore d'y faire observer plus de décence.

La musique a, de sa nature, un caractère d'analogie et des moyens d'imitation pour tout ce qui affecte l'oreille. Quant aux objets des autres sens, elle n'a rien qui leur ressemble; mais au lieu de l'objet même, elle peint le caractère de la sensation qu'il nous cause : par exemple, dans ces vers de Renaud,

Plus j'observe ces lieux et plus je les admire.
  Ce fleuve coule lentement,
Il s'éloigne à regret d'un séjour si charmant.
Les plus aimables fleurs et le plus doux zéphyre
  Parfument l'air qu'on y respire.

la musique ne peut exprimer ni le parfum ni l'éclat des fleurs; mais elle peint l'état de volupté où l'âme, qui reçoit ces douces impressions, languit amollie et comme enchantée.

Dans ces vers de *Castor et Pollux*,

> Tristes apprêts, pâles flambeaux,
> Jour plus affreux que les ténèbres!

la musique ne pouvait jamais rendre l'effet des lampes sépulcrales; mais elle a exprimé la douleur profonde qu'imprime au cœur de Thélaïre la vue du tombeau de Castor. Telle est, d'un sens à l'autre, l'analogie que la musique observe et saisit, lorsqu'elle veut réveiller, par l'organe de l'oreille, la réminiscence des impressions faites sur tel ou tel autre sens : c'est donc aussi cette analogie que la poésie doit rechercher dans les tableaux qu'elle lui donne à peindre.

Quant aux affections et aux mouvements de l'âme, la musique ne les exprime qu'en imitant l'accent naturel. L'art du musicien est de donner à la mélodie des inflexions qui répondent à celles du langage, et l'art du poète est de donner au musicien des tours et des mouvements susceptibles de ces inflexions variées, d'où résulte la beauté du chant.

Un poème peut donc être ou n'être pas lyrique, soit par le fond du sujet, soit par les détails et le style.

Tout ce qui n'est qu'esprit et raison est inaccessible pour la musique : elle veut de la poésie toute pure, des images, des sentiments. Tout ce qui exige des discussions, des développements, des gradations, n'est pas fait pour elle. Faut-il donc mutiler le dialogue, brusquer les passages, précipiter les situations, accumuler les incidents, sans les lier l'un avec l'autre, ôter aux détails et à l'ensemble d'un poëme cet air d'aisance et de vérité d'où dépend l'illusion théâtrale, et ne présenter sur la scène que le squelette de l'action? C'est l'excès où l'on donne, et qu'on peut éviter en prenant un sujet analogue au genre lyrique, où tout soit simple, clair et rapide, en action et en sentiment.

L'opéra italien a des morceaux du caractère le plus tendre; il en a aussi du plus passionné : c'est sa partie vraiment lyrique. Du milieu de ces scènes, dont le récit noté n'a jamais ni la délicatesse, ni la chaleur, ni la grace de la simple déclamation, parce que les inflexions de la parole sont inappréciables, que dans aucune langue on ne peut les écrire, et que le chanteur le plus habile ne peut jamais les faire passer dans ses modulations; du milieu de ces scènes, dis-je, sortent par intervalle des mouvemens de sensibilité, auxquels la musique donne une expression plus animée et plus touchante que l'expression même de la nature; et le premier mérite en est au poète qui a su rendre ces morceaux susceptibles de toute l'énergie et de l'accent musical. Voyez dans l'*Iphigénie* d'Apostolo-Zeno, imitée de Racine, combien ces paroles de Clytemnestre sont dociles à recevoir l'accent de la douleur et du reproche :

 Prepari a svenar e figlia e madre,
  Consorte e padre,
 Ma sensa amore

Senza pietà.
   Si, sì,
L'amor si pervertì;
E nel tuo cuore
Entrò col fasto
La crudeltà.

Dans l'*Andromaque* du même poète, lorsqu'entre deux enfants qu'on présente à Ulysse, réduit au même choix que Phocas, il ne sait lequel est son fils Télémaque, ni lequel est le fils d'Hector; les paroles de Léontine dans la bouche d'Andromaque sont, il faut l'avouer, d'une mère bien plus sensible, et ont quelque chose de bien plus animé dans l'italien que dans le français :

Guarda pur. O quello, o questo
È tua prole, è sangue mio.
Tu nol sai; ma il so ben io;
Ne a te, perfido, il dirò.
Chi di voi lo vuol per padre?
Vi arretrate! ah! voi tacendo
Sento dir : tu mi sei madre;
Ne colui me generò.

Dans l'*Olympiade* de Métastase, lorsque Mégaclès cède sa maîtresse à son ami et la laisse évanouie de douleur, quoi de plus favorable au pathétique du chant que ces paroles :

Se cerca, se dice :
L'amico dov'è?
L'amico infelice,
Rispondi, morì.
Ah no : si gran duolo

Non dar le per me ;
Rispondi ma solo :
Piangendo partì.
Che abisso di pene !
Lasciare il suo bene !
Lasciar lo per sempre !
Lasciar lo cosi.

Dans le *Démophon* du poète, imité d'*Inès de Castro*, combien les adieux des deux époux sont plus touchants, dans ce dialogue de Timante et de Dircé, que dans la scène de Pèdre et d'Inès !

TIMANTE.
La destra ti chiedo,
Mio dolce sostegno,
Per ultimo pegno,
D'amore e di fè.

DIRCÉ.
Ah ! questo fu il segno
Del nostro contento ;
Ma sento che adesso
L'istesso non è.

TIMANTE.
Mia vita, ben mio.

DIRCÉ.
Addio, sposo amato.

ENSEMBLE.
Che barbaro addio !
Che fato crudel !
Che attendono i rei
Dagli astri funesti,
Si premi son questi
D'un' alma fedel !

C'est là que triomphe la musique italienne;
dans l'expression qu'elle y met, on ne sait ce qu'o
doit admirer le plus, ou des accents ou des accord

Mais on aurait beau multiplier ces morceaux p
thétiques, ils ont toujours la couleur sombre d'u
sujet uniquement tragique; et pour y répandre o
la variété, l'on est obligé d'avoir recours à un moye
qui répugne à la tragédie et fait violence à la natur
je parle de ces sentences, de ces comparaisons qu
les poètes ont eu la complaisance de mettre dar
la bouche des personnages les plus graves, dar
les situations même les plus douloureuses; de ce
airs sur lesquels une voix efféminée, qu'on donn
pour celle d'un héros, vient badiner à contre-sen
En vain les poètes ont mis tous leurs soins à fai
de ces vers détachés des peintures vives et noble
il y a de quoi éteindre le feu de l'action la plu
animée. Celui qui chante peut flatter l'oreille, ma
il est sûr de glacer les cœurs. Que devient, pa
exemple, l'intérêt de la scène, lorsqu'Arbace, dan
la plus cruelle situation où la vertu, l'amour, l'a
mitié, la nature puissent jamais être réduits, s'amus
à chanter ces beaux vers?

> Vo solcando un mar crudele,
> Senza vele
> E senza sarte.
> Freme l'onda, il ciel s'imbruna,
> Cresce il vento e manca l'arte;
> E il voler della fortuna
> Son costreto a seguitar.
> Infelice in questo stato,

Son da tutti abandonato ;
Meco sola è l'innocenza,
Che mi porta a naufragar.

Cette manière de varier, de brillanter le chant, dans l'opéra italien, est un luxe très éloigné du naturel. Métastase, qui s'en est plaint, l'a trop favorisé lui-même : il a eu trop de complaisance pour la vanité des chanteurs, qui voulaient faire applaudir au théâtre la flexibilité, la justesse, l'agilité d'une voix brillante ; il a trop adhéré à la fausse émulation des compositeurs, et au mauvais goût de la multitude, qui, rassassiée des beautés simples dans l'expression musicale, voulait un chant plus *artialisé*, si je puis me servir de ce mot de Montaigne. Le dirai-je enfin ? Métastase a lui-même contribué à introduire ce mauvais goût, en donnant lieu à une foule d'airs qui, dans ses opéra, ne seraient rien, s'ils n'étaient pas un vain ramage. Et que voulait-il qu'un musicien fît de toutes ces comparaisons façonnées en ariettes, qui terminent ses scènes comme des culs de lampe, ou qui plutôt sont dans le chant comme des bouquets d'artifice, pour obtenir l'applaudissement ?

Un grand musicien m'a dit que les airs de bravoure qu'il était obligé de composer en Italie avaient fait son supplice durant vingt ans. Mais ce luxe contagieux ne se fût pas introduit dans le chant et n'eût pas corrompu l'oreille et le goût des Italiens, s'il n'eût pas commencé par se glisser dans les paroles, si la poésie lyrique n'eût jamais elle-même été que l'expression pure et simple du sentiment donné par la situation et inspiré par la nature; et c'est à quoi, dans l'opéra français, nous espérons de la réduire.

Dès-lors toutes les beautés véritables de la musique italienne, cette déclamation rapide et naturelle, ce pathétique véhément du récitatif obligé, ce cantabile si touchant et si mélodieux, ces airs, le charme de l'oreille et en même temps l'expression la plus vraie et la plus sensible des affections de l'âme, tout cela, dis-je, nous appartient, et la musique française n'est plus que la musique italienne dans sa plus belle simplicité.

Et qu'on ne dise pas que ce n'est point encore ce que Métastase eût voulu, s'il avait dépendu de lui d'être fidèle à ses principes. Il s'en est clairement expliqué dans ses lettres à l'auteur de l'*Essai de l'alliance de la Poésie avec la Musique*. Dans cet essai, l'air régulier, l'air périodique, est célébré comme ce qu'il y a de plus ravissant dans la musique italienne; et Métastase, dans ses lettres, donne les éloges les moins équivoques au bon goût, aux lumières, à la saine doctrine répandue dans cet essai. Métastase et M. le marquis de Chastellux sont d'accord sur la beauté de l'air et sur le charme qu'il ajoute à la scène; mais tous les deux condamnent le luxe efféminé qui s'est introduit dans cette partie de la musique théâtrale, au mépris de toutes les convenances, et aux dépens de l'intérêt de l'action et de l'expression. Tel est sur ces deux points le sentiment de Métastase. Et comment le génie inspirateur des plus beaux chants aurait-il été l'ennemi de la musique chantante ? Comment le poète qui a mesuré, symétrisé avec le plus de soin les paroles de ses duo et de ses airs, aurait-il réprouvé cette période musicale dont lui-même il traçait le cercle, et ces phrases correspondantes qu'il dessinait avec tant d'étude et tant d'art ? On voit évidemment que, pour prendre une forme régulière et parfaite, la musique n'avait besoin que d'être moulée sur ses paroles ; et ce moule, dont il est impossible de ne pas reconnaître la destination, n'était pas formé sans dessein. Mais pour sauver la tragédie de la tristesse monotone qui lui est naturelle, Métastase a été forcé d'y semer une foule d'airs accessoires et purement lyriques ; et il a mis à orner ce défaut un talent, un goût, un travail qui le font admirer et plaindre.

Il fut un temps, nous dira-t-on, où Métastase, après avoir été esclave des musiciens, pouvait leur imposer : en changeant de manière, il aurait corrigé la leur. Mais l'habitude était formée, le mauvais goût avait prévalu ; et un obstacle plus invincible encore était l'attachement de ce poète au genre austère qu'il avait pris, et qu'il ne pouvait tempérer et varier que par ces petits épilogues, où il donnait aux voix la liberté de voltiger : *Plebis aucupium*.

Le seul moyen de se passer de cette ressource aurait été, pour lui, de travailler sur des sujets plus variés et plus dociles, où le mélange des situations douloureuses et des situations consolantes, des moments de trouble et de crainte, et des moments de calme et d'espérance, eût donné lieu tour à tour au caractère du chant pathétique et à celui du chant gracieux et léger.

Ainsi l'exemple même des Italiens me confirme dans la pensée qu'un genre mêlé de tableaux gracieux et de tableaux terribles, de situations douces et de situations fortes, de scènes tendres et touchantes et de scènes passionnées, de clair, de sombre dans ses couleurs et dans ses tons, de pastoral et d'héroïque dans son action et dans ses caractères; qu'un genre susceptible d'un merveilleux décent et de fêtes bien amenées est en même temps le plus favorable à la musique, et le plus susceptible de toutes les beautés que peut réunir un spectacle fait pour enchanter tous les sens. M. Piccini en a fait deux essais. On a contesté d'abord le succès d'*Atys*; celui de *Roland* est incontestable. (Celui d'*Atys* n'a pas été moins décidé à diverses reprises.) Et qu'avec son style enchanteur cet homme célèbre et ses pareils aient le courage de s'exercer dans le même genre, le temps décidera si ce n'est pas celui qui nous convient le mieux.

L'opéra ne s'est pas borné aux sujets tragiques et merveilleux. La galanterie noble, la pastorale, la bergerie, le comique, le bouffon même sont embellis par la musique. Mais tout cela demande un naturel très animé; le mouvement en est la vie, la variété en fait le charme; le gracieux même y doit être mêlé du vif et du piquant. Le comique sur-tout, par ses mouvements, ses saillies, ses traits naïfs, ses peintures vivantes, donne à la musique un jeu et un essor que les Italiens nous ont fait connaître;

et dont, avant la *Serva Padrona*, l'on ne se doutait point en France.

Mais les arts connaissent-ils la différence des climats? leur patrie est partout où l'on sait les goûter. Les beautés de l'opéra italien seront celles du nôtre quand nous le voudrons bien. Déjà, dans le comique, nous avons réussi : en élevant ce genre au-dessus du bouffon, nous en avons étendu la sphère. Il dépend de nous, en donnant à Quinault plus d'énergie et de mouvement dans les situations pathétiques, et des formes lyriques qu'il ne pouvait connaître, de faire de ses beaux poèmes l'objet de l'émulation des plus célèbres compositeurs. Laissons aux voix brillantes et légères que l'Italie admire les ariettes qui, dans ses opéra, déparent les scènes les plus touchantes; et tâchons d'imiter ces accents si vrais, si sensibles, ces accords si simples et si expressifs, ces modulations dont le dessin est si pur et si beau, enfin ce chant qui, pour émouvoir, n'a presque pas besoin d'être chanté, et qui, avec un clavecin et une voix faible, a le pouvoir d'arracher des larmes. Mais gardons-nous de renoncer à ce beau genre de Quinault; encourageons les jeunes poètes à l'accommoder au goût d'une musique dont il est si digne; et n'allons pas croire que, dans ce nouveau genre, le récitatif, quelque bien fait qu'il soit et de quelque harmonie que son expression soit soutenue, ait seul assez d'attraits et assez de charmes pour nous. La période musicale, le chant mélodieux, dessiné, arrondi, décrivant son cercle avec grâce, l'air enfin une fois connu, sera, partout et dans tous les temps, les délices de l'oreille; et jamais des phrases tronquées, des mouvements rompus, des dessins avortés, un chant heurté ou mutilé ne satisferont pleinement. Les Italiens le disent, et l'on doit les en croire : l'excellence de la musique est dans le chant, et la mélodie en est l'âme.

A l'égard des fêtes et des danses, évitons avec soin de les amener sans raison et en dépit de la vraisemblance ; mais gardons-nous aussi de les trop négliger et d'en dépouiller ce spectacle. Ce ne sera point au moment où la désolation règnera dans le lieu de la scène, que les Satyres et les Dryades viendront célébrer la fête du dieu Pan, comme dans l'opéra de *Callirhoé*; ce ne sera point lorsqu'un amant furieux, courant à l'autel où l'on veut immoler sa maîtresse, dira :

Le bûcher brûle, et moi j'éteins sa flamme impie
Dans le sang du cruel qui veut vous immoler....
J'attaquerai vos dieux, je briserai leur temple,
  Dût leur ruine m'accabler.

Ce ne sera point alors que les bergers des coteaux voisins viendront danser et chanter gaiement autour de celle qui doit être immolée. Mais les amants qui viendront s'enivrer à la fontaine de l'amour formeront par leurs danses un contraste agréable avec la douleur d'Angélique. Quinault, par un trait de sentiment, donne la leçon aux poètes, lorsque Renaud dit aux Plaisirs qui viennent le distraire de ses ennuis:

  Allez, éloignez-vous de moi,
Doux Plaisirs : attendez qu'Armide vous ramène.

Ce créateur de la scène lyrique est encore celui qui a le mieux connu l'art d'amener les fêtes. La pastorale de *Roland* fut son chef-d'œuvre dans ce genre; et lorsque je remis au théâtre cet opéra charmant, j'eus grand soin de la conserver; mais à la dernière répétition, une troupe de gens ameutés pour faire tomber cet essai de la musique italienne, cherchant dans le poème quelque endroit à reprendre, s'avisèrent de trouver ridicule la scène de la pastorale, et firent tant par leurs clameurs que les directeurs effrayés vinrent me conjurer d'en retrancher ces vers de situation que les cabaleurs attaquaient:

CORIDON.

Quand le festin fut prêt, il fallut les chercher.

BÉLISE.

Ils étaient enchantés dans ces belles retraites.

CORIDON.

On eut peine à les arracher
De ce lieu charmant où vous êtes.

ROLAND.

Où suis-je? Juste ciel! où suis-je, malheureux?

Je résistai long-temps, comme on peut croire; mais il fallut céder, pour ne pas entendre huer le lendemain ce qui avait fait les plaisirs de la cour de Louis XIV et l'admiration de Voltaire.

Je me permets ce petit détail, non seulement pour me disculper de cette indigne mutilation, mais pour faire voir de quels juges les arts ont quelquefois le malheur de dépendre.

MARMONTEL, *Éléments de Littérature.*

MÊME SUJET

De l'opéra italien comparé au nôtre, et des changements que la nouvelle musique peut introduire à l'opéra français.

La théorie des spectacles, dans leurs rapports avec les mœurs publiques et les circonstances locales, est beaucoup plus étendue qu'on ne l'imagine, et n'est pas à beaucoup près renfermée tout entière dans les règles de la poétique. On a déjà pu apercevoir cette vérité dans ce qui a été dit en son lieu des théâtres anciens : je m'écarterais trop si je voulais la développer et l'approfondir. Mais selon la méthode que j'ai suivie, d'indiquer du moins à la réflexion ce qui n'est pas de l'objet immédiat de cet ouvrage, j'inviterai ceux qui veulent former leur jugement à ne pas considérer uniquement le génie des auteurs, dans les productions théâtrales de chaque peuple, et à ne pas croire que l'incontestable supériorité de notre théâtre, dans tous les genres, appartienne seulement au talent dramatique, ni même qu'elle prouve dans les auteurs étrangers une infériorité d'esprit égale à celle des ouvrages. Ils n'ont pas eu les mêmes secours dans l'esprit public de leurs contemporains; et le leur a été nécessairement subordonné, jusqu'à un certain point, à ceux pour qui d'abord il fallait travailler, et dont le goût et le jugement étaient gouvernés par des opinions et des habitudes générales, qui n'ont point encore changé, et qui n'ont été que fort peu modifiées, même depuis que les principes de l'art ont été mieux connus, à mesure qu'il a été mieux cultivé. Quoique les Anglais du temps de Charles II fussent déjà loin de la grossièreté et du pédantisme qui régnaient au siècle de Shakspeare, quoique ceux d'aujourd'hui en soient encore bien plus éloignés, il n'en est pas moins demeuré le premier des poètes dramatiques pour les Anglais en général, si l'on excepte un petit nombre de juges impartiaux, qui, s'élevant au-dessus des préjugés de l'amour-propre national, conviennent que les pièces de Shakspeare ne peuvent raisonnablement soutenir le parallèle avec les chefs-d'œuvre des tragiques français. Mais pourquoi cette obstination du grand nombre contre une préférence qui n'est pas seulement reconnue en France, mais qui l'est de fait dans toute l'Europe? C'est qu'à Londres les spectacles sont essentiellement populaires, et que partout le goût du peuple est grossier *. Ce goût devient dominant et entraîne plus ou moins les classes même supérieures, quand le peuple est riche, et même est une puissance politique, comme il l'est en Angleterre, le seul grand état de l'Europe moderne où il a pu l'être, par des raisons que tous les bons publicistes ont mises à la portée de tout homme instruit. Il ne faut donc pas s'étonner si l'on vit Pope lui-même, formé à l'école des anciens, et plein de goût dans ses écrits, s'aveugler dans sa critique, au point de transformer en beautés les plus grands défauts de Shakspeare;

* Il faut excepter le peuple d'Athènes, et à quelques égards celui de Rome, quand les lettres grecques y furent connues; on a vu ailleurs les raisons qui séparent ces deux peuples de tous les autres.

et dernièrement encore une Anglaise de beaucoup d'esprit, madame de Montaigu*, a essayé de nous faire goûter ce qu'il y a de plus vicieux dans le poète des Anglais. Ce titre sera toujours celui de Shakspeare, parce qu'au théâtre de Londres il est éminemment le poète du peuple, dont il sut saisir et flatter tous les goûts, d'autant plus aisément que c'étaient les siens propres, quoique d'ailleurs son génie naturel, qui n'était pas vulgaire, l'élevât quelquefois au niveau des plus grands esprits. Dénué d'éducation, et sans autres études que quelques lectures mal digérées, il s'égarait de bonne foi. Mais on peut croire qu'il n'en était pas de même de Lope de Vega, qui osa faire sa profession de foi et la satire de ses admirateurs, dans des vers très curieux, traduits par Voltaire dans ses *Commentaires* sur Corneille, et dont je ne citerai que celui-ci, qui dit tout et qui est littéral :

J'écris en insensé; mais j'écris pour des fous.

On a traduit en Espagne comme partout ailleurs, et l'on a même représenté à Madrid plusieurs de nos meilleures pièces, entre autres *Zaire***, ce qui ne paraît pas avoir influé sur le système dramatique des Espagnols. On aime toujours les *autos sacra-*

---

* Mistriss Montague, dans son *Essai sur le génie et les écrits de Shakspeare*, publié en 1769. F.

** Notez qu'elle fut donnée comme pièce originale, et que l'auteur se garda bien de dire qu'il traduisait Voltaire. La pièce s'appelait *Arlaïa*, et fut jouée il y a environ trente-cinq ans. J'étais alors à Ferney, et j'ai eu sous les yeux la pièce et la lettre de l'auteur espagnol à Voltaire.

mentales dans ce pays où la dévotion, faisant partie des mœurs générales, n'est pas toujours éclairée, et se ressent de l'ignorance populaire, quoique la nation soit une des plus spirituelles de l'Europe. On s'y plaît aux objets de la religion, qui sont familiers et chers, sans examiner s'ils ne sont pas, sur la scène, plutôt profanés qu'édifiants. Dans la comédie, on aime toujours les intrigues de Calderon, de Roxas, de Moreto et d'autres auteurs du même genre, et on les aimera tant qu'elles auront un rapport général avec les mœurs, même aux dépens de la vraisemblance des faits. Ces intrigues roulent presque toujours sur tous les moyens imaginables que l'amour peut inventer pour tromper la surveillance, et rien ne s'accorde mieux avec les idées habituelles d'un peuple qui réunit au même degré la galanterie et la jalousie. S'il paraît ne songer nullement à cette peinture des caractères et des ridicules de la société, qui nous charme dans Molière et dans ceux qui ont suivi la même route, c'est que depuis des siècles la société n'a pas cessé d'être ce qu'elle était, à peu près uniforme, au dehors grave, réservée, et même assez silencieuse, et au dedans tout entière occupée d'une seule affaire, la galanterie. Si la pompe de la représentation et des paroles lui plaît toujours dans la tragédie, même contre la nature et le bon sens, c'est que l'Espagnol est fastueux par caractère, sur-tout depuis que les mines du Pérou l'ont rendu possesseur de l'or du Nouveau-Monde, quoique sans le rendre plus riche au milieu de l'industrie du nôtre. De plus, il y a chez lui un fond de grandeur qui se ressent de son ancien esprit de chevalerie, et qui, bon et louable en lui-même, n'est pas exempt d'exagération. La fierté castillane, compagne de la générosité, est passée en proverbe, et en Espagne le pauvre même est fier sans être ridicule.

Toutes ces causes réunies où viennent se rattacher toutes les habitudes qui en sont la suite, ont dû puissamment influer sur les compositions dramatiques, et en arrêter les progrès en Espagne et en Angleterre, précisément au point où l'art se trouvait d'accord avec le caractère national ; et il est tout simple que l'un soit resté jusqu'ici à peu près au niveau de l'autre. S'il n'en a pas été de même en France, si elle est parvenue jusqu'à servir de modèle après avoir été long-temps très médiocre imitatrice, à qui en a-t-elle obligation ? Aux anciens d'abord, comme nous l'avons vu dans les différents articles où il a été question des études de Port-Royal et de nos deux premiers classiques, Racine et Despréaux. Mais ce n'est pas moi qui oublierai ou dissimulerai une autre cause peut-être encore plus puissante : c'est sur-tout devant l'ingratitude que j'aime à invoquer la reconnaissance, et c'est devant le mensonge dominant qu'il faut faire parler plus haut la vérité. C'est l'esprit social perfectionné sous un règne créateur, c'est la législation des bienséances de tout genre, qui, s'étendant de la cour de Louis XIV à toutes les classes de citoyens bien élevés, et passant de la société dans les écrits par une marche naturelle et infaillible, a le plus contribué à la perfection de tous les arts, devenus les jouissances des hommes instruits, et aucun de ces arts n'en a profité plus que l'art dramatique. L'espèce de liberté dont jouirent alors les femmes, et qu'elles n'avaient pas en d'autres pays, cette liberté sociale qui faisait un devoir de la décence, parce que l'une et l'autre tenaient au même principe, à la noblesse des sentiments et à la politesse des manières, lien réciproque des deux sexes quand ils sont rapprochés, donna une teinte particulière et nouvelle au langage, aux mœurs et aux ouvrages. Il ne fut plus question de l'art de tromper, qui est un besoin de la servitude : il fut question de l'art de plaire, qui est un besoin de l'amour-propre, et dès-lors le bon goût devint une chose importante. S'y conformer en tout fut un mérite; le blesser fut un ridicule, un tort, et même un danger : de là, pour un homme qui savait observer, comme Molière, la comédie de caractère et de mœurs; et l'excellent esprit de Louis XIV l'y encourageait, au point de lui dénoncer lui-même tous les genres de travers qui contrastaient encore autour de lui avec ces nobles bienséances dont il était le modèle, et qui devinrent bientôt le ton général de sa cour : de là, dans les tragédies de Racine, dans les opéra de Quinault, dans les poésies de Boileau, en un mot, dans tous les genres de composition, ce tact des convenances que tout le monde étudiait avec plus ou moins de succès, mais dont les arbitres, dans les deux sexes, étaient à Versailles, où l'homme le plus à la mode, Vardes, disait si ingénieusement, à son retour d'un long exil : « Sire, quand on est loin « de votre majesté, on n'est pas seulement malheu- « reux, on devient encore ridicule. »

Enfin nous eûmes peu à peu ce que n'avaient point eu les anciens : nous fûmes le seul peuple de l'Europe qui eût des spectacles de tous les jours ; et ce plaisir habituel, né de ce même esprit de société qui tend toujours à la réunion des deux sexes, en joignant à leur attrait mutuel le charme des arts qui l'augmente, dut mettre le sceau à cette perfection du théâtre, en nous rendant plus difficiles et plus éclairés sur des jouissances continuelles. D'ailleurs elles ne furent long-temps à la portée que de leurs juges naturels, les classes de la société qui ont le plus de moyens d'éducation et d'instruction. C'était un préservatif très précieux contre la corruption du théâtre.

En appliquant ici cet examen des rapports généraux du théâtre avec les mœurs des nations, examen qu'on peut appeler, ce me semble, la philosophie de la critique, et qui sert d'ailleurs à ménager des repos et des intervalles dans les analyses particulières, on comprendra les raisons de la différence, qui jusqu'ici a toujours été à peu près la même, entre l'opéra italien et le nôtre ; et qui me ramène au sujet dont nous nous occupons. On peut dire que les progrès du mélodrame ont été partagés entre les Italiens et nous, selon la nature de chacun des deux peuples : ils ont perfectionné la musique, et

* Voyez sur le sens qu'on donnait alors à ce mot ; t. XV, p. 166 de notre *Répertoire*. H. P.

nous le drame. N'ayant point proprement de théâtre tragique, ils doivent avoir peu d'idée du plaisir que peuvent donner pendant deux ou trois heures les émotions purement dramatiques, prolongées par une illusion continue, et qui nous ont été si familières et si chères à remonter même avant Corneille, c'est-à-dire dans l'espace de plus de cent cinquante ans. La bonne tragédie, chez les modernes, est originaire de la France, et nous en avions le goût avant même qu'il fût éclairé, comme on le voit par les succès de Tristan et de Mairet. Il n'était encore qu'un instinct, lorsqu'on jouissait avec transport de la *Sophonisbe* de l'un et de la *Mariamne* de l'autre. A dater du *Cid*, ce goût devint une passion toujours plus vive et en même temps plus raffinée. Chez les Italiens, c'est la musique qui est indigène : c'est un fruit du terroir, et ils ont tout prodigué pour en faire prospérer la culture. Ils semblent naturellement musiciens quand on voit avec quel enthousiasme ils entendent la musique; et, comme ils ont appris dès long-temps à la connaître et à la goûter, il en résulte deux effets naturels : le goût exercé devient sévère, et ils ne souffrent guère la musique médiocre; un sentiment vif s'épuise bientôt, et il leur faut, chaque année, de la musique nouvelle. C'est peut-être aussi par la même raison qu'ils se soucient peu d'écouter de la musique pendant toute une soirée : il n'y a point d'émotion de trois heures, à moins qu'elle ne soit toute de l'âme, et l'oreille est au moins pour la moitié dans le plaisir que fait la musique à ceux qui l'aiment passionnément. L'oreille des Italiens est très sensible, et c'est pour cela même qu'elle ne s'arrête guère qu'à quelques morceaux supérieurs, dans le cours d'un spectacle beaucoup plus long que le nôtre : ces morceaux les jettent dans une espèce d'ivresse, et leurs sens ont besoin de se reposer.

Vous reconnaissez les influences du climat, et les habitudes qu'il nécessite, dans la manière dont les Italiens assistent à leur Opéra. On se visite, on fait la conversation, on joue dans les loges, on y collationne, on sort et on rentre, comme si l'on était chez soi. Sédentaires presque toute la journée, le soir est, pour les Italiens, l'heure de l'action et du mouvement; et les distractions sont un besoin dans un spectacle de cinq à six heures. L'attention ne revient qu'avec l'attente du plaisir, quand il s'agit d'entendre l'*aria*, et le *virtuose*, et la cantatrice. Est-il étonnant que, d'après ces dispositions universelles, on n'ait eu qu'un mauvais opéra avec de belle musique? Cela doit arriver quand on est passionné pour l'une et qu'on se soucie peu de l'autre. Voltaire a dit que la musique, chez les Italiens, avait tué la tragédie, et il a dit vrai; ce n'est pourtant pas faute de talents poétiques que l'opéra italien est resté si imparfait; un peuple qui peut se glorifier d'un Métastase, ne saurait dire que, s'il s'attache exclusivement à la musique, c'est que les paroles sont mauvaises. Il ne peut s'en prendre qu'à lui de l'irrégularité des poèmes, devenue presque loi par l'obligation de multiplier les intrigues pour placer les chanteurs. Mais malgré tous les vices de l'ensemble, un peuple spirituel et instruit ne pouvait pas méconnaître le génie du poète dans l'intérêt des situations et dans la beauté du dialogue et du style, qui ont fait la réputation de Métastase. Cependant c'est à la cour de Vienne, et non pas dans sa patrie, que ce célèbre écrivain a trouvé des récompenses et des honneurs; et en Italie un bon compositeur gagne plus à lui seul que vingt auteurs de paroles, et un chanteur habile plus que tous les musiciens et tous les poètes. On sait de plus (et l'exemple est de tous les jours) qu'il n'y a ni scène ni situation qu'on ne sacrifie, sans le moindre scrupule, pour faire place à un air demandé, ou bien à un *virtuose* à la mode. C'est ainsi qu'on ne manque jamais de bons musiciens ni de bons chanteurs; mais si par hasard on a un poète, c'est la nature qui l'appelle d'autorité, et ce sont les étrangers qui lui donnent sa place.

Honos alit artes[*]. Autant les arts qui sont proprement de l'esprit ont été peu prisés en Italie, autant ils ont été honorés en France; et ce qui était un objet d'indifférence chez les uns était chez les autres un des premiers intérêts de la société. Le Français plus actif, à raison d'un climat moins chaud, plus affectionné aux jouissances, et sur-tout aux prétentions de l'esprit, à raison d'une vanité démésurée, qui de tout temps a été son attribut, le Français est capable de tout quitter, de tout souffrir, pour le seul plaisir d'avoir vu la nouveauté

---

[*] La gloire est l'aliment des arts. Cic. *Tuscul.* I, 2.

quelconque, et pour user de son droit de juge. C'est ce qu'on voyait tous les jours dans le temps de la littérature ; car on peut appeler ainsi le temps où elle était une puissance sociale, comme on appellera le temps de l'ignorance celui où elle a été pendant dix ans une puissance universelle. Cette excessive avidité des choses de l'esprit devait donc donner une singulière importance à la classe des auteurs, pour peu qu'ils ne fussent pas absolument dépourvus de toute faculté. L'ambition de faire courir et parler tout Paris devait alors devenir plus commune ; et si elle ne pouvait jamais faire qu'un petit nombre d'adeptes, elle devait produire une foule d'aspirants. Les amateurs, les prôneurs*, les protecteurs en titre durent aussi avoir leur part de cette existence d'opinion, aussi frêle, il est vrai, et aussi passagère que l'opinion même, mais qui ne laissait pas de nuire, puisqu'elle n'était qu'un abus de l'amour général pour les arts, comme l'envie est l'abus de l'émulation ; et en retraçant les avantages, je ne dois pas omettre les inconvénients. Mais enfin, de toutes ces controverses agitées sans cesse et en tous sens dans les cercles et les soupers, de l'intérêt général, et même de l'esprit de parti qu'on portait dans ces questions, devaient résulter en total quelques progrès dans ces arts dont on avait fait une si grande affaire, celle de l'amour-propre et du plaisir : ce dernier était pour

---

* Ce n'est pas ici le lieu de peindre en détail cette espèce d'existence, qui n'a jamais pu en être une que dans un monde tel que celui de Paris, depuis ceux qui se faisaient les candataires d'un philosophe, pour avoir un nom, jusqu'à ceux qui se faisaient *prôneurs* en titre d'office d'un acteur ou d'une actrice, pour avoir à dîner.

le spectacle ou le cabinet, l'autre pour le monde. Ainsi, depuis Corneille et Racine jusqu'à Voltaire et Crébillon, et depuis la querelle sur Homère et les anciens jusqu'à celle des drames modernes, tout a été parti et cabale en son temps; et les arts et les artistes ont eu en France leurs factions, leurs combats, leurs champions en concurrence, et avec d'autant plus de fracas, qu'on savait, dans les derniers temps, que, si le champ de bataille était à Paris, l'Europe entière était spectatrice. Combien de fois une tragédie de Voltaire, un opéra de Rameau, ont-ils partagé la capitale et divisé les sociétés! Combien de fois un début a-t-il mis la discorde au parterre et dans les loges! Que la raison ait le droit de rire un peu de ce grand bruit pour peu de chose, et de tant d'animosité pour des amusements, il n'en est pas moins certain que l'art en a profité, et que notre opéra, pour en revenir à notre objet, allait toujours se perfectionnant dans toutes ses parties, tandis que celui d'Italie n'a pas suivi à beaucoup près les progrès de sa musique. Les nôtres, au contraire, bien marqués dans tout le reste, dans la danse, dans les décorations, dans le costume, ont été lents et pénibles dans la musique seule, dont l'Italie nous donna les premières leçons, quand le spectacle de l'Opéra s'établit en France sous les auspices de Mazarin.

Quoique* la science et l'art aient prodigieuse-

---

* Un morceau *sur la Musique théâtrale*, imprimé dans le quatrième volume des *OEuvres* de l'auteur (1778), est fondu en substance dans cet article.

ment avancé depuis Lulli, il ne faut pas croire que ce fût un homme sans génie : il en avait beaucoup pour le temps où il vivait, et les meilleurs juges du nôtre en cette partie ont reconnu son mérite et les services qu'il avait rendus à la musique, soit dans la composition, soit dans l'exécution. De moitié avec Quinault, il fut le fondateur de notre spectacle lyrique ; et si nous n'avons suivi que fort tard les pas que fit ensuite la musique dans le pays d'où Lulli nous l'avait apportée ; s'il fut encore notre seul modèle jusqu'à Rameau, et soutint même assez long-temps la concurrence avec lui, l'on peut assigner les causes de ce retard, d'ailleurs remarquable en lui-même, chez un peuple, qui, fort peu inventeur, il faut l'avouer, est du moins assez prompt, et souvent fort heureux dans l'imitation, au point de surpasser quelquefois ceux qui l'ont devancé.

Le chant des scènes de Lulli était une espèce de déclamation, notée comme doit l'être naturellement ce qu'on appelle *récitatif*. Le sien était en général bien adapté à notre prosodie française et à notre tour de phrase ; si l'on en excepte nos *e* muets, qu'il ne sut pas éluder, ni lui ni personne, jusqu'à ces derniers temps, où ce procédé de l'art est devenu familier à nos bons compositeurs. A cela près, cette entente de notre idiome et de notre accent était certainement une preuve de goût dans un étranger. Il relevait le récit de ses scènes par quelques airs assez agréables dans leur simplicité, qui les rendait faciles à retenir et propres à devenir vaudevilles ; ce qui était encore quelque chose pour les Français.

La fortune de ses opéra, qui nous étonne aujourd'hui, ne fut réellement que ce qu'elle devait être dans un temps où l'on ne connaissait nulle part rien de meilleur. C'étaient en quelque sorte des fêtes triomphales, que l'usage des prologues semblait dédier à la gloire de Louis XIV, long-temps le premier intérêt et le premier sentiment des Français, et qui sera toujours national. Ces opéra dûrent même se soutenir après lui par l'habitude et la tradition, l'oreille étant, de tous les sens, le plus docile à l'accoutumance et le plus rebelle à la nouveauté. Le pouvoir des souvenirs agissait sous tous les rapports, et les vieillards se plaisaient aux airs que Beaumavielle leur avait appris dans leur jeunesse, et que Thévenard enseignait à leurs enfants. Ce n'est pas que l'on n'eût déjà commencé à sentir quelque ennui à ce spectacle, tout pompeux qu'il était; mais on ne l'avouait guère, et La Bruyère, qui osa le dénoncer comme ennuyeux, produisit presque le même scandale que de nos jours J.-J. Rousseau, quand il imprima que nous n'avions point de musique, ce qui était alors à peu près vrai, et que nous ne pouvions pas en avoir, ce qui n'était que ridicule; mais il était de la destinée de Rousseau, ou d'exagérer le vrai, ou de mettre le faux à côté. Au reste, ce paradoxe était de fort peu de conséquence, et c'est peut-être pour cela même qu'il devait d'abord exciter le soulèvement et même la persécution, dans celui de tous les pays où l'on se passionnait le plus pour les petites choses, à mesure qu'on devenait plus indifférent pour les grandes. On sait, il est vrai, que le fanatisme de l'opinion, même en matière légère, n'est étranger à aucun des peuples assez heureux pour que les plaisirs publics soient leur plus grande affaire; mais il y a des degrés dans tout, et comme dans ce fanatisme il entre beaucoup de vanité, il peut passer pour une maladie endémique dans une nation qui, dès le temps d'Ammien Marcellin, passait pour *démesurément vaine.*

Il fallait une nouvelle musique pour que l'on en vînt à examiner celle qu'on avait ou qu'on croyait avoir, et pour se demander enfin quelle était la raison de cet ennui qui régnait de plus en plus à l'Opéra, sur-tout pour ceux qui avaient passé l'âge d'y aller chercher autre chose qu'un spectacle. La musique des *Bouffons* qui vinrent à Paris en 1751 fit connaître à l'oreille un plaisir tout nouveau : cette richesse, cette variété d'expression, étaient bien le contraste des effets ordinaires du grand opéra; mais ce n'en était pas encore la condamnation formelle. La disparité des genres fournissait une défense ou une excuse aux derniers partisans de la musique française, qu'assurément on ne pouvait pas appeler *les derniers des Romains.* Cependant cette facilité des Italiens à exprimer tout en chant dans le familier et le gracieux, sans retomber sans cesse dans les mêmes formes de phrase et sans faire toujours le même bruit, pouvait déjà faire naître l'idée d'une composition semblable dans le noble et le pathétique, proportion gardée de la différence des genres; car pourquoi la musique, art si fécond et si puissant, ne pourrait-elle pas varier ses moyens dans un genre comme dans un autre? C'est précisément ce qu'elle faisait à cette même époque, et dans l'Italie, et dans les contrées de l'Europe où l'opéra italien était adopté; mais c'est aussi ce qu'on ignorait communément en France, ou ce qu'on négligeait, ou ce qu'on repoussait. Il n'était plus guère possible de se dissimuler que le chant de nos opéra, sans être dénué de nombre, ni même d'intention juste, n'en était pas moins, au bout d'un quart d'heure, d'une fastidieuse monotonie, par la répétition continuelle d'un petit nombre de phrases, tellement uniformes dans leurs constructions et leurs désinences, que l'oreille les devinait avant de les entendre, et que, les airs de danse exceptés, presque tout le reste semblait dire à l'oreille à peu près la même chose. A l'uniformité du dessin se joignait celle des ornements, dont les ports de voix, et sur-tout l'éternelle cadence, faisaient tous les frais; et la pauvreté des accompagnements était d'autant plus étrange, que les instruments, étant en plus grand nombre, ne faisaient guère qu'un plus grand bruit, jusqu'à Rameau, qui fut réformateur en cette partie comme dans celle des chœurs et des ballets. Il créa véritablement l'orchestre français, y mit de l'accord et de la précision, et l'accoutuma, quoique avec beaucoup de peine et de temps, à exécuter des parties bien plus savantes et plus variées que tout ce que l'on connaissait en France jusquelà, et avec un ensemble et une fidélité qu'on n'avait pas encore su atteindre dans ce qu'il y avait de plus simple et de plus aisé.

Le génie de ce savant harmoniste soutenait donc l'ancien édifice avec quelques embellissements nouveaux, d'abord au milieu des contradictions *, bientôt après au milieu des applaudissements. Ses chœurs sont encore admirés, et ses airs de danse sont connus partout. Il eut aussi plus d'expression que Lulli dans le dialogue des scènes et dans le récitatif obligé des monologues, comme on le voit particulièrement dans *Castor et Dardanus*. Mais son chant, quoiqu'un peu plus varié que celui de Lulli, ne sortait pas encore généralement du même cercle de moyens et d'effets, dont nous ne pouvions sortir que par la marche de la scène italienne, par *l'aria*, où le poète, employant les mesures lyriques, ouvre au compositeur le champ de l'éloquence musicale. Pour arriver jusque-là, il fallait que l'exemple, plus fort que la leçon, nous vînt

* Le poète Rousseau ne voyait dans Rameau qu'un *distillateur d'accords baroques*, et renvoyait aux *Broques* ses *opéra bourrus*; ce qui prouve qu'en ce genre il jugeait la musique comme il faisait les paroles : mais d'ailleurs il n'était ici que l'écho des nombreux détracteurs de Rameau. On se souvient encore de cette épigramme, qui était apparemment de quelque mauvais violon de l'Opéra.

> Si le difficile est le beau,
> C'est un grand homme que Rameau.
> Mais si le beau, par aventure,
> N'était que la simple nature,
> Le petit homme que Rameau !

Ainsi on lui reprochait ce qui lui faisait le plus d'honneur, son harmonie qui n'était *difficile* que pour l'ignorance ; et l'on ne disait encore rien de la faiblesse de son chant, aujourd'hui universellement avouée, depuis que l'art a été mieux connu. Combien d'exemples nous apprennent inutilement à nous défier des jugements du jour et à attendre ceux du temps !

encore d'Italie, et assujettit à la fois le poète et le musicien. Mais la réforme devait passer par un autre théâtre avant de franchir les barrières où se retranchait le grand opéra avec sa dignité et son ennui. Ce ne fut pas cette fois la tragédie qui fut perfectionnée la première, comme dans le siècle dernier, où Molière ne vint qu'après Corneille. La musique théâtrale fit parmi nous ses premiers essais à la Foire, et s'établit à l'Opéra-Comique avant d'animer la tragédie chantée.

Ce théâtre forain, qui datait à peu près du temps de la régence, avait repris une grande faveur sous la direction de Monnet, qui, vers 1750, se fit aider, comme son ancien prédécesseur Francisque, par quelques hommes d'esprit qui s'amusaient à faire jouer de petites pièces entremêlées d'airs vaudevilles et de couplets parodiés. Dauvergne, dans *les Troqueurs*, hasarda le premier et faible essai d'une musique nouvelle dans le goût des intermèdes italiens qu'on venait d'entendre à Paris, et dans le même moment où Favart en parodiait les airs au théâtre Italien dans *Raton et Rosette*, et où Beaurans y transportait par le même moyen *la Serva Padrona* (*la Servante Maîtresse*), de Pergolèse, avec un succès prodigieux. *Les Troqueurs* en eurent aussi, mais ne se sont pas soutenus comme *le Peintre amoureux*, de Duni, et d'autres pièces du même auteur, qui lui ont fait une juste réputation. *Le Sorcier* et *le Maréchal ferrant* commençaient vers le même temps celle de Philidor; l'un des premiers et des plus heureux imitateurs de la musique italienne, dont il fut même assez souvent le plagiaire, comme bien d'autres qui ne s'en vantèrent pas plus que lui, depuis que le charme de cette musique eut engagé les gens de l'art à la chercher dans ses sources. Les succès de Philidor l'enhardirent à tenter le premier, ce me semble, un grand opéra qui se rapprochait un peu de la manière des Italiens; et les beautés, nouvelles pour nous, qu'il répandit sur le mauvais drame d'*Ernelinde* lui ont fait beaucoup d'honneur. Le chœur, *Jurons sur ces glaives sanglants*, pouvait être comparé aux meilleurs de Rameau; et l'air, *Né dans un camp parmi les armes*, est, je crois, le premier des airs dramatiques, des airs de caractère et d'expression tragique qu'on ait chantés sur le théâtre de l'Opéra avant Gluck.

Cependant la vogue qu'obtenait de plus en plus l'Opéra comique, où l'on courait en foule, le tira bientôt de la Foire et des boulevards, et on le réunit au spectacle appelé assez improprement *Comédie italienne*, où l'on ne jouait plus guère que des pièces françaises, et qui tombait de jour en jour avec ses ballets, ses parodies, les froides comédies de Marivaux et de Voisenon, et malgré tout le talent de son Arlequin, talent qui n'est pas de nature à soutenir seul un spectacle à Paris, et ne suffit que pour la petite pièce. L'Opéra comique, en changeant de scène, étendit beaucoup sa sphère, et varia ses productions sous les auspices de Favart, de Sedaine et de Monsigny. Le naturel heureux et original de ce célèbre musicien est encore aujourd'hui très goûté dans toute l'Italie, où ses pièces sont souvent représentées. Ce genre de mélodrame acquit encore plus de lustre par les productions nombreuses et brillantes d'un artiste dont le génie fécond, formé de bonne heure à la grande école des Italiens, parut supérieur dès son coup d'essai *, et fait pour prendre tous les tons, hors celui de la tragédie, le seul qu'il n'ait pas heureusement essayé : tant il est vrai que dans les artistes, même dans ceux du premier rang, le talent a son caractère et ses bornes, et qu'il est donné à très peu d'hommes de réunir éminemment la grace et la force. *Le Tableau parlant*, l'un des premiers ouvrages de Grétry, est, je crois, ce que nous avons de plus voisin de Pergolèse, non pas tout-à-fait pour la richesse, mais pour l'esprit et les graces du chant. C'est le véritable pendant de ce chef-d'œuvre fameux, *la Serva Padrona*, et peut-être encore celui de notre Pergolèse français, qui compte tant d'autres ouvrages d'un mérite supérieur. C'est pour lui qu'un académicien distingué en d'autres genres fit *Lucile*, *Sylvain*, *l'Ami de Maison*, *Zémire et Azor*, pièces qui honorent également le poète et le musicien, et dont le ton et l'intérêt étaient assez ennoblis et assez soutenus pour prouver enfin, malgré Rousseau, que notre langue n'était pas si peu musicale, qu'elle ne pût produire de beaux effets dans les mains d'un homme habile. Cette musique, qui savait émouvoir l'âme et plaire à l'oreille, aurait suffi pour résoudre le problème, s'il pouvait ici s'en offrir un;

---

* *Le Huron.*

mais il est par soi-même assez évident qu'une langue qui n'est point trop chargée de consonnes, une langue dont la prosodie n'est que faible et non pas dure, dont les éléments, quelquefois un peu sourds, ne sont jamais baroques, peut fort bien être relevée par tous les agréments de la mélodie, comme par ceux de la poésie, et s'embellir également du charme de ces deux arts. Ce n'est point cette langue qui avait manqué au génie musical; c'est le génie qui lui avait manqué à elle-même. Ces e muets dont on se plaignait tant, et où Voltaire ne voyait que des *eu, eu*, parce qu'on n'en avait guère fait autre chose, ne sont qu'un léger inconvénient que l'on fait disparaître en ne portant qu'une note sur la syllabe finale *, et en évitant de terminer les phrases en rimes féminines, comme l'expérience l'a fait voir. Aussi, après avoir beaucoup crié contre la nouvelle musique, on a fini par n'en vouloir plus d'autre. C'est un hommage que, dans tous les genres, le temps fait rendre à la vérité et au génie.

Mais il s'agissait d'introduire cette musique au grand opéra, et ce fut encore un étranger à qui la

* L'auteur du *Devin du Village* avait suivi ce procédé dans tous ses airs; mais pour citer des morceaux bien plus forts de musique, voyez cet air charmant du *Tableau parlant* :

Je suis jeune, je suis fille, etc.,

où sur six petits vers, il y en a quatre de féminins, sans qu'on s'en aperçoive jamais : voyez cet admirable morceau de *Roland* :

O nuit ! favorisez, etc.

Les rimes *onde, profonde, monde*, sont effacées toutes trois, parce que l'agrément musical est toujours sur la pénultième. Il est clair que, quand le musicien sait conformer sa phrase à ce que prescrit notre langue, cet épouvantail des *eu, eu*, disparaît entièrement.

France eut cette obligation. Gluck avait senti, en homme de génie, que si la musique manquait trop souvent d'expression dans l'opéra français, celle qu'elle avait dans l'opéra italien était tout entière dans quelques airs, et indépendante de l'ensemble du drame. Il dut sentir d'autant mieux ce défaut, qu'au moment même où la bonne musique s'accréditait parmi nous, elle commençait à se corrompre, à quelques égards, en Italie. Le luxe est voisin de la richesse ; et trop de complaisance pour des chanteurs et des cantatrices, dont l'organe se prêtait avec une étonnante facilité à tous les efforts et à tous les jeux dont la voix humaine est susceptible, avait plus d'une fois écarté les compositeurs, même les plus renommés, des principes établis par les premiers créateurs du beau chant. Ces frivoles triomphes du gosier, dont le chant naturel est dans les ballets et les fêtes, qui n'ont pour objet que l'amusement de l'oreille et des yeux, avaient usurpé une place jusque dans la scène où la musique doit toujours se conformer à la situation et au personnage ; et l'on dégénérait ainsi de la noble et riche simplicité des modèles. Ceux mêmes qui les avaient donnés, les meilleurs maîtres depuis Pergolèse, cédaient quelquefois à la passion que montraient les Italiens pour ces tours de force, qui paraissaient les merveilles du chant ; mais jamais les tours de force ne sont les véritables merveilles de l'art, qui n'est pas la nature sans doute (quoiqu'on les ait si follement confondus dans les poétiques de nos jours), mais qui doit toujours la retracer en beau ;

et remarquez que les beautés de la nature ne ressemblent jamais à des efforts, parce qu'elle cache toujours son travail; et l'art doit faire de même. Les bons juges, toujours nombreux dans le pays de la musique, n'étaient pas les dupes de cette espèce de charlatanisme, qu'ils regardaient comme une dégradation d'un art imitateur; et l'un d'eux, Martini, alla même jusqu'à dire que la musique italienne était devenue effrontée (*sfacciata*). Mais une belle femme, quoique fardée, ne cesse pas d'être belle : il suffit, pour retrouver son teint, de lui ôter son fard. Gluck, familiarisé, comme tous les artistes allemands, avec la musique italienne, fit représenter à Rome l'*Orphée*, de Calsabigi, drame faible, où la vraisemblance est quelquefois forcée *, mais qui avait le mérite nouveau de l'unité d'action et dont le sujet est intéressant dans sa simplicité. Il réussit d'autant plus, que, de tous les opéra de Gluck, *Orphée* est celui où il a mis le plus de chant, et que, sans égaler la mélodie des Piccini, des Sacchini, des Paësiello, etc., il s'en rapprochait beaucoup

* Si quelque chose peut faire voir combien l'on se rend peu difficile sur la vraisemblance dans un opéra, lorsqu'on est ému par la musique, c'est la scène d'Orphée et d'Eurydice, et l'étrange querelle qu'ils ont ensemble. Autant le mouvement de curiosité et d'impatience amoureuse que Virgile donne à Orphée est naturel et intéressant, autant il est absurde qu'Eurydice s'avise de quereller Orphée parce qu'il ne la regarde pas. Assurément elle ne doit avoir rien de plus pressé que de sortir des enfers ; elle touche à ce moment décisif, et s'arrête avec l'obstination la plus folle, refusant de marcher jusqu'à ce que son amant la regarde, et se désespérant de n'être plus aimée. Quelle femme se croira donc aimée, si ce n'est pas celle qu'on vient chercher jusqu'aux enfers ? De toutes les querelles d'amour, c'est bien la plus extravagante ; mais le *duo* rachète tout.

plus qu'il n'a fait depuis. Mais ce qui n'appartenait qu'à lui seul, il donnait le premier exemple d'un mélodrame où la musique ne se séparait jamais de l'action; et où les paroles et le chant formaient d'un bout à l'autre un ensemble vraiment dramatique. Il fallut pourtant, pour accorder quelque chose à ce qu'on appelle *la bravoure*, faire chanter au théâtre un air dans ce goût (à la fin du premier acte, *l'espoir renaît dans mon âme*), un peu trop brillant, mais excusable plus qu'ailleurs dans un moment de joie, et dans la bouche d'Orphée; et encore cet air n'était pas de Gluck.

Il s'aperçut bientôt que ce n'était pas en Italie que son plan de mélodrame (quoique ce fût bien le véritable) pouvait opérer une révolution. C'est en France qu'elle était attendue, et graces à l'ennui, l'opéra était mûr pour la nouveauté : l'*Orphée* y eut bien un autre succès qu'en Italie. L'air de situation, *J'ai perdu mon Eurydice*, la romance, *Objet de mon amour*, et le duo, *Quels tourments insupportables!* étaient certainement ce qu'on avait entendu de plus beau sur ce théâtre. L'air qu'Orphée chante aux démons, *Laissez-vous toucher par mes pleurs*, ne produisit pas un aussi grand effet, peut-être parce qu'on en attendait trop, et qu'on a plus aisément la mesure du sentiment, qui est commune à tout le monde, que celle de l'imagination montée au merveilleux de la Fable. Mais le *non* infernal, contrastant avec la plainte d'Orphée, le chœur du deuil autour du tombeau d'Eurydice, au premier acte, et le nom d'*Eurydice*, ce cri de l'amour et de la douleur si heureusement jeté dans les intervalles où il couvrait tout à lui seul, et le chœur des enfers, et même les airs de danse, tout avait un caractère d'illusion théâtrale qui jusque-là manquait à ce spectacle.

Heureusement pour la révolution qui se préparait, Gluck avait fait précéder son *Orphée* d'*Iphigénie en Aulide*, le cadre dramatique le plus heureux peut-être qu'il soit possible de trouver pour tous les genres d'effet et de spectacle, et qui réussirait en pantomime comme en tragédie et en opéra. Celui-ci, resserré en trois actes, fort bien coupé pour la musique et la représentation, était le premier que l'on eût réduit aux formes de l'opéra italien, dans cette partie où la nature du mélodrame a été le mieux saisie, je veux dire dans ces airs de situation où se concentre tout l'intérêt de la scène, et qui sont le plus puissant moyen qu'ait la musique pour compenser dans un opéra, autant du moins qu'il est possible, l'éloquence des développements dans le dialogue tragique. Ce moyen fut ignoré de Quinault, qui ne pouvait donner à Lulli que ce que celui-ci demandait, et Lulli et la musique n'en étaient pas encore là. On dialoguait toujours en récitatif, et l'on se bornait à le couper de temps en temps par quelques quatrains, le plus souvent tournés en madrigal, c'est-à-dire en pensée plus qu'en sentiment, et qui ne s'élevaient guère au-dessus du reste que par un chant mesuré; en sorte que, loin d'ajouter à l'intérêt, ces petits airs y nuisaient souvent en se détachant de l'esprit de la scène pour montrer l'esprit du poète. La Motte et les auteurs du même temps firent un bien plus fréquent usage de ces sortes de couplets, dont le plus grand mérite était de devenir vaudevilles. Rameau y mit un peu plus d'expression, quand les paroles le permirent, comme dans cette cavatine de *Dardanus*, si célèbre en son temps :

Arrachez de mon cœur un trait qui le déchire.
Je sens que ma faiblesse augmente chaque jour.
De ma faible raison rétablissez l'empire,
Et rendez-lui ses droits usurpés par l'amour.

L'air est une fort bonne déclamation notée : c'est de la belle musique française avec ses défauts, une lenteur monotone et des agréments déplacés.

Iphigénie en Aulide a paru généralement inférieure à *Orphée*, comme composition musicale : les paroles paraîtraient encore, à la lecture, au-dessous du médiocre, quand même elles ne seraient pas une faible et plate copie des belles scènes de Racine. Mais on convint qu'en total cet opéra, pour l'intérêt, le spectacle et l'accord de la musique et du drame, était ce que nous avions eu jusque-là de meilleur. Ces deux ouvrages, *Iphigénie* et *Orphée*, fixèrent dès-lors parmi nous le vrai système du drame lyrique; on y trouvait la première idée de cet effet théâtral dont le genre est susceptible; et les Français, sensibles sur-tout à ce mérite, prodiguèrent de justes applaudissements à l'artiste qui le premier avait su les attacher à l'action d'une tra-

gédie chantée, autant du moins que le permet un spectacle dont les accessoires, en variant les plaisirs du spectateur, excluent nécessairement l'illusion soutenue, qui parmi nous ne peut appartenir qu'à la tragédie déclamée. Mais bientôt l'esprit français, si porté à l'extrême en tout, peut-être pour avoir l'air de s'approprier ce qui n'est pas à lui, en exagérant ce qu'il n'a pas imaginé, toujours si sujet à la prétention d'enseigner aujourd'hui ce qu'il sait d'hier, et de régenter ceux qui le lui ont appris, se hâta de prononcer que la manière de Gluck était dans toutes ses parties le modèle unique de la perfection, et renvoya dans les concerts toute la musique de l'Italie. Cette décision, aussi étrange que précipitée, ne pouvait pas faire fortune en Europe; mais devait d'abord réussir beaucoup à Paris. Des hommes plus mesurés dans leurs jugements, et par cela même plus près de la raison, tiraient des succès de Gluck une autre induction qui me paraît, je l'avoue, beaucoup plus conforme, non-seulement à la vérité, dont bien des gens ne se soucient guère, mais à l'intérêt même des plaisirs publics, qui doit avoir naturellement plus de pouvoir. Ils disaient aux législateurs enthousiastes: « N'allez pas si vite; pre-
« nez garde que cette nouvelle coupe d'opéra, si
« favorable à la musique et à l'effet, vous la tenez
« d'abord des Italiens eux-mêmes, quoiqu'ils n'aient
« pas su en tirer le même parti, par des raisons qui
« tiennent à leurs habitudes, et qui font véritable-
« ment de leur opéra un concert plutôt qu'un spec-
« tacle. Gluck vient de nous apprendre à se servir

« de cette même coupe, de manière à faire toujours
« marcher ensemble la musique et l'action : il a créé
« le vrai mélodrame, et c'est là sa gloire. Mais ce
« qu'il a su faire du canevas, pourquoi ne voulez-
« vous pas qu'on puisse le faire des ornements, en
« les mettant à leur place et les réduisant à leur juste
« mesure? Pourquoi ne ferait-on pas rentrer dans l'en-
« semble et dans la vérité dramatique cette mélodie
« si charmante et si expressive que les Italiens ren-
« ferment dans leurs airs ? Gluck, en la prenant chez
« eux, est encore bien loin de les égaler : s'il s'en est
« rapproché dans son *Orphée*, il en est resté loin
« dans son *Iphigénie*, encore plus loin dans son
« *Alceste*, encore plus loin dans son *Armide* et son
« *Iphigénie en Tauride*; et si vous persistez dans
« votre système, qui devient tous les jours plus
« exclusif, qu'arrivera-t-il ? Vous n'aurez obtenu
« que la moitié du mélodrame; vous aurez un opéra
« dramatique où il ne manquera que du chant,
« comme les Italiens ont un opéra musical, où il
« ne manque qu'une action. Et qui donc empêche-
« rait de réunir l'un et l'autre? C'est là véritable-
« ment la perfection; et de qui l'attendre, si ce
« n'est des grands musiciens que l'Italie possède et
« que l'Europe admire? Ce n'est pas le chant qui
« est contraire au drame, c'est l'abus du chant; et
« si les artistes qui excellent dans le chant n'ont été
« quelquefois jusqu'à l'abus que par condescendance
« pour des auditeurs italiens, assurément ils n'ont
« besoin que d'être avertis pour conformer leur ta-
« lent au goût des spectateurs français, et ils feront

« des disciples pour le grand opéra, comme ils en
« ont fait pour l'opéra comique. »

Quoique cela ne fût que raisonnable, et que la raison fasse moins de bruit dans les cercles que l'esprit de parti, ce fut pourtant pour réaliser ce vœu des amateurs désintéressés qu'on engagea successivement les deux plus célèbres compositeurs d'Italie, Piccini et Sacchini, à venir à Paris et à travailler sur des paroles françaises coupées à l'italienne. Le second n'arriva que quelques années plus tard, et ne vit que la fin de l'orage; mais Piccini l'essuya dans toute sa violence, qui n'est que risible aujourd'hui, mais qui fut alors scandaleuse. Le gouvernement n'avait songé qu'au progrès de l'art et à la variété des plaisirs; mais la seule idée de susciter un rival à Gluck souleva toute cette idolâtrie française qui ne veut qu'une divinité à la fois, et ce fanatisme qui en est la suite et veut des sacrilèges à poursuivre. Alors recommencèrent les querelles de musique, si furieuses du temps des *Bouffons*, et qui ne le furent pas moins de nos jours. Il faut avouer que les autres nations qui n'avaient pas au même degré que nous, à beaucoup près, la manie des controverses sur le goût, l'esprit et les arts, ont dû voir dans ces animosités publiques portées si loin à propos de l'opéra, et bouillantes pendant des années, un genre de folie particulière aux Français, et ont dû en conclure, non sans raison, que les hommes extrêmes dans les deux partis, au fond, n'aimaient pas extrêmement la musique, puisqu'ils n'en voulaient absolument que d'un seul artiste, et non pas d'un autre ; tandis que les Italiens qui l'aiment véritablement, la reçoivent de toute main, pourvu qu'elle soit bonne, se passionnent au spectacle pour un beau morceau, de quelque part qu'il vienne, et, loin de se battre pour un musicien, n'en ont jamais trop à leur gré, et crient *bravo maestro* pour quiconque leur fait plaisir. La qualité d'étranger ne les empêcha nullement d'accueillir Gluck et son *Orphée*; et sans examiner si cette musique était allemande, italienne ou française, ils l'applaudirent parce qu'elle leur plaisait. L'auteur n'essuya pas le moindre dégoût de la part des bons musiciens du pays, au contraire, ils lui prodiguèrent les encouragements dans une carrière nouvelle qui s'ouvrait pour le talent; et dans laquelle ils ne redoutaient pas le sien. Mais voyez, dans les *Mémoires* de Grétry, tout ce qu'il eut à souffrir avant de faire recevoir son premier ouvrage, et combien de gens avaient envie de renvoyer *le Liégeois* dans son pays. Ce fut bien pis pour Piccini : il était ici décrié d'avance en raison de sa célébrité. Les panégyriques du musicien allemand n'étaient que des satires contre celui qui arrivait d'Italie. Il avait travaillé, et avec un succès universellement reconnu, sur les opéra-tragédies de Métastase; mais dès qu'on sut qu'il voulait donner à Paris un opéra de Quinault, l'auteur de l'*Alessandro* et de tant d'autres chefs-d'œuvre chantés partout, ne fut plus qu'un *musicien bouffe*. Il était sûr au moins qu'il avait réussi dans un genre comme dans l'autre; mais on ne voulait plus se souvenir que de la *Buona Figliola*, parodiée en français, et les journaux répétèrent le mot de l'abbé Arnaud, qui n'était pas un bon mot, mais une injure, que *c'était à Gluck de faire l'Orlando, et à Piccini l'Orlandino*. Cependant quand celui-ci eut donné son *Orlandino*, Gluck ne fut pas tenté d'essayer son *Orlando*.

Le succès de *Roland* fut complet : on ne résista pas au charme continu de cette mélodie aussi facile que savante, aussi douce qu'expressive. Mais ne pouvant attaquer la musique, le parti adverse se rejettait sur le drame. *Roland* passait depuis un siècle pour un de nos chefs-d'œuvre lyriques [*]; mais depuis l'*Iphigénie en Aulide* de Gluck, il semblait que l'opéra ne dût plus être autre chose que la tragédie. Grande erreur, que les ennemis de Piccini aimaient à propager, mais commune d'ailleurs à une époque où l'on avait commencé à confondre tous les genres ; ce qui est le sûr moyen de les gâter tous. L'abus des mots venait à l'appui ; et en convenant que Piccini chantait bien, on disait que Gluck avait plus d'effet. C'était dire seulement que le drame tragique d'*Iphigénie en Aulide* produisait plus d'émotions que la pastorale héroïque de *Roland*; et l'on sait qu'un opéra est susceptible de cette différence, en proportion de celle des sujets. Il n'était donc nullement juste de mesurer les facultés des deux musiciens sur une disparité d'effet qui tenait à celle des paroles. C'est sur ce rapport essen-

[*] Voltaire a cependant été trop loin (comme il lui arrive quelquefois), quand il a mis *Roland* à côté de nos plus belles tragédies. La distance est encore très grande, et personne ne devait la sentir mieux que lui. Mais la contradiction l'emportait, et il exaltait trop ce que Boileau avait trop rabaissé.

tiel qu'il convenait de juger l'effet que chacun d'eux savait tirer de l'ouvrage qu'il avait entre les mains, et celui de *Roland* était ce qu'il devait être. L'amour d'Angélique et de Médor, exprimé dans un chant plein de graces et de sentiment, produisait ces impressions tendres qui sont bien celles de la sensibilité quand on ne la confond pas avec les passions violentes. Celles-ci ne pouvaient se montrer que dans la jalousie légitime et furieuse de Roland trahi : la force d'expression (et l'on ne parlait jamais d'autre chose) ne devait se montrer que dans le héros trompé, et non pas dans le berger sûr d'être aimé de sa maîtresse, même à l'instant de s'en séparer. Angélique lui dit :

> Soyez heureux loin d'elle,
> Mais ne l'oubliez pas.

Et Roland lit et entend de tous côtés :

> Angélique a donné son cœur :
> Médor en est vainqueur.

Entre ces deux espèces de douleur, la distance est aussi grande qu'entre les situations. Aussi l'une doit attendrir, et l'autre effrayer, et c'est l'effet qu'avait très bien distingué l'artiste dans les rôles de Médor et de Roland. C'est dans ce dernier qu'il fit voir que la musique pouvait avoir une expression forte sans cesser d'être mélodieuse, et qu'elle peut ébranler notre âme sans choquer notre oreille par ces cris odieux si fréquents dans *Armide*, et sur-tout dans *Alceste* et *Iphigénie en Tauride*, et que tous les amateurs reprochaient à la musique de Gluck. C'était précisément ce chant criard qui avait indisposé Rousseau et tous les étrangers contre la musique française. Quand il entendit *Iphigénie en Aulide* et *Orphée*, il dut croire que l'auteur nous corrigerait de l'*urlo francese**, et c'est ce qui entraîna son suffrage. Mais dans ses compositions subséquentes que Rousseau ne vit pas, Gluck porta jusqu'à l'excès ce fracas de voix, chargé encore de celui de son orchestre. Il parut avoir spéculé sur les oreilles françaises, qu'apparemment il reconnut un peu dures en musique, comme on les en a toujours accusées. Il est certain qu'on a vu mille fois les étrangers étonnés de ce goût de notre public pour ces cris aussi désagréables dans le chant que dans la déclamation. Ce sont bien plutôt ceux

* « Plus la langue sera sourde, plus la musique sera criarde, » d'un Rousseau en 1753. J'avoue que ce rapport est vrai en lui-même, et que notre langue est moins mélodieuse que celle des Italiens; mais je ne crois nullement qu'elle soit sourde au point de se refuser à la musique non plus qu'à la poésie, et le contraire a été démontré quand nous avons eu de bons musiciens après avoir eu de bons poètes. Quant à la *musique criarde*, je conviens encore qu'elle accuse dans les Français une certaine dureté d'oreille et un certain amour du bruit qu'on aperçoit généralement dans leur manière d'entendre et de juger la musique. Les musiciens et les chanteurs n'auraient pas tant prodigué les cris, s'ils n'avaient pas vu que les cris avaient de l'effet sur le public français : ils ont cru qu'il fallait frapper fort sur des oreilles dures; et il est vrai qu'on eût dit souvent, au bruit du chant et des applaudissements mêlés ensemble, qu'il y avait une lutte établie entre les chanteurs et les auditeurs à qui *crierait le plus bravement*. *C'est bravement crié*, comme dit La Fontaine dans la fable de l'âne qui brait, et notre Opéra peut avoir souvent mérité cet éloge. Mais les vrais talents ont souvent fait exception, et Jéliotte et mademoiselle Fel chantaient fort bien, avant même que nos compositeurs eussent appris à chanter. L'une avait eu un maître italien, et l'autre n'avait été instruite que par la nature.

de la douleur physique que des affections de l'âme, et quand même ce seraient quelquefois ceux des grandes afflictions, ceux du désespoir, il n'en faudrait pas moins les réduire à la mesure de l'art, qui n'admet rien d'extrême, parce que les extrêmes déplaisent, et que l'art doit toujours plaire. Je ne suis pas surpris que Traetta, témoin des acclamations de notre parterre de l'Opéra, qui, toutes bruyantes qu'elles étaient, ne pouvaient pas couvrir la voix de l'actrice, se soit écrié : « Gli Francesi « hanno le orecchie di corno : les Français ont des « oreilles de corne. » Je ne prends pas à la lettre ce qui n'était que l'excès de l'humeur contre l'excès du mauvais goût ; mais je crois en effet (et ce me semble, avec le plus grand nombre) que les Français n'ont pas l'oreille aussi heureusement organisée pour la musique que la plupart des peuples leurs voisins. Je laisse d'ailleurs assez volontiers à chaque nation ce qui me semble lui appartenir par excellence, la mélodie aux Italiens, l'harmonie et les instruments aux Allemands, et l'art dramatique aux Français. *Non omnia possumus omnes.*

Ce n'est pas ainsi que raisonne l'esprit de parti, qui veut tout avoir à lui seul, ou donner tout à un seul. La faction gluckiste (et c'en était bien une) avait pressenti intérieurement que Gluck ne soutiendrait pas la concurrence avec Piccini pour le mérite du chant. On ne pouvait se dissimuler que le grand succès de ses deux premiers ouvrages, *Iphigénie* et *Orphée*, était dû principalement à cette coupe nouvelle et vraiment lyrique, à cette distribution des airs dramatiques, mêlés au dialogue et adaptés à la situation, qui donnaient à la musique un pouvoir qu'elle n'avait pas eu auparavant sur le théâtre de l'Opéra. Mais ce plan, une fois connu parmi nous, était à la portée de tout le monde ; d'autres que Gluck pouvaient s'en servir comme lui, et même encore mieux avec un talent supérieur au sien en mélodie ; et Piccini arrivait. L'on prit alors en musique le même parti qu'on avait pris quarante ans auparavant en littérature ; et cette conformité de marche dans les hérésies de goût est une de ces choses que je me suis engagé à observer toujours, parce qu'elle caractérise un siècle qui semble avoir pris à tâche d'épuiser les travers de l'esprit humain. Vous avez vu que les inventeurs du drame en prose étaient tout simplement des gens qui ne savaient pas faire de vers, et il ne leur en fallut pas davantage pour établir que parler en vers au théâtre était une chose contre nature. C'est ainsi que vers le même temps on prétendait anéantir toutes les règles de l'art, comme n'étant que les entraves du génie : pitoyables ressources de l'amour-propre qui érigeait l'impuissance en système, et la stérilité en modèle. On fit à peu près de même pour la musique de théâtre, que l'on voulait concentrer tout entière dans le talent de Gluck. Il fut décidé, non pas précisément qu'il ne fallait pas d'airs dans un opéra, car il en avait fait lui-même, et quelquefois de beaux, mais de peur qu'on n'en fît de plus beaux, une nouvelle poétique répandue partout nous apprit qu'on pouvait s'en passer, que c'était même le mieux, toujours à cause de la nature, qui ne veut pas qu'on chante si bien dans la passion; que c'était à Gluck à opérer cette dernière révolution; et qu'avec son harmonie, son expression et sa marche, rapide on aurait, non-seulement le meilleur opéra possible, mais la véritable tragédie chantée, la tragédie grecque, la douleur antique, que lui seul avait retrouvée *. On allait plus loin (car en législation nouvelle il n'y a pas de raison pour s'arrêter); on annonçait, apparemment pour nous charmer davantage, que ce nouveau genre de spectacle ferait tomber la tragédie déclamée. Rien de mieux arrangé, comme on voit, au moins dans les vues du parti : on écartait ainsi l'importune comparaison de la musique italienne, reléguée désormais à l'Opéra comique; Gluck demeurait seul dans sa gloire et dans l'entière possession de l'Opéra, et le théâtre français rejeté comme par grace au second rang, il ne nous restait plus qu'un spectacle et un homme, l'Opéra et Gluck, et après lui, comme de raison, les ministres de son culte. Voilà les prétentions, les prédictions, les rêveries qui furent débitées, imprimées partout : voilà jusqu'où peuvent aller les puérilités de cette espèce d'ambition qui régnait dans la sphère étourdissante des sociétés de Paris, où chacun voulait avoir la première place; et je laisse de côté les intrigues des coulisses et de l'antichambre, le scandale des inimitiés sans motif et

* C'est à propos d'*Alceste* que l'abbé Arnaud avait fait cette phrase, sur quoi l'on dit que *la douleur antique n'était plus le plaisir moderne;* ce qui, à mon avis, était vrai d'*Alceste*, mais non pas d'*Orphée*.

des libelles sans pudeur. Ceux qui connaissent Paris, et qui se rappellent ce qu'il était alors, peuvent attester si j'exagère en rien. L'un disait tout haut : « Pour moi, je ne salue pas un homme qui « n'aime pas Gluck. » Un autre, citant fort à propos une phrase de Cicéron, ne concevait pas comment on avait figure humaine quand on ne regardait pas la musique de Gluck comme la plus belle possible. Un académicien justement considéré par ses talents en plus d'un genre (Marmontel) était chaque jour en butte aux pamphlets satiriques et aux épigrammes les plus grossières et les plus virulentes * de la part de ses propres confrères, sans avoir eu d'autre tort que d'énoncer son avis avec la plus décente modération, et de travailler pour Piccini ; et le sage Turgot, qui avait les oreilles fatiguées de ces querelles, dont personne ne se souciait moins que lui, disait fort bien : « Je conçois qu'on « aime la musique de Gluck; mais il me paraît dif« ficile d'aimer les gluckistes. »

Ce fut en conséquence de ce système d'exclusion qu'ils l'engagèrent à donner son *Armide* telle que Quinault l'avait faite, et à déroger pour cette fois à la méthode que lui-même avait suivie dans ses

* Il est à remarquer qu'à cette époque, comme à celle des Bouffons, tout ce qu'il y avait de célèbre en littérature tenait pour le chant italien; d'Alembert, Buffon, Saint-Lambert, la plus grande partie des académiciens. Mais Gluck avait pour lui le plus grand nombre à la cour et à la ville, et dans les lettres, ceux qu'on appelle amateurs. Il était venu le premier : si Piccini l'eût devancé, il aurait eu la même espèce de vogue ; mais il trouva une mode tout récemment régnante; et c'était un terrible obstacle en France.

trois premiers ouvrages, et qu'il pouvait se glorifier d'avoir accréditée parmi nous. Mais cet essai n'eut pas tout le succès qu'on s'en était promis. Gluck n'eut pas de peine à faire mieux que Lulli, quand l'art avait un siècle de plus; il fit reconnaître son talent dans le chœur de *la Haine*; et le duo du cinquième acte, *Aimons-nous, tout nous y convie*, fut remarqué, par la douceur d'un chant amoureux qui rendait fidèlement l'esprit de la scène. Mais d'ailleurs, quoique *Armide* fût par elle-même le plus beau de nos drames lyriques, ce mérite et tous les agréments du spectacle, suffisant pour soutenir même la plus médiocre musique, ne purent empêcher qu'on ne retrouvât un peu de l'ennui de notre ancien opéra dans la pauvreté d'un récitatif éternel sur des paroles qu'une bonne déclamation aurait cent fois mieux fait valoir; et cette comparaison désavantageuse, sensible sur-tout pour ceux qui aiment les beaux vers, se présentait naturellement dans ce monologue que tout le monde sait par cœur, *Enfin, il est en ma puissance*, etc. Une actrice qui le déclamerait bien y produirait le plus grand effet : il n'en avait aucun dans la musique de Gluck; et la scène de désespoir, *Le perfide Renaud me fuit*, n'en avait guère d'autre que celui des cris. C'est là qu'on dut s'apercevoir combien il importait de ne pas priver la musique théâtrale de ses plus grands moyens, qui sont incontestablement dans les airs; et il fallait bien que Gluck lui-même en fût convaincu par l'expérience, car il ne réitéra pas une pareille tentative, et revint bien vite à la coupe musicale dans *Iphigénie en Tauride*. Ce sujet très tragique, traité concurremment par les deux rivaux, Gluck et Piccini, leur réussit également, et ce fut pour les vrais amateurs un bon exemple que celui de cette concurrence faite pour nous accoutumer, comme les Italiens, à voir les mêmes pièces mises en musique par différents compositeurs : c'est autant de gagné pour l'art et pour les plaisirs du public, mais c'est aussi un nouveau champ pour les passions et les cabales ; et les opéra de Gluck et de Piccini, d'un côté les deux *Iphigénie*, *Orphée*, *Armide*, *Alceste* ; de l'autre *Roland*, *Atys*, *Iphigénie en Tauride*, et *Didon*, attirant et occupant Paris tour à tour, il fallait voir, aux reprises de ces divers ouvrages, quel intérêt on mettait de part et d'autre au calcul des représentations et des recettes. On eût dit que les deux partis jouaient à la hausse et à la baisse à l'Opéra comme à la bourse. Il paraît que dans ce calcul, qui couvrait les feuilles des journaux, et dont le bulletin était lu aux soupers, les gluckistes, avaient quelque avantage, car jamais ils n'étaient plus fiers que quand ils pouvaient renvoyer au caissier de l'Opéra, argument, il faut bien le dire, qui n'est point du tout victorieux, et qui même accuse le défaut de meilleures raisons. Qui ne sait combien de circonstances étrangères au mérite des ouvrages de théâtre, et particulièrement sur celui de l'Opéra, peuvent faire jouer telle ou telle pièce plus ou moins de temps, et la faire suivre plus ou moins ? Jamais la raison et l'équité ne se régleront sur un genre de preuves avec lequel l'auteur de *Timocrate* aurait eu raison contre *Phèdre* et *Britannicus*. Sans doute le succès dans la nouveauté est un titre, et les deux musiciens l'ont obtenu ; mais il doit être confirmé par le temps : c'est le temps qui décide des productions des arts, et toujours d'après la voix des connaisseurs, qui finit par entraîner tout, au lieu que les passions du moment ne peuvent qu'échauffer ou refroidir, un peu plus ou un peu moins, une vogue passagère qui n'est point du tout décisive. Sans cette juridiction du temps, sur-tout dans un art comme la musique, où nous n'avons été éclairés que fort tard, prenez garde que chacun aurait raison en sens inverse, d'après la caisse de l'Opéra, Lulli contre Rameau, Rameau contre Gluck, puisque Lulli et Rameau pourraient se vanter d'avoir fait gagner bien plus d'argent qu'aucun de leurs successeurs. Cette conclusion serait pourtant très fausse au tribunal de tous les musiciens de l'Europe, et même à celui des gluckistes : ils avaient donc tort de se retrancher si fièrement derrière le caissier de l'Opéra. Il eût mieux valu soumettre la question à la connaissance et à l'intérêt de l'art, comme faisaient les défenseurs de la musique de Piccini, que de mettre l'amour-propre à la place de la bonne foi, la colère à la place de la discussion, et les chiffres à la place des raisonnements. Le mérite et les succès étaient prouvés des deux côtés, et, autant que je puis me le rappeler, les opéra de l'un, comme ceux de l'autre, furent généralement suivis et applaudis. De quel côté était le mieux ? C'est ce que l'on peut encore chercher sans exclure le bon, car ce n'est pas ici que le mieux est l'ennemi du bien. Au reste, j'avoue que je n'ai pas fait le relevé des recettes : je me souviens seulement que, sur un de ces bordereaux de critique apportés à table, Piccini se trouva, une fois, moins grand homme que Gluck, de 755 l. 10 s.

Le dernier ouvrage de Piccini, *Didon*, m'a paru réunir à peu près tout ce qu'on peut désirer dans un opéra : ce fut le plus grand succès de cet illustre artiste, et c'est peut-être son chef-d'œuvre, au moins celui de ses opéra français. *Didon* pourrait être mieux écrite, je l'avoue; mais elle est très bien conduite, bien composée dans l'esprit du genre, et pleine de l'intérêt qu'il comporte, celui d'une pitié attendrissante, qui, selon moi, vaut beaucoup mieux que cette horreur qu'on a beaucoup trop prodiguée depuis Gluck, et que la tragédie elle-même n'admet qu'avec tous les ménagements de l'art. Je ne connais rien de mieux conçu, rien de plus beau que la scène des apprêts de la mort de Didon, que ce désespoir tranquille et concentré qui garde son secret, même avec une sœur, et n'attend que le repos de la mort, tandis que des prêtres offrent un sacrifice aux mânes de Sichée, pour rendre à sa veuve la paix du cœur qu'elle a perdue. Tout cela est dans Virgile, je le sais; mais tout cela est de l'effet le plus théâtral tout ensemble et le plus musical. Qu'on se rappelle le chant de ce cœur religieux :

Dieu de l'oubli, dieu du repos,
Rends à Didon des jours paisibles;

et le silence effrayant qu'elle garde au milieu de cet appareil et de ce chant, à l'aspect du bûcher où l'on apporte les dépouilles d'Énée, et où elle est prête à monter. C'est là, ce me semble, que l'action et la musique se fortifient l'une par l'autre le plus heureusement qu'il est possible, et produisent l'émotion la plus pénétrante, sans que ni l'une ni l'autre passe le but; c'est la vraie perfection du mélodrame. Aussi fut-elle vivement sentie, et pendant trente représentations de suite; ce qui consterna du moins une faction que l'on ne pouvait adoucir. Il est triste et même honteux qu'un artiste étranger, qui nous apportait de nouveaux plaisirs, ait été si long-temps abreuvé de dégoûts par une cabale aussi savante qu'infatigable à nuire, et réduit enfin à quitter cette France, cette patrie des arts, qui l'avait appelé et dont il a pu raconter les ingratitudes. Ses ennemis, qui ne pouvaient être que ceux du génie, triomphèrent de sa retraite, et l'on ne pouvait mieux prouver que ce n'était pas la musique qu'ils aimaient, mais leur opinion.

Il reste à examiner cette opinion en elle-même; et comme elle m'est aujourd'hui plus indifférente que jamais, je ne prendrais pas ce soin, si elle n'intéressait l'art dramatique, et par conséquent ne rentrait dans les objets que je dois discuter. Assurément il ne m'importe guère que l'on préfère Gluck à Piccini, ou Piccini à Gluck; et tenant fort peu à la chose, je tiens encore moins à mon avis. Mais on a déjà vu que le système des gluckistes tend directement à confondre l'opéra et la tragédie; et comme cette erreur est une conséquence immédiate de leur doctrine, et ne va pas à moins qu'à dénaturer les genres, il est de mon devoir de la combattre, comme je m'y suis engagé; et ce qui autorise les détails où je suis entré ici sur la musique, c'est que, notre théâtre lyrique l'ayant réunie au drame, de faux principes sur cette alliance compromettent également les deux arts, et ne peuvent atteindre l'un sans influer sur l'autre. On a pu en voir la preuve dans la plupart des opéra qu'on nous a donnés depuis Gluck. L'empire de la mode paraît avoir subjugué des compositeurs d'un talent reconnu, et l'on ne voit pas que l'art et le spectacle y aient gagné. Sur ce point de fait, dont je ne me fais point juge, parce que je n'en ai pas été le témoin, je finirai par citer une autorité actuelle que personne ne récusera, et l'on verra qu'un des premiers hommes de l'art a confirmé tout ce que j'ai avancé dans cet article, et ce que j'avais déjà dit dans d'autres temps.

Voici donc en substance ce que disent nos adversaires:

« Le chant italien est contraire à *la nature* du
« dialogue, à la marche des scènes et à l'ensemble
« de l'action. Il n'est pas naturel de chanter de si
« beaux airs pour exprimer des sentiments doulou-
« reux et des passions tragiques. La beauté même
« de ces airs nuit à leur effet, et leur longueur tient
« trop de place dans la scène. En un mot, il ne faut
« pas chanter *dans la tragédie*, ou du moins il ne
« faut pas chanter plus ni mieux que n'a fait Gluck:

« c'est là le vrai modèle ; et malheur à qui s'en « écartera. »

Tout cela me paraît erroné, illusoire et appuyé sur des idées dont il est facile de faire voir la fausseté.

1° Tous les arts d'imitation dont se compose le système théâtral sont fondés sur des conventions accordées à ce besoin de plaisir qui nous conduit au spectacle et confirmées par l'habitude de l'y trouver. Il n'est pas plus *naturel* de dialoguer en vers que de dialoguer en chant, et cependant nous sommes convenus d'applaudir à l'un comme à l'autre, si le poète ou le musicien a saisi le rapport que peut avoir la poésie ou la musique avec les choses qu'elle a à exprimer. C'est là précisément le secret de leur art et la source de notre plaisir. Dès qu'on fait des vers, il faut les faire bons : dès qu'on chante, il faut chanter bien. Voilà le principe ; il ne comporte point d'exception, car il n'est pas plus *naturel* de chanter mal que de bien chanter, ni de faire mal des vers que d'en faire bien. Lorsque Andromaque et Zaïre parlent en vers excellents, personne, excepté Diderot et quelques autres fous qui ont prétendu donner des lois dans des arts où ils n'avaient pu se faire de titres, personne ne s'avise d'observer que la douleur et la passion ne font pas de beaux vers. Au contraire, il est de fait que c'est le charme même de cette poésie parfaite qui porte dans notre cœur l'impression de tout ce qu'elle a su rendre, et cette impression serait bien moins vive et bien moins douce, si les vers étaient moins bien faits. L'âme est d'autant plus affectée que l'oreille est plus satisfaite; et quand celle-ci est blessée, l'âme aussi se refroidit : ce sont là des vérités d'expérience. Il en est de même de l'imitation opérée par la musique : quand on entend des airs tels que *Je renonce à ce que j'aime*, *Hélas! pour nous il s'expose*, et cent autres de la même beauté, est-ce de bonne foi qu'on peut se plaindre que cette musique est trop mélodieuse pour être expressive? Le spectacle me montre le contraire : je vois, par l'émotion générale, que l'expression est dans cette même mélodie, que les accents n'en sont pas moins vrais pour être agréables, et que leur retour bien ménagé en redouble encore l'effet. On est satisfait de toute manière, parce qu'on est venu à l'Opéra pour entendre l'amour parler en belle musique, comme on va au Théâtre-Français pour l'entendre parler en beaux vers. La parité est exacte, et je dis à ceux qui veulent *la nature* sans vers ni musique : Vous pouvez vous contenter à peu de frais ; cette nature-là est partout, excepté au théâtre : pourquoi y venez-vous?

Sans doute, si le poète tragique s'avise de me faire une ode au lieu d'une scène (comme on faisait autrefois), s'il versifie comme Pindare au lieu de versifier comme Sophocle, s'il embouche la trompette épique en son nom, au lieu de se cacher sous celui du personnage, il sort du genre, il fait un mensonge ; et le mensonge, fût-il beau, je le siffle avec Horace, en lui disant : *Non erat hìc locus*. De même si le musicien s'occupe à faire valoir le gosier de l'actrice au lieu de son rôle, s'il met dans une scène un air de rossignol qui sera fort bon dans un ballet, il a le même tort; et nul n'a pensé à justifier, n'a proposé d'imiter ces abus de l'opéra d'Italie. Mais comment a-t-on pu croire ou feindre de croire sérieusement que c'était là le fond de la musique italienne et du talent de ses compositeurs? Quand on a tout ensemble de la richesse et du luxe, ce qu'il y a de plus facile au monde, dès qu'on le veut, c'est d'écarter l'un et de garder l'autre : ce qui n'est pas si simple ni si aisé, c'est que le pauvre puisse égaler les moyens du riche, comme le riche peut s'abstenir du superflu. C'est aussi la différence qui se manifesta quand nous entendîmes à Paris les opéra français de Piccini. Il n'eut aucune peine à nous étaler toutes les beautés naturelles de son chant, sans le déparer par aucune affectation; et Gluck ne pouvant pas égaler cette manière, les gluckistes n'eurent d'autre ressource que de la décrier, comme n'étant pas *dramatique*. Mais ce n'était pas le prouver, que de se rejeter toujours sur un abus qui pouvait être dans son pays, mais qui n'était pas dans son chant.

2º Il n'est point vrai que les airs dramatiques, les *duo*, les *trio* de situation, refroidissent le drame et ralentissent sa marche. C'est dire que la musique affaiblit l'intérêt là précisément où elle y contribue davantage par la puissance qui lui est propre, par la mélodie. Quel autre moyen emploiera-t-elle donc pour faire passer en moi toutes les affections de l'âme, l'amour, la jalousie, l'affliction, la fureur, en un mot, tous les sentiments et toutes les passions?

Est-ce le récitatif? Mais le plus beau peut à peine valoir la bonne déclamation ; et pour l'ordinaire il ne peut véritablement être regardé que comme une sorte d'exposition qui nous instruit de ce que la musique se prépare à nous exprimer par le chant. J'attends qu'elle chante pour sentir tout ce qu'elle s'est chargée de rendre, et c'est alors seulement qu'elle arrive à mon cœur par la route de l'oreille, route qui est proprement la sienne. Cet air que vous voulez lui interdire, je l'attends pour être ému. Le chant est la langue du musicien, comme le vers est la langue du poète. C'est par la mélodie de l'un, par le rhythme de l'autre, que je saurai ce que tous deux me veulent, et j'aime la musique qu'on chante et les vers que l'on retient.

On objecte : « Mais n'y a-t-il de chant que dans « les airs? N'y en a-t-il donc pas dans toutes les « parties instrumentales? L'orchestre ne parle-t-il « pas dans le sens du personnage? et n'exprime-t-il « pas même des rapports et des circonstances que « les paroles et l'air chanté ne sauraient renfermer « dans le motif et dans la période musicale? C'est « ainsi que tout va de soi-même, et que l'opéra « devient *la tragédie* en faisant ce qu'il ne fai-« sait pas jusqu'ici, c'est-à-dire en allant aussi vite « qu'elle. »

Cette apologie mille fois répétée n'en est pas meilleure ; et toute cette théorie, en ce qu'elle a de vrai, retombe d'elle-même sur nos adversaires. Personne n'ignore que la perfection de l'harmonie consiste à rendre toutes les parties aussi chantantes qu'il est possible; c'est le mérite de l'harmoniste. S'il n'est que savant, il est froid : et tous les rapports de la situation doivent être sensibles dans les accompagnements, et s'y placer sans confusion. Mais savez-vous d'abord ce que cela prouve? Une vérité qui est la seule dont vous ne paraissiez pas frappés; et c'est précisément celle que nous soutenons contre vous. Le chant est donc bien essentiel à toute espèce de musique, puisqu'il doit se retrouver jusque dans les parties harmoniques faites pour accompagner la voix; et si l'on convient que les instruments mêmes doivent chanter, quoiqu'ils ne soient qu'accessoires, comment peut-on nier que le rôle principal, confié au plus beau de tous les instruments, à la voix humaine, doive être soutenu et fortifié par toutes les beautés dont la mélodie est susceptible? Je dis la mélodie d'expression, et non pas celle qu'on peut appeler de luxe, et que tout le monde renvoie comme vous, là où elle doit être; et certes il y a loin d'un luxe mal entendu à une richesse nécessaire. Pourquoi, lorsqu'on vous dit que tels et tels airs sont vagues, secs, communs, insignifiants par eux-mêmes, nous renvoyez-vous à l'orchestre, faute de mieux, aux *bassons*, aux *quintes*, *aux fanfares*, aux *voix gémissantes des hautbois? Tout est là*, dit-on. Tant pis. Si vos instruments d'orchestre parlent bien, pourquoi faut-il que celui qui est sur le théâtre ne me dise rien? C'est celui-là qui est le principal, car c'est un personnage, et les autres ne sont que des machines sonores; c'est celui-là que j'écoute de manière à n'en pas perdre un mot, car c'est à lui que j'ai affaire; les autres peuvent souvent m'échapper, mais c'est dans celui-là que je cherche, avant tout, le sens et l'effet. Si vous faisiez une sonate, votre raisonnement serait fort bon : là vous n'avez pour personnages que des instruments. Mais ici c'est un drame, c'est Armide, c'est Alceste que je vois et que j'entends; et quand leur chant m'ennuie ou m'assourdit, vous voulez que je demande aux instruments ce qu'elles ont dû me dire et ce qu'elles n'ont pas dit! Eh! mais en ce cas, qu'elles ne chantent pas du tout; il y a un moyen plus court : qu'elles jouent la pantomime, et l'orchestre jouera la pièce. Si vous ne savez faire chanter que des violons, pourquoi faire crier des actrices? Qu'on s'en tienne aux gestes, et vous épargnerez leurs poumons et nos oreilles.

Enfin (et c'est là le capital), où avez-vous donc pris que l'opéra soit, parmi nous, ou puisse jamais être la tragédie? Nullement : ces deux genres de drame ont sans doute des rapports très prochains, mais aussi des différences essentielles, et ce serait bien au détriment de l'un et de l'autre qu'on affecterait de les confondre. Des gens instruits, tels que ceux à qui je parle, ne peuvent pas s'appuyer ici sur le théâtre grec avec sa mélopée et ses chœurs : on a pu voir partout, on sait partout que l'ensemble de notre système théâtral s'éloigne beaucoup du leur : les raisons en sont connues, et c'est en conséquence de ces raisons mêmes que l'art de la tragédie a été porté parmi nous beaucoup plus loin que chez les anciens. La tragédie déclamée a dû devenir une imitation bien plus fidèle et plus ressentie que la tragédie notée ; et c'est d'après l'expérience de deux siècles, qui les a séparées par une si grande distance, que vous prétendez les rapprocher, au point de n'en faire qu'une seule et même chose ! Quelle erreur ! Quoi ! un spectacle où l'on va chercher tous les plaisirs des sens pourrait avoir les mêmes effets que celui qui ne promet absolument d'autres plaisirs que ceux de l'âme et de l'esprit ! un spectacle où tous les objets du désir, tous les tableaux de la volupté sont étalés sans cesse aux yeux et à l'imagination, pourrait être le même que celui qui ne connaît d'autres moyens d'émotion que la terreur et la pitié ! Vous vous flattez que la musique d'un opéra peut parvenir à reproduire l'illusion d'une tragédie ! Mais qui ne voit, du premier coup d'œil, que cette illusion soutenue, qui est vraiment l'effet de la tragédie bien jouée, cette illusion qui est le plaisir qu'on y va prendre, ne peut jamais se trouver à l'Opéra, où les accessoires, qui ne sont que l'assemblage de toutes les séductions des sens, font à tout moment oublier le drame, et même la musique ? Si vous voulez avoir là du vrai tragique, commencez donc par supprimer vos danses voluptueuses : celles de la tragédie grecque étaient toutes religieuses. Assurément vous n'y consentirez pas, vous savez trop ce que deviendrait votre Opéra sans la danse ; mais quand vous y consentiriez, ce sacrifice qu'il faudrait faire aux mœurs ôterait au spectacle son indécence, et n'en changerait pas la nature. Jamais la tragédie chantée, n'y eût-il que de la musique, ne produira l'effet de la tragédie déclamée. Pourquoi ? parce que la musique seule y tient par elle-même trop de place pour ne pas partager l'attention et l'intérêt : plus elle sera belle, plus elle formera nécessairement, dans la totalité du spectacle, un plaisir à part et trop vif pour se perdre toujours dans l'intérêt du drame; au lieu que la déclamation rentre par elle-même dans cet intérêt purement dramatique, et d'autant plus qu'elle est plus parfaite. Et n'en concluez pas qu'il est donc vrai que la beauté du chant nuit au drame, et qu'en faveur de celui-ci l'on avait raison de vouloir réduire à peu près la musique à *cet art de noter la parole*, qu'on nous faisait admirer dans Gluck, comme si lui seul l'avait connu. Point du tout : la musique ne nuit ici qu'à un effet qu'elle ne doit pas chercher, celui d'égaler l'illusion continue du drame parlé; et Gluck lui-même ne l'avait pas atteint et ne pouvait pas l'atteindre. A qui fera-t-on croire que l'opéra d'*Iphigénie* produisait les mêmes émotions que la tragédie de Racine, telle que je l'ai vue au Théâtre-Français? Est-ce à un spectacle où l'on attendait un Vestris, un Dauberval, une Guimard, une Rose, une Cécile, que l'on a pu voir toute une assemblée dans l'état où j'ai vu mille fois le public, quand il y en avait un digne d'assister à nos chefs-d'œuvre tragiques; cette attention souffrante, cette inquiétude palpitante, ces accents d'émotion, ces cris, ces larmes, ces sanglots? En vérité, vouloir retrouver tout cela dans un opéra, c'est placer l'école de Platon et de Socrate au souper de Laïs et d'Anacréon.

Je conclus : Ne cherchons point à mettre ensemble ce qui doit être séparé. Au Théâtre-Français la tragédie est dans son domaine : la musique est dans le sien à l'Opéra. L'âme, il est vrai, doit toujours être pour quelque chose, ainsi que l'esprit, dans toute représentation théâtrale d'une certaine durée ; mais dans celle où la musique commande, tout doit être subordonné à ses moyens. Elle peut produire des émotions assez vives, mais toujours plus ou moins passagères, jamais une illusion continue : jointe à un beau spectacle, à un beau chant, elle sera touchante dans quelques situations; mais elle ne peut se passer du secours de la variété et de l'agrément, et on l'avait très bien compris lorsqu'on a introduit les ballets, les chœurs, les fêtes de toute espèce sur le théâtre dont elle était la souveraine. Le genre de Quinault est le véritable : il avait senti que la musique n'est point faite pour affliger, effrayer, déchirer pendant trois heures. Si elle fait par moment des impressions qui approchent de la douleur, il est de son essence, de son devoir de les adoucir ensuite par des sensations de plaisir. Une amante abandonnée peut s'affliger à son clavecin aussi long-temps qu'elle voudra ou qu'elle pourra; mais au théâtre, une longue tristesse en musique est insupportable, parce que vous ne séparez jamais de l'idée de la musique et de l'opéra, l'idée et le besoin d'un plaisir où les sens sont pour beaucoup, puisque c'est particulièrement celui de l'oreille et des yeux, celui des sensations agréables et même voluptueuses; et jusqu'où ne les a-t-on pas portées depuis vingt ans? La tragédie, au contraire, est toute en illusion de l'âme, qui est là pour être trompée et remplie, comme les sens à l'Opéra veulent être flattés et satisfaits. Qu'on réfléchisse sur cette différence capitale, et l'on avouera que les ouvrages de Quinault et de ses successeurs sont les vrais modèles du genre, en y ajoutant seulement, ce qui est aisé, la coupe italienne, seule propre aux grands moyens de la musique.

Ce genre, très bien inventé pour un peuple amoureux de toutes les jouissances des arts, n'est point du tout épuisé : la fable seule y peut ouvrir une source intarissable. L'histoire doit très rarement y entrer, et n'a pu même y paraître avec quelque succès que par le voisinage des siècles qu'on appelle héroïques. Les vrais héros de l'histoire figureront toujours fort mal dans un opéra. Je ne m'accoutumerai jamais à entendre chanter César, Caton, Alexandre, Thémistocle, Régulus, les Horaces; et ici l'exemple des Italiens confirme seulement ce qui est prouvé et reconnu, qu'ils se soucient fort peu du drame, et uniquement de la musique. Ce n'est pas le héros qu'ils voient, c'est le *soprano* qu'ils écoutent. Puisque nous sommes meilleurs dramatiques, c'est à nous de maintenir les convenances et la dignité de chaque genre.—« Mais pour« quoi les héros de l'histoire ne parleraient ils pas « en musique comme ils parlent en vers ? L'un n'est « pas plus naturel que l'autre, et vous-même venez « de le dire. » — Je réponds, que, dans les données de l'art, qui ne sont jamais *la nature*, il y a encore des convenances relatives que le bon sens démêle et que le talent doit observer. L'imagination a aussi ses habitudes qui se forment par degrés, comme toutes les autres. Accoutumés, dans la tragédie, à une imitation plus rapprochée, nous y voyons des héros que la poésie de toute espèce a fait mille fois parler en vers, et à qui le théâtre de Melpomène conserve toute leur grandeur, quelquefois même au-delà: à l'Opéra, théâtre du merveilleux et du chant, ces héros nous paraissent descendre en se mêlant à ceux de la fable. Le respect de leur nom, nécessaire à l'illusion théâtrale, se soutient encore quand on entend le vieil Horace, Auguste, Pompée, Mithridate, Brutus, César, parler si bien, quoiqu'en vers, qu'on oublie les vers pour admirer le grand homme. Il n'en est pas de même du chant : c'est un talent trop commun, trop social, trop métier même pour se confondre dans notre pensée, avec l'idée du personnage. Combien de fois s'est-on surpris à voir Tancrède dans un Le Kain, et Roxane dans une Clairon! Mais jamais personne ne croira voir un héros dans un chanteur. C'est que la poésie est un art purement de l'esprit, et qui se dissimule davantage quand on le veut ou qu'on le peut; mais l'art du chant est toujours en évidence, et par conséquent l'artiste avec lui. Dès-lors l'illusion, nécessaire dans le drame historique, n'existe plus : on peut s'en passer dans le drame mythologique, d'autant plus qu'en venant à l'Opéra, on sait qu'on entre dans le pays de la fiction. Là, tout est pris pour ce qu'il est, pour merveilleux et fabuleux : personne n'y vient, comme à la tragédie, pour être abusé pendant quelques heures, au point de s'affecter de la pièce comme d'un fait, et de prendre des comédiens pour des héros.

Je ne prétends rabaisser aucun des arts, que j'aime et j'honore : mais comme toutes les vérités s'avoisinent, vous voyez déjà que la poésie, entre autres avantages, a sur la musique celui d'une imitation bien plus parfaite, puisqu'au théâtre le poète et l'acteur, son interprète, peuvent jusqu'à un certain point ressembler au personnage, et être pris en quelque sorte pour lui, ce qui n'aura jamais lieu dans un rôle chanté. L'imitation musicale, comme l'avouent les gens de l'art les plus éclairés, a toujours du vague dans le moral, et il n'en saurait être autrement d'un art qui ne peint que par des sons. C'est pour cela même qu'elle est singulièrement propre aux idées religieuses, et que la musique d'église, qui a de l'effet, même dans le plain-chant grégorien, paraît si belle dans une messe de Gossec, dans un *oratorio* d'Haydn. Ce même vague de la musique, qui se fait toujours sentir, sur-tout en comparaison avec la poésie, dans tout ce qui est à notre portée, se prête merveilleusement à l'imagination dans les objets célestes, qu'elle seule peut atteindre, puisque, étant hors de nos sens, ils sont au-dessus de l'ordre de choses que les sens peuvent seuls nous transmettre. Nous avons vu de l'héroïsme et des passions dans l'homme ; mais nous ne connaissons Dieu, le ciel et le monde éternel que par l'intelligence. La musique aura donc plus de latitude et d'effet dans ce genre que dans tout autre. Il y a toujours dans le chant quelque chose d'indéfini qui peut se rapporter fort heureusement, selon le talent de l'artiste, à ce qu'il y a d'inconnu pour nous dans les choses divines. Il est également réel et singulier que l'imitation musicale puisse se rapprocher, dans notre pensée, de la majesté de Dieu,* plus que de la grandeur d'un héros : c'est que nous pouvons juger l'une, et ne pouvons tout au plus que conjecturer l'autre. La poésie et la déclamation auront donc toujours la supériorité dans l'imitation théâtrale; et, pour en marquer un dernier trait, l'acteur tragique peut avoir sur la scène une dignité que le chanteur n'aura jamais; l'eût-il personnellement, le chant la lui ôterait. La déclamation au contraire, peut la donner à celui qui ne l'a pas : qui l'a prouvé mieux que notre Le Kain? Il suit que voilà encore un caractère essentiellement tragique que la musique ne saurait donner. Nous avons vu qu'elle ne peut jamais avoir le même degré de vérité que la déclamation, ni produire les mêmes effets. Essayez à présent d'avoir la tragédie dans un

---

* A propos de ce morceau de l'*Iphigénie en Aulide*, de Gluck, *Au faîte des grandeurs*, qui est en effet d'un caractère religieux et imposant, l'abbé Arnaud disait (et c'était encore une de ses phrases faites) : « Avec ce « morceau-là on fonderait une religion. » Jamais la musique n'a fondé aucune religion; mais ce qui est très vrai, c'est que la musique et la poésie sont originairement filles de la religion. Ces filles-là ont étrangement dégénéré, et ont été souvent bien ingrates envers leur mère; mais il n'en est pas moins certain que les premiers vers et les premiers chants ont dû être adressés au maître de la nature.

opéra, et soyez sûrs que vous n'aurez ni l'un ni l'autre, et que vous gâterez tous les deux.

Le *duo* d'Achille et d'Agamemnon, dans l'*Iphigénie* de Gluck, est peut-être la plus grande preuve de cette absence de dignité historique et tragique; sans l'habitude constante de s'en passer à l'opéra, fondée sur ce que naturellement on ne demande pas ce qu'on ne saurait obtenir, aurait-on supporté que, dans cette fameuse querelle de deux héros qu'Homère et Racine nous ont si bien fait connaître, ils parlassent tous deux ensemble comme deux hommes du peuple qui s'injurient en *duo* avant de se battre? Il était assez simple qu'un poëte tragique en fît la réflexion, d'après toutes les bienséances reçues au théâtre : on répondit que *cette critique était une puérilité*, et la réponse n'était qu'une injure. Mais quand même on aurait dit que les convenances musicales permettaient à l'opéra ce que défendait la tragédie, ce n'eût pas été une raison ni une apologie suffisante ; c'eût été seulement un aveu de ce que je viens d'exposer, que l'imitation musicale est dispensée de la noblesse qu'exige l'imitation poétique et théâtrale. Mais cette vérité générale ne justifiait pas le musicien; car s'il est toujours permis de faire chanter en *duo* qui l'on veut, au moins n'y est-on pas toujours obligé, et ce n'est pas la première fois qu'on aurait trouvé un *duo* ou tel autre morceau de musique entièrement déplacé. Il faudrait donc prouver qu'il ne l'est pas, et c'est ce dont on eut soin de ne pas dire un mot. Je n'en fus point du tout surpris; car ici, non-seulement le bon goût, mais le sens commun, crient si fort qu'un pareil *duo* entre Achille et Agamemnon est le dernier excès de la disconvenance et du ridicule, que, pour le nier, il fallait avoir pris décidément le parti de compter pour rien le bon goût et le bon sens, dès qu'il s'agissait de défendre Gluck; et avec cette résolution là, il ne reste de ressources que les injures *.

C'est ici le moment de parler de cet opéra d'*Iphigénie en Aulide* comme ouvrage de théâtre et de poésie; et je me serais contenté de ce que j'en ai dit jusqu'ici comme époque d'un changement nécessaire dans la forme du mélodrame; je n'aurais certainement pas fait venir après les titres que peut encore citer la scène lyrique de notre siècle, un canevas si facile à tailler sur un chef-d'œuvre de Racine, et qui n'a d'autre mérite que d'être favorable à la musique, mais d'ailleurs recouvert de la plus médiocre versification, et qui n'offre à la lec-

* Vers le même temps, et toujours en réponse à des critiques de Gluck, qui avaient parlé de la période musicale, et qui savaient fort bien la musique, on imprimait ces propres paroles, que je transcris textuellement, tant elles sont précieuses à conserver. « Qu'est-ce que la période en mu-« sique? *Hélas!* c'est la fille de l'ignorance et du mauvais goût. » C'est précisément comme si l'on disait : « Qu'est-ce que le nombre dans les vers, et la liaison des idées dans le style? *Hélas!* ce sont les enfans de l'igno-« rance et du mauvais goût. » La parité est exacte, et en lisant ces inconcevables inepties, tout homme sensé dira : « *Hélas!* (et c'est ici qu'*hélas* est à sa place) de quoi n'est pas capable le despotisme de l'opinion, qui n'est autre chose que le délire de l'amour-propre.

Toutes les diatribes *gluckistes* sont pleines de traits de la même force, avec un assortiment de personnalités grossières. On ne trouvera du moins rien de semblable dans les écrits de leurs adversaires, qui de plus n'avaient pas le tort d'être aggresseurs.

ture que des lambeaux qu'on a défigurés en les arrachant des plus belles scènes dont puisse se glorifier la tragédie : mais qui aurait cru que d'une entreprise de cette sorte, dont le talent sera toujours incapable, par respect pour le génie et l'art, et qui ne pouvait être pardonnée qu'à un homme sans conséquence et sans prétention, on osât jamais faire un titre de gloire, au point de comparer à Racine le manœuvre qui avait si cruellement mutilé une tragédie pour la mettre à la taille de l'opéra? C'est pourtant ce qu'on a fait dans la dernière édition du *Dictionnaire historique*, et toujours en prenant au hasard dans les journaux la partie littéraire de cet ouvrage ; ce qui a dû en faire la plus défectueuse de toutes. On y lit que *le dialogue entre Agamemnon et Achille est digne de Racine*, qu'*il y a de la noblesse et de la rapidité* : on y parle du *goût* et des *bons principes* de l'auteur *. Je ne sais pas quels étaient ses *principes* ; mais d'après tous ceux que j'ai étudiés et suivis dans ce *Cours*, cette scène n'est *digne* que d'un écolier et d'un mauvais écolier; et pour le juger, la comparaison avec le maître n'est nullement nécessaire. Ce serait encore une nouvelle injure de les comparer, même pour en faire voir toute la distance ; et les rapprocher pour les mettre sur la même ligne, est un de ces excès que l'on n'a pu trouver que dans les feuilles vouées au parti *gluckiste*, et un de ces scandales littéraires dont vous avez toujours trouvé bon que l'on fît ici justice. Voyons la scène :

* Du Roulet.

ACHILLE.

Arrêtez.

AGAMEMNON, *à part.*

C'est Achille ! Aurait-on pu l'instruire ?

Dès le premier vers, voilà d'abord deux sottises ; car une telle ignorance des bienséances théâtrales les plus communes doit être caractérisée par le terme propre. L'auteur, qui avait vu souvent dans les tragédies ce mot, *arrêtez*, a cru qu'on pouvait s'en servir partout indifféremment. Il n'a pas senti combien il était ici étrangement déplacé; que le bon sens ne pouvait ni supposer ni souffrir qu'Achille lui-même débutât avec Agamemnon, avec le roi des rois, par un trait d'arrogance aussi contraire à la dignité du rang suprême, qui ne doit jamais être compromise dans le drame, qu'aux ménagements dont ne peut se dispenser d'abord l'amant d'Iphigénie, qui ne doit éclater qu'après l'aveu d'Agamemnon. Il n'est pas moins hors de vraisemblance que le fier Atride, apostrophé d'une manière si insultante, ne réponde que par un *a-parte*, pris de Racine, il est vrai, mais dans une autre scène où il est à sa place*, au lieu qu'il est ici à glacer et à faire rire. Sur un théâtre tragique, à ce premier mot, *arrêtez*, la huée aurait été générale et infaillible ; mais il est clair qu'à celui de l'Opéra, on porte de tout autres idées, et cent exemples le

---

* C'est dans la scène du premier acte, où Achille parle de l'arrivée prochaine d'Iphigénie, qu'Agamemnon, qui se flatte de l'avoir prévenue, exprime toute son inquiétude par ces mots, qu'il dit à part :

Juste ciel ! saurait-il mon funeste artifice ?

prouveraient comme celui-là, s'il n'était superflu de les multiplier à l'appui d'une vérité sensible pour quiconque a un peu d'habitude de la scène :

ACHILLE.

Je sais vos barbares projets;
Je sais qu'inhumain et parjure,
Vous vouliez sous mon nom consommer des forfaits
Dont frémit la nature.
J'en saurai malgré vous prévenir les *effets*.
Mais vous qui m'avez fait la plus sensible injure,
Rendez grace à l'amour si mon bras furieux
N'a pas déjà vengé....

Ainsi, dès le commencement de la scène, nous sommes à la fin : ici la scène commence comme elle finit dans Homère et dans Racine; car il est de toute évidence qu'Agamemnon, si hautement injurié et menacé, doit sur-le-champ mettre la main sur son épée. Encore une fois, loin d'ici toute comparaison; mais il faut bien faire voir comment Homère et Racine ont suivi la nature et les convenances, et à quel point le faiseur d'opéra s'en est éloigné. Dans Homère, la première injure vient d'Agamemnon, qui menace Achille de lui enlever sa Briséis, quoique celui-ci ne lui ait parlé jusque-là qu'avec le respect dont il fait profession pour le rang du roi des rois. C'est ensuite Achille qui menace seulement de quitter l'armée, et qui d'ailleurs motive son indignation sur le peu d'égards que l'on a pour ses grands services. Enfin c'est Agamemnon qui lui réplique, comme dans la tragédie :

Fuyez, je ne crains point votre impuissant courroux, etc.
et c'est alors qu'Achille porte la main au glaive et le tire à moitié; et Minerve l'arrête, en le saisissant par les cheveux, comme dans la tragédie Achille s'arrête et repousse le fer dans le fourreau, en songeant qu'il a devant lui le père d'Iphigénie; en sorte que, dans l'épopée, c'est l'intervention d'une divinité qui enchaîne le bras du terrible Achille; et dans la tragédie, c'est la plus impérieuse de toutes les passions, l'amour. Je ne demande pas que cette marche savante, et sublime de conception et d'exécution, se retrouve dans le moderne rimeur faisant des paroles pour Gluck; mais au moins ne fallait-il pas contredire si maladroitement des modèles consacrés. Il y a cent fois, mille fois plus de terreur dans le seul début de la scène de Racine, dans ce courroux concentré qui gronde à chaque mot, tout en s'efforçant de se retenir, comme le bruit sourd des secousses intérieures d'un volcan fait trembler avant l'explosion; il y a là mille fois plus d'effet tragique que dans toute la scène de l'opéra. Dira-t-on que le genre n'admet pas ces gradations si bien ménagées et si bien soutenues, et cette profonde science de la progression dramatique? Soit; mais d'abord c'est avouer ce que je soutiens, et démentir ce que vous prétendez, que l'opéra puisse s'approprier les effets de la tragédie. Ensuite cette théorie de la progression, sans pouvoir être égale dans les deux genres (il s'en faut de tout), doit pourtant exister proportionnellement, dans le genre secondaire comme dans le genre supérieur :

elle est de l'essence du drame. Il n'est permis nulle part d'intervertir l'ordre naturel, et de commencer par où l'on doit finir. Il est plaisant d'appeler cela *de la rapidité*, comme si c'était aller vite que de marcher à reculons ; et n'est-ce pas ce que fait Atride lorsqu'à de si violentes invectives, à ces termes de *barbare*, de *parjure*, de *forfaits*, à ces menaces directes dont il est accueilli au premier abord, il ne répond qu'avec une morgue qui n'est plus que froide, parce que ce n'en est pas le moment, et qu'alors il faut davantage ?

Jeune présomptueux,
Vous dont l'audace et m'indigne et me blesse....

Jeune présomptueux est du *Cid ;* et cet hémistiche est si connu, ces premières paroles que répond Gormas au défi de Rodrigue sont tirées d'un dialogue si célèbre, depuis plus de cent cinquante ans, qu'il faudrait se défendre d'emprunter ce que tout le monde sait par cœur, sur-tout pour en faire un si mauvais usage. Gormas, qui méprise la jeunesse du Cid, ne saurait s'exprimer mieux ; mais Agamemnon, traité comme le dernier des hommes, doit trouver là plus que de la présomption et de la jeunesse. *Qui m'indigne et me blesse*, pris d'une autre tragédie, n'est pas mieux placé, et n'est en lui-même qu'une négligence de diction dans Voltaire ; car blesser est moins qu'indigner, et l'un ne devait pas être après l'autre ; et sur-tout Agamemnon doit être plus que blessé.

Oubliez-vous qu'ici je commande à la Grèce,

OPÉRA.

Que je ne dois qu'aux dieux compte de mes desseins,
Et que vingt rois soumis à mon pouvoir suprême
Doivent, sans murmurer, que vous devez vous-même
Attendre avec respect mes ordres souverains.

Cet excès d'arrogance, que l'auteur a pris pour de la grandeur, est absurde. Un roi ne parlerait pas autrement à un sujet, et de ses sujets; et certes, Achille et vingt autres rois ne sont point sujets d'Agamemnon, ne sont point soumis à son *pouvoir suprême, n'attendent point avec respect ses ordres souverains;* tout cela, il faut le dire, est d'une ineptie complète, et d'une ignorance honteuse. Il y a loin de ce ton, qui est celui de la royauté absolue, à celui qui convient au commandement suprême volontairement déféré par des rois qui se donnent un chef militaire. Homère et Racine n'ont jamais confondu deux choses si différentes; jamais Agamemnon, dans l'*Iliade*, ne s'exprime avec cette hauteur despotique et révoltante, non plus que Godefroi dans la *Jérusalem*. Quand le sage Nestor veut apaiser Achille, il ne s'avise pas de lui dire qu'il doit obéir avec respect aux ordres souverains d'Agamemnon; il se contente de lui représenter très judicieusement qu'il doit éviter toute querelle avec le fils d'Atrée, parce que jamais roi n'a été autant que lui élevé en gloire. Si lui-même regardait Achille comme fait pour lui obéir, il ne lui dirait pas, dans Racine comme dans Homère : Fuyez; il lui dirait : Obéissez. Voyez avec quelle adresse Racine a ménagé ces nuances nécessaires, et comme il sait tempérer les idées et les mots de pouvoir et d'obéissance dans la bouche d'Agamemnon, par un rapport toujours prochain avec le commandement militaire et l'intérêt de la Grèce :

> Assez d'autres viendront *à mes ordres soumis*,
> Se couvrir des *lauriers* qui vous furent promis.

On sent qu'il ne s'agit que d'une *soumission convenue*, et payée par des *lauriers*.

> Un *bienfait* reproché tint toujours lieu d'offense.
> Je veux moins de *valeur* et plus d'*obéissance*.
> Fuyez, etc.

Les services d'Achille, qu'il vient de reprocher au *chef de tant de rois*, étaient donc un *bienfait* plutôt qu'un devoir de dépendance. Si Agamemnon se permet une fois le mot d'*obéissance*, c'est par comparaison avec la *valeur*, ce qui rentre dans l'ordre militaire, qu'un chef peut réclamer; et ce mot d'*obéissance*, quoique nuancé, est si dur par lui-même, qu'il ne le laisse échapper qu'au dernier moment, quand il se décide à une rupture entière. Il ajoute sur-le-champ : *Fuyez;* et tous deux à l'instant même mettent la main sur leur épée. Je sens qu'en voilà beaucoup sur une scène, mais en faut-il moins pour dévoiler les secrets de l'art, quand il s'agit de les opposer à l'impéritie, et quand il est devenu si commun de ne paraître pas même s'en douter ? Croit-on qu'un artiste descendît volontiers à tant de détails, nouveaux à coup sûr pour la plupart des lecteurs, et même des auteurs, s'il n'y était forcé par l'intérêt de l'art ? Eh bien ! plus de gens au moins comprendront pourquoi une belle scène est une si belle chose, tout ce qu'il faut d'esprit pour la dessiner, et de talent pour l'exécuter ; pourquoi il y a tant de distance, aux yeux du connaisseur, entre l'excellent et le médiocre, et comment il y en a encore beaucoup entre le médiocre et le mauvais. Nous en sommes ici à ces deux extrêmes, le tableau d'un maître et le barbouillage d'un mauvais copiste, et il est aussi trop choquant que l'on ait eu le front de comparer l'un à l'autre.

Comment supporter les vers substitués à ceux de Racine ? Dans celui-ci, Achille s'écrie :

Juste ciel ! puis-je entendre et souffrir ce langage ?

Voilà le cri de la fierté impatiente. A-t-on pu croire que ce fût la même chose de dire :

Dieux ! *faudra-t-il* souffrir ce superbe langage ?

Faudra-t-il ici est presque niais ; et que ce futur est ridicule quand la chose est présente !

AGAMEMNON
Cessez un discours qui m'offense.
Quelque sort aujourd'hui qui lui soit destiné,
C'est à vous d'attendre *en silence*
Ce qu'un père et les dieux en auront ordonné.

Le premier vers est d'une mortelle froideur après ce qui a été dit, et c'est ce qui doit arriver quand on *met tout en feu* en arrivant : tout est de glace un moment après. Ici le dialogue tourne en raisonnement, après avoir commencé par un torrent d'injures : cette marche rétrograde est à faire pitié. *En silence* est une expression hors de toute mesure.

Agamemnon parle à Achille comme il pourrait parler à sa fille, si elle l'interrogeait. L'auteur a pris cette charge puérile pour de la noblesse, ainsi que ses admirateurs. Mais avec quelle dignité calme et quelle noble réserve s'exprime l'Agamemnon de Racine dans ce premier couplet, dont les quatre vers qu'on vient de lire ne sont qu'une plate contrefaçon !

Seigneur, je ne rends point compte de mes desseins.
Ma fille ignore encor mes ordres souverains ;
Et quand il sera temps qu'elle en soit informée,
Vous apprendrez son sort ; j'en instruirai l'armée.

Il ne dit pas qu'il *ne doit compte de ses desseins qu'aux dieux*, car *les dieux* ne font rien là : il se contente de dire à celui qui ose l'interroger qu'il *n'a point de compte à lui rendre*, et cela suffit. Il ne parle de *ses ordres souverains* que par rapport à sa fille, et cela seul est convenable. Il ne prétend point qu'Achille *les attende en silence*, ce qui est une sottise ; et malgré tous ces ménagements très bien placés dans un moment où Achille se contraint encore, la hauteur du personnage et l'orgueil déjà blessé se font sentir parfaitement par ce seul vers, qui confond Achille avec tous les autres Grecs :

Vous apprendrez son sort ; j'en instruirai l'armée.

Voilà un trait de l'art, mais il faut l'apercevoir.

Descendrons-nous jusqu'à la diction de cette scène prétendue lyrique ? On n'y voit que des fautes depuis le commencement jusqu'à la fin. Achille *saura prévenir les effets des forfaits, prévenir les forfaits* suffisait pour la raison et pour la langue : *les effets des forfaits* sont d'un apprenti qui a besoin d'une rime aux dépens du sens. Racine avait dit :

> Vous croyez qu'approuvant vos desseins odieux,
> Je vous laisse égorger votre fille à mes yeux ;
> Que ma foi, mon amour, mon honneur y consente ?

Pourquoi donc ne pas conserver ces vers ? Étaient-ils plus difficiles à mettre en récitatif que ces deux-ci :

> Vous pensez qu'insensible *à la gloire, à l'amour ?*
> Je vous laisse immoler votre fille *en ce jour ?*

La gloire, l'amour, ici ces généralités sont glaçantes. *Ma foi, mon amour, mon honneur,* voilà comme on parle dans la situation d'Achille, et même sans être Achille.

> Je vous laisse immoler votre fille *en ce jour ?*

Oh! *immoler en ce jour*, au lieu *d'immoler à mes yeux*, passe tout le reste. Jamais peut-être cette cheville, si banale dans nos opéra, et même dans nos tragédies (mal écrites, s'entend) n'a été plus malheureusement clouée à la fin d'un vers. *En ce jour!* Eh! misérable, quand ce serait dans un autre jour, *la laisseras-tu immoler ?* Si du moins cet exemple pouvait apprendre à nos rimeurs à chevilles qu'elles ne sont pas seulement une platitude, mais bien souvent un contre-sens, une bêtise!

> De votre audace téméraire
> J'arrêterai *le cours.*

Le cours de l'audace !

> Avant que *votre fureur*

> Immole ce que j'aime,
> Il faut que *votre rage extrême*
> *S'apprête* à me percer le cœur.

La fin répond en tout au commencement. *Avant que votre fureur immole, il faut que votre rage s'apprête.....* La belle phrase et l'heureuse distinction de *la fureur* et de *la rage*! et *la rage extrême*? On savait que *la rage* était l'extrême de *la fureur*, et si *la rage* peut avoir une épithète, assurément ce n'est pas celle d'*extrême*. Je ne me rappelle pas même avoir vu autre part cette expression, digne des chansonniers du Pont-Neuf. Enfin *la rage* qui *s'apprête*! il n'y manque rien. Que dire d'un pareil style, si ce n'est ce que disait Malherbe à un poète de la même force? *Avez-vous été condamné à faire ces vers-là sous peine d'être pendu? Je ne vous connais pas d'autre excuse.* Eh bien! l'on nous en fait tous les jours des milliers dans ce goût-là, et qui sont loués tout comme ceux-là, et même davantage. Encore si nous n'avions fait de progrès que dans ce genre de mal! si ce siècle *régénérateur* n'avait gagné qu'en ridicule!.... *O utinam!*

Le reste de la pièce n'est pas mieux écrit.

> Si ma fille une fois met le pied dans l'Aulide,
> Elle est morte....

avait dit Racine, qui parlait comme la nature. Ce seul mot, *elle est morte*, dans la bouche d'un père, fait frisonner. Il était juste que Du Roulet crût enchérir sur Racine ;

> Si ma fille arrive en Aulide,

Si son *fatal destin* la conduit en ces lieux,
Rien ne la peut sauver du transport homicide
   De Calchas, des Grecs *et des dieux.*

Le transport homicide des dieux! Racine avait dit :

Ne craignez ni les cris, ni la foule impuissante
D'un peuple qui se presse autour de cette tente.
Paraissez, et bientôt, sans attendre mes coups,
Ces flots tumultueux s'ouvriront devant vous.

L'Achille de Du Roulet et de l'opéra dit à Iphigénie :
   Princesse, suivez-moi.
Ne craignez ni les cris ni *la rage inutile*
D'un peuple à mon aspect *saisi d'un juste effroi.*

Inutile, au lieu d'*impuissante*, n'est pas un heureux changement? Mais le *juste effroi*, comment l'accorder avec *la rage?* Ah! une *rage* plus qu'*inutile*, c'est celle d'estropier ainsi de beaux vers, et de remplacer tant de beautés par tant de platitudes.

Ils m'étaient chers, je ne puis m'en défendre,
Ces jours contre *lesquels* les dieux sont conjurés.

Lesquels! en style noble, *lesquels!* quelle *noblesse* lyrique?

Lui, par qui votre cœur à Calchas présenté....
                              (RACINE.)

C'est encore l'harmonie lyrique apparemment qui a fait changer ainsi ce vers.

Qui? *lui, par qui son cœur* à Calchas présenté.

Qui? lui, par qui son cœur! En vérité, c'est une

gageure de prendre ainsi les vers de Racine, du plus mélodieux de nos poètes, et de les marteler sur l'enclume, pour en faire le supplice de l'oreille. J'en citerais cent autres exemples : encore un, et je m'arrête pour ne pas excéder le lecteur.

> Un prêtre environné d'une foule cruelle
> Portera sur ma fille une main criminelle !
> (Racine.)

> Un prêtre environné d'une foule *cruelle*
> Ose porter sur *elle* une main *criminelle* !
> (du Roulet.)

Je ne sais de quel démon il faut être possédé pour substituer à cet hémistiche, *portera sur ma fille*, l'insupportable consonnance des trois hémistiches en *elle*; si c'est un des démons de l'opéra, à coup sûr ce n'est pas celui de la poésie.

La versification d'*Alceste* est peut-être encore plus mauvaise : c'est partout la même dureté dans les tournures et dans les expressions, et l'on y trouve jusqu'à des fautes de mesure, des *hiatus*, qui prouvent l'ignorance des premières règles.

> Ah ! ma félicité *est* d'autant plus parfaite.

Mais ici du moins, Racine n'est pas compromis, et cela me dispense d'en dire davantage sur cette ennuyeuse et monotone lamentation, où rien n'est motivé, ni conçu, ni ménagé, où l'on fait faire par Alceste elle-même l'aveu très maladroit d'un sacrifice que personne ne doit cacher plus qu'elle; où Hercule arrive comme tombant des nues, sans

qu'on ait eu seulement l'attention de préparer le spectateur à sa venue, en disant un mot de son amitié pour Admète; ce qui offrait de soi-même une variété et un mobile d'intérêt. Mais je ne finirai pas cet article sans déplorer du moins, pour l'honneur de la France, cette misérable ressource imaginée de nos jours, de livrer impitoyablement nos chefs-d'œuvre tragiques aux ciseaux de nos tailleurs d'opéra. Cette mode, accréditée sans réclamation, est la honte de notre littérature, et rien n'accusera plus hautement dans l'avenir la stérilité réelle de talents, mal déguisée sous la vaine abondance de tant de rapsodies, que ce dernier expédient de l'impuissance qui trouve tout simple de s'emparer de nos plus belles tragédies pour les réduire à des croquis informes, aussi éloignés du lyrique de Quinault que du tragique de Racine et de Corneille. « Est-ce là, dira-t-on, le respect qu'avait
« cette nation pour des ouvrages dont elle paraissait
« si fière pour des monuments du génie qui étaient
« uniques dans le monde, pour son *Andromaque*
« et sa *Phèdre*, pour son *Cid* et ses *Horaces?* Elle
« les laissait découper en ariettes, pour en faire un
« objet de trafic entre des rimailleurs, qui les bar-
« bouillaient de leurs mauvais vers et des musi-
« ciens qui les chargeaient de leurs notes. » Quelle turpitude! Eh! si tu veux être auteur, ne peux-tu pas du moins faire tout seul un mauvais opéra? Te faut-il absolument une bonne tragédie à dépecer? On reprochait à Marmontel, fort aigrement et fort mal à propos, de coudre quelques airs aux scènes de Qui-

nault; et ces scènes n'étaient point mutilées, ni même déparées par les airs que Marmontel tournait fort bien ; et quand, au lieu de ces vers fameux, que nous savions dès le collège :

 Pour aller jusqu'au cœur que vous voulez percer,
 Voilà par quels chemins vos coups doivent passer,

on vient nous chanter ceux-ci, dont nos derniers rhétoriciens n'auraient pas été capables :

  Il faut que votre *rage extrême*
  S'apprête à me percer le cœur.

on n'entend que des applaudissements répétés dans les journaux et perpétués dans des *Dictionnaires !* Passons qu'on ait pu tolérer une fois cette mutilation de notre *Iphigénie* en faveur d'une innovation utile d'abord à la musique et au spectacle, et qu'on ait fait grace aux paroles en faveur de Gluck: passons encore qu'un accompagnement de trompette et de tambours ait fait s'extasier un public novice à la fois et enthousiaste, jusqu'à ne pas s'apercevoir que l'air en lui-même ne vaut guère mieux que les paroles *. Mais fallait-il que le peuple français, en se

* J'ai vu beaucoup de gens de l'art trouver, comme moi, cet air aussi commun qu'insignifiant ; et quoique les accompagnements soient quelque chose, il ne faut pourtant pas que le chant, en se séparant de l'orchestre, ne soit plus rien. Si l'on veut s'assurer à quel point celui-là est dénué de caractère et d'expression, il n'y a qu'à le chanter, sans rien changer à la note ni à la mesure, sur ces paroles d'un couplet bachique ; et s'il convient parfaitement à Grégoire à table, il est clair qu'il n'est pas d'Achille en fureur :

  Tonneau qu'aujourd'hui j'ai percé,
  Un jour me suffit pour te boire.
  Bacchus chantera ma victoire,

passionnant pour ses prétentions en musique, devînt assez indifférent à sa gloire en poésie pour sacrifier le Racine de la France au Gluck de l'Allemagne, au point de comparer à des vers sublimes des paroles dignes de risée, et de faire de Du Roulet un émule de Racine.

La Harpe, *Cours de Littérature.*

OPÉRA COMIQUE. C'est un genre de drame qui est né dans ce siècle et qui a dû sa naissance et ses accroissements, d'abord au goût naturel des Français pour le vaudeville, ensuite au goût et au progrès de la bonne musique. Celle-ci fit assez long-temps disparaître du théâtre l'ancien vaudeville des spectacles forains, qui pourtant lui avait servi d'introducteur, mais dans ces derniers temps, la mode, qui tourne toujours dans un cercle, ramena le vaudeville que sa gaieté familière soutient sur la scène à côté de la brillante ariette. Il faut donc remonter au commencement de ce siècle et au vaudeville de la Foire, qui a été le berceau de cet Opéra comique si accrédité de nos jours, où nous l'avons vu prendre tant de formes différentes. Puisque ce genre est parvenu jusqu'à obtenir une place dans la littérature agréable, il doit en trouver une dans ce *Cours*, et

> S'il te voit bientôt renversé ;
> Et si, dans l'ardeur qui me guide,
> Aujourd'hui pressé de jouir,
> Dans ma cave je fais un vide,
> Dès demain je veux le remplir,
> Je veux le remplir, etc.

d'autant plus que ce genre, quel qu'il soit, a suffi pour en donner une à plusieurs écrivains estimés, dont il a fait à peu près tout le mérite. Que ce mérite soit un peu mince comme le genre lui-même, j'y consens ; mais il ne faut dans les arts rien rejeter ni dédaigner de ce qui peut varier les amusements publics, et entrer dans la classe des plaisirs dont les honnêtes gens n'ont point à rougir. Ici tout est bon, pourvu que tout soit à son rang ; et dans l'ordre des talents, comme dans celui des conditions, la variété et l'inégalité forment l'harmonie générale, comme l'égalité prétendue produit la confusion et le chaos.

On commença vers la fin du règne de Louis XIV à jouer aux foires Saint-Laurent et Saint-Germain de petites comédies dont Arlequin était toujours le principal acteur, escorté d'un Pierrot, d'une Colombine, d'un Léandre ou d'un Lélio, etc. ; c'était un spectacle d'un degré au-dessous de la comédie italienne, et d'un degré au-dessus de Polichinelle. Les premiers essais n'avaient même été autre chose que des scènes françaises détachées du vieux théâtre italien, et ces scènes avaient succédé à des farces du théâtre des danseurs de corde, telles qu'on les joue encore sur leurs tréteaux. C'est jusque-là que remonte, ou plutôt que redescend l'origine de l'Opéra comique, dont la fortune est depuis cinquante ans si générale ; il n'y a pas trop de quoi rougir, puisque, après tout, la tragédie a fait le même chemin, depuis le tombereau de Thespis jusqu'au théâtre de Sophocle. Remarquons seulement que la vogue de l'Opéra comique a résisté à toutes les variations de la mode, quand les autres spectacles s'en ressentaient plus ou moins à diverses époques, et que même, à celles qui ont été les plus affreuses dans la révolution française, un nouveau théâtre, uniquement consacré au vaudeville, fut sans comparaison celui de tous qu'on parut suivre le plus volontiers. On pourrait en assigner différentes causes; mais on ne saurait méconnaître la première de toutes, ce caractère de légèreté et ce besoin d'amusement que rien ne détruit dans les têtes françaises, et qui ne laisse pas d'avoir ses avantages comme ses inconvénients, mais qu'il n'est plus permis de préconiser comme on faisait autrefois, depuis qu'il est trop prouvé que tant de frivolité ne nous rend que plus capables de folies très sérieuses et très funestes.

Un italien nommé Francisque eut, je crois, le premier l'entreprise de ce spectacle forain, qui prit bientôt le titre d'Opéra comique, depuis que le grand Opéra, sous celui d'Académie royale de musique, et en vertu de son privilège exclusif, eut vendu aux acteurs de la foire le droit de chanter. Ils se l'étaient bien arrogé d'eux-mêmes, comme on peut l'imaginer; mais on voit, dans une foule de mémoires et d'écrits du temps, quelles alarmes répandit cette espèce d'usurpation, quand le public, qui fuyait l'ennui et cherchait la nouveauté, courut tout de suite en affluence aux faubourgs St-Laurent et Saint-Germain, aimant mieux rire à la foire que de bâiller au théâtre du Palais-Royal. La comédie italienne parut encore bien plus jalouse et plus irritée contre un enfant dénaturé qui ôtait le pain à sa mère : celle-ci fut implacable, et vint à bout de faire plus d'une fois fermer les spectacles de la foire. Tout Paris prit parti dans cette grande querelle; toutes les puissances s'en mêlèrent. Les comédiens français, réunis aux italiens, firent interdire *la parole* aux forains, et l'Opéra leur défendit le chant. Des commissaires étaient chargés de veiller pendant les représentations à ce qu'on ne s'avisât pas de parler ou de chanter. On eût cru qu'il ne restait rien à faire; point du tout : le public français, toujours jaloux de la liberté..... des plaisirs, fit cause commune avec les forains qui le divertissaient; il soutint noblement, ou plutôt gaiement, *les droits de l'homme*; et les acteurs de Francisque, chez qui le besoin et la prohibition éveillaient l'industrie, firent des prodiges d'invention. On ne leur avait laissé que l'orchestre et la pantomime de leur Arlequin; mais le public voulait à toute force ces couplets toujours satiriques ou graveleux, mêlés dans le dialogue, et qui avaient fait réussir les premières pièces. On mit ces couplets sur des écriteaux qui descendaient du cintre; l'orchestre jouait les airs, les spectateurs chantaient les paroles, l'acteur faisait les gestes; et l'on peut imaginer ce qu'il y avait de joie, et même de folie, dans cette nouvelle espèce de spectacle où le public était acteur, et où il n'y avait de sifflé que le commissaire inspecteur dont tout le monde se moquait. La première de toutes les puissances, l'intérêt, brouillait tour à tour et conciliait tout : tantôt l'Opéra de la Foire était autorisé comme tributaire de l'autre ; tantôt la jalousie des succès faisait ordonner la clôture. Après bien des variations et des interruptions, Monnet, directeur de troupe en province, qui avait de l'esprit, des protections à la cour et des liaisons avec les gens de lettres, donna plus de consistance à cette entreprise, dont il vint se charger à Paris, et qui prospéra dans ses mains plus qu'elle n'avait encore fait. C'est pour lui que Vadé, Favart et Sedaine, d'Auvergne, Philidor et Duni, travaillèrent, chacun dans son genre, et tous avec succès. C'était le moment où l'apparition momentanée des bouffons d'Italie avait tourné vers la musique toute la vivacité de l'esprit français. La mode entraîna tout ; et des talents aimables, tels que ceux de mademoiselle Vilette* et de Clairval ne parurent plus faits pour des tréteaux forains. L'intérêt se fit encore entendre par-dessus tout ; et les comédiens italiens furent trop heureux d'ouvrir leur théâtre, qui menaçait ruine, à ce même Opéra comique, qu'ils avaient tant persécuté, et qui arriva fort à propos pour être le sauveur de ceux qui l'avaient si long-temps traité en ennemi.

Ce qu'il y a de plaisant, c'est que tous ces grands théâtres qui le combattaient avec tant d'animosité, en affectant pour lui tant de mépris, n'avaient pu rien imaginer de mieux, pour en contrebalancer la fortune, que de se rabaisser jusqu'à lui, et de s'approprier ses moyens et ses ressources, les farces,

---

* Depuis madame Laruette.

les ballets et la gravelure. Le théâtre de Melpomène et de Thalie payait des danseurs ; ce qui, pour le dire en passant, est ridicule, et doit être réformé quand la restauration générale qui suit toujours un grand bouleversement s'étendra, comme cela doit être, sur les spectacles publics, qui méritent, sous tous les rapports, la plus sérieuse attention de la part d'un gouvernement qu'aura éclairé l'expérience. Il n'y eut pas jusqu'à l'Opéra qui ne voulût rivaliser avec la Comédie italienne et la Foire, et qui donna *Ragonde*, mauvaise farce du vieux Destouches, dont il se moquait le premier, et qui ne laissa pas d'attirer la foule ; et dans ce même temps l'Opéra, son privilège à la main, faisait interdire les ballets à la Comédie française, qui cependant eut bientôt assez de crédit pour se les faire rendre, et se maintint en possession d'un *agrément* (c'est ainsi que cela s'appelle)* qui lui est fort étranger, et ne lui vaut sûrement pas ce qu'il coûte. Il ne resta de ce grand procès que *les Remontrances des comédiens français au roi*, très jolie pièce**, pleine d'esprit,

---

* On sait qu'une pièce où il y a des fêtes et des danses est annoncée *avec tous ses agréments*.

** Elle doit être assez inconnue dans le monde d'aujourd'hui, quoiqu'imprimée, je crois, dans quelques recueils. Elle commence ainsi,

> Sire, vos fidèles sujets,
> *Les gens tenant* la comédie,
> Paisibles suppôts de Thalie,
> Et tous ennemis des procès,
> Osent se plaindre du succès
> De cette fière Académie
> Par qui leur troupe est avilie,
> Et voit proscrire ses ballets, etc.

de sel et de facilité, qu'il faut bien laisser à l'avocat Marchand, puisque personne ne l'a réclamée, mais dont il ne méritait guère d'être l'auteur, s'il l'est de toutes les sottises qui ont couru sous son nom.

Le Sage et d'Orneval ont pris la peine de recueillir en huit ou dix volumes, intitulés *Théâtre de la Foire*, ce qui leur a paru mériter d'être conservé pour la postérité. A juger par ce qui est de choix, que devait donc être le reste ? Cela devait rester dans les dépôts des troupes foraines, et l'on est fâché qu'un aussi bon esprit que Le Sage ait cru ces fadaises dignes de l'impression. Il est vrai qu'il fait lui-même tous les frais de ce recueil d'élite, de compagnie avec d'Orneval et Fuzelier en tiers. Passe pour ces deux hommes-là, qui n'avaient rien à perdre : l'un n'est connu que par l'association de son nom à celui de Le Sage; l'autre ne fut jamais qu'un volumineux faiseur de riens. Mais l'auteur de *Gil Blas* et de *Turcaret* se devait d'être plus sévère avec lui-même, et plus circonspect avec le public. Il s'était brouillé avec les comédiens français; il était pauvre ; il fallait vivre, et ce fut par besoin autant que par ressentiment qu'il travailla vingt ans pour la Foire, qu'il enrichit, et qui ne l'enrichit pas lui-même, puisqu'il mourut dans l'indigence. Du moins la

Elle finit ainsi.

Ce sont, sire, *les remontrances*
Qu'après plus de quatre séances
Et tous nos foyers assemblés
Dans le palais de la folie,
Vous offrent vos sujets zélés
Les gens tenant la comédie.

Foire le fit subsister, et jusque là il n'y a rien à dire; mais pourquoi imprimer? Qui devait savoir mieux que lui que ces sortes de pièces ne soutiennent point, je ne dis pas l'éxamen, mais la lecture? Elle est rude, il faut l'avouer, et pire, s'il est possible, qu'un recueil d'opéra nouveaux. Il a fallu pourtant en passer par-là; car il n'est permis de parler de quoi que ce soit qu'en connaissance de cause. Mais quel ennui, quel dégoût et quelle perte de temps! Je conviens aussi que la préface a encouragé cette espèce de dévouement. L'auteur s'inscrit en faux par avance contre ceux qui jugeront sur le titre, sur ce seul nom de *Théâtre de la Foire*, et là-dessus il n'a pas tout-à-fait tort. Il reconnaît que *la totalité des pièces qu'on y a jouées est plus propre à confirmer qu'à démentir* ce juste mépris qui les renvoie aux tréteaux, qui leur conviennent, et leur refuse l'attention du lecteur. Mais il excepte celles qu'il a choisies; et malgré tout ce qu'elles doivent *perdre, dépouillées de l'agrément de la représentation*, il veut qu'on y trouve *des caractères, du plaisant, du naturel, de la variété*. C'est beaucoup; et quoique ce fût ici un auteur parlant de ses propres écrits, j'ai cru un moment, sur sa parole, qu'il y aurait au moins quelque chose de tout cela, parce qu'enfin l'amour-propre d'un homme d'esprit ne laisse pas de différer de celui d'un sot. Je n'en connaissais rien, absolument rien; *j'ai voulu voir, j'ai vu*; et non-seulement il n'y a pas, mais il ne peut y avoir dans ce genre de pièces rien de tout ce que Le Sage a voulu y voir. J'en ai conclu qu'il avait été tout naturellement aveuglé sur ce genre, essentiellement mauvais, mais qui l'avait occupé vingt ans; et il est tout simple que la longue habitude, jointe au succès des représentations, ait altéré son jugement. Quels *caractères*, quel *naturel*, quelle *variété* peut comporter un canevas toujours de convention, offrant toujours les mêmes personnages, et des personnages hors de nature? Je puis rire d'Arlequin sur la scène, comme d'un bouffon qui est là pour me divertir, n'importe comment; mais d'ailleurs où est Arlequin, et à qui peut-il ressembler? Qu'est-ce que les *Mezetins*, les *Scaramouches*, les *Pierrots*, les *Colombines*, etc., dès qu'ils ne sont plus dans le cadre où leur figure est toujours la même, où ils doivent toujours parler le même jargon? Carlin était amusant sur le théâtre, où il donnait de la grace à ses *lazzis*. Je dis à Le Sage, à Gherardi, auteur d'un recueil tout semblable, et fort épris du comique de son pays : imprimez donc, s'il est possible, les *lazzis* de votre Arlequin, ou n'imprimez pas des pièces qui ne sauraient s'en passer. Comment peut-il y avoir des *caractères*, quand il faut que tout soit également forcé, personnages et situations, pour mettre en jeu l'extravagance bouffonne et purement idéale d'un être de raison tel qu'Arlequin? Il est partout, il est tout, il prend toutes sortes de figures; ses travestissements sans nombre remplissent souvent tout une pièce. Il est homme, femme, animal, *sultane favorite*, *roi des Ogres*, *roi de Serendib*, *Endimion*, etc., etc. Tout cela peut-il être autre chose qu'une caricature en pantomime? Laissez-la donc à sa place, et ne la mettez pas dans un livre.

Cette quantité de déguisements burlesques est-elle ce que Le Sage appelle *variété?* Il peut y en avoir dans les moyens de l'acteur; mais il n'y en a point pour le lecteur; et le titre d'une de ces pièces peut s'appliquer à toutes, *Arlequin, toujours Arlequin.*

Reste *le plaisant :* voyons où il peut être : est-ce dans le jeu des personnages, ou dans la gaieté des couplets, satiriques ou licencieux? Il est reconnu que le premier n'est que pour le théâtre; l'autre, de l'aveu de Le Sage, a besoin du chant, et lui-même recommande au lecteur d'avoir toujours soin de chanter. Soit; mais il s'en faut que cela suffise pour obvier à tout. « Ce théâtre, dit-il fort à propos, était caractérisé par le vaudeville, espèce de poésie particulière aux Français, estimée des étrangers, la plus propre à faire valoir les saillies de l'esprit, à relever les ridicules *et à corriger les mœurs.* » A ces derniers mots près, c'est la vérité; c'est là ce qui fit véritablement le sort de ces anciens opéra comiques, et y entraîna bientôt la bonne compagnie à la suite du peuple. On sait ce que peut un couplet sur la malignité des oreilles françaises; et toutes les scènes étaient plus ou moins assaisonnées de la satire mais le plus souvent de la satire à gros sel, et, ce que Le Sage ne dit pas ici, et qu'on n'aimait pas moins, de plaisanteries et d'équi-voques assez claires pour être fort libertines, aupoint que souvent même le choix des rimes avertissait le spectateur de substituer les mots propres, c'est-à-dire les gros mots *.

Le Sage avoue que toutes les pièces de la Foire étaient remplies d'obscénités : je ne les connais pas, et je m'en rapporte à lui; mais il excepte celles de son recueil, et ne comprends rien à cette distinction. Il fallait qu'il fût blasé sur la gravelure comme sur le comique de son théâtre **.

Piron, qui nous a légué aussi, sans doute par respect pour la postérité, son *Théâtre de la Foire*, en quatre volumes, bien et dûment commenté par un magistrat, par un *conseiller honoraire*, le tout pour la grande édification publique, Piron du moins est de meilleure foi sur ces *traits libres qu'on trouve*, dit-il, *par-ci, par-là*, c'est-à-dire à tout moment. C'est tour à tour au ministre d'Argenson, qui n'entendait pas trop raillerie, et à son prédécesseur Maurepas, qui l'entendait autant que personne, que Piron adressait ingénuement l'apologie d'un spectacle qui n'amusait qu'aux dépens de l'honnêteté publique. L'indécence de son *Tirésias* avait paru si outrée, qu'après la représentation de la pièce, qui ne fut pas rejouée depuis, mais que l'éditeur a scrupuleusement imprimée, le pauvre Francisque et toute sa troupe furent conduits au Fort-l'Évêque, et eurent beaucoup de peine à obtenir leur liberté. C'est à ce propos que Piron écrit au ministre que « cette liberté a de tout temps carac-

* Le mot propre échappa une fois à l'actrice, qui alla passer quelques jours à la Salpêtrière.
** Voyez dans notre *Répertoire*, t. XVII, p. 370 et suiv., l'article LESAGE. F.

« térisé le spectacle de la Foire *, et que le goût du
« public l'exige des pièces, malgré les entrepreneurs
« et les auteurs. » C'était avouer tout uniment qu'en
bonne police on n'aurait pas dû tolérer un spectacle dont *le caractère* est si essentiellement contraire
aux bonnes mœurs. Mais le *conseiller* éditeur n'est
pas plus conséquent que le poète, et il veut que
l'on considère que « c'est un spectacle ambulant et
« forain qui ne respire que la gaieté, et qui doit
« être nécessairement moins châtié qu'un spectacle
« régulier et permanent. » Voilà d'étranges raisons
pour un homme qui partout fait profession du zèle
le plus religieux. Comme s'il était permis de faire
du mal en passant, comme si un spectacle, pour
être *ambulant*, était autorisé ou même obligé à
respirer la gaieté du libertinage, et à préparer un
poison moins déguisé, pour ces classes inférieures
de la société qui remplissaient les théâtres forains et
allaient s'y corrompre à peu de frais ! On ne sait que
trop que, dans ces faubourgs populeux, des mères
peu éclairées menaient leurs filles à ces spectacles, si
dangereux à si bon marché, et combien l'amusement
de quelques semaines pouvait et devait avoir de
suites pour le reste de la vie.

Le Sage lui-même est là-dessus plus naïf dans son

* L'éditeur des *OEuvres de Favart* fait précisément le même aveu, quoique Favart n'ait eu besoin qu'une fois (dans les *Nymphes de Diane*) de cette espèce d'apologie, et que, d'ailleurs, cet écrivain décent et délicat ait eu l'honneur d'épurer le premier ce théâtre forain, dont on peut apprécier *le genre*, tel qu'il était alors, par ces paroles de l'éditeur, qui certainement était un homme de sens : « On était prévenu qu'une liberté cy« nique constituait ce genre, et qu'elle en devait être le caractère distinctif »

dialogue que dans sa préface. Il fait dire à la Folie (dans *le Diable d'argent*), quand Arlequin lui demande des pièces : « Je sais ce qu'il te faut : en te don-
« nant sur la tête trois coups de ma vessie, je vais
« remplir ta cervelle *d'idées polissonnes, de fadaises*
« *et de balivernes*.... *Te voilà maintenant en état*
« *d'attirer tout Paris.* » Fort bien ; mais peut-on oublier que ce qui n'est que *polissonneries et balivernes* pour les personnes d'un esprit raisonnable et d'un âge mûr, est une véritable séduction pour la jeunesse, sur-tout pour celle d'un sexe où l'imagination doit être chaste pour que le cœur soit pur ? Et la décence publique enfin est-elle donc si peu de chose, qu'il faille la sacrifier à des *fadaises* qu'on appelle gaieté ? Cette décence est d'un intérêt bien plus essentiel qu'on ne le croit depuis long-temps ; et quand ce point de morale politique sera développé où il doit l'être, les conséquences, prouvées par les exemples, seront assez évidentes pour effrayer ceux mêmes qui n'ont jamais connu les principes, et l'on pourra dire avec un Ancien : *Hæ nugæ seria ducent in mala.* Hor.

Il n'y a pas ici jusqu'à l'approbation du bon homme Danchet qui ne soit remarquable : « Cet ouvrage, dit-il, est un recueil d'épigrammes en vaudevilles.... Il est plein de traits piquants, mais propres à exciter l'émulation dans les autres théâtres. » C'est ce qui ne manqua pas d'arriver, comme je l'ai rapporté ci-dessus ; mais quelle émulation pour le théâtre de Thalie que celle de la licence ! Et qu'est-ce que des pièces qui ne sont qu'*un re-*

cueil d'épigrammes en vaudevilles ? Ne voilà-t-il pas un beau sujet d'émulation ? Encore si ces épigrammes étaient bonnes, si ces couplets, ces vaudevilles avaient le mérite de la tournure ; si ces enfants de l'esprit français pouvaient, au moins sous ce rapport, faire honneur à leur père, je pardonnerais à ceux qui ont voulu l'intéresser dans cette mauvaise cause, mais assurément il n'y est pour rien. Tout l'agrément de ces couplets est presque toujours dans les refreins populaires qui couraient alors : les *flon flon flon*, les *zon zon zon*, les *gai gai gai*, reviennent sans cesse, et l'on s'en rapporte au spectateur pour y entendre finesse. Les *mirlitons* surtout y jouent un grand rôle, et c'est apparemment par reconnaissance que la Foire joua une pièce qui s'appelait l'*Enchanteur Mirliton*. D'ailleurs, le trivial et le burlesque prédominent généralement; et qu'on imagine l'effet que ce grossier jargon doit produire quand on fait parler des rois, des héros, des dieux, des déesses, car tout cela est du domaine de la Foire, qui met tout à contribution :

> Loin de vous je n'en pouvais plus,
> Et mon cœur cuisait dans son jus.

C'est là de la galanterie d'Endymion, mais aussi c'est Endymion-Arlequin ; et comment des gens qui d'ailleurs ne manquaient pas de sens, n'ont-ils pas vu que ce badinage ne pouvait jamais être qu'une débauche d'esprit, et non pas un *genre ?*

Je ne dis pas que dans ces mille et mille couplets, il n'y en ait quelques-uns qui ne sont pas dépourvus de naturel et d'esprit; mais cela est si rare ! En voici un, par exemple, qui par l'équivoque et l'à propos devient une saillie assez plaisante : c'est Arlequin qui le chante au commencement d'une pièce tirée du *Diable boiteux* : Asmodée qu'il a délivré, comme on sait, lui promet en revanche de *faire tout ce qu'il voudra pendant tout le cours de sa vie* :

>Vous êtes trop reconnaissant.
>   Vit-on chose pareille ?
>Pour un service en rendre cent !
>   O ciel ! quelle merveille !
>Hélas ! les hommes de ce temps
>   N'ont pas un cœur semblable.
>Ma foi, nos plus honnêtes gens
>   Ne valent pas le diable.

Le mot est drôle ici, et souvent trop vrai. Ailleurs Arlequin a une querelle *philosophique* avec les Ogres, et nous verrons aussi une harangue *philosophique* de Pierrot : d'où il suit que dans ce siècle la *philosophie*, montée si haut pour descendre si bas, n'a pas été étrangère aux tréteaux de la Foire, avant d'élever les siens partout. Arlequin, *roi des Ogres*, veut qu'on *envoie la chair fraîche à tous les diables, et qu'on y substitue les poulardes, les perdrix et les saucissons de Boulogne*. Puis il ajoute gravement : *Je veux établir ici l'humanité*. On ne peut nier qu'il ne parle beaucoup mieux français que celui qui a dit :

Montalban sur ces bords *fonda* l'humanité.*

---

* C'est le dernier vers de *la Veuve du Malabar*, (de Lemierre), et ce n'est pas le moins ridicule.

Il reproche aux Ogres d'être *des barbares*; et l'Ogre *Adario*, qui est *philosophe* aussi à sa manière, rétorque l'accusation : Et ne l'êtes-vous pas davantage, vous, lorsque vous égorgez *d'innocentes bêtes* pour vous nourrir de leur chair, etc.? Rousseau n'aurait pas dit autrement, et il ne faut pas s'étonner que des Ogres parlent comme des philosophes, puisque tant de grands *philosophes* de nos jours ont parlé et même agi comme des Ogres. Mais pour en revenir aux couplets, ceux mêmes que chantent tous les acteurs à la fin des pièces, et qui devraient être les plus soignés et les mieux faits, sont rarement supportables :

> Viens, Momus, *garotte*
> Les ennuis fâcheux,
> Et que ta marotte
> Règne dans nos jeux.
> Momus, que *tes rats*
> Se rassemblent tous à la Foire.
> Momus, que tes rats
> Nous prêtent de nouveaux *appas*.

Cela se chante dans le *Temple de l'Ennui*, et l'on y reconnaît le goût du terroir; mais j'ai pris le couplet au hasard, et ce n'est sûrement pas le plus mauvais. C'est trente ans après que le bon vaudeville se fit quelquefois entendre sur les théâtres forains, d'où il est venu sur celui des Italiens. Mais nous ne sommes pas encore hors de la Foire, et Piron y a été assez célèbre et assez vanté pour nous y arrêter un moment.

Son savant éditeur *, panégyriste du poète comme il a été apologiste du *genre*, veut bien nous prévenir qu'il *ne faut chercher* dans les opéras comiques de Piron *ni régularité, ni plan, ni conduite* : d'accord, et qui s'aviserait d'y en chercher ? Mais il nous garantit qu'on sera fort content si l'on n'y cherche *que beaucoup de gaieté, d'excellentes plaisanteries,* et que *le plus médiocre est plein de ces saillies originales qui n'appartiennent qu'à Piron.* L'originalité n'est pas toujours une chose heureuse en soi : il y en a une dont il faut se garder avec soin, et c'est celle qui, n'étant autre chose qu'une grande facilité à extravaguer, n'a rien de commun avec l'esprit et le talent, et ne peut se concilier qu'avec un très mauvais goût. C'est celle-là seule, en vérité, et avec la meilleure disposition du monde, car j'aime autant à rire qu'un autre, c'est celle-là que j'ai trouvée dans ces opéra comiques, qui m'ont mortellement ennuyé et dégoûté, et très peu fait rire. Ces *saillies*, ces *plaisanteries*, cette *gaieté*, sont absolument du même acabit que le recueil de la Foire, si ce n'est que la grosse gravelure y a fait un progrès très marqué ; et s'il faut aller jusqu'à chercher une mesure dans l'espèce du mérite qu'il peut y avoir ici sous l'unique rapport du talent, et abstraction faite des mœurs, Piron est aussi loin

---

* Rigoley de Juvigny, qui se croyait fermement homme de lettres et écrivain, pour trois raisons : 1° parce qu'il était né en Bourgogne, patrie de Rameau et de Crébillon, 2° parce qu'il était *le familier* de Buffon, comme on appelait Voltaire *le familier des princes* ; 3° parce qu'il avait commenté une nomenclature bibliographique de Du Verdier et de Lacroix du Maine.

de Collé dans le comique licencieux que ce comique même est loin de la bonne comédie. Collé est du moins un libertin plein d'esprit, de verve et de véritable originalité ; et Piron n'est qu'un bouffon tout farci de quolibets en équivoques triviales, et qui, en se permettant tout, ne rencontre presque jamais un mot qui fasse excuser la chose. Quant au dialogue et aux vers, il tombe à tout moment dans le dernier excès de la grossièreté, et ici du moins l'on peut citer pour la satisfaction des curieux :

>Vous me causez
>Un transport de tendresse ;
>Vous m'arrosez
>D'un coulis d'allégresse.
>Petit pot à cornichons,
>Allons, allons,
>Te donner un couvercle, allons.

On dira que c'est Pierrot qui chante, oui ; mais c'est le Pierrot de la parade. Il y a des nuances dans tout : si vous en voulez la preuve, voyez dans une pièce de Sedaine * les couplets d'un niais qui est bien une espèce de Pierrot, ces couplets qui faisaient tant rire quand Thomassin les chantait, et qu'on lui faisait toujours répéter :

>Je suis heureux en tout, mademoiselle.
>Vous êtes plus belle
>Que la rose nouvelle :
>Et je vous promets
>De vous aimer comme une tourterelle,

* la Suite de la Comtesse d'Albert.

> Qui, toujours fidèle,
> Ne battra de l'aile
> Que pour vos attraits.
> A votre tour il faudra,
> Dà,
> Que votre cœur soit constant,
> Tant,
> Que votre petit mari
> Soit toujours chéri,
> Soit toujours gentil.

Cela est assez nigaud, mais cela est drôle et n'est pas dégoûtant. Piron l'est souvent dans ses opéra comiques, de quelque espèce que soient ses personnages.

> On va m'accabler de reproche ;
> Le désespoir vient me saisir.
> Frippe-sauce, fais-moi plaisir :
> Débroche la broche et m'embroche.
> Perce-moi tripes et boyau :
> Traite-moi comme un aloyau.

C'est un cuisinier qui parle (aurait-il dit) : oui, et cela est mauvais, même pour un cuisinier; mais dans *Colombine-Nitétis*, Psamménite n'est pas cuisinier, et c'est lui qui chante :

> Le roi me fait partout chercher
> Pour me faire ma sauce.
> Il entre, hélas! où me cacher?
> Je pisse dans mes chausses.

Et cela fait mal au cœur, même dans un prince de parodie; car la parodie ne doit être dépourvue ni de sel ni d'esprit; il y en a dans quelques-unes, soit anciennes, soit modernes [*], il n'y en a jamais dans celles de Piron ; on ne saurait être un plus insipide parodiste.

Il cherche assez volontiers, dans ces sortes de pièces comme dans les autres, l'accumulation des rimes hétéroclites.

> Quoi ! plus vite que la bise,
> Je verrai l'heureux Cambyse
> Posséder la beauté bise
> Qui seule a su me toucher !
> Ah ! cette cruauté m'outre :
> Auparavant qu'on passe outre,
> Je veux me pendre à la poutre
> De notre plus haut plancher.

Il faut avouer que voilà un beau choix de rimes redoublées. En voici d'autres choisies dans ce même esprit qui semble être partout celui de l'auteur (*la Métromanie* exceptée), c'est-à-dire dans le dessein *original* d'écorcher les oreilles.

> Je savais bien, vilain masque,
> Que ton chien de cœur fantasque
> Me préparait cette frasque.

---

[*] Il y en avait beaucoup dans le *Roi Lu*, dont on a retenu des traits d'une critique juste, ingénieuse et gaie :

> On est roi : c'est égal ; voyez, il pleut sur vous.
> La nature en fureur n'a point d'égard pour nous.
> . . . .
> Les rois sont-ils donc faits pour manger du pain sec,
> Et ne leur faut-il pas quelque autre chose avec ?

Lisez la tragédie, et vous verrez que la parodie est d'un homme d'esprit. Il s'appelait Parisot, et a péri, comme tant d'autres, en qualité de *conspirateur*.

OPÉRA COMIQUE.

> L'honnête homme que voilà !
> Crains pour ton visage flasque
> Quelque terrible bourrasque,
> Et que je ne te démasque
> Avec ces dix ongles-là.

Mais le plus rare assemblage de bizarrerie et de platitude, c'est ce couplet-ci, toujours sur le même air, celui *des trembleurs*; car ici Le Sage a raison, il faut chanter pour bien sentir ces couplets-là, dans le mauvais comme dans le bon :

> Est-ce une vision ? ouffle !
> L'étonnement me boursouffle....
> Ah ! je respire, je souffle ;
> C'est lui, c'est Phanès, hélas !
> Notre beauté n'est qu'un souffle.
> L'escarpin devient pantouffle.
> C'est pourtant moi : quoi ! marouffle,
> Tu ne me reconnais pas ?

Ah ! M. d'Assouci, qui vous appeliez *Empereur du burlesque*, vous risquez un peu d'être détrôné ; et vous aussi, Vadé le poissard, vous avez ici un rival. Jupiter dit à Junon :

> Quelle heure est-il, Margot ?
> Tu dors comme un sabot.
> . . . .
> C'est tant pis pour Margot.

Momus dit qu'il est né *parole en gueule*. Voici un petit dialogue qui prouve que Piron était né comme cela, c'est-à-dire comme Momus-Vadé :

> Adieu donc, Calliope. —

> Adieu le beau petit poupon. —
> Adieu, charmante gaupe.
> Adieu, vieux fou, vilain barbon. —
> Adieu, salope.

Veut-on voir comment il fait parler un cœur de jeunes filles dans l'*Endriague?* Il n'y avait pas même ici de prétexte pour le burlesque. Cet *Endriague* est le monstre de l'Arioste, qui tous les six mois dévore une fille. Elles chantent le refrain connu, *Marions, marions-nous.*

> Ce monstre n'en veut qu'aux filles.
> . . . .
> Gardons-nous de mourir filles.

Il n'y a rien à dire, mais Piron *l'original* ne s'en tient pas là :

> S'il faut que malgré nos soins
> Tôt ou tard il nous croustille,
> Avant qu'il nous croque, au moins,
> Qu'un jeune amant nous mordille.

Il y a là autant de bon goût que de décence. En général, Piron est heureux à faire parler les filles, témoin celle qui paraît la première dans *la Rose,* celui de ses opéra comiques qu'on a vanté comme son chef-d'œuvre, et que des amateurs, qui ne sont pas difficiles, prétendent distinguer de tous les autres, qu'ils abandonnent :

> Collin, campos, courage, allons !
> Ma mère a tourné les talons.
> Les chats décampés, les rats dansent ;
> D'aujourd'hui mes beaux jours commencent.

> Ah! l'on compte que j'aurai donc
> Les deux pieds dans un chausson !
> Je ne suis pas si sotte,
> Et plan, plan, plan,
> Place au régiment de la calotte.

Cette Rosette, qui n'a que douze ans, et qui est une bergère de village, parle comme si elle avait été élevée dans les coulisses de la Foire : le style de Vadé n'est-il pas bien placé là? Ce sujet de *la Rose* était par lui-même d'une extrême indécence, et on eut beaucoup de peine à en permettre la représentation; mais rien n'empêchait que le tableau, quoique libre, ne fût gracieux; on y pouvait même jeter un peu d'intrigue et d'intérêt : ce n'est pourtant, à peu de choses près, qu'un amas de quolibets libertins, répétés et usés partout. Piron, brouillé avec les Graces, les habille toujours à la halle :

> La tamponne
> M'abandonne
> Pour quelques pommes;
> Retournons à nos navets.

C'est que le *Bel-esprit* qui appelle cette petite Rosette *tamponne*, et qui est bien franchement, dans toute la pièce, un *Bel-esprit* donné pour tel, vient de se déclarer l'auteur d'une chanson pour Marguerite, qui commence ainsi :

> Que faites-vous, Marguerite?
> Ratissez-vous des navets?

Il veut avoir *la Rose* qui a été donnée en garde à Rosette *la tamponne*, et il a promis à Rosette de l'*immortaliser* comme Marguerite, ce qui n'a pas laissé que de la toucher un peu; et il y a de quoi.

L'Amour recommande l'Hymen, en qualité de malade, au Dieu de la médecine:

> C'est un désordre incroyable;
> Les sages-femmes sans moi,
> Grace au sommeil qui l'accable,
> N'auraient presque plus d'emploi.

Cela n'est-il pas dit bien finement? Si ce sont là *les saillies qui n'appartiennent qu'à Piron*, l'éditeur n'avait donc pas lu *le Théâtre de la Foire*, dont je viens de parler, et *le Théâtre Italien* de Gherardi, il aurait vu de ces *saillies*-là à toutes les pages; il aurait vu des Pierrots qui n'ont pas un autre langage que ceux de Piron, dont l'un dit, en parlant d'un âne :

> Des bêtes sans contredit,
> Il est la crême.

La crême des bêtes! cela est heureux. Un autre dit à sa Colombine : *Eh quoi! belle rôtisseuse de cœurs, ne saurai-je jamais à quelle sauce mettre les sentiments du mien, pendu à votre crochet ?* En vérité, j'aime mieux le Jeannot des Variétés, quand il parlait du *couteau de son père* (*Dieu veuille avoir son âme*), *pendu à son côté*. Ce Jeannot, ne faisant point d'esprit, ne faisant point de figures, était beaucoup mieux dans le naturel de la bêtise, et ce qui le prouve, c'est que les constructions baroques de ces phrases populaires se sont depuis trouvées mille fois dans les harangues révolutionnaires [*], et c'était bien là le naturel : mais il faut avouer qu'on y joignait aussi l'esprit et les figures, et c'était là *le génie* et *la philosophie*.

Qui croirait que Piron aussi eût été philosophe, et de la première force, si l'on n'en voyait la preuve détaillée dans l'un de ses opéra comiques, *Arlequin-Deucalion ?* Je ne parle que pièce en main ; c'est là qu'on trouve dans toute sa pureté *le grand principe de l'égalité et de la liberté universelle, et de la régénération du genre humain*. On nous l'a donné comme une découverte aussi sublime que neuve : pauvres gens ! écoutez, écoutez *Arlequin-Deucalion*, en 1722, faisant des hommes à coup de pierres, comme on a fait depuis des *citoyens* à coups de canon. « Ma *suprématie* aura soin de les *égaliser*. » Certainement, lorsqu'on jouera sur le théâtre *Arlequin législateur*, il ne pourra rien trouver de mieux que cette *suprématie* qui *égalise tout* (pour que tout lui obéisse également bien entendu) : ce trait-là ne doit pas se perdre, il est sans prix, et Piron a été cette fois prophète sans y penser. Quoi de plus *philosophique* que ce qu'il ajoute ? « *L'iné-« galité détruite, je réponds du bon ordre et de la « félicité universelle*. » Je réponds ! N'est-il pas sûr de son fait comme un *philosophe ?* Des malveillants diront qu'il eût été peut-être un peu embarrassé s'il avait vu, comme nous, cette *félicité universelle* après l'*inégalité détruite*. Point du tout, il eût fait comme

[*] Les feuilles du temps, plus précieuses qu'on ne croit, en fourniront la preuve à qui voudra la chercher.

ses successeurs; il aurait toujours *répondu* de tout *pour la génération suivante;* il aurait comme eux, *répondu* de tout, de semaine en semaine, de mois en mois, d'année en année; et si la race philosophique et révolutionnaire pouvait se perpétuer jusqu'à la fin du monde, il est d'une certitude reconnue que, la veille du dernier jour, le dernier *philosophe* écrirait comme Condorcet sur *la Perfectibilité indéfinie dans les siècles;* et le dernier jour même il dirait en voyant tout finir : « Eh bien! ce n'est pas
« moi qui ai tort; il ne m'a manqué pour avoir
« raison qu'une centaine de siècles de plus, peut-
« être mille; qu'importe? c'est une bagatelle dans
« l'immensité de mes calculs, qui n'en sont pas
« moins bons. Est-ce ma faute à moi, si le monde,
« *qui devait être éternel,* s'avise de finir? On ne peut
« pas tout prévoir; et puis, que ne m'a-t-on laissé
« faire? »

Il est vrai que, dès la scène suivante, notre Arlequin, conséquent comme un *philosophe* ou comme une Convention, déroge un peu à son *égalité universelle;* mais c'est du moins *dans le sens de la révolution,* et l'on ne saurait lui reprocher de n'être pas *à la hauteur.* On va voir s'il sait *mettre au pas* les créatures qu'il vient de produire. Il y en a d'abord quatre, un laboureur, un artisan, un militaire, un robin; car ils paraissent avec le costume de leur état.

——*Au laboureur.* « Tu es mon aîné, toi, et le pre-
« mier de ces drôles-là, comme le plus nécessaire à
« tous..... »

— *A l'artisan.* « Marche après ton aîné, toi, comme
« le siècle d'argent suivit le siècle d'or. Il sera né-
« cessaire ; tu ne seras qu'utile..... »

Si ce n'est pas là notre *philosophie* dans toute sa
profondeur, qu'on me dise ce que c'est.

— *Au militaire.* « Chapeau bas, mon gentil-
« homme, un peu de modestie. Tout ton talent sera
« de savoir tuer, pour tuer ceux qui voudront tuer
« tes frères, et les troubler dans leurs respectables
« professions. »

Quant au robin, il ne lui dit guère que des injures, et veut qu'il tienne la balance de Thémis
comme un garçon de boutique.

On voit combien Piron était fort sur la morale ;
aussi l'a-t-il personnifiée dans une de ses pièces,
les Enfants de la Joie : elle veut qu'ils l'aident *à
corriger les vices et à chasser l'ennui du cœur des
malheureux mortels.* Je ne sais pas quel *vice* il a
corrigé dans ces quatre volumes de rapsodies foraines ; quant à *l'ennui*, je ne prétends pas qu'il
fût un des habitués de ces spectacles-là, où l'on
allait rire des folies d'Arlequin et des sottises de
Pierrot, comme l'on allait aux guinguettes s'enivrer de vin à six sous. Chacun s'ennuie ou se dé-
sennuie suivant sa portée ; mais la *morale* de Piron
n'a sûrement pas chassé *l'ennui*, ni même le dégoût, de son *Théâtre de la Foire*, qui n'a jamais
pu amuser que son éditeur Juvigny et son panégyriste Imbert.

Ce n'est pas qu'il y ait épargné la satire littéraire, qui était encore un des reliefs de ce spectacle

les plus communs et les plus faciles, mais qui n'y est pas de meilleur goût que le reste. Piron, alors à peu près inconnu, s'égayait tout à son aise sur tout ce qui pouvait lui fournir une épigramme telle quelle, et d'abord sur Le Sage et Fuzelier, ses rivaux forains; car la Foire opposait tréteaux à tréteaux, et champions à champions. Le Sage et Fuzelier avaient abandonné Francisque, persécuté par les grands théâtres, et avaient passé, par dépit, dans le camp de Polichinelle. Piron,

Jeune et dans l'âge heureux qui méconnaît la crainte.

sur-tout quand il connaît le besoin d'argent, s'était fait le tenant de l'aventureux Francisque, qui risquait tout, quand Piron ne risquait rien. Celui-ci ne manquait pas de draper dans l'occasion ses deux concurrents du préau des marionnettes, qui ne laissaient pas d'attirer aussi du monde et d'avoir leurs partisans. Il y avait combat à mort entre l'Arlequin de Piron et le Polichinelle de Le Sage; le dernier avait le dessous, comme de raison, dans la loge de Francisque, et Arlequin le jetait dans la mer; et pour transmettre cette victoire à la dernière postérité, Piron a grand soin de nous apprendre, dans une note historique, que c'était y jeter Le Sage et Fuzelier*, qui pourtant ne sont pas plus noyés que

* On répéta ce fin lazzi d'Arlequin, il y a une vingtaine d'années, dans je ne sais quelle farce jouée aux Boulevards, où *l'on jetait une harpe dans un fossé;* et suivant le dire de Piron, *c'était y jeter* celui qui s'appelle La Harpe. Toute la belle littérature du café du Rempart s'était rassemblée à ce spectacle, digne d'elle, et applaudissait de toutes ses forces... Heureux

l'Arlequin de Piron; car nous avons aussi leurs marionnettes imprimées, et de part et d'autre rien n'est perdu. On voit assez pourquoi je ne dédaigne pas de m'amuser aussi de ces pauvretés, qui font connaître les hommes : c'est qu'elles sont de l'auteur de la *Métromanie*, et de celui de *Gil Blas* et de *Turcaret*, et qu'ils n'ont pas voulu qu'elles fussent oubliées.

Piron a fait plus ; et ce métromane renforcé, dont on a voulu faire un bon homme et presque un La Fontaine, fut si constamment occupé de ses petites haines poétiques, qu'en revoyant au bout de trente ans ces platitudes satiriques de sa jeunesse, il y en ajouta de nouvelles, sans s'apercevoir même qu'il antidatait de manière à se trahir. C'est ainsi que, toujours envenimé contre La Chaussée, dont les succès nombreux et durables le tourmentèrent toujours, il l'a fait rentrer, mais bien maladroitement, dans des vers adressés, en 1726, à Dominique-Arlequin, dont il fait tout à la fois un Roscius et un Térence ; ce qui prouve qu'il ne lui en coûtait pas plus pour flagorner un bouffon dont il avait besoin, que pour outrager un bon écrivain qu'il haïssait. Ce Dominique devait jouer le rôle de *Sultan-Public* dans la parodie de *Mariamne*, en 1726, n'oubliez pas la date :

Parais donc mécontent, dédaigneux, dégoûté,
  Tel qu'est le plus souvent le barbare parterre
      Quand on donne une nouveauté,

temps, où les vengeances des mauvais auteurs se bornaient à vous enterrer par métaphore dans la loge des marionnettes.

Tel que de jour en jour il devient pour Voltaire,
Tel que pour La Chaussée on le voit d'ordinaire,
Et tel que pour Nadal il a toujours été.

Passons sur ce Nadal mis à côté de Voltaire et de La Chaussée : passons même, vu l'époque de la pièce, sur ce public si dédaigneux pour Voltaire, dont en effet il avait fort mal accueilli l'*Artémire* et la *Mariamne*; ce qu'il pouvait faire sans beaucoup de dégoût, puisqu'il avait su goûter *Œdipe*. Mais que fait ici La Chaussée, dont le nom même ne fut connu que sept ans après, dont le premier ouvrage est de 1733, et dont les sept premières pièces eurent toutes du succès, et trois, entre autres, un succès brillant et toujours soutenu : le *Préjugé à la Mode*, *Mélanide*, et l'*École des Mères*? Voilà donc le public dédaigneux pour La Chaussée avant de connaître La Chaussée, et dégoûté d'ordinaire pour un auteur dont il applaudit les ouvrages depuis 1733 jusqu'en 1744, sans interruption. Était-ce la peine d'antidater pour mentir avec plus de maladresse? Le mensonge, pour être plus impudent, en est-il plus ingénieux? La haine qui nie les faits publics, est-elle autre chose que du délire et de la rage? Il faut que le plaisir d'injurier soit bien savoureux pour certaines gens (car ces réflexions ne sont pas pour Piron seul), puisqu'il efface chez eux un sentiment qui doit être bien pénible, ce me semble, l'intérieure et invincible honte de mentir à soi-même et aux autres; et c'est ce que font toute la journée presque tous ces hommes livrés à la fureur d'écrire, n'importe comment ni pourquoi, et qui, en courant après des chimères de gloire, s'étourdissent sur des bassesses réelles.

Mais celui qui fut le premier en butte aux traits de Piron, et qu'il continua de harceler jusqu'au dernier moment, peut-être d'autant plus que, par une singularité assez remarquable, il ne put jamais attirer son attention, c'est Voltaire; on voit qu'il a pour lui une haine d'instinct. Il y revient partout; il traite *la Henriade* à peu près comme le *Clovis* de Saint-Didier; il insulte aux plus beaux vers, comme font toujours l'ignorance et l'envie : l'une méconnaît ce qui est bon, l'autre le déteste. S'il fait désarçonner un poète par Pégase, c'est à propos de ces deux vers, dont le second est sublime :

Oui, tous ces conquérants rassemblés sur ce bord,
Soldats sous Alexandre, et rois après sa mort.

On n'avait guère retenu d'*Artémire* que ces deux vers; aussi n'est-ce pas d'*Artémire* que Piron dit du mal; elle était tombée; c'est de ces deux vers : tout le monde les trouvait beaux.

Il ne tint pas à Panard que l'Opéra comique ne sortît de ses ordures. C'était un homme d'un caractère probe, de mœurs simples et d'un esprit sain, quoique buveur de profession; mais il n'avait aucun talent pour le théâtre. Ses pièces sont dénuées de toute invention, de tout effet dramatique : la morale y est commune, et l'allégorie aussi froide qu'il soit possible. C'est pourtant à ces spectacles de la Foire qu'il se fit d'abord une réputation; mais ce fut le mérite de l'à-propos qui fit réussir ses premières pièces, *les Vœux sincères*, et *les Vœux accomplis*, où il ne s'agissait que de célébrer la convalescence du roi * et la naissance du dauphin, sujets de la joie publique, toujours indulgente pour ses interprètes. Le talent qui le distingua bientôt, fut celui des couplets-vaudevilles : ceux qu'il faisait chanter à la fin de ses pièces méritèrent d'être remarqués par les connaisseurs, d'autant plus qu'ayant d'ordinaire pour objet la censure morale, ils étaient en même temps d'une tournure beaucoup plus heureuse que les couplets licencieux où l'on avait accoutumé les oreilles des spectateurs. Les vers étaient mieux faits, et plaisaient par un tour à la fois naturel et piquant. De cet exemple et de celui de Favart, qui vint peu après, avec un talent bien supérieur, il résulte une observation assez importante; c'est qu'à la Foire même le bon goût n'a commencé à se montrer qu'avec la décence. Ces deux qualités réunies justifient le titre de *père du Vaudeville moral*, que Marmontel a donné à Panard; mais je crois qu'il va trop loin quand il l'appelle aussi le *La Fontaine du Vaudeville*. C'est compromettre un peu, ce me semble, un nom qui ne devait pas se trouver là, et il s'en faut que les deux genres et les deux auteurs donnent l'idée de la même perfection. Panard ne s'en est approché tout au plus que dans cinq ou six vaudevilles choisis; encore sont-ils tous un peu longs, et il n'y en a pas

* C'est là que Louis XV reçut de Panard (et non pas de Vadé, comme l'a dit Voltaire) le surnom de *Bien-Aimé*, alors avoué par la France, mais qu'il ne garda pas, comme Louis XIV celui de *Grand*.

un qui ne laisse à retrancher. Il nous en reste de lui un très grand nombre et bien plus que de pièces de théâtre : aucune des siennes n'est restée; mais sa supériorité dans le couplet était si reconnue, que presque toujours on s'adressait à lui pour le vaudeville général qui termine d'ordinaire ce spectacle. Les siens ne contenant que des moralités de toute espèce qui ne tenaient point au drame, rentrent dans la classe des chansons, et, sous ce titre, lui feront toujours honneur, ainsi que quelques autres morceaux d'une muse badine, galante ou morale, qui marquent sa place à l'article des *Poésies diverses*. Ici j'observerai seulement qu'il y avait de l'abus dans l'emploi qu'il faisait de ces moralités en tirades, qu'il insérait dans le dialogue de ses opéra comiques. Dans celui qui a pour titre *l'Impromptu des Acteurs*, joué aux Italiens en 1745, on trouve de suite cinq de ces tirades, assez étendues pour faire sentir davantage leur médiocrité :

>L'esprit n'est plus qu'un *faux* brillant
>La beauté qu'un *faux* étalage,
>Les caresses qu'un *faux* semblant,
>Les promesses qu'un *faux* langage, etc.

Quatorze vers sur le mot *faux*, et puis dix sur le mot *par* :

>L'amour se soutient *par* l'espoir,
>Le zèle *par* la récompense,
>L'autorité *par* le pouvoir,
>La faiblesse *par* la prudence, etc.

Ensuite le mot *plus* :

>Pour être heureux il faut avoir

> *Plus* de vertu que de savoir,
> *Plus* d'amitié que de tendresse ;
> *Plus* de conduite que d'esprit,
> *Plus* de santé que de richesse,
> *Plus* de repos que de profit, etc.

De là nous passons au mot *petit* :

> *Petit* bien qui ne doive rien,
> *Petit* jardin, *petite* table, etc.

Et enfin le mot *trop* :

> *Trop* de repos nous engourdit,
> *Trop* de fracas nous étourdit,
> *Trop* de froideur est indolence,
> *Trop* d'activité, pétulance, etc.

L'auteur aurait dû sentir qu'il y avait du *trop* aussi et beaucoup, dans tous ces petits cadres symétriques, où un seul mot donne la même forme à une douzaine de vers, et pourrait la donner à cent, car rien au monde n'est plus facile, et ce n'est pas ici que la difficulté vaincue excuse la frivolité de l'intention. Quand on lit de pareils vers, on croit défiler un chapelet grain à grain. De plus, beaucoup de ces maximes sont, ou trop banales, ou trop vagues, et n'apprennent rien du tout. La pièce entière est farcie de ces lieux communs :

> Paris en bagatelle abonde :
> C'est une ville où nous voyons
> Bien des têtes, peu de cervelles,
> Beaucoup de livres, peu de bons,
> Beaucoup d'amants, peu de fidèles, etc.

Est-ce la peine d'engrener des rimes pour dire ces

riens? Mais encore une fois, ce n'est pas ici qu'il faut chercher le mérite de Panard : il aura sa place ailleurs.

Vadé n'en peut avoir nulle part, malgré la vogue, heureusement très passagère, qu'il s'acquit dans le *genre poissard*, qu'il eut, dit-on, l'honneur de créer, et qui n'est qu'une espèce de burlesque, c'est-à-dire la plus mauvaise espèce d'un mauvais genre. Les facéties des *Étrennes de la Saint-Jean*, qui avaient précédé, et qui furent très courues, comme étant l'ouvrage d'hommes de bonne compagnie, mais non pas de bon goût, étaient d'une nuance au-dessous de Vadé, elles n'allaient guère que jusqu'au populaire, et Vadé s'élève jusqu'au poissard; il approfondit toutes les finesses et s'approprie toutes les figures du langage des halles, où il avait même appris à contrefaire très bien les personnages qu'il faisait parler; ce qui le mit quelque temps à la mode dans les sociétés de Paris, où le talent de contrefaire a toujours réussi. Nous y avons vu depuis d'autres mimes, de différente espèce, que les riches invitaient à leurs soupers et à leurs fêtes; ce qui prouvait un progrès dans les arts comme dans les mœurs, puisque du temps de nos pères il n'y avait que les rois et les princes qui eussent leurs bouffons en titre.

L'Impromptu du Cœur, Nicaise, Jérôme et Fanchonnette, les Racoleurs, etc., sont plus ou moins de ce genre poissard; et malgré tout l'éclat qu'ils ont eu à la Foire, on me dispensera, je l'espère, d'en rien citer. Mais Vadé s'essaya aussi dans la comédie-vaudeville d'un ton plus relevé; et *le Suffisant*, *le Trompeur trompé*, réussirent avec des airs connus, comme *les Troqueurs* avec des airs nouveaux. On s'aperçoit en lisant ces pièces, que l'auteur n'avait fait aucune étude, et savait assez mal le français, mais qu'il ne manquait pas d'esprit naturel. Il mettait assez facilement en couplets parodiés le jargon de quelques petits maîtres de ce temps-là, copies gauches et maussades du *Versac* de Crébillon fils, qui du moins est un *roué* * d'un meilleur ton. Deux menuets, qui eurent la plus grande vogue, ont contribué à faire vivre jusqu'à nos jours deux morceaux du *Suffisant*, parodiés sur ces airs qu'on aimait à entendre et à répéter :

>Vous boudez,
>Vous gardez
>Le silence, etc.
>Le scrupule,
>Lindor, dans un homme élégant,
>Est ridicule, etc.

Ces deux morceaux sont légèrement versifiés, et on les a fait entrer dans tous les recueils de chansons. De toutes celles qu'a faites Vadé, il n'y en a que

---

* Observez que cette dénomination, tout au moins bizarre, et que j'ai toujours vue d'un usage général dans le monde, datait de la régence, et qu'on appela originairement *roués* les affidés du prince-régent et les familiers de ses soupers. *La roue* et les plaisanteries sur *la roue* pouvaient fort bien convenir à ces gens-là; mais comment les femmes ont-elles pu prendre l'habitude de répéter à tout propos : *C'est un roué. Vous êtes un roué?* C'était apparemment pour ne pas dire un fat, un libertin, un vaurien, toutes expressions communes; au lieu que *roué* venait de la cour, et on en avait tiré un autre mot, tout aussi usité, une *rouerie*. Comme le langage se perfectionne avec les mœurs!

deux qui aient mérité d'être retenues : *Sous un ombrage frais*, *Fait exprès*, etc.; *Une fille Qui toujours sautille*, etc.; encore cette dernière n'est-elle pas sans beaucoup de fautes. Mais l'autre prouve qu'on a eu tort d'attribuer exclusivement à Panard l'adresse de tirer parti de ces vers monosyllabiques qui, bien placés dans la phrase et d'accord avec le chant, ont d'autant plus d'effet qu'ils semblent moins aisés à encadrer. Vadé s'est souvent servi de ce petit artifice dans des chansons qui d'ailleurs ne valaient rien; mais il l'a employé ici tout aussi heureusement que Panard :

> Tout bas le cœur
> Dément sa rigueur.
> Fille qui dit autrement,
> Ment.
> . . . .
> Peut-on avoir, quand on dort,
> Tort?
> . . . .
> Pour arrêter ce jeu-là,
> Là.

il ne reste donc que quelques chansons à ce Vadé, dont on a voulu faire, avec un sérieux très ridicule, *le créateur d'un genre* *. On a cru dire quelque chose en l'appelant *le Teniers de la poésie* : quand on eût dit le Callot, cela n'aurait pas eu plus de sens, et ce n'est pas ici que s'applique l'*ut*

---

* On peut voir dans la préface des éditeurs d'un Vadé en six volumes, et à l'article de ce même Vadé dans la *Bibliothèque des Théâtres*, comme on réprimande doctement ceux qui ne veulent pas reconnaître dans ce mime des guinguettes *un peintre de la nature*.

pictura poesis, dont on a tant abusé. Il ne faut pas beaucoup de connaissances et de réflexion pour sentir que si les Halles et les Porcherons peuvent fournir au pinceau et au burin, ils n'ont rien qui ne soit au-dessous de la poésie. Les arts qui parlent aux yeux ont toujours une ressource dans le mérite de l'exécution matérielle, dans la vérité des couleurs et des formes. Il n'y en a aucun à rimer des quolibets grossiers; ce qui ne suppose d'autre peine que celle de les apprendre. La ressemblance du langage n'est ici d'aucun prix, parce que, dans une nature si basse et à ce point dégradée, c'est précisément le langage qui se refuse à l'imitation ; puisque les arts, dont le but est d'imiter pour l'âme et l'esprit, ont pour principe de ne jamais les révolter ni les dégoûter. Ainsi la tête d'un fort de la halle ou d'une marchande de poisson peut plaire dans un tableau ou dans une gravure, et peut aussi être rendue dans la poésie qui décrit ; mais les discours de ces deux personnages-là sont insupportables dans la poésie qui fait parler, et encore plus qu'ils ne le sont par eux-mêmes ; car qu'y-a-t-il de pis que le travail d'imiter ce dont personne ne se soucie? On objecte (et c'est le seul argument précieux) le succès de ces pièces et le concours qu'elles attiraient ; mais on ne fait pas attention au vrai motif de ce succès. Ce n'était nullement ce qui avait rapport à l'esprit, mais bien ce qui avait rapport aux yeux et aux oreilles : pour celles-ci, le chant des couplets et la gaieté des refrains ; pour ceux-là, le masque et le jeu des acteurs ; et cela rentre dans ce qui a été ci-dessus établi. On peut s'amuser à voir la bassesse même et la grossièreté artistement contrefaites; la fidélité de l'imitation fait passer sur le dégoût de la chose, tant l'homme aime naturellement à voir imiter. C'est ainsi que *Jeannot* attira tout Paris par l'habitude acquise de faire de son visage un masque qui figurait toutes les sortes de nature ignoble, et par un accent qui l'avait rendu supérieurement populaire. Mais quelqu'un faisait-il cas de ce qu'il disait? Je ne le crois pas; et pourtant ces rôles valaient bien le *Jérôme* et les *Racoleurs* de Vadé, pour le moins; et je ne parle que de ses rôles de *jeannoterie*; ses *Pointus* valaient beaucoup mieux. Mais tout cela, en dernier résultat, revient à ce que j'ai dit des arlequinades, et n'est point fait pour être lu, car on lit, avec les yeux de l'esprit. En ce genre, acteurs et auteurs ne doivent point quitter les planches : des mimes et des bouffons ne sont pas des écrivains, et la sottise la mieux imitée n'est un *genre* d'écrire que pour les sots.

A l'égard des pièces où Vadé est sorti du ton poissard, le fond en est si mince, elles sont si dénuées d'intrigue et d'action, qu'elles ont dû disparaître, ou se réfugier aux tréteaux des Boulevards, quand l'opéra comique fit assez de progrès pour devenir enfin un genre, qu'on peut appeler le mélodrame comique : et il dut ses progrès à des hommes de talent, qui l'enrichirent successivement de leurs productions diverses, Favart, Sedaine, Marmontel et d'Hèle.

LA HARPE, *Cours de Littérature.*

OPPIEN, poète grec, naquit vers la fin du règne de Marc-Aurèle. Il était de Corycus ou d'Anazarbe, en Cilicie. Agésilas, son père, l'un des sénateurs de sa ville natale, lui fit donner une excellente éducation. A peine eut-il le temps d'en recueillir les fruits; il lui fallut bientôt partager la disgrace et l'exil de son père, dépouillé de ses biens par le nouvel empereur Septime-Sévère, et relégué dans une île de l'Adriatique, Melite, aujourd'hui Meleda. C'est là qu'il composa, dit-on, ses deux poèmes de *la Chasse* et de *la Pêche* (*Cynegetica*, *Halieutica*). Lorsqu'ils furent achevés, il vint à Rome, les présenter au fils de Sévère, Antonin Caracalla, qui, charmé de l'œuvre du jeune poète, lui laissa le choix de sa récompense. Oppien n'en demanda pas d'autre que la grace de son père, qu'il eut le bonheur et la gloire de ramener dans sa patrie. Il y jouissait de la réputation aussi pure que brillante, qu'il s'était acquise, et des libéralités dont l'empereur avait honoré son talent et sa piété filiale, quand une maladie contagieuse l'enleva, âgé de trente ans, à l'amour et à l'admiration de ses concitoyens, qui lui érigèrent un magnifique tombeau, et retracèrent dans une inscription touchante le trop court éclat de sa vie.

Tels sont les faits que racontent unanimement tous les biographes d'Oppien, d'après l'historien anonyme qui nous a laissé, en grec, le récit de sa vie. On doit en excepter toutefois J. G. Schneider, qui, en 1776, dans la première édition critique qui ait été donnée des poèmes de *la Chasse* et de *la Pêche*, prétendit que ces deux ouvrages étaient d'auteurs différents, et qu'il avait existé deux Oppien, l'un de Corycus ou d'Anazarbe, en Cilicie, l'autre d'Apamée, en Syrie; le premier auteur des cinq livres de *la Pêche*; le second des quatre livres qui nous sont restés du poème de *la Chasse*. Ce dernier serait dans son opinion postérieur de quelques années à l'autre Oppien, qu'il aurait essayé d'imiter, et dont il aurait assez imparfaitement reproduit la manière et le style. Cette hypothèse, que combattit vivement Belin de Ballu, dans la préface de son édition grecque des *Cynégétiques*, publiée en 1786, fut de nouveau exposée et développée par son auteur, lorsqu'il donna, en 1813, une nouvelle édition d'Oppien. Voici les principaux motifs dont il s'appuie.

1° Un passage du poème de *la Pêche* (liv. III, v. 205) semble indiquer que l'auteur est originaire de Cilicie; or, l'auteur de *la Chasse* dit lui-même, en deux endroits (liv. II, v. 156, 1225 sqq.), que sa ville natale était située en Syrie, et sur l'Oronte.

2°. Les témoignages de Suidas, d'Eusèbe, de Saint-Jérôme, nous font connaître qu'Oppien vivait sous M. Antonin, et un passage fort clair d'Athénée prouve qu'il ne vit pas même la fin du règne de Commode. Comment donc pourrait-il être le même Oppien qui dédie son poème de *la Chasse* à Antonin Caracalla, fils de Septime-Sévère.

3°. Les deux ouvrages, malgré plusieurs ressemblances dans l'emploi de certaines expressions, de certaines figures, offrent cependant des différences de style qui ne permettent pas de les attribuer au même auteur, et qui semblent, au jugement de M. Schneider, déceler la main du maître et celle de l'imitateur.

On ne saurait se reposer avec une entière confiance sur ce dernier genre de preuves ; il est douteux que les modernes aient un sentiment assez infaillible de l'élégance et de la pureté du style dans les langues anciennes, pour qu'il leur soit permis de se prononcer affirmativement, d'après un indice si incertain, sur des questions d'authenticité si douteuses. Je me reconnais, quant à moi, fort incapable d'apercevoir les nuances délicates de langage que démêle, dans les deux poèmes attribués à Oppien, la critique de Schneider, et je suis bien plus frappé de l'identité parfaite de ces deux ouvrages dans l'ordre et dans l'esprit de la composition. Ils offrent également l'apparence uniforme d'un traité didactique, dont la marche est plutôt assujettie aux inflexibles lois de la méthode, qu'abandonnée au libre mouvement de l'imagination. Qu'on en juge par cette analyse rapide du plan qu'Oppien a suivi dans chacun de ses poèmes.

Dans celui où il veut célébrer la chasse il commence par établir qu'il y a trois sortes de chasses : la chasse aux poissons, la chasse aux oiseaux, *la chasse aux

---

* Oppien avait à ce qu'il paraît traité les trois sujets qu'il indique dans cette exposition. Il a existé anciennement un troisième poème portant le nom d'Oppien, il était intitulé : Ἰξευτικὰ (*Chasse aux oiseaux.*) Schneider croit qu'il était de Denys de Thrace ou de Charax. Quoiqu'il en soit, ce poème est perdu, mais nous en avons une paraphrase en prose par un sophiste nommé Eutecnius, d'une époque inconnue. Elle a été publiée en

bêtes sauvages. Cette dernière est la plus dangereuse et la plus noble ; c'est celle qu'il chantera. Après cette exposition, il entre en matière, et consacre son premier chant à décrire les qualités nécessaires au chasseur, ses armes, ses vêtements, son équipage ; les heures et les saisons propices à la chasse ; les diverses espèces de chevaux et de chiens qu'on y emploie. Dans son deuxième et troisième chant, il passe en revue les animaux qui sont l'objet de cette sorte de guerre, et il ne manque pas de les ranger aussi par espèces, comme on le ferait dans un cours d'histoire naturelle. Ces prolégomènes achevés, il met en présence, dans son quatrième chant, les chasseurs et les animaux dont il a donné précédemment des descriptions distinctes et séparées. Par un vice de disposition, dont il s'aperçoit lui-même, et dont il s'accuse, il est obligé de reproduire la plupart des détails qu'il a déjà exprimés, lorsqu'il en vient à retracer, après le dénombrement complet de tout ce qui se rapporte à la chasse, le tableau des différents genres de chasse auxquels a donné naissance la diversité des animaux que l'homme entreprend de poursuivre. Le poème de *la Pêche* n'offre pas une disposition moins scientifique, ou, pour parler plus exactement, moins prosaïque. C'est toujours la même séparation en deux parties, dont l'une comprend tout ce qui se

grec et en latin par Érasme Winding, Copenhague, 1702, in-8°, et fait partie de l'édition donnée par Schneider en 1776. (Voyez Schœll, *Histoire de la Littérature grecque*, t. IV, p. 68-71, et l'article Oppien de la *Biographie universelle*, par M. Amar.)

rapporte au pêcheur, et l'autre tout ce qui se rapporte aux poissons, jusqu'à ce que, dans les derniers chants ces deux parties se rapprochent, comme les pièces diverses d'une décoration, pour offrir le tableau complet, mais déjà épuisé en détail, des principales espèces de pêches. Même froideur de conception et de plan, mêmes redites. S'il y a eu deux Oppien, le second a été bien maladroit de ne pas enlever à son modèle, avec sa manière de composer, qu'il a si exactement copiée, les procédés de son langage et de son style.

Quoique l'auteur ou les auteurs des poèmes qui nous occupent soumettent leurs inspirations aux méthodes de la science, il ne faudrait pourtant pas croire que l'instruction soit l'objet principal qu'ils se proposent. Nous avons déjà eu occasion de le dire, lorsqu'il a été question, dans ce recueil, d'Hésiode et d'Aratus (T. II, p. 1 ; XV, 219). Le poème didactique, chez les Grecs, n'a eu un but d'utilité réel qu'à cette époque d'ignorance, où la poésie était réellement la dépositaire de toutes les connaissances acquises, la véritable institutrice des peuples. Plus tard, il put encore prétendre à répandre l'instruction parmi les hommes, en rendant populaires, par l'emploi de la forme poétique, les systèmes des philosophes, et c'est le caractère que prit ce genre de composition, entre les mains de Xénophane, de Parménide, d'Empédocle. Mais bientôt, le poème didactique ne fut plus que la dernière ressource d'une littérature épuisée, lorsque dans le désespoir de l'impuissance, les poètes, faute d'autres sujets, se bornèrent à appliquer le mécanisme de la versification, aux découvertes de la science, et ne lui demandèrent autre chose qu'une occasion d'exercer leur habileté sur des détails qui prêtaient à la description, ou qui, le plus souvent, semblaient rebelles à l'expression poétique. Dès-lors, ce genre devint une production tout-à-fait factice, qui ne donnait guère ni instruction, ni plaisir, qui demeurait également étrangère à la poésie et à la science, et offrait tout au plus le mérite d'une expression ingénieuse, et l'intérêt de la difficulté vaincue. Tel fut le poème didactique dans la période brillante encore, où parut Aratus, ce spirituel interprète des connaissances astronomiques de son temps. A plus forte raison, dut-il se montrer tel dans l'âge de décadence où écrivait Oppien. Ce ne furent même plus les hautes spéculations de la science, qui lui fournirent désormais le prétexte de ses froides descriptions ; il ne les emprunta plus qu'à des sujets dont la frivolité ne paraissait pas indigne de la poésie, ou de ce qu'on nommait alors ainsi, quand ils pouvaient offrir une matière favorable, un sujet piquant d'exercice à l'art des versificateurs. Tout ce qui prêtait à la description devint sujet de poème; on retint bien par habitude et par tradition les prétentions didactiques, prétentions d'un autre âge, depuis long-temps écoulé, et qui ne pouvait revenir; mais on ne posséda plus en effet que ce genre descriptif, qui se montra de même parmi nous, à plus d'une époque ; et lorsque des humanistes savants, mais sans génie, se servirent des formes de la langue de Virgile, pour donner gravement les leçons les plus futiles; et dans cet intervalle de fatigue et d'épuisement qui succéda aux siècles brillants de notre littérature, quand on vit nos poètes exilés du véritable théâtre de la poésie, par tant d'admirables talents qui semblaient ne leur avoir laissé rien à faire, aller chercher un asyle dans les muséum et les laboratoires de la science, quelquefois même dans les ateliers des arts, dans les échoppes des métiers; ravaler leur divin ministere, jusqu'à disputer à la prose l'exposition de théories abstraites ou d'inventions mécaniques, choses qui peuvent intéresser vivement l'intelligence, mais qui n'appartiennent ni au sentiment ni à la poésie; produire enfin sans relâche, avec une déplorable facilité, qui ressemblait aux procédés matériels de l'industrie, cette multitude de compositions descriptives, parmi lesquelles se distinguent, non pas assurément par la gravité de la conception et la chaleur de l'inspiration, mais par l'éclat d'un génie digne d'un meilleur emploi, les ouvrages de ce Delille, qui fut l'Oppien de notre littérature dégénérée.

Oppien est bien loin de tous les mérites qui distinguent Delille; j'en conviens: mais comme lui, il semble ne chercher que des occasions de décrire, et il a choisi de chanter l'art de la chasse et celui de la pêche, par le même penchant, ou plutôt par la même nécessité qui a porté le poète français à célébrer les *Jardins, l'Imagination, les trois Règnes de la Nature.* Comme lui, il unit, dans une même production, à l'aridité d'une composition froidement didactique, l'excessive abondance, le luxe intempérant des détails descriptifs. C'est que ce cadre symétrique où ils enferment leur œuvre, ne leur importe guère, et qu'ils ne s'occupent que de toutes ces peintures diverses qu'ils y font entrer, et qui seules ont attiré, ont séduit, ont captivé leur imagination. Ces études de leur pinceau, empruntées sans dessein et sans ordre à la nature, ils les unissent comme ils peuvent, non pas par l'unité du sentiment que leur donnerait une inspiration vive et profonde, mais par de froides, d'arbitraires classifications, qui font ressembler leurs ouvrages à des recueils d'estampes et de dessins, à des galeries de tableaux. En un mot, il leur manque un but, car celui qu'ils annoncent n'est qu'une véritable fiction; ils ne veulent réellement qu'exercer une verve, qui se consumait sans aliment; ils l'épuisent sur des détails qui ne se rattachent à rien, mais qui sont leur unique affaire. Ne leur reprochez pas de prodiguer la parure, et d'étouffer ainsi leur sujet sous une vaine décoration; ils n'ont point de sujet, ou plutôt ils n'en ont d'autre que ce qui vous paraît si justement un accessoire brillant, mais inutile. Ainsi, pour nous réduire à Oppien, les ornements de ses poèmes, qui sortent assez naturellement de la description des divers animaux auxquels l'homme fait la guerre, sont le poème lui-même; ils le remplissent tout entier; et encore l'auteur ne se refuse-t-il pas de profiter de la ressource des épisodes, ressource permise sans doute, mais dont il abuse, jusqu'à introduire sans fin et sans repos, dans ces digressions, des digressions nouvelles. C'est là un des défauts les plus ordinaires aux poëtes descriptifs, et qui leur sont le plus naturels; on le retrouve dans Thompson, ce peintre si vrai et si brillant de la nature, mais qui, emporté sans règle par l'ardeur de décrire, passe sans s'en apercevoir, de sujets en sujets, et se fourvoie avec son lecteur dans des voies sans issue, pleines de détours et de fatigue, qui lui permettent difficilement de revenir sur ses pas et de retrouver sa trace. Il est étonnant qu'Oppien n'ait pas appris de Virgile, qui, dans l'intérêt de la variété, se permet quelquefois ces sortes d'écarts, l'art de les mieux régler. Il était grand imitateur de ce poète, et c'est une chose curieuse que de voir la poésie grecque, cette maîtresse des latins, aller prendre des leçons de ses disciples, et répéter froidement ces chants qu'elle leur avait autrefois enseignés, et que dans sa vieillesse et sa décadence, elle a besoin de rapprendre d'eux. Une des choses que le poète grec cherche le plus à emprunter au poète latin, c'est la sensibilité profonde qui le porte à s'unir, par une sorte de sympathie, à cette nature qu'il célèbre, à s'attendrir pour les plantes et les animaux, à leur prêter nos affections, nos sentiments, notre vie, pour ainsi dire. C'est là sur-tout ce qui anime les descriptions de Virgile, mais ce mérite n'est pas du nombre de ceux qui s'acquièrent par l'imitation; on ne peut le tenir que de la nature. Oppien réussit tout au plus à le contrefaire; sa sensibilité est quelquefois portée à un excès voisin du ridicule ; il paraît en effet assez bizarre de s'attendrir si fort pour les animaux au moment où l'on enseigne l'art de les détruire. Et puis, il passe toutes bornes, quand il veut à l'exemple de son modèle, leur transporter des pensées humaines; il lui arrive alors de leur donner jusqu'à la parole, et ces prosopopées imprévues sont plutôt propres à faire sourire le lecteur, qu'à intéresser sa compassion.

Nous n'avons pas épuisé tous les genres d'ornements qui composent pour ainsi dire le fond de de la poésie d'Oppien; nous aurions encore à parler de ses invocations qui sont assez souvent froides et emphatiques, car il s'adresse à des princes bien au-dessous de ses éloges, et à des dieux bien usés même en poésie ; de ses digressions morales, qui valent mieux, mais auxquelles on peut reprocher d'être un peu communes ; de ses comparaisons enfin, qui sont trop nombreuses et trop monotones, toujours empruntées des mêmes objets, et offrant, avec l'objet qu'il veut éclaircir ou relever, un rapport d'identité trop parfait pour que l'intérêt du rapprochement soit bien vif.

Que reste-t-il donc à louer dans Oppien. Des détails curieux d'histoire naturelle, une expression ingénieuse, un tour facile et élégant, de l'abondance et de l'éclat; qualités qu'on peut admirer, mais qui ne suffisent pas pour faire de lui un grand poète, et qui sont loin de justifier l'enthousiasme extravagant que comme tous les anciens, il a par droit d'antiquité, inspiré à quelques modernes. On ne peut véritablement souscrire entièrement au jugement de Jean Tzetzès, qui l'appelle un *Océan de graces*; de J.-C. Scaliger qui le compare à Virgile pour le nombre, l'élégance et l'harmonie du style; de Belin de Ballu enfin, le moins raisonnable de tous, mais en même temps le plus excusable, puisqu'il était traducteur, qui lui donne le premier rang après Homère, parmi les poètes épiques. Vanière lui a rendu en l'imitant souvent dans son *Prædium rusticum*, un hommage plus judicieux et qui a plus [de prix. Les meilleures éditions d'Oppien, sont celles que nous avons citées dans cet article; celles de J.-G. Schneider, données à Strasbourg, en 1776, et à Leipzig, en 1813, in-8°; et celle de Belin de Ballu, publiée à Strasbourg, en 1796, in-4°, mais restée incomplète, et qui ne contient que le poème de *la Chasse*. Belin de Ballu a traduit en français ce dernier poème, et nous emprunterons à son ouvrage les morceaux qui suivront cette notice. Nous ne pouvons mieux faire que de renvoyer sur Oppien, aux deux savants commentateurs dont nous venons de parler, ainsi qu'à l'article de M. Amar, dans la *Biographie universelle*, et à celui de M. Schœll, dans son *Histoire de la Littérature grecque*, T. IV., p. 67.

H. PATIN.

MORCEAUX CHOISIS.

I. Le Cheval*.

Avec quelle fierté le coursier belliqueux entend, au milieu des batailles, le son martial de la trom-

---

* Comparez ce morceau avec les diverses descriptions du Cheval, que nous avons rapportées t. II, p 483 et suiv. de notre *Répertoire*.   F.

pette, signal des combats! De quel œil intrépide il fixe un épais bataillon de jeunes guerriers, et soutient les éclairs foudroyants du fer et de l'airain! il sait quand il doit rester immobile ou fondre sur l'ennemi. Il comprend l'ordre des généraux. Ombragé d'une aile d'airain, souvent il approche en silence des remparts ennemis, lorsque animés du désir de saccager une ville, les guerriers élèvent sur leurs têtes de larges boucliers, obliquement affermis l'un sur l'autre, et forment par leur industrie une plaine au milieu des airs : l'éclat éblouissant de l'astre du jour frappe l'airain qui le repousse en longs éclairs jusqu'aux voûtes célestes.

La nature qui produit tant de merveilles, entre mille belles qualités a sur-tout donné au coursier le courage des humains et un cœur capable de nos diverses affections. Il hennit en voyant son illustre cavalier. Il gémit lorsque dans les combats il voit tomber le courageux compagnon de sa gloire. Quelquefois le cheval au milieu des batailles a rompu les liens du silence, et franchissant les lois de la nature, a pris une voix humaine et parlé comme les mortels. Le belliqueux coursier du roi de Macédoine, Bucéphale combattait avec ses armes naturelles. Un cheval courut légèrement sur la sommité des fleurs; un autre sur les flots de l'Océan, sans toucher l'onde amère. Un cheval porta le vainqueur de la Chimère au-dessus des nuages. Un cheval par ses hennissements et les ruses d'un écuyer, donna un souverain aux peuples de la Perse.

Poëme de la Chasse, trad. de M. BELIN DE BALLU.

II. Le Chien de chasse.

Si vous lancez ce chien sur des lièvres qui n'auront point encore été chassés, il s'approchera d'eux sans se laisser apercevoir, et posant ses pas sur leurs traces, il se glissera sous les vignes, ou dans les roseaux, pour se dérober à leur vue. Tel un voleur, pour ravir un chevreau, guette l'instant où le berger sommeille, et s'approche à pas de loup : le chien n'est pas plutôt parvenu en rampant au buisson où son lièvre est gîté, qu'il s'élance avec la rapidité d'un trait, ou plutôt d'un serpent qu'un moissonneur éveille lorsqu'il reposait auprès de son repaire venimeux ; ainsi le chien se précipite avec ardeur : s'il atteint son gibier, il le terrasse, lui donne aussitôt le trépas avec ses ongles aigus, et saisissant dans sa gueule cet énorme fardeau, il s'avance à votre rencontre ; accablé sous le poids, haletant de fatigue, il s'empresse de vous apporter sa proie.

Vous avez vu en été un char traîner avec effort dans une métairie, la moisson dont il est surchargé. Les rustiques villageois le voyant s'avancer de loin, courent en foule à sa rencontre ; les uns pèsent sur les roues, d'autres poussent par derrière, ceux là soulèvent le timon, secondent les efforts des bœufs. le char entre, à l'instant on délie le joug, les bœufs couverts de sueur se reposent de leurs fatigues, et leur conducteur ouvre son cœur à la joie. C'est ainsi que le chien s'avance portant à sa gueule le fardeau de sa proie ; le chasseur joyeux s'empresse d'aller à sa rencontre, et prenant dans ses bras et le gibier et celui qui l'a pris, il serre l'un et l'autre contre son sein.

Ibid.

III. Combat de deux Taureaux.

Chantons premièrement les taureaux, cette espèce jalouse à l'excès; chantons ces fréquents et horribles combats qu'allument entre eux les désirs de l'hymen. Unique souverain, le taureau que sa taille et sa force élèvent au-dessus des autres, règne en tyran sur tout le troupeau. Il domine sur les femelles et sur les taureaux plus faibles que lui; tous redoutent ce monarque puissant armé de cornes menaçantes : les génisses elles-mêmes tremblent à l'aspect de leur époux furieux. Mais si quelque autre taureau, écarté du troupeau dont il était le roi, marche à sa rencontre en secouant fièrement la tête, alors un violent combat s'élève entre eux. D'abord, posés en présence l'un de l'autre, ils se mesurent des yeux; la fureur jalouse dont ils sont embrasés, éclate dans leurs regards; le feu sort à travers leurs naseaux ; ils déchirent la terre avec leur pied, semblables à des athlètes qui veulent se couvrir de poussière. Ils se défient réciproquement au combat, en poussant de belliqueux mugissements. A peine ils ont sonné la charge, qu'ils s'élancent avec impétuosité l'un sur l'autre, et de leurs cornes aiguës se percent le flanc tour à tour. Ainsi dans un combat naval, lorsque le Dieu de la guerre allume sur les flots le flambeau de la discorde, deux immenses vaisseaux font briller en se menaçant les éclairs de l'airain dont ils sont hérissés; poussés par un vent rapide, et par l'effort des nautonniers, ils volent proue contre proue, à la rencontre l'un de l'autre, ils s'approchent, ils se choquent; le bruit des armes, les cris des combattants, le fracas des vaisseaux qui se brisent, retentissent sur les prochains rivages, et font gémir au loin le vaste empire de Nérée. Tels ces taureaux furieux font retentir les airs sous les coups terribles qu'ils se portent, jusqu'à ce que l'un d'eux obtienne enfin une victoire long-temps douteuse et chère à ses désirs. L'autre cependant ne veut plus porter le joug de la servitude; honteux d'être vaincu et poussant de profonds soupirs, il va cacher sa défaite dans le sein des forêts épaisses. Là durant des années entières, vivant seul au milieu des rochers, il paît loin de son troupeau dans les bois et dans les montagnes. Comme un athlète qui veut accroître sa vigueur, il exerce ses forces; mais dès qu'il se sent assez redoutable pour balancer celles de son rival, il remplit les vallons de ses cris; son vainqueur y répond, et la forêt en est ébranlée. Bientôt de plus fiers mugissements augmentent son audace, il descend avec impétuosité des monts qu'il habitait, fond sur son ennemi et remporte sur lui une victoire facile; ses forces se sont accrues par la vie sauvage qu'il menait dans les bois, et les plaisirs de Vénus ne les ont point énervées *.

Ibid.

* L'imitation de Virgile, dont les morceaux précédents offraient quelquefois la trace, est plus visible encore dans ce morceau, où Oppien a re-

ORAISON FUNÈBRE. Le sentiment d'intérêt qui attache l'homme à l'opinion de la postérité, et

produit, non sans en altérer la beauté par les développements qu'il a cru devoir y ajouter, un passage célèbre du troisième livre des *Géorgiques*. Nous croyons devoir le rapporter ici pour faciliter à nos lecteurs cette comparaison qui n'est pas sans intérêt et sans utilité. Nous nous servons de la traduction de Delille :

>Crains aussi, crains l'amour, dont la douce langueur
>Des troupeaux, quels qu'ils soient, énerve la vigueur :
>Que des fleuves profonds, qu'une haute montagne,
>Séparent le taureau de sa belle compagne ;
>Ou que, loin de ses yeux, dans l'étable caché,
>Près d'une ample pâture il demeure attaché.

>Près d'elle il fond d'amour, il erre triste et sombre,
>Et néglige les eaux et la verdure et l'ombre.
>Souvent même, troublant l'empire des troupeaux,
>Une Hélène au combat entraîne deux rivaux.
>Tranquille, elle s'égare en un gras pâturage :
>Ses superbes amants s'élancent pleins de rage ;
>Tous deux, les yeux baissés et les regards brûlants,
>Entrechoquent leurs fronts, se déchirent les flancs ;
>De leur sang qui jaillit les ruisseaux les inondent ;
>A leurs mugissements les vastes cieux répondent.
>Entre eux point de traité : dans de lointains déserts
>Le vaincu désolé va cacher ses revers,
>Va pleurer d'un rival la victoire insolente,
>La perte de sa gloire, et sur-tout d'une amante,
>Et, vers ces bords chéris tournant encor les yeux,
>Abandonne l'empire où régnaient ses aïeux.

>Mais l'amour le poursuit jusqu'en ces lieux sauvages :
>Là, dormant sur les rocs, nourri d'amers feuillages,
>Furieux, il s'exerce à venger ses affronts ;
>De ses dards tortueux il attaque des troncs ;
>Son front combat les vents, son pied frappe la plaine,
>Et sous ses bonds fougueux il fait voler l'arène.
>Mais c'en est fait ; il part, et, bouillant de désirs,
>De l'orgueilleux vainqueur va troubler les plaisirs.
>Tel, par un pli léger ridant le sein de l'onde,

qui le fait jouir d'avance du souvenir qui restera de lui quand il ne sera plus, l'émulation qu'inspirent aux vivants les éloges qu'on donne aux morts, et l'impression que font sur les âmes de grands exemples retracés avec une vive éloquence, sont les principes d'utilité sur lesquels a été fondé dans tous les temps l'usage des oraisons funèbres : il fut institué chez les Grecs par Solon ; chez les Romains, par Valérius Publicola.

L'éloge funèbre, en Égypte, était personnel comme il le fut à Rome. Dans la Grèce il fut consacré à la gloire commune des citoyens qui avaient péri dans les combats pour la défense de la patrie. Cette institution le rendait en même temps plus pur, plus juste et plus utile : plus pur, parce qu'il était exempt de l'adulation personnelle, à laquelle ne manque pas de donner lieu, même à l'égard des morts, la complaisance pour les vivants; plus juste, en ce qu'il embrassait tous ceux qui l'avaient mérité; plus utile, en ce que l'exemple de la vertu et de la gloire regardait tous les citoyens, et pouvait être également pour tous un objet d'espérance et d'émulation. De là l'espèce d'enivrement que les Athéniens rapportaient de l'assemblée où leurs enfants, leurs pères, leurs frères, leurs amis venaient d'être

> Un flot de loin blanchit, s'alonge, s'enfle et gronde ;
> Soudain le mont liquide, élevé dans les airs,
> Retombe ; un noir limon bouillonne sur les mers.

> Amour, tout sent tes feux, tout se livre à ta rage ;
> Tout, et l'homme qui pense et la brute sauvage,
> Et le peuple des eaux et l'habitant des airs. P.

solennellement honorés des regrets et des éloges de la patrie. A Rome, sous les empereurs, on vit à quel degré de bassesse et de servitude l'oraison funèbre pouvait être réduite, lorsque l'orgueil la commandait. *Voyez* Démonstratif.

Parmi nous elle est personnelle et réservée pour la haute naissance, ou pour les premières dignités; et quoique moins servile et moins adulatrice qu'elle ne le devint à Rome, elle n'a pas été exempte du reproche de corruption. L'on a quelquefois entendu célébrer en chaire des hommes que la voix publique n'avait jamais loués de même, et qu'elle était loin de bénir. Mais sans insister sur l'abus que l'on a fait souvent, et que l'on fera peut-être encore de ces éloges de bienséance, considérons ce qu'ils auraient d'utile, si l'orateur, en s'interdisant le mensonge et la flatterie, se proposait pour règle et pour objet la décence et la vérité.

En premier lieu, on ne louerait que des morts dignes de mémoire. En second lieu, comme tous les hommes, même les plus recommandables, ont été un mélange de force et de faiblesse, de vertus et de vices, ce serait le côté vraiment louable que l'éloquence exposerait à la lumière; et au lieu de donner du lustre aux vices qui sont susceptibles du fard de la louange, elle les laisserait dans l'ombre, et son silence exprimerait ce que sa voix ne dirait pas. En troisième lieu; elle s'attacherait aux traits de caractère, aux vertus, aux talents dont la peinture aurait, non pas le plus d'éclat, mais le plus d'influence; et la véritable destination de la gloire serait remplie, puisqu'elle serait réservée aux qualités et aux actions qui auraient le plus contribué au bien public et au bonheur des hommes. En quatrième lieu, les vertus privées et domestiques obtiendraient aussi le tribut de louanges dont elles seraient dignes; mais ces peintures de fantaisie, ces lieux communs d'adulation, où l'adresse et l'esprit de l'orateur s'épuisent pour tout défigurer et pour tout embellir, seraient exclus de l'oraison funèbre; et s'il était permis à l'orateur de ne peindre son modèle que de profil, du côté le plus favorable, et avec des couleurs plus vives que celles de la vérité, au moins serait-il obligé d'en bien saisir la ressemblance. Enfin l'utilité publique, qui est le fruit de l'exemple, étant le seul objet moral de ces tristes solennités, l'éloquence s'attacherait aux résultats que lui présenteraient les détails d'une vie habituellement occupée des intérêts de la société; et de ces particularités de mœurs, de fortune, d'emplois, de fonctions, de devoirs, de conduite, qu'il aurait à développer, il aurait soin de s'élever à des principes lumineux et féconds, qui donneraient plus d'étendue à l'instruction publique. Par ce moyen, l'oraison funèbre, au lieu d'être une école de flatterie, serait une leçon ou de politique ou de mœurs.

On voit dès-lors combien lui seraient étrangers et superflus tous ces ornements d'un langage fleuri, maniéré, futile. Dès que la vérité porte avec elle son caractère de candeur, de dignité, d'utilité solide, un vain luxe d'expressions lui devient inutile, et l'éloquence peut se montrer avec une majesté simple, comme une vierge pure et modeste, belle de sa seule beauté. *Grandis et, ut ità dicam, pudica oratio non est maculosa, nec turgida, sed naturali pulchritudine exsurgit.* (PETRON., *Satyric.*)

Mais si l'objet de l'oraison funèbre n'est peint que ressemblant et d'après la vérité même; si l'homme qu'elle doit louer fut véritablement louable, et si sa renommée autorise d'avance l'éloge qu'on va prononcer; quel combat l'éloquence aura-t-elle à livrer, quel obstacle aura-t-elle à vaincre du côté de l'opinion? quelle affection, quelle inclination, quelle résolution à changer du côté de l'âme? de quoi veut-elle persuader ou dissuader un auditoire qui sait déjà, qui croit d'avance ce qu'elle vient lui rappeler?

Il est certain qu'elle n'a pas les mêmes révolutions à produire que l'éloquence de la tribune, la même résistance à vaincre, les mêmes assauts à livrer ou à soutenir que l'éloquence du barreau, et que souvent, plus comparable à l'éloquence poétique, elle ne semble faire consister ses succès qu'à émouvoir pour émouvoir. Mais au-delà de l'émotion, nous venons de voir qu'il est pour elle un but d'utilité publique qui consacre ses fonctions et la rend digne de la chaire.

Dans l'oraison funèbre, comme dans les sermons, l'auditoire est persuadé avant que l'orateur commence; mais cette persuasion froide et vague n'est pas celle que l'éloquence doit opérer et qu'elle opère : celle-ci doit être profonde, animée, active, entraînante; elle doit ressembler à celle qui, dans le genre délibératif, produit des révélations, soulève tout un peuple, lui fait briser sa chaîne, lui fait prendre les armes pour la défense de ses foyers, de ses femmes, de ses enfants. Ici l'effet n'en est pas si sensible, parce qu'elle n'a point d'objet présent et décidé. Mais qu'à l'ouverture d'une campagne et à la tête d'une armée, un homme éloquent fît comme Périclès l'éloge des guerriers qui seraient morts pour leur pays, et qu'il parlât de la valeur avec un digne enthousiasme; que cet éloge, par exemple, eût été prononcé à la tête de la noblesse française, au moment que Louis XIV l'aurait assemblée, comme il y était résolu avant la victoire de Denain; et que chacun se demande à soi-même si cette éloquence eût été sans effet. Or cet effet soudain, rapide, éclatant, que l'occasion lui eût fait produire, elle l'opère avec moins d'énergie, mais très sensiblement encore par les impressions qu'elle laisse dans les esprits et dans les cœurs; et si vous en doutez, voyez ce qui se passe lorsque ces femmes respectables qui parmi nous sont les tutrices des pauvres orphelins veulent en leur faveur ranimer la piété publique. Quel est l'innocent artifice qu'elles y emploient le plus communément? Elles convoquent les fidèles dans un temple, elles y font prononcer l'éloge de celui des hommes qui, après l'Homme-Dieu, a été sur la terre le plus parfait modèle de la miséricorde et de la charité, l'éloge de Vincent de Paule; et l'orateur, en descendant de la chaire, voit répandre dans le trésor des pauvres, l'argent et l'or à pleines mains.

L'effet constant et infaillible du digne éloge des vertus héroïques sera toujours d'élever nos esprits par la sublimité des pensées et des images; d'agrandir, d'ennoblir nos âmes par les émotions qu'elles reçoivent des grands exemples, et par cet attendrissement si doux qu'excite en nous la magnanimité.

L'éloquence de l'oraison funèbre a donc aussi ses effets à produire; et ce n'est pas sans difficulté qu'elle obtient les succès d'où dépend sa gloire. Elle n'a pas à vaincre la prévention, l'aliénation des esprits; mais leur froideur, leur nonchalance, leur molle irrésolution : elle n'a pas à vaincre dans les âmes des aversions, des ressentiments, mais une langueur plus funeste à la vertu que les passions mêmes, et tous les vices qui dégradent en nous ce naturel qu'elle veut ennoblir. La volonté ne lui oppose ni les transports de la colère, ni les mouvements du dépit, de la haine et de la vengeance; mais une sorte d'inertie qui résiste à ses mouvements, mais une lâcheté qui se refuse à ses impulsions, mais des inclinations que l'habitude a eu tout le temps de former et de rendre comme invincibles.

Captiver, fixer, attacher sur l'image de la vertu des yeux distraits, des esprits légers, des imaginations mobiles, des caractères indécis, les forcer d'en prendre l'empreinte, les renvoyer avec une plus haute idée de leur dignité naturelle et de celle de leur devoir, leur en inspirer le courage, et du moins pour quelques moments l'enthousiasme et la passion, tel est le genre de persuasion de l'éloquence des éloges; et si on demande encore quels sont les ennemis qu'elle se propose de vaincre, je répondrai : tout ce que la nature et l'habitude ont de vicieux et d'incompatible avec cette vertu qu'elle vient nous recommander.

Le procédé le plus raisonnable, et je crois le plus infaillible de ce genre d'éloquence, serait de montrer l'homme dans le héros, en même temps que le héros dans l'homme : car si je ne vois pas en lui mon semblable du côté faible, son exemple ne m'inspirera ni l'espérance ni le courage de lui ressembler du côté fort; et ce serait pour l'oraison funèbre une raison de se détendre et de s'abaisser quelquefois jusqu'à nous laisser voir, dans le modèle de vertu et de grandeur qu'elle nous présente, quelques traits de fragilité. Un seul exemple va me faire entendre. Dans le plus accompli et le plus intéressant de nos héros modernes, Fléchier avait deux fautes à confesser ou à dissimuler. En avouant l'une des deux, il a mis toute l'adresse de l'élocution et tout le prestige des figures à la couvrir comme d'un nuage; et celle qu'il n'aurait pu attribuer à la fatalité des circonstances, il n'a pas même osé la laisser entrevoir.

A l'égard de l'une et de l'autre, j'oserai dire que la crainte qu'il eut d'affaiblir l'admiration que l'on devait à son héros n'était pas fondée. Son silence n'a fait oublier à personne ce moment de faiblesse, où Turenne crut déposer dans le sein d'un autre lui-même le secret important qui lui était confié. Mais, en même temps que l'aveu de cette faute, dans la bouche de l'orateur, aurait été une grande leçon, il lui aurait donné lieu de publier un trait de magnanimité qui compense bien cette faute, et qui fait presque dire à ceux qui l'entendent, *felix culpa!* Ce fut l'aveu qu'il en fit au roi. Il n'était pas temps encore de révéler toute la gloire de cet aveu, Louvois était vivant; mais aujourd'hui combien ce trait de vertu, dans l'éloge de Turenne, ne serait-il pas éloquent !

Louvois était son ennemi : le projet du siège de Gand n'avait pour confidents que ces deux hommes. Louis XIV, qui ne doutait pas de la prudence et de la discrétion de Turenne, lui dit : « Mon « secret n'a été confié qu'à vous et à M. de Louvois; « et ce n'est pas vous qui l'avez trahi. » Turenne n'avait qu'à laisser croire à Louis XIV ce qu'il pensait déjà, Louvois était perdu. « Pardonnez-moi, « Sire, dit-il, c'est moi qui suis coupable; » et Louvois fut sauvé.

Sa rebellion dans la guerre civile avait été réparée par tant de belles actions, que l'orateur pouvait l'avouer ingénuement sans répugnance, et au lieu de l'art ingénieux, mais inutile, dont il se sert pour l'envelopper dans le tourbillon des malheurs publics, il ne tenait qu'à lui de tirer de la mémoire de ces temps-là, et de l'esprit de trouble et de vertige qui s'était emparé des têtes les plus sages, de solides instructions. Ce n'est même qu'en se donnant cette importance politique et morale, que l'éloquence des éloges peut remplir dignement sa tâche. Mais il faut avouer aussi que la proximité des temps, et les égards auxquels l'orateur est soumis, ne le permettent pas toujours. Un point de vue plus éloigné lui est infiniment plus favorable, et cet avantage n'a pas échappé à l'Académie française, lorsqu'elle s'est déterminée à donner pour sujet de ses prix d'éloquence l'éloge des hommes illustres qu'ont produit les siècles passés. Mais dans ces éloges on doit se souvenir que ce ne sont pas de froids détails, de longues analyses, ni des récits inanimés que demande l'Académie; mais des tableaux, des mouvements, des peintures vivantes, de l'éloquence enfin, dont le propre est d'agir sur les esprits et sur les âmes, d'inspirer plutôt que d'instruire, de répandre encore plus de chaleur que de lumière, d'animer la raison encore plus que de l'embellir, de prêter à la vérité le charme et l'intérêt du sentiment, et de ne chercher dans le style que les moyens à la fois les plus simples, les plus sûrs et les plus puissants, d'émouvoir pour persuader, ou de persuader pour émouvoir [*].

MARMONTEL, *Éléments de Littérature.*

---

[*] Cet article, sur un sujet qui intéresse vivement notre gloire nationale, est peut-être un peu court et un peu superficiel. Mais il est aisé de le compléter par d'excellents ouvrages où la matière a été épuisée. On doit mettre au premier rang l'*Essai sur les Éloges*, de Thomas, brillante revue, qui toutefois n'est pas complète, et où se trouvent d'importantes lacunes que M. Villemain a bien heureusement remplies dans son éloquent *Essai sur l'Oraison funèbre*, où il s'est principalement proposé de faire connaître ce que nous ont laissé en ce genre les pères de l'Église dont Thomas ne parle pas. A ces deux ouvrages on peut ajouter une Dissertation sur le même sujet, placée par M. Dussault en tête d'une belle édition des oraisons funèbres les plus célèbres de nos orateurs, et les jugements qu'il a portés sur chacun d'eux dans des notices particulières; enfin les nombreux morceaux

ORATEUR. Pour se former une idée complète de l'orateur, il faut considérer ses mœurs, ses talents, ses lumières.

I. *Mœurs ou caractère de l'orateur.* Il semble que dans tous les temps l'estime publique, attachée à la personne de l'orateur, ait dû être une condition inséparable de l'éloquence. Et en effet, si la bonne foi, la droiture, la sincérité, l'austère probité de celui qui parle est connue, sa cause est recommandée par sa personne; et avant même qu'il ait ouvert la bouche, on est à demi persuadé. Si le droit qu'il défend ne lui était pas connu; si ce qu'il veut persuader n'était pas juste; si ce qu'il va louer n'était pas louable; si l'homme qu'il accuse n'était pas criminel; si le conseil que donne un citoyen si sage, si vertueux, n'était pas ce qu'il y a de plus utile et de plus honnête, il n'aurait garde de profaner son ministère : le parti qu'il embrasse doit être le meilleur. Ainsi raisonne, ou doit raisonner l'opinion, la considération publique, en faveur de l'homme de bien, connu, révéré comme tel.

Si au contraire la conduite, les mœurs, le caractère d'un homme éloquent l'ont rendu méprisable, suspect et dangereux; que souillé de vices il parle de vertu; vénal, il parle de droiture; dissolu, de décence; vendu à la faveur, de zèle pour le bien public; il semble qu'il doive être ou ridicule ou révoltant, et que la cause la meilleure doive être

où La Harpe et Maury ont cherché à apprécier leur génie, et dont la plupart se trouvent dans notre *Répertoire. Voyez* BOSSUET, BOURDALOUE, FLÉCHIER, MASCARON, MASSILLON, etc.   H. P.

décriée par un orateur diffamé. « Si cela est vrai, « pourquoi le dit-il? » Ce mot naïf, au sujet d'un menteur qui par hasard venait de dire la vérité, semble devoir être le cri de l'auditoire, lorsqu'un malhonnête homme travaille à le persuader.

Il faut avouer cependant qu'une conduite irréprochable, des mœurs pures, un caractère manifestement vertueux n'auraient pas seuls assez de force contre le don de l'éloquence, et que, sans être soutenue de cette recommandation personnelle, qui devrait être d'un si grand poids, elle ne laisse pas encore d'en imposer : si grande est la légèreté et la facilité des hommes, qu'on voit presque tous se livrer à l'impression du moment, et dont l'orateur se rend maître, ainsi que le comédien, dès qu'il sait faire illusion.

« Avez-vous peur de l'affliger en lui refusant une « couronne, disait Eschine aux Athéniens, en leur « parlant de Démosthène, lui qui dédaigne la gloire « attachée à votre estime, et la dédaigne à tel excès, « que de ses propres mains il a mille fois tailladé « cette tête maudite que Ctésiphon, malgré toutes « nos lois, nous a prescrit de couronner; lui qui de « ces taillades faites à dessein a su tirer des profits « immenses, en intentant à ce sujet des accusations « lucratives; lui enfin à qui le soufflet qu'il reçut de « Midias en plein théâtre, soufflet si bien asséné « que la marque en est encore empreinte sur son « visage, a été d'un si bon rapport. »

Si c'étaient là de grossiers mensonges, comment le calomniateur impudent ne fut-il pas chassé de la tribune ? comment Démosthène, dans sa défense, négligea-t-il de réfuter de si honteuses imputations ? et s'il y avait quelque vérité dans ces faits, qui, pour être allégués, devaient être notoires, comment un homme enrichi des soufflets qu'il avait reçus et des taillades qu'il s'était faites, un homme dont on osait dire devant le peuple et le sénat qu'*il portait sur ses épaules non une tête, mais une ferme,* pouvait-il avoir dans sa patrie tant de crédit et d'autorité ?

Comment Eschine, de son côté, faisait-il lire et admirer à ses disciples, dans son exil, une harangue où Démosthène le traitait bien plus mal encore ? Serait-ce que dans la tribune les injures n'étaient qu'un des lieux oratoires, et que du style de barreau ?

Chez les Romains, on voit de même que la considération personnelle tenait plus aux talents qu'aux mœurs. « Regarde, Scaurus, voilà un mort qui « passe, disait Memmius à son adversaire : ne « pourrais-tu pas te saisir de son bien ? » Et ces Romains ne se bornaient pas à ces épigrammes légères ; ils se reprochaient, comme les Grecs, les plus obscènes infamies. « On ne m'écoute point, « disait Sextius, je suis Cassandre. Il est vrai, lui « répondit l'orateur Marc-Antoine, que je te connais « plus d'un Ajax. » *Multos possum tuos Ajaces Oileos nominare.*

Mais de quelque austérité de mœurs que l'orateur fît profession, on voit que dans son art il se détachait de lui-même et se donnait tout à sa cause, bonne ou mauvaise, juste ou injuste ; la bien défendre et la gagner était sa tâche, son devoir, son unique religion.

Ils avaient tous pour règle, en amplifiant, d'exagérer ce qui leur était favorable, d'affaiblir et d'atténuer ce qui leur était opposé. (*Voyez* AMPLIFICATION.)

Pour rendre ridicule l'adversaire ou sa cause, il fallait savoir employer à propos de petits mensonges, souvent même tout inventer. « Sive habeas « verè quod narrare possis, quod tamen est men- « daciunculis aspergendum, sive fingas.» (*De Orat.*)

Ils devaient être en état de plaider le pour et le contre sur toutes sortes de sujets, et même sur les plus sacrés : « De virtute, de officio, de æquo et « bono, de dignitate, honore, utilitate, ignominiâ, « proemio, poenâ, similibusque rebus, in utramque « partem dicendi animos, et vim et artem habere « debemus.» (*Ibid.*)

L'éloquence s'était détachée de la philosophie; et de là, le divorce de la langue et du cœur. « Hinc « discidium illud linguæ atque cordis. » La droiture stoïque était exclue du barreau ; l'opinion et les convenances y avaient pris la place de la vérité et de la vertu. « Alia enim et bona et mala videntur « stoïcis et cæteris civibus.»(*Ibid.*)Pour être un parfait orateur, il fallait non-seulement savoir à la manière des philosophes, mais plus éloquemment encore, soutenir le pour et le contre : « Sin aliquis « exstiterit aliquandò, qui, aristotelico more, de « omnibus rebus in utramque sententiam possit dicere, et in omni causâ duas contrarias orationes,

« præceptis illius cognitis, explicare; aut, hoc Arce-
« silæ modo et Carneadis, contrà omne quod propo-
« situm sit disserat; quique ad eam rationem adjun-
« gat hunc rhetoricum usum, moremque, exercita-
« tionemque dicendi; is sit verus, is perfectus et
« solus orator. » (*De Orat.*)

Voilà bien nettement, dans la définition d'un parfait orateur celle d'un excellent sophiste. Et à cette qualité éminente, s'il ajoutait l'art de se montrer personnellement tel qu'il voulait paraître, et d'affecter à son gré l'auditoire, il ne laissait plus rien à désirer, pas même de la bonne foi : « Si verò
« assequetur ut talis videatur qualem se videri ve-
« lit, et animos eorum ità afficiet apud quos aget,
« ut eos quocumque velit vel trahere vel rapere
« possit; nihil profecto prætereà ad dicendum re-
« quiret. » (*Ibid.*)

Ainsi, sophiste, hypocrite, comédien et charlatan au plus haut degré; voilà ce qui formait l'orateur accompli. Et pour avoir une idée de son manège, qu'on lise ce passage où il est décrit avec tant de soin et en si peu de mots :

« Sic igitur dicet ille quem expetimus, ut verset
« sæpè multis modis eamdem et unam rem; et
« hæreat in eâdem commoreturque sententiâ : sæpè
« etiam ut extenuet aliquid : sæpè ut irrideat : ut
« declinet à proposito deflectatque sententiam : ut
« proponat quid dicturus sit : ut, cùm transegerit
« jàm aliquid, definiat : ut se ipse revocet : ut quod
« dixit iteret : ut argumentum ratione concludat : ut
« interrogando urgeat : ut rursùs, quasi, ad interro-

« gata, sibi ipse respondeat : ut contrà ac dicat ac-
« cipi et sentiri velit : ut addubitet quid potiùs, aut
« quomodo dicat : ut dividat in partes : ut aliquid
« relinquat ac negligat : ut antè præmuniat : ut in
« eo ipso, in quo reprehendatur, culpam in adver-
« sarium conferat : ut sæpè cum his qui audiunt,
« nonnumquàm etiam cum adversario, quasi deli-
« beret : ut hominum sermones moresque describat :
« ut muta quædam loquentia inducat : ut ab eo quod
« agitur avertat animos : ut sæpè in hilaritatem
« risumve convertat : ut antè occupet quod videat
« opponi : ut comparet similitudines : ut utatur
« exemplis : ut aliud alii tribuens dispertiat : ut in-
« terpellatorem coerceat : ut aliquid reticere se
« dicat : ut denunciet quid caveat : ut liberius quid
« audeat : ut irascatur etiam : ut objurget aliquandò :
« ut deprecetur : ut supplicet : ut medeatur : ut à
« proposito declinet aliquantulùm : ut optet : ut
« exsecretur : ut fiat iis apud quos dicet familiaris.
« Atque alias etiam dicendi quasi virtutes sequetur :
« brevitatem, si res petet ; sæpè etiam rem dicendo
« subjiciet oculis ; sæpè suprà feret quàm fieri pos-
« sit ; significatio sæpè erit major quam oratio ; sæpè
« hilaritas ; sæpè vitæ naturarumque imitatio. »
(*Orat.*)

Qu'on ajoute à cela tous les moyens qu'il indique ailleurs de rendre l'exorde insinuant, la preuve artificieuse, la péroraison pathétique, l'action et la diction propres à captiver en même temps les yeux, l'oreille et l'âme : on concevra facilement encore l'art oratoire de ce temps-là : et c'est une étude que je propose singulièrement aux juges, afin qu'ils sachent de combien de manières on peut s'y prendre pour les tromper.

Cicéron a beau dire que l'éloquence, la sagesse, la probité doivent aller ensemble : « Est enim elo-
« quentia una quædam de summis virtutibus......
« Quæ, quò major est vis, hoc est magis probitate
« jungenda summâque prudentiâ : quarum virtutum
« expertibus si dicendi copiam tradiderimus, non
« eos quidem oratores effecerimus, sed furentibus
« quædam arma dederimus. » Il n'en est pas moins vrai que les livres de l'orateur sont comme un arsenal, où la bonne et la mauvaise foi, la vérité et le mensonge, la justice et la fraude trouvent également des armes ; que Cicéron nous y enseigne à feindre, à dissimuler, à éluder la vérité, à déguiser le côté faible d'une cause, en un mot à séduire, à émouvoir les auditeurs, et à les pousser, sans distinction, vers le but que l'on se propose : « ut
« eos qui audiunt quocumque incubuerit possit im-
« pellere. »

Quelques hommes de mœurs sévères dédaignaient le secours de l'éloquence, et ils succombaient. Il a donc fallu que l'orateur homme de bien se soit servi, pour la défense de la vérité, de la justice et de l'innocence, des mêmes armes que la fraude, l'injure et le mensonge employaient à les attaquer.

Mais s'il a ce principe stable de ne plaider jamais que la cause qu'il croira bonne, non pas au gré des tribunaux, dont la jurisprudence est douteuse et changeante, mais selon ses propres lumières et sur le témoignage intime de sa conscience et de sa raison; alors son éloquence prendra le caractère de son âme ; tous ses moyens de plaire et d'émouvoir seront ceux de la vérité qui veut se rendre intéressante ; et l'art, innocent dans sa bouche, ne sera que le don de gagner des amis au bon droit et à l'innocence, de garantir les juges des pièges du mensonge, et de les éclairer ou de les affermir dans les voies de l'équité.

J'ai fait déjà sentir combien, dans l'éloquence politique, religieuse, et morale, il importait à l'orateur de se donner, par son caractère, une autorité personnelle; et quoique trop d'exemples semblent persuader que l'éloquence du barreau n'a pas toujours besoin de la sanction des mœurs de l'avocat, j'ose penser qu'un homme droit, honnête, incorruptible, et reconnu pour tel, aura partout un grand avantage sur un déclamateur mercenaire, et dont l'art s'est prostitué. « In homine virtutis opinio « valet plurimùm. » (Cic. *Topica.*)

Voici des vers où l'on a essayé de marquer ce contraste :

Écoutez au barreau, parmi ces longs débats
Que suscite la fraude ou qu'émeut la chicane ;
Écoutez le suppôt qui leur vend son organe.
Le fourbe atteste en vain l'auguste vérité;
En vain sa voix parjure implore l'équité :
Le mensonge, qui perce à travers son audace,
L'accuse et le confond. Il s'agite et nous glace
Des passions d'autrui satellite effréné,
Il se croit véhément, il n'est que forcené

Charlatan maladroit, dont l'impudence extrême
Donne l'air du mensonge à la vérité même.

Qu'avec plus de décence et d'ingénuité
L'ami de la justice et de la vérité,
La candeur sur le front, la bonne foi dans l'âme,
Présente l'innocence aux lois qu'elle réclame !
Profondément ému, saintement pénétré,
Dans l'enceinte sacrée à peine est-il entré,
Le respect l'environne, on l'observe en silence,
Et d'un juge en ses mains on croit voir la balance.
Loin de lui l'imposture et son masque odieux !
Loin de lui les détours d'un art insidieux !
Il ne va point du style emprunter la magie :
Précis avec clarté, simple avec énergie,
Il arme la raison de traits étincelants ;
Il les rend à la fois lumineux et brûlants ;
Et si, pour triompher, sa cause enfin demande
Que son âme au-dehors s'exhale et se répande,
A ces grands mouvements on voit qu'il a cédé
Pour obéir au dieu dont il est possédé :
Sa voix est un oracle ; et ce grand caractère
Change l'art oratoire en un saint ministère.

II. *Talents de l'orateur.* Les talents sont des dons naturels, relatifs à certains objets. Selon l'objet, cette aptitude tient plus ou moins aux dispositions du corps, de l'esprit ou de l'âme. L'élégance des formes, l'agilité, la force, la souplesse des mouvements et la justesse de l'oreille forment le talent de la danse : la sensibilité l'anime, la grace le perfectionne. Le talent du chant se compose de la beauté de la voix, de la justesse de l'oreille, et de la sensibilité de l'âme. Celui de la poésie est le résultat de tous les dons de l'âme et du génie ; et une oreille délicate et juste est la seule des qualités physiques qu'il exige essentiellement. Le comédien est l'extérieur du poète : son talent est de s'identifier avec lui ; de se pénétrer de son âme, et de lui prêter tout le charme de la parole et de l'action. Ainsi la beauté, la décence, la vérité de l'expression, soit dans la voix, soit dans le geste, soit dans le langage muet des yeux et des traits du visage, une extrême facilité à s'affecter du caractère et des sentiments qu'il exprime, une mobilité d'âme et d'imagination qui se prête rapidement à toutes les métamorphoses de l'imitation théâtrale : voilà ce que l'acteur met du sien dans sa société de talents avec le poète.

Or l'orateur est son acteur lui-même : il doit donc réunir, en quelque sorte, le poète et le comédien ; penser, sentir, imaginer, inventer, disposer, produire comme l'un, et représenter comme l'autre. « Non et enim inventor, aut compositor, « aut actor ; hæc complexus est omnia. » (*Orat.*) Ainsi, du côté de l'inventeur et du compositeur, un esprit juste, étendu, pénétrant, mobile à volonté, une conception vive et prompte, une imagination forte, une mémoire docile et sûre, une profonde sensibilité, une élocution correcte, pure, élégante, facile et noble ; du côté de l'acteur, une figure au moins décente, un visage docile à tout exprimer, un regard où se peigne l'âme, une action mêlée de grace et de dignité, une voix juste, flexible et sonore, une articulation distincte ; enfin cet accord, cet ensemble qui rend harmonieuse, expressive, éloquente toute l'habitude du corps : voilà ce qui doit concourir à former l'orateur, si l'on veut qu'il soit accompli : et je n'ai pas besoin de dire que si un tel prodige est rare, même quand l'exercice et l'habitude ont pris le plus grand soin de tout perfectionner, à plus forte raison serait-il au-dessus de toutes les forces de la nature, si l'éducation, le travail et l'étude ne venaient pas achever son ouvrage, et corriger ou déguiser ce qu'elle a de défectueux.

Avouons cependant qu'une partie de ces talents désirables dans l'orateur lui sont plus ou moins nécessaires, selon les lieux, les temps, le genre d'éloquence et le caractère de l'auditoire. On peut voir en effet que pour un peuple aussi délicat que les Grecs, aussi léger, aussi frivole, aussi dominé par les sens, aussi passionnément épris du beau dans tous les genres, le fond de l'éloquence n'était que l'accessoire, et la forme était l'essentiel. Les Athéniens voulaient bien s'occuper du vrai, du juste, de l'honnête, des intérêts de leur liberté, de leur gloire et de leur salut; mais ils voulaient s'en occuper en s'amusant, et la tribune était comme un théâtre où, pour captiver l'âme, l'esprit et la raison, il fallait charmer les oreilles et ne pas offenser les yeux : « Nihil ut possent nisi incorruptum audire « et elegans. » (*Orat.*)

Les Romains, quoique bien plus graves et bien moins curieux des choses d'agrément, portaient cependant au *forum* une grande sévérité de goût pour la pureté du langage, et une oreille très sensible aux beautés de l'élocution. C'était moins la grace que la décence qu'ils exigeaient dans l'orateur. Le moindre oubli des bienséances était funeste à celui qui s'en écartait; et la sagesse * de l'orateur consistait à ne rien dire que de convenable. « Sed « est eloquentiæ, sicut reliquarum rerum, funda- « mentum sapientia. Ut enim in vitâ, sic in oratione, « nihil est difficiliùs quàm quid deceat videre..... « Hujus ignoratione, non modò in vitâ, sed sæpis- « simè et in poematibus et in oratione peccatur. Est « autem, quid deceat, oratori videndum, non in « sententiis solùm, sed etiam in verbis. Non enim « omnis fortuna, non omnis honos, non omnis auc- « toritas, non omnis ætas, nec verò locus, aut tem- « pus, aut auditor omnis, eodem aut verborum « genere tractandus est aut sententiarum... Quàm « indecorum est, de stillicidiis cùm apud unum « judicem dicas, amplissimis verbis et locis uti com- « munibus; de majestate populi romani summissè « et subtiliter. » (*Orat.*)

En général, moins la matière de l'éloquence est grave, et moins l'auditoire en est occupé, plus la forme en doit être ornée et l'extérieur agréable. De là vient que celle des sophistes était si curieusement travaillée; de là vient que de simples harangues exigent un style fleuri et une belle prononciation; de là vient que des oraisons funèbres doivent rele-

---

* Marmontel paraît traduire ainsi le mot *sapientia*, cité trois lignes plus bas, et qui ne veut dire autre chose que *le goût*. Nous avons eu occasion de relever une erreur du même genre, commise par le même critique, en traduisant le mot *prudentia*. Voyez t. IX, p. 3 de notre *Répertoire*.

H. PATIN.

ver, agrandir, décorer leur sujet, souvent futile et vain, de toutes les pompes de l'éloquence.

Mais dans un discours où la religion annonce des vérités terribles; dans un conseil national, où s'agitent les grands intérêts de l'État; dans un barreau, où, devant des juges, esclaves de la loi, on plaide pour l'honneur, pour la fortune, ou pour la vie d'un citoyen; les accessoires cèdent au fond : la forme extérieure de l'éloquence, le style, l'élocution, l'action de l'orateur ne sont plus de la même importance; et celui qui a le talent d'instruire, de prouver, d'émouvoir, n'a plus besoin des dons de plaire. Peut-être même un air austère, inculte et négligé, est-il ce qui convient le mieux à un orateur des Communes, comme à un bon missionnaire; et partout, même sous les plus belles formes de la diction et de l'action, le premier attribut de l'éloquence et le plus essentiel, c'est l'air de vérité. Rien n'est persuasif que ce qui paraît naturel.

III. *Études de l'orateur.* Chez les anciens, la qualité la plus recommandable d'un homme d'état était d'être éloquent; le premier soin d'un homme éloquent était de se rendre homme d'état, de s'instruire profondément de la constitution, de l'administration, des intérêts de la république. (*Voy.* DÉLIBÉRATIF.)

Il en est de même aujourd'hui dans le seul pays de l'Europe où l'éloquence républicaine fasse encore entendre sa voix.

Partout ailleurs la politique est interdite à l'éloquence. Dans la chaire, une morale religieuse, et quelquefois le dogme; dans le barreau, le droit civil, et auxiliairement le droit naturel, sont, quant au fond, l'objet de l'éloquence et des études de l'orateur; et si de bonne heure il ne s'est pas abreuvé à ces sources, s'il n'en est pas profondément imbu, il sera toute sa vie aride, et haletant après les connaissances essentielles à son art.

Le premier travail de l'orateur chrétien doit être la lecture bien méditée des livres saints; le premier travail de l'avocat doit être l'étude des lois; et pour l'un et l'autre la meilleure méthode est de se faire eux-mêmes, par des extraits, une mémoire artificielle, habituée à les servir avec une prompte docilité. Sans cela ils seront sans cesse errants et fatigués de recherches infructueuses, et si les tables que l'on a faites pour favoriser la paresse leur facilitent le travail, au moins ne remédieront-elles pas à la stérilité d'une tête vide et toujours en défaut dans les cas imprévus et les besoins pressants.

Après ces études, qui sont la base des connaissances de l'orateur, vient celle des modèles de l'art et des écrivains analogues au genre d'éloquence auquel on se destine. (*Voyez* RHÉTORIQUE, CHAIRE, STYLE, etc.)

Mais une étude non moins essentielle, quoique moins propre à l'orateur, est celle de l'homme et des hommes. Car c'est toujours de l'homme qu'il s'agit, et c'est toujours avec des hommes et devant des hommes qu'on parle. Les faits, les choses, tout prend son caractère ou de ses relations avec l'homme de tous les lieux et de tous les temps, ou de ses relations avec l'homme de tel temps et de telle société, dans telle ou telle condition de la vie, ou de ses relations avec tel homme en particulier et dans telle position.

La philosophie morale embrasse les plus étendus de ces rapports, et Cicéron l'appelle la nourrice de l'éloquence : *quasi nutrix oratoris.* On distinguera toujours le disciple des philosophes à l'abondance de ses moyens. « Omnis enim ubertas et quasi sylva « dicendi ducta ab illis est. » On le distinguera surtout à la netteté, à la précision, à l'ordre, à l'étendue, au développement de ses idées : « Nec verò « sine philosophorum disciplinâ genus et speciem « cujusque rei cernere, neque eam definiendo ex- « plicare, nec tribuere in partes possumus; nec « judicare quæ vera, quæ falsa sint; neque cernere « consequentia, repugnantia videre, ambigua dis- « tinguere. Quid dicam de naturâ rerum ? (et s'il « s'agit des choses morales) de vitâ, de officiis, de « virtute, de moribus ? » (*Orat.*)

C'est l'exercice de l'esprit sur ces idées universelles que Cicéron compare, dans le jeune orateur, aux exercices de la palestre pour le jeune comédien : « Positum sit igitur in primis sine philosophiâ non « posse effici quem quærimus eloquentem; non ut « in eâ tamen omnia sint, sed ut sic adjuvet ut pa- « læstra histrionem. » (*Orat.*) Et c'est là véritablement ce qui donne à l'éloquence des mouvements libres et de beaux développements. « Latiùs enim « de genere quàm de parte disceptare licet. » Mais il ne faut pas se tromper à cet axiome du

même orateur : « Ut quod in universo sit pro-
« batum, id in parte sit probari necesse. » Car il
arrive assez souvent que les généralités ne prouvent
rien, et que les circonstances qui modifient la cause
la distinguent absolument et la détachent de la thèse.

Il y a donc tous les jours pour l'orateur une
étude nouvelle à faire, et c'est la plus indispensable.
Il semble inutile de dire que c'est l'étude de la
cause; et cependant on a eu besoin de la recommander dans tous les temps. C'est sur ce point que
« Cicéron insiste: C'est de sa cause, dit Marc-Antoine,
que l'orateur doit se remplir, se pénétrer; c'est la
source d'où coulera le fleuve de son éloquence; et
en comparaison de cette source pleine et féconde,
tous les lieux communs des rhéteurs ne sont que
de faibles ruisseaux. »

Mais toute cause est compliquée de considérations
morales : ainsi la grande étude et de l'homme, et des
hommes, revient sans cesse et à tous propos; elle est
perpétuelle, elle est inépuisable; et à l'école de l'humanité, l'orateur le plus consommé a toujours des leçons à prendre. (*Voyez* RHÉTORIQUE et DÉLIBÉRATIF.)

Je finirai par une observation qui peut n'être
pas du goût de tout le monde, mais qui regarde la
multitude et cette masse d'auditeurs que l'éloquence
doit remuer. [En réduisant à la vérité l'hyperbole
de Démosthène, que « des parties de l'orateur la
« première est l'action, la seconde l'action, et la
« troisième l'action; » en adoptant dans un certain
sens, la pensée de Cicéron, qu'en fait d'éloquence,
« savoir ce qu'on doit dire, et savoir le dire à pro-

« pos, est l'affaire de la prudence*; que le bien dire
« est l'affaire de l'art; que le dire le mieux possible
« est le partage du génie et le triomphe de l'ora-
« teur; » je pense qu'en effet la vérité, la décence,
l'énergie de l'action, le naturel, la force et la chaleur du style sont les parties éminentes de l'art oratoire; mais ni dans l'action ni dans l'élocution, la
grace, l'élégance, en un mot l'agrément ne me
semble aussi nécessaire à la haute éloquence, et je
crois voir que, sans cet avantage, elle a dans tous
les temps produit ses grands effets. « Qu'importe,
« disait Démosthène aux Athéniens, quand je vous
« parle de vos intérêts les plus puissants, les plus
« sacrés, qu'importe de quel côté s'étend mon bras,
« et quels sont les mots que j'emploie? » Démosthène n'est pas inculte, mais il n'est pas orné,
Gracchus ne l'était pas. Bossuet dédaigne souvent
de l'être. Cochin n'avait jamais pensé à bien clore
une période. Massillon, le plus élégant de nos orateurs sacrés, n'a rien tant soigné que son *Petit Ca-
rême*. Dans son sermon *du Pécheur mourant* il est
simple comme Bourdaloue, et n'en est que plus
éloquent. Cicéron a parlé d'un talent qui lui était
propre, de ce coloris, de cette harmonie, de cette
magie de style où il excellait; il en a parlé comme
on parle toujours de ce que l'on fait bien, avec complaisance et avec emphase; mais lorsqu'il résume
son opinion sur les talents de l'orateur, et que le
vérité le presse, on peut le prendre sur ses paroles.

* Voyez plus haut p. 446, et t. ix, p. 3, deux mots sur le sens des mots *prudentia* et *sapientia* qui semblent exactement rendus par Marmontel. H P.

Tout l'art oratoire, dit-il, se réduit *à prouver, à plaire* et *à fléchir*. Par *fléchir*, il entend plier à son gré l'opinion de l'auditoire, dominer ses affections et subjuguer son jugement. Or, ajoute-t-il, *prouver est de nécessité, fléchir décide la victoire*; et lorsqu'il s'agit d'expliquer à quelle fin l'orateur cherche, à plaire, il ne trouve lui-même, pour sa raison qu'un synonyme, qui veut dire *plaire pour plaire*. « Ita dicet (orator) ut probet, ut delectet, ut flec- « tat. Probare, necessitatis est; delectare, *suavitatis;* « flectere, victoriæ. »

Et en effet, quand l'orateur a le don de convaincre et celui d'émouvoir, c'en est assez. La chaire et le barreau ne sont pas un lieu d'amusement. Le tribunal et l'auditoire ne sont pas un amphithéâtre. L'impression profonde de la raison et du sentiment, voilà ce qui reste long-temps après que les paroles sont oubliées : tout ce qui n'est que séduction, qu'illusion, s'efface; et le discours d'où l'on revient le plus charmé du côté de l'esprit, de l'imagination et de l'oreille, est bien souvent celui dont on est le moins persuadé et le moins pénétré*. (*Voyez* CHAIRE, DÉLIBÉRATIF, JUDICIAIRE, PATHÉTIQUE, etc.)

MARMONTEL, *Eléments de Littérature.*

---

* Bossuet, dans le beau portrait qu'il a tracé de saint Paul, a exprimé en quelques mots les principaux mérites nécessaires à l'orateur :

« Trois choses, dit-il, contribuent ordinairement à rendre un orateur « agréable et efficace. La personne de celui qui parle, la beauté des choses « qu'il dit, la manière ingénieuse dont il les explique. La raison en est évi- « dente. L'estime de l'orateur prépare une attention favorable; les belles « choses nourrissent l'esprit; l'art et l'agrément dans la manière de les ex- « pliquer les font entrer doucement dans le cœur, etc. »   H. P.

ORLÉANS (CHARLES D').

ORLÉANS (CHARLES duc d'), petit-fils de Charles V, père de Louis XII, et oncle de François Ier, naquit le 26 mai 1391. Il s'exerça, dès ses premières années, à l'étude de la poésie et à celle de l'éloquence. Son goût pour les lettres dut être pour lui d'un grand secours dans une vie remplie d'amertumes. Il fut deux fois veuf dans l'espace de quelques années. Fait prisonnier à la bataille d'Azincourt, on le conduisit en Angleterre, où il demeura vingt-cinq ans. Ce ne fut qu'en 1440 que Philippe-le-Bon, duc de Bourgogne, le ramena en France, et lui donna sa nièce, Marie de Clèves, fille d'Adolphe, duc de Clèves, et de Marie de Bourgogne. Il mourut le 8 janvier 1467 emportant les regrets publics.

Charles d'Orléans a sans doute sacrifié au mauvais goût de son siècle; mais ses poésies méritent d'être distinguées parmi celles de ses contemporains, par la délicatesse des sentiments et par les graces et la naïveté du style. Sa versification est simple et coulante, ses idées sont nobles, et quelquefois exprimées avec élégance. Il savait très bien manier la plaisanterie et la satire; sa réponse au rondeau du comte de Clermont en est une preuve. Ses poésies ont été composées en grande partie pendant sa captivité en Angleterre, et elles se rattachent, pour la plupart, à des circonstances politiques qui appartiennent à l'histoire. Il y en a quelques-unes en anglais et quelques autres en latin rimé, suivant l'usage du temps. On assure qu'il eut aussi part aux *Cent Nouvelles nouvelles*, composées à la cour de Louis XI, par les personnes les plus distinguées de cette époque.

Octavien de Saint-Gelais et Blaise de Lauriol ne craignirent pas de s'approprier un grand nombre de pièces du duc d'Orléans. Ces plagiats de la part de deux auteurs qui ne manquaient pas de talent, auraient lieu de surprendre, si, par une fatalité dont on ne saurait se rendre raison, les poésies de Charles d'Orléans n'étaient tombées, presque en naissant, dans un entier oubli. Clément Marot paraît ne les avoir pas connues, et elles étaient encore ignorées au siècle de Louis XIV. L'abbé Sallier a observé avec raison que si Despréaux en avait eu connaissance, il aurait accordé au duc d'Orléans, plutôt qu'à Villon, l'honneur d'avoir *débrouillé l'art confus de nos vieux romanciers*. C'est en effet sous ce poète que nos vers ont pris une forme plus régulière, et que notre poésie a commencé à se former un langage plus intelligible.

Le recueil manuscrit de ses productions poétiques est intitulé *Balladiez du duc d'Orléans*. Il se compose d'un grand nombre de ballades, complaintes, rondeaux, chansons.

Extrait des *Poètes français*, depuis le XIIe siècle jusqu'à Malherbe.

MORCEAUX CHOISIS.

I. Ballade.

Jeune, gente, plaisante et débonnaire,
Par un prier qui vaut commandement,
Chargé m'avez, d'une ballade faire;
Si l'ai faite de cœur joyeusement:
Or la veuillez recevoir doucement:

Vous y verrez, s'il vous plaît, à la lire,
Le mal que j'ai combien que vraiement
J'aimasse mieux de bouche vous le dire.

Votre douceur m'a su si bien attraire,
Que tout votre je suis entièrement,
Très désirant de vous servir et plaire ;
Mais je souffre maint douloureux tourment,
Quand à mon gré je ne vous vois souvent,
Et me déplaît quand me faut vous l'écrire :
Car si faire se pouvait autrement,
J'aimasse mieux de bouche vous le dire.

C'est par danger, mon cruel adversaire,
Qui m'a tenu en ses mains longuement ;
En tous mes faits je le treuve contraire,
Et plus se rit quand plus me voit dolent.
Se voulais raconter pleinement
En cet écrit, mon ennuyeux martyre,
Trop long serait pour ce certainement :
J'aimasse mieux de bouche vous le dire.

II. Le Renouveau *.

Le Temps a laissé son manteau
De vent, de froidure et de pluie,
Et s'est vêtu de broderie,
De soleil luisant clair et beau.
Il n'y a bête ni oiseau
Qu'en son jargon ne chante ou crie :
Le temps a laissé son manteau
De vent, de froidure et de pluie.

Rivière, fontaine et ruisseau

---

* Le *Renouveau* ou *Reverdis* était une pièce de vers consacrée à célébrer le renouvellement de la belle saison. Ce genre de poésie n'avait point de coupe de vers spéciale. F.

Portent en livrée jolie,
Gouttes d'argent d'orfévrerie ;
Chacun s'habille de nouveau :
Le Temps a laissé son manteau
De vent, de froidure et de pluie.

ORLÉANS (PIERRE-JOSEPH d') naquit à Bourges en 1641. La société de Jésus se l'attacha de bonne heure et reconnut en son nouveau membre un homme capable des fonctions de l'enseignement que les jésuites exerçaient alors avec éclat. Après avoir professé les belles-lettres, le P. d'Orléans fut destiné par ses supérieurs au ministère de la parole; mais la chaire ne fut pas le lieu où il se distingua le plus. On remarque comme une chose assez extraordinaire qu'il ait mis dans ses sermons moins de chaleur que dans ses récits historiques. Le P. d'Orléans parut sentir lui-même que l'histoire était le genre auquel il devait se livrer de préférence, car il s'y consacra exclusivement jusqu'à sa mort. Nous devons à cette détermination des ouvrages assez remarquables, mais qu'on ne peut cependant placer au premier rang. Les deux plus connus sont :

1°. L'*Histoire des Révolutions d'Angleterre* dont la meilleure édition est de 1693, en 3 vol. in-4°. On ajoute quelque confiance à tout ce qui est antérieur au temps de Henri VIII, mais depuis ce prince, qui fut comme on sait l'auteur de la scission, l'historien est plutôt un déclamateur qu'un narrateur fidèle.

2°. L'*Histoire des Révolutions d'Espagne* continuée par les P. P. Arthuis et Brumoy, 3 vol. in-4°, 1734. Ici le même écueil n'existait plus, aussi l'auteur choisit-il bien ce que les faits offrent de curieux; moins gêné par des opinions, son allure est plus libre et son style généralement assez pur.

Le P. d'Orléans ne se borna pas à ces deux ouvrages. Nous possédons encore une *Histoire curieuse des deux conquérants tartares, Chunchi et Canhi, qui ont subjugué la Chine*. L'auteur était trop attaché à son ordre pour ne pas employer à sa gloire le talent qu'il possédait : le fruit de cet attachement fut la *Vie du P. Cotton*, écrite d'abondance de cœur, mais où l'on ne trouve pas tous les faits dont le P. Rouvier a enrichi ou du moins rempli celle qu'il a publiée, et *les Vies du bienheureux Louis de Gonzague et de quelques autres jésuites*. On regarde comme infidèle, et pour peu qu'on y réfléchisse la chose paraîtra fort probable, *la vie de Constance Ier, ministre de Siam*. Nous avons parlé des deux volumes de *Sermons* qui ne sont pas à la hauteur des compositions historiques du P. d'Orléans. Cet écrivain avait de l'imagination, des idées quelquefois nobles et élevées, un style souvent pur; mais on lui reproche de n'avoir pas toujours écrit en homme supérieur aux intérêts de situation, ou d'affections fort louables, mais dont l'historien doit sur-tout savoir s'affranchir. Le P. d'Orléans mourut à Paris le 31 mars 1698.

ORLÉANS (LE PÈRE D').

MORCEAUX CHOISIS.

Richard Ier, roi d'Angleterre, prisonnier de Henri V, empereur d'Allemagne, répond aux divers reproches que ce prince vient de lui faire.

Je suis né dans un rang à ne rendre compte de mes actions qu'à Dieu ; mais elles sont de telle nature, qu'elles ne craignent pas même le jugement des hommes, et particulièrement, seigneur, d'un prince aussi juste que vous.

Mes liaisons avec le roi de Sicile n'ont rien qui vous ait dû fâcher ; j'ai pu ménager un homme dont j'avais besoin, sans offenser un prince dont j'étais ami. Pour le roi de France, je ne sache rien qui m'ait dû attirer son chagrin, que d'avoir été plus heureux que lui. Soit l'occasion, soit la fortune, j'ai fait des choses qu'il eût voulu avoir faites : voilà tout mon crime à son égard. Quant au tyran de Chypre, chacun sait que je n'ai fait que venger les injures que j'avais reçues le premier. En me vengeant de lui, j'ai affranchi ses sujets du joug sous lequel il les accablait. J'ai disposé de ma conquête, c'était mon droit ; et si quelqu'un avait dû y trouver à redire, c'était l'empereur de Constantinople, avec lequel ni vous ni moi n'avons pas de grandes mesures à garder. Le duc d'Autriche s'est trop vengé de l'injure dont il se plaint, pour la compter encore parmi mes crimes. Il avait manqué le premier, en faisant arborer son drapeau dans un lieu où nous commandions, le roi de France et moi, en personne : je l'en punis trop sévèrement : il a eu sa revanche au double ; il ne doit plus rien avoir sur le cœur, que le scrupule d'une vengeance que le christianisme ne permet pas.

L'assassinat du marquis de Montferrat est aussi éloigné de mes mœurs, que mes intelligences prétendues avec Saladin sont peu vraisemblables. Je n'ai pas témoigné jusqu'ici craindre assez mes ennemis, pour qu'on me croie capable d'attaquer leur vie autrement que l'épée à la main, et j'ai fait assez de mal à Saladin, pour faire juger que, si je ne l'ai pas trahi, je n'ai pas été son ami. Mes actions parlent pour moi et me justifient mieux que mes paroles. Acre pris, deux batailles gagnées, des partis défaits, des convois enlevés, avec tant de riches dépouilles dont toute la terre est témoin que je ne me suis pas enrichi, marquent assez, sans que je le dise, que je n'ai pas épargné Saladin. J'en ai reçu de petits présents, comme des fruits et choses semblables, que ce Sarrasin, non moins recommandable par sa politesse et sa générosité que par sa valeur et sa conduite, m'a de temps en temps envoyés. Le roi de France en a reçu comme moi; et ce sont des honnêtetés que les braves gens dans la guerre se font les uns aux autres sans conséquence.

On dit que je n'ai pas pris Jérusalem : je l'aurais prise si on m'en eût donné le temps : c'est la faute de mes ennemis, non la mienne; et je ne crois pas qu'aucun homme équitable me puisse blâmer d'avoir différé une entreprise qu'on peut toujours faire, pour apporter à mes peuples un secours qu'ils ne pouvaient plus long-temps attendre. Voilà, Seigneur, quels sont mes crimes. Juste et généreux comme vous êtes, vous reconnaissez sans doute mon innocence; et, si je ne me trompe, je m'a-

perçois que vous êtes touché de mon malheur.
Révolutions d'Angleterre.

II. Élisabeth, reine d'Angleterre, à l'ambassadeur de Marie Stuart, qui demandait qu'elle la fît déclarer, dans son parlement, héritière présomptive de sa couronne.

La reine votre maîtresse et les grands du royaume d'Ecosse me font remontrer, par votre bouche, que cette princesse est née du sang des rois d'Angleterre, nos communs ancêtres, et qu'elle a droit de me succéder. Toute l'Europe sait que jamais je ne l'ai attaquée là-dessus, non pas même lorsqu'on l'a vue entreprendre sur ma succession, se l'attribuer, prendre les armes et les titres de mes royaumes. J'ai voulu croire que ce procédé venait moins d'elle que de ceux au pouvoir de qui elle était; et cette insulte ne m'a point portée ni à tenter, pendant son absence, la fidélité de ses sujets, ni à troubler le repos de son état, ni à m'opposer à son retour.

J'ai mis un ordre à mes affaires, qui me donne lieu de croire, sans trop de présomption, que je suis reine d'Angleterre. Savoir qui me succédera, c'est au Seigneur à y pourvoir; savoir qui a droit de me succéder, c'est ce que je n'ai pas encore eu la curiosité d'examiner. Il y a sur cela des lois sur lesquelles je m'en repose, et dont je n'ai pas intention de rompre le cours. Si elles sont favorables à la reine d'Ecosse, je m'en réjouis par avance avec elle; et je ne crois pas que personne ose lui contester une couronne qu'une succession légitime lui fera échoir. Vous connaissez ceux qui le pourraient faire, et vous jugez, par le peu de moyens que leur en fournit la fortune, du peu qu'on aurait à craindre, si les lois leur étaient contraires. Je ne pourrais savoir mauvais gré aux grands et à la noblesse d'Ecosse, du zèle qu'ils font paraître pour une reine qui le mérite, de veiller à la conservation de ses droits, et de chercher tous les moyens d'établir entre elle et moi une amitié indissoluble.

J'ai répondu à l'article des droits; à celui de l'amitié, je réponds que c'est une erreur de s'imaginer que si la reine votre maîtresse était déclarée mon héritière, nous en vécussions plus en paix; ce serait, au contraire, une source de toutes sortes de démêlés : elle deviendrait le refuge de tous les mécontents de mon royaume, et peut-être se laisserait-elle aller à être l'appui des inquiets. Je ne crois pas lui faire injure de cette défiance; je l'ai de moi-même : je ne voudrais pas bien répondre que j'aimasse mon héritier. Nous avons de si grands exemples, et chez nous et chez nos voisins, de cette bizarrerie de l'esprit humain, que je n'oserais me flatter d'en être exempte. Il me semble que se pourvoir d'un héritier et d'un tombeau, est à peu près la même chose; et je ne me sens pas d'humeur à faire faire mes funérailles par avance.

Ibid.

ORPHÉE. L'article sur Orphée, du *Cours de Littérature*. (*Voyez* l'art. ODE, p. 241 de ce volume), est un tissu d'erreurs qu'il est important de réfuter. Les erreurs d'un homme tel que M. de La Harpe sont dangereuses : on les répète; son nom leur donne de l'autorité. La critique, qui trop souvent s'exerce sur des livres indignes de son attention, n'est jamais plus utile que lorsqu'elle s'attache aux défauts des ouvrages qui ont ou beaucoup de mérite ou beaucoup de réputation.

Il nous reste sous le nom d'Orphée une épopée sur l'expédition des Argonautes, un poëme sur les *Vertus des Pierres*, des *Hymnes*, et des fragments épars dans les écrits des Pères et des nouveaux platoniciens.

Tous les savants sont aujourd'hui persuadés que ces différentes productions ne sont pas de l'antique Orphée, parce qu'elles ne peuvent pas être de lui, parce que les choses et les mots trahissent une main plus récente.

Ruhnkenius, l'un des plus savants hellénistes qui aient paru depuis la renaissance des lettres, donnait les *Argonautiques* à quelque poète de l'école d'Alexandrie; et M. Wolf ne paraît pas s'éloigner de ce sentiment. M. Schneider, dont le nom est si connu, trouvant dans la diction de cet ouvrage des latinismes et des constructions barbares, voudrait le placer à une époque beaucoup moins ancienne. Enfin, un critique qui a plus que personne approfondi la théorie de la versification grecque, et qui connaît parfaitement toutes les variations qu'elle a subies dans les différents âges, M. Hermann, met l'auteur des *Argonautiques* dans le siècle de Nonnus, de Tryphiodore, de Quintus Calaber. Ces savants hommes se divisent sur l'époque où ce poète a dû vivre, et au fait rien n'est plus difficile à déterminer avec certitude; mais tous s'accordent en ce point, que les *Argonautiques* ne peuvent être l'ouvrage de cet Orphée qui vécut avant Homère. On sent bien qu'ils n'ont pas donné leurs opinions aussi nues que je les rapporte; mais leurs preuves ne sot pas de nature à être transcrites dans cet appendice.

Le poëme des *Pierres* peut encore moins soutenir l'examen. On y rencontre perpétuellement les mysticités théurgiques des néo-platoniciens; il y a même quelques traits qui désignent les progrès du christianisme. Le savant Tyrwhitt, qui a donné une bonne édition de ce petit ouvrage, a conjecturé, avec assez de vraisemblance, que l'auteur vivait vers le quatrième siècle de notre ère.

Quant aux hymnes, quoi qu'en dise M. de La Harpe, certainement Orphée n'en fut pas l'auteur. M. Meiners, qui était autrement savant que M. de La Harpe, a prouvé que la plus grande partie de ces petits poëmes avait été composée depuis Jésus-Christ par des adeptes de la philosophie mystique des pythagoriciens unis aux platoniciens. M. Heyne a démontré que l'hymne aux Muses était absolument en opposition avec la doctrine de la haute antiquité. Et que dire de l'hymne à Hercule? Orphée avait été le compagnon de ce héros dans l'expédition des Argonautes, et il avait à peine dû voir naître ses autels; cependant Hercule est dans cet hymne orné de tous les attributs d'un culte perfectionné, d'épithètes prises dans la plus savante et la plus profonde théologie, et de qualités mystérieuses qui tiennent aux dogmes du néo-platonisme.

L'observation de M. de La Harpe, que ces hymnes

n'offrent aucun mélange de polythéisme, manque totalement d'exactitude. Il jugeait apparemment de tout le recueil par le morceau qu'il a traduit. S'il eût seulement jeté les yeux sur la table des titres, il eût pu y voir les noms de Minerve, de Jupiter, de Vulcain, d'Apollon, etc., et sûrement il aurait changé d'avis.

Il ne me reste plus à examiner que le passage même rapporté par M. de La Harpe. Il prétend le donner d'après Suidas, mais il devrait nous dire dans quel endroit de Suidas il l'avait trouvé. Pour moi, je l'y ai vainement cherché. Tout ce que j'ai vu c'est qu'au mot *Orphée*, après avoir cité différentes opinions prises de la théogonie de ce prétendu poète, Suidas remarque qu'il *a suivi Moise*; mais ces fragments de la théogonie n'ont aucun rapport avec le morceau que La Harpe a traduit.

Ce morceau ne se trouve point dans Suidas, mais dans Saint-Justin (*pag.* 18), et dans la *Préparation évangélique* d'Eusèbe (XIII, 12). Ce n'est point un hymne, mais, selon saint Augustin, un fragment d'un poème adressé à Musée; et, selon Eusèbe, un extrait des vers orphiques envoyés à Ptolémée par Aristobule.

BOISSONADE.

OSSIAN, célèbre barde écossais, dont la vie nous est inconnue, et n'offre que quelques détails sans suite qu'on a pu recueillir dans ses poèmes et dans la tradition qui s'est conservée parmi les montagnards d'Écosse; il paraît avoir vécu vers la fin du second siècle et le commencement du troisième. Plusieurs de ses poèmes, où il invoque les habitants solitaires du rocher (c'est ainsi qu'il les appelle), paraissent avoir été adressés à quelques réfugiés chrétiens qui fuyaient la persécution des Romains, probablement sous le règne de Dioclétien. Suivant ce que nous avons pu recueillir sur ce poète singulier et original, il était fils de Fingal, roi de Morven, le plus vaillant des guerriers de l'Écosse, et dont la force et la beauté ne furent égalées par aucun autre héros. A la tête des guerriers de sa tribu, il s'opposa à l'invasion de l'empereur Sévère, et remporta une victoire sur son fils Caracalla. Ses troupes combattirent ensuite contre l'usurpateur Carausias, qui s'était emparé des îles britanniques, et qui fit réparer la grande muraille bâtie par Agricola pour s'opposer aux incursions des Calédoniens. C'est le sujet du poème intitulé *la Guerre de Caros* (Carausius), où Ossian chante la valeur de son fils Oscar.

Ossian fit lui-même plusieurs expéditions qu'il célébra dans ses chants, et ne se distingua pas moins par son héroïsme que par son génie. Ce fut dans une de ses expéditions qu'il vit et épousa Évir-Allin, fille de Branno, un des rois de l'Irlande, qui mérita le nom d'ami des étrangers, un des plus beaux titres chez ces peuples hospitaliers. Oscar fut le seul fruit de cette union; la tendresse paternelle d'Ossian ramène souvent l'éloge de ce fils dans ses poèmes; mais il vécut peu, et fut tué en trahison dans une expédition en Irlande. Son père exhala sa douleur dans ses chants mélancoliques; le souvenir d'Oscar revient sans cesse dans les inspirations du barde pour témoigner cette douleur qui le suivit jusqu'au tombeau, et qui fut la plus cuisante au milieu des infortunes de sa vieillesse. Malvina, amante ou épouse d'Oscar, ne quitta point Ossian, mais elle mourut, et Ossian eut le malheur de survivre à sa famille et à ses amis. Il mourut enfin lui-même accablé d'années et d'infortunes. La tradition n'assigne point d'époque précise pour sa mort.

Il serait au surplus difficile de rien recueillir de bien positif sur un personnage dont on a contesté jusqu'à l'existence. Pendant quatorze cents ans ses poèmes furent entièrement inconnus, et ce ne fut qu'en 1760 que Macpherson en publia quelques parties sous le titre de *Fragments d'anciennes Poésies*. Ce ne fut qu'en 1765 que le même traducteur, après un voyage en Écosse où il avait recueilli une foule d'autres poésies, publia sa collection avec le texte gallique en deux vol. in-folio.

J. Smith, ministre de Kilbrandon, parcourut les autres parties de l'Écosse, et publia quatorze nouveaux poèmes, mais qui n'appartiennent pas tous à Ossian. L'éclat que fit cette double publication excita une violente querelle où des noms recommandables parurent dans les rangs opposés; nous ne citerons que Blair, qui défendait l'authenticité des poèmes d'Ossian, et Samuel Johnson qui la contestait. Cette singulière destinée donne lieu à un rapprochement qu'on peut remarquer parmi beaucoup d'autres entre Homère et Ossian. Tous deux aveugles, tous deux infortunés, ils chantaient les exploits des héros, peignaient dans leurs tableaux, pleins de verve et de génie, les mœurs, les usages des pays qui les avaient vus naître; tous deux sont empreints de cette couleur locale, cachet de l'observation et garant de la vérité; tous deux ont chanté les combats. Homère est le premier qui nous ait donné le tableau de l'Olympe des Grecs, et ait, pour ainsi dire, assigné à chaque divinité son empire et ses attributions; c'est dans Ossian que nous trouvons non des croyances religieuses, mais ces superstitions populaires qui paraissaient remplacer la religion chez ces montagnards livrés à toutes les illusions, et à tous ces hardis fantômes d'une imagination rêveuse et mélancolique; tous deux, après leur mort, ont été revendiqués par plusieurs nations, comme si le hasard, en cachant leur berceau, eût voulu nous avertir que les grands hommes sont de tous les pays; enfin leur existence même et leurs chants ont été également contestés.

Cette question, à vrai dire, est oiseuse et insignifiante. Qu'importe en effet que ces poèmes appartiennent ou n'appartiennent point à Ossian. Le nom d'Ossian peut toujours signifier l'auteur ou les auteurs quels qu'ils soient de ces poèmes. Quand un auteur est mort depuis des siècles, son nom ne nous rappelle qu'un ouvrage, et ne nous donne aucune idée d'un homme. Le nom de Virgile nous rappelle *l'Énéide* et les *Géorgiques*, et fort peu leur auteur, dont nous ne pouvons nous faire une idée, et dont l'existence n'est pourtant pas contestée. Le nom d'Ossian nous rappelle de même et uniquement des poésies d'anciens peuples de la Calédonie, et ces chants singuliers qui ont tant de charmes pour les imaginations contemplatives. Au surplus, Samuel Johnson eut au moins tort dans la forme; il attaqua la probité de Macpherson, en lui attribuant une supposition que rien ne peut faire soupçonner. Les autres ouvrages du même auteur suffiraient pour démontrer que les poèmes d'Ossian ne peuvent lui appartenir, car rien n'y révèle cette imagination riche et puissante du barde écossais. En attaquant la probité de Macpherson, Johnson relevait beaucoup ses talents; il faudrait supposer d'ailleurs que le nouveau recueil publié par Smith, en 1780, lui appartient aussi, car on ne voit guères deux hommes réunir le même talent et une imagination brillant des mêmes couleurs. Il est plus raisonnable de supposer, que les poèmes que la tradition attribue à Ossian ne sont pas tous de lui, et que le temps a enrichi un seul homme de ce qui pouvait être le travail de plusieurs. C'est ainsi que la Grèce ne nomme qu'un seul Jupiter, qu'un seul Hercule, et que des érudits anciens et modernes en signalent plusieurs. Le seul fait qui corrobore les partisans de l'opinion de Johnson, c'est que Macpherson avait promis de produire les originaux, et qu'il ne l'a pas fait, quoiqu'il ait persisté jusqu'à ses derniers moments à dire qu'ils existaient. M. Mackensie, président de la société connue sous le nom de *Higland society*, a publié, en 1805, à Édimbourg, en un vol. in-8°, un rapport favorable à l'authenticité des poèmes. Le texte gallique a été publié, en 1807, avec une traduction littérale, par la société écossaise de Londres, 3 vol. in-8°, avec des dissertations et des observations.

Les ouvrages d'Ossian ont été traduits dans les différentes langues de l'Europe. La traduction italienne de Cesarotti est la plus estimée. Les traductions françaises des divers auteurs qui ont reproduit Ossian ont été publiées en 1810, en 2 vol. in-8°, par Dentu. L'ouvrage est précédé d'une notice de Ginguené sur l'authenticité des poèmes d'Ossian. M. Baour-Lormian en a donné des imitations estimées, en vers français. Girodet y a puisé d'heureuses inspirations, et MM. Lesueur et de Jouy en ont tiré l'opéra des *Bardes*.

DE BROTONNE.

JUGEMENT.

Les auteurs de *la Gazette littéraire de l'Europe*, l'un de nos meilleurs recueils de ce genre, sont les premiers qui nous aient fait connaître les poèmes d'Ossian, sous le nom de *Poésies diverses*, quoique M. Letourneur ne daigne pas même en dire un mot. Ils donnèrent une traduction aussi fidèle qu'élégante de plusieurs morceaux de ces chants des bardes, composés en langue gallique, qui est encore celle des peuples qui habitent les montagnes du nord de l'Écosse, l'ancienne Calédonie, limitrophe des possessions romaines dans la Grande-Bretagne. Les poèmes d'Ossian, le plus célèbre des bardes écossais, ne paraissent pas avoir jamais été écrits d'original; ils se sont conservés de la manière la plus honorable pour tout genre de poème, c'est-à-dire dans la mémoire des hommes ; on les chante encore en Écosse, quoique depuis long-temps il n'y ait plus de bardes ; et c'est sur cette tradition orale que M. Macpherson les a recueillis et les a traduits en anglais. En France, ils ont été traduits sur la version anglaise. C'est un monument curieux, qui sert à faire connaître ce que peut être la poésie chez une nation simple et guerrière. On y remarque une répétition continuelle des mêmes pensées et des mêmes images, toutes empruntées de qualités physiques du climat et du pays; de fréquentes idées du retour et de l'apparition des âmes, idées communes à presque toutes les nations sauvages, et bien plus puissantes sur l'homme de la nature que sur l'homme de la société; l'expression des sentiments qui tiennent au courage militaire, la générosité, l'amitié, enfin l'amour, tel qu'il est dans l'extrême simplicité des mœurs, ne sachant ni rougir, ni se cacher, et susceptible de cet enthousiasme qui conduit à l'héroïsme.

Le traducteur, dans un discours préliminaire, composé en grande partie, comme il le dit lui-même, des dissertations anglaises de M. Macpherson, donne des notions instructives sur les anciens Calédoniens et sur leurs bardes : on y trouve des rapports marqués avec la mythologie des Grecs.

« Les nuages étaient, suivant l'opinion des Ca-
« lédoniens, le séjour des âmes après le trépas. Ceux
« qui avaient été vaillants et vertueux, étaient reçus

« avec joie dans le *palais aérien de leurs pères*[*];
« mais les méchants et les barbares étaient exclus
« de la demeure des héros, et condamnés à errer
« sur les vents. Il y avait même différentes places
« dans le palais des *nuages*, et on en obtenait une
« plus ou moins élevée, à proportion de son mé-
« rite et de sa bravoure; opinion qui ne contribuait
« pas peu à exciter l'émulation des guerriers. L'âme
« conservait dans les airs les mêmes goûts, les mêmes
« passions qu'elle avait eus pendant sa vie. L'ombre
« d'un guerrier conduisait encore des armées fan-
« tastiques, les rangeait en bataille, livrait des com-
« bats dans l'espace. S'il avait aimé la chasse, il
« poursuivait des *sangliers de nuages*, monté sur
« un *coursier de vapeurs*. En un mot, le bonheur
« dont on jouissait dans le palais aérien, était de
« se livrer éternellement aux mêmes plaisirs qu'on
« avait goûtés pendant la vie..... Jamais héros ne
« pouvait entrer dans le palais aérien de ses pères,
« si les bardes n'avaient chanté son hymne funèbre...
« Si on oubliait cette cérémonie, l'âme restait en-
« veloppée dans les brouillards du lac *Légo*. »

On retrouve là plusieurs des idées répandues dans le sixième livre de l'*Énéide*, celle des âmes condamnées à errer sur les bords du Styx jusqu'à ce qu'on eût donné la sépulture à leurs corps; celle des ombres occupées des mêmes choses qu'elles avaient coutume de faire pendant la vie, idée que

---

[*] Les mots marqués en italique, le sont aussi dans l'ouvrage, comme des dénominations singulières.

ce fou de Scarron a rendue assez plaisamment dans sa parodie burlesque de l'*Énéide* :

> J'aperçus l'ombre d'un cocher
> Qui, tenant l'ombre d'une brosse,
> En frottait l'ombre d'un carosse.

« Quand un Calédonien était sur le point d'exé-
« cuter quelque grande entreprise, les ombres de
« ses pères descendaient de leur nuage pour lui en
« prédire le bon ou le mauvais succès..... Chaque
« homme avait son ombre tutélaire, qui le servait
« depuis sa naissance. »

Voilà l'idée des génies protecteurs, qui est de toute antiquité.

« C'était aux esprits que les Calédoniens attri-
« buaient en général la plupart des effets naturels.
« L'écho des rochers frappait-il leurs oreilles,
« c'était l'esprit de la montagne qui se plaisait à ré-
« péter les sons qu'il entendait ; ce bruit sourd et
« lugubre qui précède la tempête, bien connu de
« ceux qui ont habité un pays de montagnes, c'était
« le rugissement de l'esprit de la colline. Si le vent
« faisait résonner les harpes des bardes, ce son était
« produit par le tact léger des ombres, qui prédi-
« saient ainsi la mort d'un personnage illustre ; et
« rarement un chef ou un roi perdait la vie sans
« que les harpes des bardes attachés à sa famille
« rendissent ce son prophétique. »

Ces opinions fabuleuses reviennent à tout moment dans les poésies d'Ossian : il y règne une sorte d'imagination mélancolique, dont les illusions paraissent analogues à la nature d'un pays reculé et nébuleux, où les vapeurs des montagnes, le bruit monotone de la mer et les vents sifflant dans les rochers donnent aux esprits une tristesse habituelle et réfléchissante, en ne donnant aux sens que des impressions lugubres. C'est toujours aux mânes, aux esprits, que s'adressent les héros des poèmes d'Ossian, dans la douleur ou dans la joie. Écoutez Cuchullin après sa défaite :

« Ombre du solitaire Eromla, esprits des héros
« qui ne sont plus; soyez désormais les compagnons
« de Cuchullin, et parlez-lui quelquefois dans la
« grotte où il va cacher sa douleur. Non, je ne serai
« plus renommé parmi les guerriers célèbres. J'ai
« brillé comme un rayon de lumière, mais j'ai passé
« comme lui : je m'évanouis comme la vapeur que
« dissipent les vents du matin, lorsqu'il vient éclai-
« rer les collines. Comul, ne me parle plus d'armes
« ni de combats ; ma gloire est morte. J'exhalerai
« mes gémissements sur les vents, jusqu'à ce que
« la trace de mes pas s'efface sur la terre. Et toi,
« belle et tendre Bragila, pleure la perte de ma re-
« nommée, car jamais je ne retournerai vers toi ; je
« suis vaincu. »

Les sentiments de la nature sont quelquefois exprimés avec une éloquence simple et touchante, sur-tout lorsque le barde a quelque occasion de faire un retour sur lui-même. Fingal son père est le héros de presque tous ces chants, et ce caractère en effet est vraiment héroïque : il joint la générosité envers les vaincus, la pitié envers les faibles, et l'intrépidité dans les périls. Ces vertus morales, réunies aux vertus guerrières, sont célébrées sans cesse dans tous les chants des bardes, et ils n'estiment point la bravoure, si elle n'est accompagnée de la bonté. Ces mœurs, très différentes de celles des héros d'Homère, sont très remarquables, dans les temps reculés et barbares, et chez un peuple beaucoup plus près de la nature que de la police des grandes sociétés qu'on nomme *États*. Il est d'ailleurs difficile de croire que ces vertus ne fussent pas réellement en honneur chez ces montagnards, puisque leurs bardes les célébraient. Quoi qu'il en soit, voici un morceau où Ossian parle de son père Fingal avec une sensibilité qui ferait honneur au meilleur poète. Il vient de retracer les regrets de Fingal sur la mort du plus jeune de ses fils. Il ajoute :

« Quelle doit être donc la douleur d'Ossian, depuis que toi-même tu n'es plus, ô mon père. Je n'entends plus le son de ta voix; mes yeux ne peuvent plus te voir. Souvent, dans ma mélancolie solitaire et sombre, je vais m'asseoir auprès de ta tombe, et je me console en la touchant de mes tremblantes mains. Quelquefois je crois entendre ta voix; mais ce n'est point ta voix, ce n'est que le murmure des vents du désert. Il y a long-temps que tu es endormi pour toujours, ô Fingal, arbitre suprême des combats. »

Nous citerons encore la chanson que le poète met dans la bouche de la jeune Colma, lorsqu'elle attend Salgar son amant, pendant la nuit. C'est une espèce d'églogue, que l'on peut comparer à celles de Théocrite.

« Il est nuit : je suis délaissée sur cette colline
« où se rassemblent les orages. J'entends gronder
« les vents dans les flancs de la montagne; le tor-
« rent, enflé par la pluie, rugit le long du rocher.
« Je ne vois point d'asyle où je puisse me mettre à
« l'abri. Hélas! je suis seule et délaissée. Lève-toi,
« lune, sors du sein des montagnes; étoiles de la
« nuit, paraissez. Quelque lumière bienfaisante ne
« me guidera-t-elle pas vers les lieux où est mon
« amant? Sans doute il se repose en quelque lieu
« solitaire des fatigues de la chasse, son arc dé-
« tendu à ses côtés, et ses chiens haletants au-
« tour de lui. Hélas! il faudra donc que je passe la
« nuit, abandonnée sur cette colline! Le bruit des
« vents et des torrents redouble encore, et je ne
« puis entendre la voix de mon amant. Pourquoi
« mon fidèle Salgar tarde-t-il si long-temps mal-
« gré sa promesse? Voici le rocher, l'arbre et le
« ruisseau où tu m'avais promis de revenir avant
« la nuit. Ah! mon cher Salgar, où es-tu? Pour
« toi, j'ai quitté mon frère; pour toi, j'ai fui mon
« père! depuis long-temps nos deux familles sont
« ennemies. Mais nous, ô mon cher Salgar! nous
« ne sommes pas ennemis. Vents, cessez un ins-
« tant; torrents, apaisez-vous, afin que je fasse
« entendre ma voix à mon amant. Salgar! Salgar!
« c'est moi qui t'appelle, Salgar: ici est l'arbre, ici est
« le rocher, ici t'attend Colma. Pourquoi tardes-tu?»

Le contraste des mœurs de ces guerriers calédoniens avec celles des héros d'Homère et de Virgile,
que nous avons déjà indiqué, nous a frappés, sur-

tout dans le poème intitulé *Lathmor*, où deux amis, Ossian, fils de Fingal, et Gaul, fils de Morni, attaquent seuls, pendant la nuit, l'armée de Lathmor. C'est précisément l'histoire d'Euryale et de Nisus; et Ossian et Gaul sont unis de la même amitié qui est représentée avec des couleurs si touchantes dans les deux héros de Virgile. Ce n'est pas que l'on veuille comparer cet admirable épisode, chef-d'œuvre d'imagination, de sensibilité et de poésie, conduit et terminé avec tant d'intérêt, aux chants sans art du barde gallique. Dans ce dernier récit, l'attaque nocturne ne produit rien que du carnage, et l'on sait combien l'amitié et la tendresse maternelle jouent un rôle pathétique dans le morceau du poète latin. La ressemblance consiste dans le projet que forment deux guerriers d'attaquer de nuit le camp des ennemis; mais observez la différence. Dans Virgile, ils égorgent tout ce qu'ils trouvent endormi, jusqu'au moment où ils craignent d'être surpris. Voici le récit que fait Ossian lui-même.

« Nous nous élançons à travers les ténèbres de la
« nuit. Un torrent tournait autour de l'armée enne-
« mie, et roulait entre des arbres dont l'écho ré-
« pétait son murmure. Nous arrivons sur ses bords,
« et nous voyons les ennemis endormis, leurs feux
« éteints, leurs gardes éloignés. Je m'appuyais déjà
« sur ma lance pour franchir le torrent, quand Gaul,
« me prenant par la main, me parla en héros : Le
« fils de Fingal veut-il fondre sur un ennemi qui
« dort? Veut-il ressembler au vent furieux qui dé-
« racine en secret les jeunes arbres au milieu de la

« nuit? Ce n'est pas ainsi que Fingal a immortalisé
« son nom. Ce n'est pas pour de tels exploits que la
« gloire couronne les cheveux blancs de Morni.
« Frappe, Ossian, frappe le bouclier des combats.
« Que tous ces ennemis se réveillent, qu'ils viennent
« attaquer Gaul. C'est sa première bataille; il veut es-
« sayer la force de son bras. Ce discours me transporta,
« et me fit verser des larmes de joie. Oui, fils de
« Morni, l'ennemi viendra te combattre en face. Ta
« gloire va s'élever jusqu'aux cieux. Mais ne te laisse
« point emporter trop loin, ô mon héros! Que les
« éclairs de ton épée étincellent toujours près d'Os-
« sian. Restons unis dans le carnage, et que nos
« bras frappent ensemble. Gaul, vois-tu ce rocher
« dont les flancs obscurs sont faiblement éclairés
« par la lueur des étoiles. Si nous n'avons pas l'avan-
« tage, appuyons-nous contre ce rocher, et faisons
« face à l'ennemi. Il craindra d'approcher de nos
« lances, car la mort est dans nos mains. Je frappe
« trois fois mon bouclier. L'ennemi tressaille et se
« lève. Nous nous précipitons à l'instant. Ils fuirent
« en foule au travers des bruyères; ils crurent que
» c'était Fingal lui-même : la force, le courage les
« abandonnent, etc. »

Ce n'est pas là la maxime : *Dolus an virtus quis
in hoste requirat?* On ne peut avoir un sentiment
plus délicat de la vraie gloire, et il faut avouer que,
si l'épisode de Virgile est bien plus intéressant, les
héros calédoniens sont bien plus généreux. Observons que cette générosité n'est pas moindre chez
leurs ennemis; car, au point du jour, l'armée de

Lathmor se rassemble sur une hauteur, les deux guerriers se retirent, l'on conseille à Lathmor de descendre de la colline avec les siens, et de fondre sur eux. *Ils ne sont que deux*, répond Lathmor, et il s'avance seul pour défier Ossian au combat. Ce mot est bien beau, et c'est là sans doute du véritable héroïsme.

Tel est le genre de beautés qui caractérise les poésies galliques. Mais il ne faut pas en lire plusieurs morceaux de suite. On sent alors tous les défauts d'une composition brute : point d'idées, point de variété, point de transitions; des images faibles et monotones, et point de tableaux. On est fatigué sur-tout de la répétion fastidieuse des mêmes tournures.

J'ai vu leur chef : je l'ai vu haut comme un rocher de glace... Sa lance ressemble à ce vieux sapin... Son bouclier est aussi grand que la lune au bord de l'horizon... Ses troupes roulaient comme de sombres nuages autour de lui.... Ses flancs sont comme l'écume de la mer agitée.... La tempête s'arrête sur les noires bruyères, semblables à un brouillard d'automne.... Ils sont terribles comme ce flot menaçant qui roule sur la côte.... Fingal balaie les guerriers comme les vents de la tempête dispersent la bruyère.... Le bruit des armes plaît à mon oreille ; il me plaît comme le bruit du tonnerre avant les douces pluies du printemps.... Mes guerriers s'avancent brillants comme le rayon du soleil avant l'orage, etc., etc., Voilà les phrases que l'on trouve accumulées les unes sur les autres à toutes les pages. M. Letourneur, qui a retranché de ces ennuyeuses comparaisons, avoue qu'*il en reste encore beaucoup trop pour tout lecteur qui voudra absolument que les montagnes d'Écosse ressemblent à un coteau fleuri de la France, et le siècle d'Ossian au siècle de M. de Voltaire.* Un tel lecteur serait bien peu sensé, mais celui qui trouverait qu'il y a beaucoup trop de ces comparaisons, uniquement parce qu'elles l'ennuient, aurait-il beaucoup de tort?

Cette traduction est correcte et élégante, et le style se rapproche autant qu'il est possible de l'original. On pourrait y blâmer quelques inversions forcées, comme celle-ci : *Redoutable était* Fingal dans la force de la jeunesse, *redoutable est* encore son bras dans la vieillesse.... *Terrible était* l'éclat de son acier. Cela vaut-il mieux que de dire : Fingal était redoutable, l'éclat de son acier était terrible? Le maître de M. Jourdain nous apprend que cette dernière façon de parler est la meilleure.

La Harpe, *Cours de Littérature.*

MORCEAUX CHOISIS.

Hymne au Soleil.

Voyez BAOUR-LORMIAN, t. II, p. 402 du *Répertoire*. Voyez aussi les deux passages cités par Marmontel, à l'art. LYRIQUE, t. XVIII, p. 185 et 187 du *Répertoire*.

OTWAY (THOMAS), poète Anglais, né en 1651 à Trottin, dans la Sussex, fut élevé à Winchester et à Oxfort, puis à Londres, où il se livra tout entier au théâtre. Il était en même temps auteur et acteur. Ses tragédies sont plus estimées que ses autres pièces, mais elles sont défigurées par des irrégularités et des bouffonneries. « Otway, dit Blair, « était doué du génie de la tragédie, et il l'a dé- « ployé d'une manière supérieure dans l'*Orphelin* et « dans *Venise sauvée*; peut-être même est-il trop tra- « gique, car les infortunes dont il nous rend le « témoin arrachent des larmes amères et déchirent « l'âme. C'est sans doute un écrivain plein d'esprit « et d'imagination, mais en même temps grossier et « sans goût. Il n'est point de tragédies moins mo- « rales que les siennes ; on n'y trouve aucun senti- « ment généreux, aucune pensée noble ; elles sont « au contraire écrites sur un ton fort licencieux, « qui forme un parfait contraste avec la bienséance « observée par les Français. Cet auteur a trouvé le « moyen de mêler aux plus profondes horreurs, « des obscénités et des allusions dégoûtantes. »

La Fosse a tracé le plan de sa tragédie de *Manlius* sur la *Venise sauvée* d'Otway *, « modèle excellent, « dit Palissot, et dont il n'aurait pas dû s'écarter « dans le dénouement de sa pièce. »

Otway mourut en 1685 à peine âgé de trente-quatre ans. Ses *OEuvres* ont été recueillies à Londres, en 1736, 2 vol. in-12.

* Voyez l'article LA FOSSE, t. XVI, p. 277 et 283 du *Répertoire*.

FIN DU VINGTIÈME VOLUME.

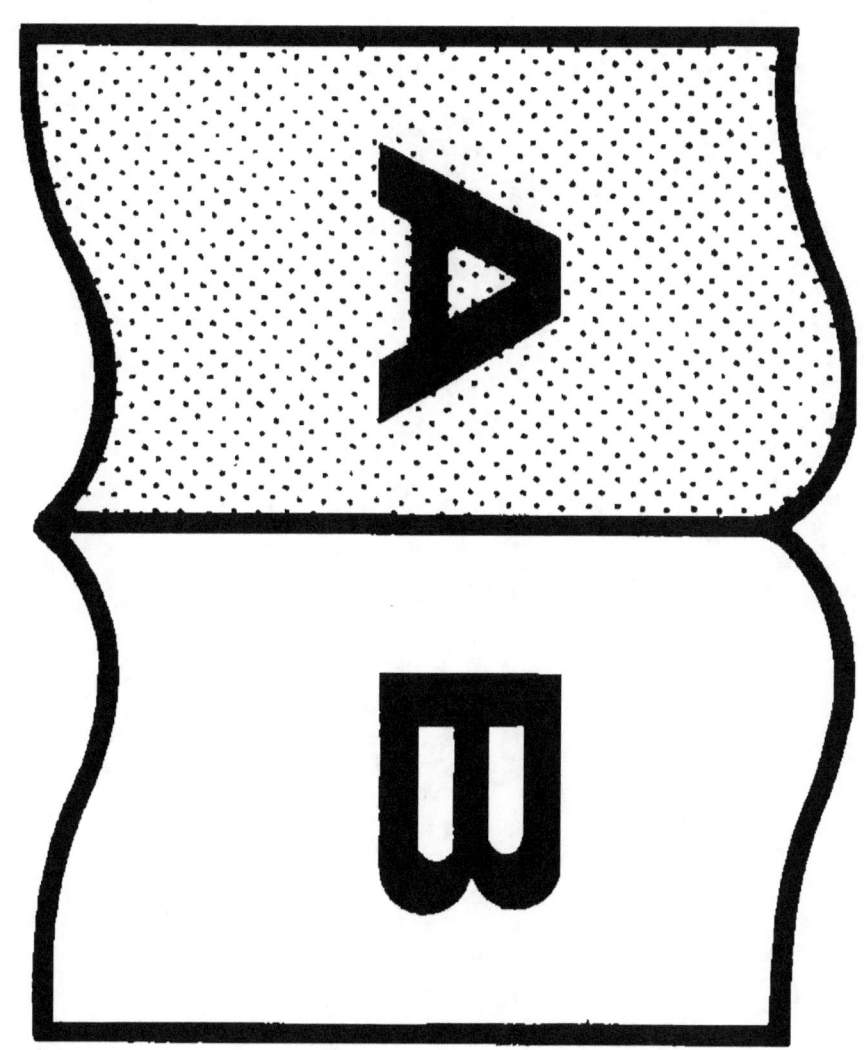

www.ingramcontent.com/pod-product-compliance
Lightning Source LLC
Chambersburg PA
CBHW050244230426
43664CB00012B/1828